LIBERTINAGE ET FIGURES DU SAVOIR

Rhétorique et roman libertin
dans la France des Lumières (1734-1751)

Marc André Bernier

LIBERTINAGE ET FIGURES DU SAVOIR

Rhétorique et roman libertin
dans la France des Lumières (1734-1751)

Les Presses de l'Université Laval
L'Harmattan

Les Presses de l'Université Laval reçoivent chaque année du Conseil des Arts du Canada et de la Société de développement des entreprises culturelles du Québec une aide financière pour l'ensemble de leur programme de publication.

Nous reconnaissons l'aide financière du gouvernement du Canada par l'entremise de son Programme d'aide au développement de l'industrie de l'édition (PADIÉ) pour nos activités d'édition.

Données de catalogage avant publication (Canada)

Bernier, Marc André, 1964-

    Libertinage et figures du savoir : rhétorique et roman libertin dans la France des Lumières, 1734-1751

    (Les collections de la République des Lettres. Études)

    Présenté à l'origine comme thèse (de doctorat de l'auteur – Université du Québec à Montréal), 1996.

Comprend des réf. bibliogr.

Publ en collab. avec : L'Harmattan.

ISBN 2-7637-7824-0 (PUL)
ISBN 2-7475-0947-8 (Harmattan)

    1. Libertinage dans la littérature. 2. Histoires érotiques françaises – Histoire et critique. 3. Roman français – 18ᵉ siècle - Histoire et critique. 4. Français (Langue) – rhétorique. 5. Siècle des lumières – France. I. Titre. II. Collection : Collections de la République des Lettres. Études.

PQ637.L53B47 2001   843'.5093538   C2001-941047-6

Mise en pages : Francine Brisson
Maquette de couverture : Mariette Montambault

© LES PRESSES DE L'UNIVERSITÉ LAVAL 2001

Tous droits réservés. Imprimé au Canada

Dépôt légal 2ᵉ trimestre 2001

ISBN 2-7637-7824-0 (Les Presses de l'Université Laval)
ISBN 2-7475-0947-8 (L'Harmattan)

Distribution de livres Univers   L'Harmattan
845, rue Marie-Victorin   5-7, rue de l'École Polytechnique
Saint-Nicolas (Québec)   75005 Paris
Canada G7A 3S8   Tél. 01 40 46 79 20
Tél. (418) 831-7474 ou 1 800 859-7474   Téléc. 01 43 25 82 03
Téléc. (418) 831-4021
http://www.ulaval.ca/pul

Table des matières

Avant-propos IX

Introduction 1

PREMIÈRE PARTIE
Les Lumières libertines

I – Entre libertinage d'esprit et libertinage de mœurs 13

II – Les Lumières clandestines 23

III – La Vénus métaphysique 33

DEUXIÈME PARTIE
Le savoir éloquent

I – De l'*ars dicendi* des Anciens
à la raison ingénieuse des Lumières 79

II – La savante éloquence des figures de l'esprit 99

TROISIÈME PARTIE
Libertinage et figures du savoir

I – Nature et sciences de la nature dans le roman libertin 149

II – La psychologie libertine 175

III – L'esthétique libertine 195

IV – La critique libertine de l'Église et de l'État 217

Conclusion 239

Bibliographie 243

Avant-propos

À la lecture des préfaces du XVIIIe siècle, il semble que chaque auteur ne se soit résolu à publier son manuscrit qu'en cédant aux sollicitations pressantes de quelques amis. On me permettra d'imiter ces préfaces, moins pour feindre cependant l'intérêt que des proches auraient pu prendre à la publication de ce texte, que pour souligner le rôle d'une communauté d'amitié et de savoir sans laquelle je n'aurais pu ni écrire ni même concevoir ce livre.

Les premières intuitions qui ont guidé cette recherche n'ont pu prendre forme que grâce à la contribution de Michel Pierssens et d'Olivier Bloch. Les entretiens avec Michel Pierssens à Montréal puis, à Paris, l'accueil que m'a réservé Olivier Bloch dans le groupe de recherche qu'il dirigeait sur la philosophie clandestine de l'âge classique ont exercé une influence déterminante sur l'orientation générale de cet ouvrage. Outre les encouragements de Frédéric Deloffre, que j'aimerais remercier pour sa constante sollicitude à mon égard, j'ai eu la chance de bénéficier de la lecture attentive de Bernard Andrès, de Benoît Melançon et de Jean-François Chassay. Je sais gré à ce dernier en particulier d'avoir été le témoin toujours vigilant d'un travail que ses observations éclairées ont sans cesse soutenu.

Dans l'impossibilité où je me trouve de pouvoir remercier avec équité Lucie Desjardins, je ne ferai qu'évoquer sa science et la qualité de son jugement, mérites auxquels s'ajoute le plaisir que me procurent depuis tant d'années la finesse de son esprit et le charme de sa conversation. Que dire également de Thierry Belleguic, de sa lecture généreuse et de son soutien amical? Je ne saurais trop le remercier d'avoir bien voulu accueillir cet ouvrage dans la collection qu'il dirige avec Éric Van der Schueren et Sabrina Vervacke. J'aimerais enfin exprimer toute ma reconnaissance aux deux lecteurs anonymes du Programme d'aide à l'édition savante pour leurs commentaires judicieux. Cet ouvrage, en effet, a été publié grâce à une subvention de la Fédération canadienne des sciences humaines et sociales, dont les fonds proviennent du Conseil de recherches en sciences humaines du Canada.

Introduction

Longtemps, le roman libertin a été associé au seul nom du marquis de Sade. Si l'éclat de son œuvre a eu le mérite de tirer de l'oubli tout un genre autrement négligé par l'histoire littéraire, il devait aussi en obscurcir le sens à l'occasion de diverses lectures où Sade devenait, le mot est de Pierre Klossowski, notre « prochain[1] ». Dans une préface déjà ancienne aux *Infortunes de la vertu*, Jean Paulhan relevait ainsi l'application des écrivains du XXe siècle « à refuser l'artifice et le jeu littéraire au profit d'un événement indicible [...] à la fois érotique et effrayant ». En cela, ajoutait-il, le souvenir du marquis se laisserait si bien deviner que « notre littérature moderne » se trouverait « tout entière tournée vers le passé[2] ». Des travaux plus récents reçurent de cette orientation initiale une impulsion décisive en cherchant à établir la théorie de ce que Béatrice Didier nomme, dans un livre exemplaire, une « écriture du désir[3] ». Toutefois, en suivant une perspective où Sade devient « un prophète du XXe siècle[4] », voire de la psychanalyse, toute la tradition du roman libertin se trouve aisément réduite à une sorte de curiosité décorée des grâces fleuries d'un divertissement rococo où, à travers un luxe de motifs galants, perce la préfiguration encore confuse de ce qui, chez Sade, devait à la fin survenir. En conférant au roman libertin le rôle de précurseur un peu frivole d'une conception moderne du désir, un tel patronage en a fait non seulement un genre dépourvu de consistance propre il l'arrache encore à la singularité, voire à la grandeur, de la tâche qui fut sienne.

C'est cette tâche que je voudrais qu'on examine. Par delà la fortune de la psychanalyse et par delà le privilège dont elle favorisa Sade, on découvre des textes qui, étroitement associés à la lutte pour la diffusion des Lumières, en ont sans cesse nourri les aspects les plus hardis. Il en résulte une littérature dont l'ambition critique s'est portée sur ce que le XVIIIe siècle appelait les

---

1. Pierre Klossowski, *Sade, mon prochain*, 1967.
2. Jean Paulhan, « Préface », dans Donatien Alphonse François, marquis de Sade, *Les infortunes de la vertu*, 1970 [1945], p. 19.
3. Béatrice Didier, *Sade. Une écriture du désir*, 1976.
4. *Ibid.*, p. 186.

préjugés : les opinions communes, les habitudes, voire les superstitions, deviennent ici autant de préventions qui non seulement gênent le libre exercice de la raison, mais interdisent encore de goûter un bonheur indissociable des caprices du désir. Au nom du combat mené contre « l'obscurantisme », « libertinage d'esprit[5] » et « libertinage de mœurs » se coalisent, tout le travail critique de la raison trouvant dans le domaine du licencieux un lieu d'expérience imaginaire à partir duquel il devient possible d'interroger l'ensemble des connaissances humaines. Distinct à la fois du dialogue philosophique et de la simple paillardise, le roman libertin se signale par cette manière si particulière de disposer d'une anecdote licencieuse pour en faire le théâtre où tout savoir est appelé à se produire, puis à subir la double épreuve de la critique et de l'expérience. Que l'on considère, par exemple, l'un de ces paradoxes assez amusants qui paraît dans un chapitre des *Bijoux indiscrets*, roman de Denis Diderot où l'on se plaît à faire le récit des différents essais d'un anneau magique dont la vertu consiste à faire parler le sexe des femmes ou, si l'on préfère, leur « bijou ». Mirzoza, la favorite du sultan Mangogul, s'y propose d'examiner la question de la nature de l'âme et la thèse qu'elle soumet à l'attention de son amant est la suivante : « La première résidence de l'âme est dans les pieds ». « Dans les pieds ! », se récrie, étonné, le sultan ; « oui, dans les pieds », assure à nouveau Mirzoza. « C'est à l'expérience que j'en appellerai de ce fait », s'empresse-t-elle d'ajouter, pour mieux développer ensuite les principes de ce qu'elle nomme sa « métaphysique expérimentale de l'âme[6] ».

La première tâche qu'impose l'examen d'une « métaphysique » conçue dans ce goût convie, on le devine, à une étude où il importe d'interroger la nature et le genre d'un texte qu'émaillent de pareilles impertinences. Toutefois, l'intelligence de la métaphysique de Mirzoza et, plus généralement, d'un roman comme les *Bijoux indiscrets* se heurte alors à une première difficulté. Le genre auquel appartiennent ce roman et, pour la période qui va de 1734 à 1751, tout un corpus formé de textes aussi divers que les *Lauriers ecclésiastiques* ou encore les *Sonnettes* ne s'accommode guère de l'une ou l'autre des catégories à partir desquelles l'histoire littéraire appréhende, depuis Henri

---

5. Une première occurrence de cette expression significative apparaît chez Bossuet dès 1669, comme l'indique Walther von Wartburg dans son *Französisches Etymologisches Wörterbuch*, 1950, 5. Band, p. 305.
6. Denis Diderot, « Métaphysique de Mirzoza », *Les bijoux indiscrets*, 1951 [1748], p. 132 sq.

Coulet notamment, le roman au siècle des Lumières[7]. Autrement dit, il serait difficile, voire impossible, de rendre raison des aspects multiples et protéiformes de ces ouvrages en recourant aux distinctions d'usage entre, par exemple, conte oriental et roman mondain, roman épistolaire et roman-mémoires. Chacun de ces textes est plutôt susceptible de se prêter tour à tour à l'un ou l'autre de ces sous-genres, si bien que leur caractère propre ne tient pas tant à une forme littéraire fixée à l'avance qu'à la complexité d'une écriture toujours prompte à allier licence des mœurs et libre pensée. Mais voilà un cas bien singulier : celui d'un genre littéraire que seuls seraient en mesure de qualifier l'usage et la nature des savoirs qui en nourrissent les impertinences et les licences.

« La première résidence de l'âme est dans les pieds », affirmait Mirzoza : la problématique qu'illustre ce paradoxe, le roman où il paraît et le genre auquel celui-ci se rattache, tout cela semble inviter à approfondir les liens entre la littérature libertine et des savoirs plus spéculatifs dont on ne saurait la dissocier. Sans multiplier dès maintenant les exemples, rêvons encore un instant à cette métaphysique de Mirzoza, puis à quelques-unes des questions essentielles qui sollicitent la réflexion philosophique au moment où, en 1748, paraissent les *Bijoux*. À cette époque, toute une part importante de la pensée française se trouve engagée dans une critique de la théorie des idées innées de Descartes. À la suite du philosophe anglais John Locke, chacun semble empressé de montrer que la sensation seule suffit pour nous permettre de retracer l'origine de nos idées, voire de concevoir jusqu'au mécanisme par lequel la nature fait advenir la matière à la pensée. « Je suis corps et je pense », déclare Voltaire dans ses *Lettres philosophiques*, et telle est bien la nouvelle maxime dont l'examen occupe désormais tous les esprits[8]. « La première résidence de l'âme est dans les pieds », affirme Mirzoza au même moment, et le radicalisme ingénieux de ce paradoxe, qui en fait aussi toute l'ironie, signale à son tour un second trait. En effet, se borner à rappeler à la mémoire les noms de Locke ou de Voltaire ne saurait vraiment mettre en évidence le problème qu'implique le radicalisme même du paradoxe de Mirzoza. Son ironie et sa force tiennent de surcroît à la complicité qu'il entretient avec tout un corpus formé de textes radicaux longtemps méconnus, redécouverts depuis peu et qualifiés par commodité de « manuscrits

---

7. Voir Henri Coulet, « Le roman et le conte libertins », *Le roman jusqu'à la Révolution*, 1991 [1967], p. 386 sq.

8. François-Marie Aouet, dit Voltaire, « Sur Locke », *Lettres philosophiques*, 1988 [1734], XIII, p. 66.

philosophiques clandestins[9] ». De ce point de vue, le paradoxe qu'expose Mirzoza participe d'un esprit qui se soutient de la même hardiesse et du même radicalisme qu'un manuscrit comme *L'ame mortelle* ou *La foi anéantie*, les *Dialogues sur l'ame* ou encore le *Traité des trois imposteurs*.

Ajoutons à ces premières observations une dernière remarque tirée, encore là, des *Bijoux*. Depuis le premier logis qu'elle occupe dans les pieds d'un enfant se livrant aux jeux de son âge, l'âme, précise Mirzoza, se déplace tantôt dans le « crâne sans cervelle » d'un savant, tantôt dans les « deux mâchoires » d'un glouton, tantôt dans le « bijou » de « la femme voluptueuse » : puis, ne pouvant « résister à ce discours », le sultan « s'élança de son fauteuil vers sa favorite » et « la chaire du nouveau philosophe devint le théâtre de leurs plaisirs[10] ». La conclusion de cette scène est exemplaire. Si l'on allait consulter un roman comme les *Sonnettes ou Mémoires du marquis D****, on s'apercevrait de même que toute la « Philosophie » de ce marquis repose elle aussi sur des matières qui l'invitent « à prouver par des exemples nouveaux la bonté de [s]a morale », exemples nouveaux que ses désirs lui font répéter sur la même scène que celle où Mirzoza achevait de démontrer le mérite de ses hypothèses[11]. Mais qu'il s'agisse de la métaphysique expérimentale de Mirzoza ou encore de la philosophie dont se réclame notre marquis dans les *Sonnettes*, le tour si particulier donné aux « preuves » que l'on produit communique à celles-ci une éloquence sans laquelle le roman libertin chercherait en vain à persuader de la « bonté » de ses principes. À chaque fois, « preuves » et raisonnements philosophiques deviennent un langage qui gagne les cœurs et une parole qui séduit. Favorisée par l'évolution des arts du discours au XVIIIe siècle, une telle promotion de l'idée de séduction et de plaisir affecte en profondeur toute la conception de l'argumentation au siècle des Lumières, comme le montre, parmi tant d'exemples, un *Essai de rhétorique françoise* que fait paraître un certain Gabriel Henri Gaillard en 1746 : « Soit que l'on veuille instruire, soit que l'on veuille toucher, écrit-il, il faut com-

---

9. Sur cette expression, voir Miguel Benítez, *La face cachée des Lumières. Recherches sur les manuscrits philosophiques clandestins de l'âge classique*, 1996, p. 1-124.
10. Denis Diderot, *Les bijoux indiscrets, op. cit.*, p. 137 sq.
11. Jean Baptiste Guiard de Servigné, *Les sonnettes, ou Mémoires du marquis D****, 1749, p. 64-65.

mencer par plaire ; c'est là le grand ressort qui fait mouvoir toute la machine de l'esprit & du cœur humain[12] ».

Ce second aspect met en cause une rhétorique. Dans le roman libertin, celle-ci correspond à un art de dire grâce auquel s'illustre un libertinage d'esprit dont les arguments se déploient à l'occasion de mises en scène éloquentes du corps. Dès la fin du XVIIe siècle et pendant tout le siècle des Lumières, la lutte pour la diffusion du savoir philosophique et scientifique avait favorisé l'essor de ce nouvel art d'éloquence venu servir le magistère que la libre pensée se proposait d'exercer sur l'opinion. Dans des textes comme les *Pensées diverses sur la comète* (1682) de Pierre Bayle ou, surtout, les *Entretiens sur la pluralité des mondes* (1686) de Fontenelle, il s'agissait à chaque fois d'associer discussion astronomique et lutte contre la superstition à une éloquence vive et brillante, ingénieuse et militante, ressource essentielle d'un discours philosophique désormais soucieux de fixer l'attention et de surprendre, de renverser le préjugé et de vaincre. De même, dans le roman libertin, la raison critique devient éloquence en se déployant dans le récit d'une anecdote licencieuse. À la faveur de traits argumentatifs brefs et disséminés, savoirs philosophiques et entreprise critique y paraissent même sous diverses figures du discours destinées tantôt à instruire, tantôt à séduire et tantôt à émouvoir. Les rhétoriques du siècle des Lumières les nomment *figuræ ad docendum, ad delectandum* et *ad movendum* : celles-ci définissent un art de dire qui, de manière essentielle, est appelé à façonner le style et la forme qu'adopte la savante éloquence du roman libertin.

Comprendre les diverses « figures du savoir » qu'invente l'écriture libertine convie donc à l'examen du domaine souvent méconnu des théories rhétoriques de la première moitié du XVIIIe siècle qui, seules, sont en mesure de rappeler la leçon d'éloquence que comporte le roman libertin. L'objet auquel s'attachent ces rhétoriques concerne précisément ces traits séduisants et savants, « brillants » et « ingénieux », conçus suivant la manière que pratiquait Mirzoza en donnant à un énoncé tel « la première résidence de l'âme est dans les pieds » le tour concis et ironique que lui prête une antithèse si plaisante. Cette vivacité qu'imprime à un argument l'alliance entre savoirs philosophiques et figures du discours avait déjà intéressé les Anciens. C'est ainsi que

---

12. Gabriel Henri Gaillard, « Préface », *Essai de rhétorique françoise*, 1746, p. 4. Sur la promotion du plaisir et de la séduction dans la conception de l'argumentation au XVIIIe siècle, voir Jacqueline Hellegouarc'h, « La conversation au XVIIIe siècle », *Littérature et séduction*, 1997 et Marc André Bernier, « Persuader et séduire : les figures de pensées dans les *rhetoricae* québécoises du XVIIIe siècle », 1999, n° 10.

les rhéteurs latins qualifiaient les traits de cette sorte de *sententia* mais, s'ils en avaient indiqué le procédé, ils négligèrent pourtant d'en explorer la théorie. C'est aux Modernes que devait revenir le mérite d'approfondir une telle théorie de la *sententia* — cette « forme-sens » que le XVIIIe siècle appelle indifféremment « saillie brillante » ou « trait ingénieux », « pensée enthymématique » ou « argument figuré ». L'influence qu'étaient appelées à exercer ces conceptions sur le style volontiers militant et séduisant des Lumières et, en particulier, sur la prose libertine fut de la plus grande conséquence. Seulement, personne ne se gêne d'ignorer les textes les mieux à même d'en retracer le caractère propre et qui forment, en quelque sorte, les archives d'un art de dire destiné à s'épanouir dans l'écriture libertine. C'est pourquoi on ne manquera pas d'en examiner ici les principaux monuments, qu'il s'agisse des *Agréments du langage réduits à leurs principes* d'Étienne Simon de Gamaches et de la *Manière d'enseigner & d'étudier les belles-lettres* de Charles Rollin, de la *Rhetorica* manuscrite de Charles Porée et de l'*Essai de rhétorique françoise* de Gabriel Henri Gaillard, ou encore des articles sur l'éloquence de Louis Jouart de La Nauze et de Louis-Bertrand Castel.

Tantôt mésestimés, tantôt mal connus, ces différents textes offrent un point de vue exceptionnel sur l'écriture libertine. Songeons, pour l'instant, que toutes ces rhétoriques vont se détourner de l'étude des lieux oratoires, de manière à confier à la seule raison formée par une encyclopédie du savoir le soin de féconder l'*inventio*. Considérons ensuite, et cette seconde conséquence s'impose d'elle-même, que l'*elocutio* et, avec elle, la théorie de la figure, seront désormais appelées à jouer un rôle prépondérant, voire à intégrer l'*inventio* à leur domaine. Observons enfin qu'une fois affranchies de la lourdeur toute scolastique que suppose le recours aux lieux oratoires, ces rhétoriques pourront nourrir l'ambition de sortir des collèges et de paraître sur la scène du « monde ». Si la rhétorique des Lumières donne ainsi à l'éloquence un programme longtemps jugé frivole et mondain, du moins faudra-t-il convenir que, sur son versant le plus spéculatif, celle-ci implique une conception de l'élocution oratoire appelée à former le fond d'une réflexion où se dessine son caractère essentiel : une théorie de la figure mise au service d'une invention savante et d'une vivacité argumentative tournées vers les effets de séduction. Aussi le projet de cette rhétorique est-il porté par son ambition à établir une sorte de conception unifiée de l'invention et de l'élocution oratoires, au profit d'une théorie de la figure qui, pour me servir d'expressions alors en usage, s'attache à définir celle-ci comme un « raisonnement abrégé », voire comme une « pensée enthymématique » où se « réfractent » des savoirs et des discours déjà entendus. Argument ou, pour mieux dire, quasi-argument ; trait qui confisque à son profit une pluralité de savoirs devenus implicites, mais également promesse d'invention et de séduction : de toutes parts, une pareille conception de la figure excède le cadre conceptuel étroit auquel la confinaient volontiers la stylistique et certains travaux contemporains trop souvent enclins à ne penser celle-ci que sous la métaphore commune de « l'écart[13] ». En revanche, le jour sous lequel la rhétorique des Lumières et la pratique libertine de l'écriture placent les figures de l'éloquence associe celles-ci à la séduction qu'opère un trait argumentatif informé par l'aventure implicite d'un savoir, conception déjà pragmatique dont les sollicitations pressent de si près notre actualité.

C'est donc dans cet esprit qu'a été conçue l'étude que l'on va lire. Celle-ci s'attache à un ensemble de romans libertins dont les titres se succédèrent rapidement au cours de la quinzaine d'années qui suivirent la parution de *L'écumoire, ou Tanzaï et Néadarné* (1734) de Crébillon fils. Certes, le libertinage érudit du XVIIe siècle et les relations qu'il entretient avec la licence des mœurs ont déjà été étudiés[14] ; depuis quelques années, l'histoire de l'édition au XVIIIe siècle a su retracer les liens qui se tissent entre littérature érotique et philosophie des Lumières en matière de diffusion et de censure[15] ; des recherches récentes sur la philosophie clandestine ont ouvert la voie à une conception plurielle des Lumières qui permet d'envisager leur « face cachée[16] » ; ouvrages et recueil sur les arts de la conversation et les rhétoriques mondaines se multiplient[17] ; l'idée même d'une « philosophie dans le boudoir » a parfois permis de soupçonner, à partir de Sade, l'articulation de

---

13. Pour mémoire, se rapporter aux travaux de Charles Bailly (« Le langage figuré », *Traité de stylistique française*, 1951) ou encore à ceux du Groupe μ (J. Dubois, F. Edeline, J.-M. Klinkenberg, P. Minguet, F. Pire, H. Trinon), *Rhétorique générale*, 1982 [1970].

14. Voir, entre autres, René Pintard, *Le libertinage érudit dans la première moitié du XVIIe siècle*, 1943 ; John S. Spink, *French Free-Thought from Gassendi to Voltaire*, 1960 ; Gerhard Schneider, *Der Libertin. Zur Geites- und Sozialgeschichte des Bürgertums im 16. und 17. Jahrhundert*, 1970 ; et Françoise Charles-Daubert, *Les libertins érudits en France au XVIIe siècle*, 1998.

15. Voir, en particulier, Henri-Jean Martin, Roger Chartier et Jean-Pierre Vivet, *Histoire de l'édition française. Le livre triomphant (1660-1830)*, 1984, t. 2 et Robert Darnton, *Édition et sédition. L'univers de la littérature clandestine au XVIIIe siècle*, 1991.

16. Voir Miguel Benítez, *La face cachée des Lumières*, op. cit.

17. Voir, entre autres, Jean-Paul Sermain, « La conversation au XVIIIe siècle : un théâtre pour les Lumières ? », *Convivialité et politesse*, 1993 ; et Jacqueline Hellegouarc'h, *L'art de la conversation. Anthologie*, 1997.

certains savoirs et de la représentation du désir[18]. Tous ces travaux, pourtant, invitent surtout à examiner avec davantage d'exactitude les conditions dans lesquelles s'est réalisée, à une époque précise, la réunion de tous ces aspects au profit d'une entreprise romanesque originale. La période retenue va donc permettre d'attirer l'attention sur une vingtaine de textes qui, parus pour la plupart dans les années 1740, manifestent l'essor du roman libertin des Lumières et la vitalité nouvelle du genre, depuis *L'histoire de dom Bougre* ou les *Dortoirs de Lacédémone*, le *Pigmalion* de Boureau-Deslandes ou encore les *Lauriers ecclésiastiques*, jusqu'à *Thérèse philosophe* et *Psaphion*, les *Sonnettes* et les *Bijoux indiscrets*, *Margot la ravaudeuse* et les *Mémoires pour servir à l'histoire des mœurs du XVIIIe siècle*[19].

Interdits jusqu'à la Révolution, mais bénéficiant d'un immense succès auprès du public, tous ces romans réunissent avec constance licences des mœurs et licences de l'esprit, peignant celles-ci sous les couleurs d'une éloquence toujours prompte à railler le préjugé et à donner figure aux maximes les plus énergiques de la philosophie des Lumières. Au XVIIIe siècle, le roman libertin se prête, en effet, à toutes les imaginations qui, dirait-on aujourd'hui, le destinent à servir « d'interface » entre le grand public et les entreprises plus spéculatives de la philosophie clandestine. Même les axiomes de la « métaphysique » de Mirzoza se produisent dans un texte qui, en aucun cas, ne fait saillie sur l'ensemble de la production libertine qui lui est contemporaine. Il serait même aisé d'accumuler les exemples qui s'y apparentent: n'évoquons, pour l'instant, que le petit roman libertin paru en 1740 sous le titre de *Pigmalion ou la statue animée*. L'ouvrage relate l'histoire d'une statue de marbre advenant par degrés à la pensée, alors qu'elle se livre aux différentes sensations qui viennent la requérir, depuis les perceptions les plus simples jusqu'aux plaisirs de la volupté. Si, comme l'ont déjà remarqué John L. Carr et Jean Starobinski, cette fable de la statue devait servir d'emblème à la philosophie sensualiste, la voilà pourtant qui se produit d'abord dans une petite pièce licencieuse, sous sa forme la plus radicale et quatorze ans avant que Condillac ne lui donne la fortune que l'on sait dans son *Traité des sensa-*

---

18. Voir, par exemple, Michel Delon, « De *Thérèse philosophe* à *La philosophie dans le boudoir*, la place de la philosophie », 1983, p. 76-88.

19. La première section de la bibliographie fournit la liste des romans auxquels je me suis plus particulièrement attardé. J'y indique l'édition originale ou, du moins, ce qui en tient lieu lorsque la chose reste incertaine. Toutefois, lorsqu'on dispose d'une réédition critique moderne ou que l'édition ancienne est d'un accès trop difficile, celle-là est toujours préférée à celle-ci.

tions[20]. Je ne sais si, dans ce contexte, il faille se résoudre à qualifier la bibliothèque libertine du XVIIIe siècle de « pornographique », parti auquel conviait un ouvrage récent de Jean M. Goulemot, *Ces livres qu'on ne lit que d'une main. Lecture et lecteurs de livres pornographiques au XVIIIe siècle*[21]. L'intérêt et l'audace du roman libertin ne résident-ils pas plutôt dans des tableaux éloquents où s'épanouissent ensemble libertinage de mœurs et libertinage de l'esprit, entreprise que l'idée même de pornographie a vite fait de ramener au seul désir de jouissance du lecteur ? En empruntant une autre voie, l'étude que l'on propose de ces textes suppose une approche surtout attentive à marquer les liens unissant le roman libertin à une éloquence savante et aux entreprises de la libre pensée, qu'il s'agisse des sciences de la nature ou de la psychologie sensualiste, de l'esthétique ou encore de la critique des religions positives et de l'État. Ces questions seront étudiées tour à tour, si bien qu'en examinant quelques-unes des productions romanesques les plus hardies du XVIIIe siècle, on verra se dessiner certains des aspects constitutifs de cette culture : peut-être déjà l'anticipation de la réponse de Kant à la question « Qu'est-ce que les Lumières ? », lequel en faisait un mouvement de la pensée critique grâce auquel « [die] *Aufklärung ist der Ausgang des Menschen aus seiner selbstverschuldeten Unmündigkeit*[22] ».

---

20. Voir John L. Carr, « Pygmalion and the *Philosophes*. The Animated Statue in Eighteenth-Century France », 1960, vol. XXIII, n°s 3-4, p. 239-255 ; Jean Starobinski, « Fable et mythologie aux XVIIe et XVIIIe siècles », *Le remède dans le mal*, 1989, p. 249 ; et Étienne Bonnot, abbé de Condillac, *Traité des sensations*, dans *Œuvres philosophiques de Condillac*, 1947 [1754], vol. I.

21. Jean M. Goulemot, *Ces livres qu'on ne lit que d'une main. Lecture et lecteurs de livres pornographiques au XVIIIe siècle*, 1994.

22. Emmanuel Kant, « Beantwortung der Frage : Was ist Aufklärung ? », 1990 [1784], p. 9 : « l'humanité sort de sa minorité, minorité dont elle est elle-même responsable » (je traduis).

PREMIÈRE PARTIE

LES LUMIÈRES LIBERTINES

La volupté et la philosophie font le bonheur de l'homme sensé.
Il embrasse la volupté par goût, il aime la philosophie par raison.
   Frontispice de *Thérèse philosophe*, 1748.

I

Entre libertinage d'esprit et libertinage de mœurs

C'est sur une curiosité que s'ouvre un ouvrage fondamental de Robert Darnton consacré à l'histoire de l'édition et de la littérature clandestines au XVIIIe siècle. D'emblée, l'auteur y soumet à l'attention du lecteur l'extrait d'un catalogue établi en 1775 et destiné à favoriser la diffusion d'une littérature que censuraient aussi bien le pouvoir royal que les autorités ecclésiastiques ou parlementaires. Ce document dénombre plusieurs titres illégaux qui paraissent sous la mention de *Livres philosophiques*. Mais, ajoute l'auteur, « les livres classés sous cette rubrique nous réservent quelques surprises ». Ne s'agit-il pas, par exemple, de

> La belle Allemande ou les galanteries de Thérèse
> Le christianisme dévoilé
> L'espion chinois, ou l'envoyé secret de la cour de Pékin pour examiner l'état présent de l'Europe
> La fille de joie
> [...]
> Mémoires authentiques de Mme la comtesse Du Barry
> Système de la nature
> Vénus dans le cloître, ou la religieuse en chemise[1].

Ce n'est pas sans motif qu'on pourra s'étonner d'une telle bigarrure et peut-être est-ce même à cette première impression de surprise que doit se recommander un travail qui se donnerait comme tâche de débrouiller les principes qui président à la rédaction d'un pareil inventaire. Qu'ont donc de commun *Vénus dans le cloître*, *La belle Allemande* ou encore *La fille de joie* avec *Le système de la nature* et *Le christianisme dévoilé* ? Et que penser de ces

---

1. Robert Darnton, *Édition et sédition. L'univers de la littérature clandestine au XVIIIe*, 1991, p. 11; Darnton tire ce document des archives de la Société typographique de Neuchâtel.

romans dont le seul titre semble annoncer une frivolité qui détonne aux côtés des traités les plus sérieux de la philosophie des Lumières ? Il va sans dire qu'il revient à l'historien de la librairie de montrer en quoi la notion de « livre philosophique » participe de la prudence d'une politique qui cherche à dissimuler sous le voile d'un euphémisme l'ensemble du commerce des livres illicites[2]. Mais il faut bien envisager la nécessité d'une autre méthode et d'un autre point de vue dès lors que l'on entend par « philosophiques » des ouvrages « où les genres et les thèmes se croisent, se chevauchent, se recopient, se plagient à un point tel qu'on finit par ne plus distinguer un roman d'une chronique scandaleuse et un récit pornographique d'un traité de métaphysique[3] ». En pareil cas, il n'est peut-être pas vain de croire qu'il reviendrait à une rhétorique de chercher à comprendre une littérature qui, placée au mitan de tous les discours, s'inventerait à partir d'un semblable mélange des genres et des savoirs ou, si l'on préfère, d'une telle alliance entre des régimes de discours considérés d'ordinaire comme distincts. Il conviendrait alors d'envisager du double point de vue des savoirs qu'ils dramatisent et des procédés qu'ils mettent en jeu, ces romans que l'éloquence met à portée d'être à la fois « pornographiques » et « métaphysiques », c'est-à-dire, hasardons déjà le terme, *libertins*.

Libertin : l'ambiguïté que comporte ce mot offre une première indication pour concevoir l'alliance qui, au XVIIIe siècle, se noue entre récits licencieux et savoirs philosophiques. C'est pourquoi on ne saurait négliger de revenir sur les moments clefs d'une histoire sémantique à même de préciser les contours de l'entreprise critique à laquelle participe le roman libertin. Cette histoire se retrace d'abord sous les traits de l'opinion commune et, sur ce point, il revient sans doute à Paul Valéry d'avoir eu le mérite de la résumer de la meilleure façon :

> À Rome, rapporte Valéry, les hommes libres, s'ils étaient nés de parents libres, s'appelaient « ingénus » ; s'ils avaient été libérés, on les disait « libertins ». Beaucoup plus tard on appela « libertins » ceux dont on prétendait qu'ils avaient libéré leurs pensées ; bientôt ce beau titre fut réservé à ceux qui ne connaissaient pas de chaînes dans l'ordre des mœurs[4].

---

2. Interrogé par la police, Cazin, un libraire de Reims, donne cette définition du « livre philosophique » : « Expression [...] de convention dans la librairie pour caractériser tout ce qui [est] prohibé » ; *ibid.*, p. 16.
3. *Ibid.*, p. v.
4. Paul Valéry, *Regards sur le monde actuel*, dans *Œuvres*, 1960, t. 2, p. 960-961.

À cette évolution généralement reçue chez presque tous les auteurs et, de surcroît, confirmée par tous les dictionnaires modernes, se rattache pourtant une configuration sémantique plus complexe que va déterminer un emploi polémique associant dès l'origine, dans l'usage français, la licence des mœurs à la licence de l'esprit. Certes, la définition que proposait Valéry relevait ces deux traits en les ramenant à une liberté tantôt intellectuelle et tantôt morale, mais de telle manière que celui-ci se trouvait à marquer les jalons d'une évolution sémantique qui se signalait par une certaine discontinuité entre différentes figures de la liberté. Cette discontinuité apparente devait naturellement piquer la curiosité des chercheurs : comment décider s'il y a changement, continuité, ou simple rapport fortuit d'homonymie entre différentes figures qui, depuis l'« affranchi » de l'Antiquité et le « sectaire » du XVIe siècle, l'« esprit fort » du XVIIe siècle et le « débauché » du XVIIIe siècle, se trouvent réunies sous le même terme — celui de « libertin » ? Il n'y a donc pas lieu de s'étonner si, dans le grand ouvrage que John Stevenson Spink consacrait à l'histoire de la libre pensée en France, celui-ci confessât d'emblée une certaine perplexité :

In the middle of the sixteenth century, the name « libertin » was given to a Protestant sect [...] but it is not possible to establish a link between this early use of the term and its more general use in the seventeenth century [...] From the first, however, the adversaries of free-thinkers assumed that from free-thinking followed inevitably free living[5].

Dans un tel contexte, il est entendu que les circonstances embarrassées d'une évolution sémantique complexe laissent en suspens une difficulté fondamentale dont Gerhard Schneider a eu le mérite, sans doute le premier, de mesurer toute l'ampleur. Voici, au seuil d'une étude dont on dissimule souvent la fortune, en quels termes il résume le problème :

In welchem Verhältnis die beiden dem Anscheine nach auseinanderstrebenden Elemente zueinander stehen, die in der Bezeichnung « libertin » eine komplizierte

---

5. John Stevenson Spink, *French Free-Thought from Gassendi to Voltaire*, 1960, p. 3-4 : « Au milieu du XVIe siècle, on désigna sous le nom de "libertin" une secte protestante [...], mais il n'est guère possible d'établir un lien entre cet usage primitif du terme et son acception en un sens plus général au XVIIe siècle [...] Dès l'origine, pourtant, les adversaires des libres penseurs supposèrent que la libre pensée procédait nécessairement une vie libre de contraintes » (je traduis).

Verbindung eingegangen sind : « libertin » *als* « libre penseur » [...] *und* « libertin » *als* « homme de libre conduite »[6].

Essayons de débrouiller un peu cette question. Au XVIe siècle, le mot français « libertin » servit d'abord à rendre le latin « *libertinus* », terme qui, on l'a vu, désignait à Rome un esclave qu'on avait affranchi de sa servitude. C'est en ce sens, par exemple, que Ronsard parle d'Horace comme du « fils d'un libertin » à « l'audace basse et lente » ; ou encore que les traducteurs français de la Bible rendent un passage tiré des *Actes des apôtres* qui mentionne une « synagogue [...] des Libertins » dont les membres, non sans aveuglement, « disputoient avec Estienne[7] ». On pourrait faire état d'autres exemples mais, à chaque fois, on voudra bien remarquer que l'essentiel porte sur l'accent nettement péjoratif que vient noter le mot même de « libertin », qu'on y entende du mépris pour un homme de basse extraction ou un dérèglement querelleur favorisant l'incrédulité. Pendant tout le XVIe siècle, c'est à partir de ce fonds que va se développer un sens proprement français de « libertin » qui, modelé par les polémiques religieuses de ce siècle, va assimiler le souvenir d'un mépris antique et d'une impiété biblique au double scandale d'une pensée hétérodoxe et d'une émancipation des mœurs. C'est ce dont témoignent les plus anciennes occurrences de ce terme qu'on retrouve sous la plume de Calvin dans une *Brieve Instruction pour armer tous bons fideles contre les erreurs de la secte commune des Anabaptistes* (1544), puis dans le titre même d'un ouvrage dirigé *Contre la secte phantastique et furieuse des Libertins, qui se nomment spirituelz* (1545). À cette secte qui, dans la mouvance de l'anabaptisme, se répandit dans les Pays-Bas et dans le nord de la France dès 1528, Calvin reproche deux choses : mettre « leur estude à s'enquérir plus outre qu'il ne leur appartient de savoir » et tourner « la liberté chrétienne en licence dissolue de la chair[8] ». Ces deux aspects sont très liés entre eux : si, par

---

6. Gerhard Schneider, *Der Libertin. Zur Geites- und Sozialgeschichte des Bürgertums im 16. und 17. Jahrhundert*, 1970, p. 32 : « Dans quelle mesure deux éléments qui, en apparence, se contrarient, sont-ils liés, et de quelle façon la signification de "libertin" se trouve-t-elle engagée par une relation complexe entre ces deux traits : le "libertin" en tant que "libre penseur" [...] et le "libertin" en tant "qu'homme de libre conduite" » (je traduis) . En introduction (« *Literaturbericht und Problemstellung* », p. 16-34), Schneider fait un résumé fort utile des différents travaux qui, depuis la fin du XIXe siècle, se sont intéressés à ce problème.
7. Pierre de Ronsard, Ode I, 11, dans *Œuvres complètes*, 1950, p. 410 ; et *La saincte Bible en françoys*, 1530, Ac VI, 9 (traduction de Jacques Lefèvre d'Étaples). On trouvera une compilation exhaustive et une analyse de nombreux exemples de ce genre dans Gerhard Schneider, *Der Libertin, op. cit.*, p. 35-44.
8. Jean Calvin, *Contre la secte phantastique et furieuse des libertins qui se nomment spirituelz*, dans *Ioannis Calvini opera quæ supersunt omnia*, 1868 [1545], vol. VII, col. 165 et col. 177.

exemple, les Libertins « profanent » volontiers « le mariage, meslant les hommes avec les femmes comme bestes brutes », c'est précisément dans la mesure où une trop grande curiosité intellectuelle les rend toujours « convoiteux de choses nouvelles[9] ». Enfin, chez ces Libertins dont on ignore à peu près tout aujourd'hui, on est aussi en droit de présumer un lien essentiel entre le *libertinage* d'esprit et de mœurs dont on les accuse, et « la *liberté* qu'ilz promettent[10] ». C'est là, au demeurant, un trait que confirment aussi bien le sentiment de Wartburg (« *bei der letztern wurde sicher vor allem der Zusammenhang mit* liberté *empfunden*[11] »), que cet extrait d'un document de l'Inquisition : « *Summa doctrinæ quorundam hominum, qui* [...] *nunc* Libertini *a carnis* libertate, *quam illorum doctrina permittere videtur, appellantur*[12] ». En regard d'une orthodoxie chrétienne, cette liberté reste toutefois vile et méprisable, tout comme l'était celle d'un affranchi dans la Rome ancienne. Gerhard Schneider le souligne à juste titre : « *ihre Freiheit des Geistes erweist sich für Calvin als Gesetzlosigkeit, als negative Freiheit*[13] ».

Indépendance de la pensée, licence des mœurs, aspiration à la liberté : c'est la réunion de ces trois traits qui, rassemblés dans un pamphlet de Calvin, donneront au terme « libertin » ce caractère si étonnant et si propre à nommer l'alliance entre des savoirs hétérodoxes et une conduite affranchie des préjugés. Mais le XVIe siècle ne se réduit pas à ses seuls pamphlets religieux : dans ses marges, on voit aussi apparaître une certaine forme d'incrédulité que vont nourrir, ici et là, les premières esquisses d'une critique rationnelle des religions positives avec, en Italie, l'École de Padoue et le *De immortalitate animæ* (1516) de Pietro Pomponazzi ou, en France, les *Dialogues de feu Jacques Tahureau* (1565). Jusqu'au milieu du XVIe siècle, il est vrai que l'on qualifie le plus souvent les auteurs de cette sorte « d'épicuriens » ou « d'athéistes ». Cependant, en raison d'une assimilation injurieuse du sens

---

9. *Ibid.*, col. 214 et col. 248.
10. *Ibid.*, col. 156.
11. Walther von Wartburg, « libertinus », *Französisches Etymologisches Wörterbuch*, 1950, 5. Band, p. 306 : « Chez ces derniers, il ne fait pas de doute qu'on dût ressentir avant tout un lien avec le mot "liberté" » (je traduis).
12. Cité par Julius Frederichs, *De Secte der Loïsten of Antwerpsche Libertijnen (1525-1545)*, 1891, p. 1, et repris par Péter Nagy, *Libertinage et révolution*, 1975, p. 157 : « Le fond de la doctrine de ces gens [...] qu'on appelle maintenant *Libertins* en raison de la *liberté* de la chair que leur doctrine semble autoriser » (je traduis et je souligne).
13. Gerhard Schneider, *Der Libertin, op. cit.*, p. 71 : « Pour Calvin, la liberté de penser des Libertins signifie l'anarchie, c'est-à-dire une forme négative de la liberté » (je traduis).

de ces deux mots à la prétendue liberté de « la secte furieuse des Libertins », ces derniers cessent bientôt de se confondre avec les seuls sectateurs auxquels s'étaient attachés les mépris de Calvin et le terme qui les désigne voit s'accroître, du même coup, son champ sémantique. Dès lors, comme le rappelle Gerhard Schneider, *" Epicurien", "atheiste" und "libertin" werden meist als feste semantische Gruppe verwendet, deren Glieder mehr oder weniger synonym und untereinander austauschenbar sind*[14] ». L'œuvre du théologien calviniste Pierre Viret permet, sans doute la première, de prendre la mesure d'une telle évolution, comme le montre ce passage où il s'en prend à l'indifférence religieuse des humanistes :

> Il y a aujourd'huy tant et plus de ceste sorte d'Atheistes, d'Epicuriens, et de libertins, et principalement entre ceux qui ont plus de sçavoir és lettres humaines, et l'esprit plus aigu és choses mondaines que les autres [...]
> Hommes mondains et charnels, ils n'ont autre Dieu que leurs plaisirs et voluptez[15].

Dans un tel texte, on voit déjà se dessiner la figure de ce que René Pintard appellera plus tard les « libertins érudits » du Grand Siècle. À lire les *Discours politiques et militaires* (1587) de François de La Noue, on se persuade enfin que, dès le XVIe siècle, le terme « libertin » désignait déjà ces gens dont la « vaine philosophie [...] attache la felicité aux choses sensibles et corporelles[16] ». Il n'est donc pas surprenant qu'au XVIIe siècle, nombre d'auteurs n'aient envisagé autrement les choses, alors qu'ils qualifient indifféremment de « libertins » la philosophie atomiste de Gassendi et les débauches de la *Confrérie de la Bouteille*, les couplets blasphématoires du baron de Blot et les *Quatrains du déiste*, la critique des religions positives à la manière de La Mothe le Vayer et les poésies libres faites dans le goût de Chaulieu. La définition que donne du libertinage le père Garasse dans la *Doctrine curieuse des beaux esprits de ce temps* (1623) ne permet pas d'hésiter :

---

14. Gerhard Schneider, *Der Libertin, op. cit.*, p. 127 : « On emploie "Epicurien", "atheiste" et "libertin" tel un syntagme dont les termes sont très liés, plus ou moins synonymes et interchangeables » (je traduis).
15. Pierre Viret, *L'interim, fait par dialogues*, 1565, p. 166 et p. 196 ; cité par Henri Busson, « Les noms des incrédules au XVIe siècle », 1954, vol. XVI, p. 281.
16. François de La Noue, *Discours politiques et militaires*, 1587, p. 498 ; cité par Gerhard Schneider, *Der Libertin, op. cit.*, p. 144.

J'appelle libertins nos yvrognets, mouscherons de tavernes, esprits insensibles à la piété, qui n'ont d'autre Dieu que leur ventre, qui sont enroolez en cette maudite confrerie qui s'appelle la *Confrerie des bouteilles* [...] et pour cela sont bien nommez quand on les appelle libertins, car c'est comme qui dircit apprentifs de l'athéisme[17].

Si cette tirade de Garasse fait concevoir avec assez d'exactitude ce que ses contemporains désignaient communément sous le nom de « libertin », l'ensemble de l'ouvrage marque surtout, et pour la première fois, le lien essentiel qui va rattacher le libertinage au « bel esprit » et, par conséquent, à la pratique des « belles-lettres ». C'est l'argument du livre lui-même qui met en évidence ce nouvel aspect, puisqu'il s'agit d'y dénoncer le *Parnasse des poëtes satyriques*, les poésies libertines d'un Théophile de Viau et, d'un même souffle, les « bouffonneries » licencieuses dont l'œuvre de Rabelais semblait offrir le modèle. Mais que l'on ait affaire à Garasse ou encore au père Mersenne qualifiant l'auteur des *Quatrains du déiste* de « malheureus Libertin[18] », on sent bien toute l'étendue que l'on prête à ce terme : au XVIIe siècle, remarque Paul Hazard, « lorsqu'on est pressé de marquer d'un signe les esprits que l'on considère comme dangereux pour la foi [...] pêle-mêle, on les appelle des libertins[19] ». En supposant au libertinage, selon le mot de La Bruyère, un « dérèglement de cœur et d'esprit[20] », le Grand Siècle n'a donc pas hésité à maintenir dans une étroite proximité libre pensée et immoralité, en parfait accord, du reste, avec une histoire sémantique qui avait tissé de longue main les termes d'une pareille alliance.

Pourtant, dès 1611, comme l'atteste la traduction de « libertinage » par « *epicurisme, sensualitie, licentiousnesse, dissolutenesse* » dans le dictionnaire français-anglais de Cotgrave[21], on semble assister à une sorte de spécialisation morale du terme. Le premier dictionnaire français à attester une pareille évolution semble être, à la fin du siècle, celui de Richelet, lequel indique simplement à l'entrée *Libertinage* : « Déréglement de vie. Désordre. "Il est dans

---

17. François Garasse, S. J., *La doctrine curieuse des beaux esprits de ce temps ou prétendus tels... combattue et renversée*, 1623, p. 37-38 ; cité par Antoine Adam, *Les libertins au XVIIe siècle*, 1964, p. 40-41.
18. Marin Mersenne, « Preface au Lecteur », *L'impieté des déistes, athées et libertins de ce temps. Ensemble la refutation de poëme des déistes. Œuvre dédiée à monseigneur le cardinal de Richelieu*, 1624 ; cité par Gerhard Schneider, *Der Libertin*, ep. cit., p. 186.
19. Paul Hazard, *La crise de la conscience européenne (1680-1715)*, 1935, p. 130.
20. Jean de La Bruyère, *Les caractères*, 1694, ch. XIII, § 19.
21. Randle Cotgrave, *A Dictionarie of the French and English Tongues*, 1611.

un honteux libertinage"[22] ». Déjà, chez Garasse, le terme « libertin » était quelquefois entendu en un sens plus restreint, comme dans sa *Somme theologique des veritez capitales de la religion chrestienne*, alors qu'il ne vient qualifier qu'une seule des cinq « especes de l'Atheisme », l'« Atheisme de libertinage », qui, précise l'auteur, « fait fermer les yeux aux Epicuriens pour s'assouvir de voluptez brutales, comme pourceaux dans la boüe, sous pretexte que nostre ame est mortelle[23] ». On entend bien le motif insistant qui rattache plus volontiers le libertinage à la débauche et qui, tout au long du XVIIe siècle, sera insensiblement développé : bientôt, pourra-t-on croire, le libertin ne sera plus qu'un voluptueux. On pourrait longuement documenter ce fait, en citant ce passage tiré d'une lettre écrite par un ami de Gassendi, François Luillier : « J'ai bien reçeu du desplaisir de ce que l'on m'a mandé de la desbauche et libertinage de Chapelle[24] » ; ou encore l'une ou l'autre des comédies de la seconde moitié du XVIIe siècle[25]. Au XVIIIe siècle, enfin, tout semble confirmer cette évolution, du moins si l'on en juge par le *Dictionnaire de l'Académie françoise*. Si la première édition de 1694 donne, à *libertinage*,

> L'estat d'une personne qui tesmoigne peu de respect pour les choses de la Religion [...] Il se prend quelquefois pour Debauche & mauvaise conduite [...] ;

les éditions ultérieures (1740, 1762, 1798) paraissent confirmer un certain renversement des perspectives :

> LIBERTINAGE. s. m. Débauche & mauvaise conduite [...] Il signifie aussi, L'état d'une personne qui témoigne peu de respect pour les choses de la Religion.

On a donné de cet infléchissement sémantique les interprétations les plus diverses. Par exemple, Gerhard Schneider évoque une « *rationalistische Einschränkung von "libertin" auf den moralischen Bereich*[26] », les philosophes du siècle des Lumières se réservant peu à peu le seul domaine d'une libre pensée

---

22. César Pierre Richelet, *Dictionnaire françois*, Genève, 1680.
23. François Garasse, S. J., *Somme theologique des veritez capitales de la religion chrestienne*, 1625, p. 44 ; cité par Gerhard Schneider, *Der Libertin*, op. cit., p. 185.
24. Cité par René Pintard, *Le libertinage érudit dans la première moitié du XVIIe siècle*, 1943, p. 276.
25. Voir, par exemple, Jean-Baptiste Poquelin, dit Molière, *L'école des femmes*, acte III, sc. 5 : « Je sais que, pour punir son amour libertin, / Je n'ai qu'à laisser faire à son mauvais destin ».
26. Gerhard Schneider, *Der Libertin*, op. cit., p. 215 sq. : « restriction rationaliste de l'acception de "libertin" au seul domaine des mœurs » (je traduis).

désormais expurgée du soupçon d'inviter à la débauche. En donnant plus d'ampleur à cette réflexion, Jean-Pierre Seguin part du principe d'une sorte de manipulation lexicale à laquelle se serait livré tout le XVIIe siècle, de manière à marginaliser les « virtualités proprement "subversives" » d'un mot qui, au XVIe siècle, était porteur d'une « intégrale libération ». Au seuil du XVIIIe siècle et au terme d'un travail de banalisation lexicale qui concourt à l'oubli de sa portée critique et au triomphe de l'idée d'inconduite, le mot « libertin » apparaîtrait enfin comme « totalement désamorcé[27] ». Dans un autre article consacré à cette question, Rosy Pinhas-Delpuech considère, pour sa part, que le destin sémantique du mot « libertinage » se règle sur le partage progressif entre raison et folie, partage dont les frontières, rappelle-t-elle à la suite de Michel Foucault, se fixèrent pendant l'âge classique. C'est pourquoi le XVIIIe siècle en vint à ne plus user du même terme pour nommer à la fois le libre penseur et le débauché de qualité : réduit à un seul sens en ne désignant plus que ce dernier, « le mot reste le même, mais il paraît renvoyer dos-à-dos, désormais, Éros et la philosophie en les déclarant incompatibles entre eux[28] ».

---

27. Jean-Pierre Seguin, « Le mot "libertin" dans le dictionnaire de l'Académie, ou comment une société manipule son lexique », 1981, n° 1, p. 200 et p. 205.

28. Rosy Pinhas-Delpuech, « De l'affranchi au libertin, les avatars d'un mot », *Éros philosophe. Discours libertins des Lumières*, 1984, p. 19.

II

Les Lumières clandestines

S'il semble vain de contester la tendance générale de cette évolution sémantique, j'oserai néanmoins contrarier les conclusions auxquelles parviennent les différents auteurs dont on vient de rapporter les opinions et qui, curieusement, ne prolongent guère leur enquête au delà du XVIIe finissant. Il ne s'agit pas de remettre en cause la lecture qu'on donne, à la suite de Gerhard Schneider, des manipulations auxquelles le XVIIe siècle se serait livré et dont le XVIIIe siècle hérite largement, mais de montrer que, même sur ce point précis, l'attitude du siècle des Lumières fut beaucoup plus complexe qu'on a bien voulu le laisser croire. C'est pourquoi on pourrait sans doute prétexter quelques occurrences signalant la permanence d'une identité sémantique qui suppose toujours au libertinage une double entente. Il serait tout à fait possible d'évoquer, par exemple, une mention que l'on retrouve sous la plume de l'abbé Prévost dans l'*Histoire de M. Cleveland* (1735-1740). Dans un passage où, rappelons-le brièvement, le recteur du Collège Louis-le-Grand entend dissiper les préventions de Cleveland contre les Jésuites, la conversation en vient à rouler sur les opinions des ennemis de la Compagnie, ces « libertins qui, par un déréglement d'esprit, dont la corruption de leur cœur est la source, affectent de jeter du ridicule sur tout ce qui est opposé à leurs maximes[1] ». À sa manière, la définition que donne l'*Encyclopédie* des libertins et du libertinage témoignerait, elle aussi, d'une certaine permanence sémantique. Si le libertinage évoque d'abord des poètes qui, tel Chaulieu, y « ont mis tant de philosophie [...] qu'ils ne l'ont que trop fait pardonner », les libertins, quant à eux, rappellent surtout ces sectaires du XVIe siècle dont les maximes impies persuadèrent de prêter « un mauvais sens » au nom qu'on leur donna.

On pourrait multiplier les exemples, évoquer le *Journal de Trévoux* tonnant contre ceux qui sont « rébelles à croire », « les Mécréans & les Libertins

---

1. Antoine François Prévost d'Exiles, dit abbé Prévost, *Histoire de M. Cleveland, fils naturel de Cromwell*, dans *Œuvres*, 1969 [1731-1739], vol. VII, t. 4, L. XII, p. 69.

de tous les tems² » : en aucun cas, pourtant, cette relative persistance du sens qu'on aurait lieu d'observer ne saurait lever une difficulté essentielle. Dès lors que la libre pensée du XVIIIe siècle se réclame plus volontiers de la « philosophie » que du « libertinage », il semble assez futile de dissimuler derrière quelques occurrences une volonté désormais bien marquée de dissocier les écarts dont le libertin est toujours suspect, d'une entreprise où il s'agit d'accréditer un usage légitime de la raison. Chez plusieurs représentants des Lumières, fixer un tel usage suppose même, comme Ernst Cassirer l'a bien montré, qu'on « ne dévie pas d'un pouce de la ligne méthodologique tracée par Newton » et, qu'à l'exemple de d'Alembert, on assigne des bornes à la raison en écartant « des questions comme l'union de l'âme et du corps et leur action réciproque³ ». Restreindre de la sorte les ambitions de la raison permet à la philosophie des Lumières de régler le savoir sur l'observation exacte des phénomènes, seule garantie contre les extravagances où peuvent conduire les hypothèses purement spéculatives dont se nourrissent « les rêves des Philosophes sur la plupart des questions métaphysiques⁴ ». Si le « savant compas mesure l'univers », il faut toutefois renoncer à pénétrer le secret des choses et, dans cette attitude à l'égard des facultés de la raison, s'affirme déjà la thèse criticiste qui traverse tout le siècle jusqu'à la *Critique de la raison pure* (1781) et dont il revient sans doute à Voltaire d'avoir su le mieux résumer les principes en quelques vers :

La raison te conduit : avance à sa lumière ;
Marche encor quelque pas, mais borne ta carrière.
Au bord de l'infini ton cours doit s'arrêter :
Là commence un abîme, il le faut respecter⁵.

En somme, « l'homme veut savoir [...] & ne veut pas douter, & dans ce désir déréglé [...] il imagine au lieu de raisonner⁶ ». Pourtant, on ne saurait

---

2. Anonyme, « Nouvelles libertés de penser. A Amsterdam 1743. in-12. Pages 204 », *Journal de Trévoux ou Mémoires pour servir à l'histoire des sciences et des arts*, art. 68, août 1743, p. 2269 et p. 2271.
3. Ernst Cassirer, *La philosophie des Lumières*, 1966 [1932], p. 85.
4. Jean Le Rond d'Alembert, *Essai sur les éléments de philosophie ou sur les principes des connoissances humaines*, dans *Mélanges de littérature, d'histoire et de philosophie*, 1759, t. 4, p. 50.
5. François-Marie Arouet, dit Voltaire, *Discours en vers sur l'homme. Quatrième discours. De la modération en tout, dans l'étude, dans l'ambition, dans les plaisirs*, dans *Les œuvres complètes de Voltaire*, 1991 [1737], vol. XVII, p. 496 et p. 492.
6. Anonyme, « Réflexions sur l'existence de l'ame & sur l'existence de Dieu », *Nouvelles libertés de penser*, 1743, p. 155-156.

ignorer que le problème proprement épistémologique des limites du savoir se double aussi, pendant tout le siècle, d'une certaine politique. Certes, il est nécessaire de prévenir les dérives, voire les délires de la raison en restreignant son usage légitime, mais encore faut-il lui garantir son droit à la critique et accréditer le recours au libre examen dont elle s'autorise. Plaider la cause de la raison, travailler à la diffusion des Lumières et renverser jusqu'aux résistances de l'orthodoxie exigent que la philosophie et la science nouvelles se dégagent du soupçon d'immoralité pesant sur la libre pensée en dénouant les liens qui rattachaient le libertinage d'esprit au libertinage de mœurs. Cette tâche, Pierre Bayle la fit sienne dès la fin du XVIIe siècle, alors que s'esquisse dans son œuvre la figure d'un libre penseur qui, sachant pratiquer la philosophie avec vertu, répugne aux vivacités libertines trop promptes à renverser toutes les mesures de la prudence et du savoir. La publication des *Pensées diverses sur la comète* (1682-1683) devait marquer le premier moment d'une telle entreprise. Dans cet ouvrage destiné à vaincre les terreurs superstitieuses rattachées au passage des comètes, Bayle prit surtout prétexte d'un long développement sur l'athéisme pour faire justice à d'autres idées reçues depuis trop longtemps sans examen. « Ce ne sont pas, observe-t-il, les opinions generales de l'esprit, qui nous determinent à agir, mais les passions presentes du cœur », si bien que ce sont ces passions mêmes qui entraînent avec elles « l'esprit de débauche » et non pas les « opinions que l'on a, ou que l'on n'a pas touchant la nature de Dieu[7] ». Quoi de plus naturel qu'il y ait « des chrétiens orthodoxes qui vivent mal, et [...] des libertins d'esprit qui vivent bien[8] » ? et quoi de plus ridicule que de s'en étonner et de décider, contre toute évidence, « que l'Athéisme est inseparable de l'impureté des mœurs[9] » ? Mais les preuves démonstratives ne suffisent pas et, pour vaincre les difficultés que l'on oppose à l'idée même d'un libertinage vertueux de l'esprit, Bayle en appelle à l'examen des faits, c'est-à-dire aux méthodes de la critique historique qui, depuis La Mothe le Vayer ou encore Gassendi, semblaient offrir contre les préjugés le meilleur rempart. Car à consulter le témoignage de l'histoire, que voit-on ? Tout d'abord, l'existence d'une première « classe d'athées », celle des « athées de théorie[10] » : il s'agit de ces auteurs qui « ont

---

7. Pierre Bayle, *Pensées diverses sur la comète*, 1939 [1682-1683], t. 2, § 138, p. 17 et § 144, p. 33.
8. Pierre Bayle, « Article Arcésilas », *Dictionnaire historique et critique*, 1969 [1697], rem. K, p. 252.
9. Pierre Bayle, *Pensées diverses sur la comète, op. cit.*, t. 2, § 174, p. 113.
10. Sur ces distinctions, voir Pierre Bayle, « Éclaircissement sur les athées. Ier. Éclaircissement », *Dictionnaire historique et critique, op. cit.*, t. 15, p. 276-277.

fait profession ouverte d'Athéïsme », sans que leur manière de vivre « ait fait crier contre le libertinage de leurs mœurs[11] ». On doit ensuite distinguer ces « athées de système » d'une seconde classe de libertins : celle des « athées de pratique », formée de débauchés sans doctrine véritable et qui, à l'exemple d'un Des Barreaux, ne parlent que « par un principe de fanfaronnerie » et « se démentent dans le péril[12] ». Enfin, s'il faut encore s'étonner, ce sont bien des persécutions qu'ont essuyées les libertins d'esprit malgré une vertu avérée : mais aurait-on « inquiété Galilée, si au lieu de faire le Copernicien, il se fust attaché à entretenir plusieurs Concubines[13] » ?

Que conclure de tout cela, si ce n'est une sorte de contrariété qui s'introduit, au seuil du XVIIIe siècle, entre la figure du libertin d'esprit et celle du libertin de mœurs ? Si tout semble concourir à faire bientôt du premier un « philosophe » et du second un simple débauché, il faut se souvenir néanmoins qu'un tel partage se règle sur le rationalisme cartésien, celui de Bayle bien sûr, mais aussi celui d'une large fraction du public français bientôt acquis aux principes du cartésianisme. La différence radicale introduite par Descartes entre l'âme, devenue substance pensante, et la matière, réduite à une substance étendue ; la vaste diffusion de cette philosophie au sein de la culture française, voire son accession au rang de nouvelle orthodoxie : à la fin, il était fatal que tout cela entraînât avec soi le destin du libertinage en infléchissant jusqu'au sens de ce terme. Pourtant, à examiner les choses de plus près, on ne saurait vraiment recevoir une thèse se proposant d'étendre à tout le XVIIIe siècle une telle opposition entre « philosophie » et « libertinage » sans nier du même coup le souci constant, chez nombre d'auteurs et parmi les plus considérables, d'allier la réhabilitation des passions à la critique des préjugés, l'exercice de la raison à la pratique des plaisirs. Les « philosophes » du XVIIIe siècle ne sont pas, dans leur ensemble, des cartésiens : hasardons même que si, parfois, ils affectent de démentir un certain libertinage au profit des seules licences de l'esprit, c'est peut-être davantage par politique qu'en vertu de principes philosophiques affirmés. Dans ce contexte, il est aisé de comprendre que ce sont les principes de cette politique qu'il faut chercher à mettre en évidence si l'on veut mesurer ce à quoi engage le libertinage du XVIIIe siècle.

---

11. Pierre Bayle, *Pensées diverses sur la comète, op. cit.*, § 174, p. 107-108.
12. Pierre Bayle, « Article Des-Barreaux », *Dictionnaire historique et critique, op. cit.*, rem. F, p. 488.
13. Pierre Bayle, *Pensées diverses sur la comète, op. cit.*, § 200, p. 181.

On doit à Jacques André Naigeon et à ses connaissances précises du milieu philosophique d'en avoir fourni l'un des meilleurs tableaux. Dans son *Encyclopédie méthodique*, après avoir reproduit dans l'article qu'il consacre à Dumarsais un passage où ce dernier semble admettre que « Dieu a tiré du néant deux substances, la substance spirituelle, & la substance corporelle », voici ce qu'il ajoute dans une note restée fameuse :

> Ceux qui savent que *du Marsais* a été un des athées les plus fermes & les plus hardis qu'il y ait jamais eu, seront sans doute étonnés de le voir consacrer ici deux dogmes [...] dont l'absurdité lui étoit également démontrée : mais il faut se souvenir que ce philosophe avoit, comme ceux qui pensoient à peu près comme lui sur ces matières, une doctrine publique & une doctrine secrète. Plusieurs passages de sa logique sont écrits dans les principes de sa philosophie exotérique, & le traité qu'il a intitulé *le Philosophe*, petit ouvrage excellent & trop peu connu, est de doctrine ésotérique [4].

Il est clair que, sur son versant « public » et « exotérique », la « doctrine » des Lumières entend suivre une politique qui mette la recherche philosophique à couvert des poursuites d'une orthodoxie toujours prompte à sévir. Il s'y exprime même une sorte de désir de légitimité, comme l'atteste l'aventure de l'*Encyclopédie*, ouvrage qui, d'abord publié avec privilège du Roi, offrait à ses rédacteurs la promesse d'une plus grande diffusion des idées nouvelles malgré la censure même que ceux-ci se devaient de pratiquer en retranchant leurs pointes les plus téméraires. Dans la clandestinité, toutefois, la doctrine « privée » et « ésotérique » des philosophes va dédaigner ces timidités et, sur ce versant où l'on découvre, suivant l'heureuse expression de Miguel Benítez, la « face cachée des Lumières », elle sera volontiers libertine. Le *Philosophe* de Dumarsais, on l'a vu, mais aussi les *Bijoux indiscrets* de Diderot ; la *Lettre de Thrasibule à Leucippe* de Fréret et *Thérèse philosophe* du marquis d'Argens ; l'*Art de jouir* de La Mettrie et les *Sonnettes* de Guiard de Servigné : tous ces textes clandestins, cités parmi tant d'exemples, sont autant de témoignages de cette « doctrine privée » dont on ne saurait méconnaître qu'elle dément l'idée même d'un XVIIIe siècle où, croyait-on, « les plaisirs et les désirs deviennent incompatibles avec l'exercice professionnel de la raison [15] ».

---

14. Jacques André Naigeon, « Philosophie ancienne et moderne. Article Marsais, du / Philosophie de », *Encyclopédie méthodique ou par ordre des matières, par une société de gens de Lettres, de savans et d'artistes*, An II [1793], vol. III, t. 146, p. 171.

15. Rosy Pinhas-Delpuech, « De l'affranchi au libertin, les avatars d'un mot », *loc. cit.*, p. 20.

Il faut dire que, depuis la polémique engagée jadis par Calvin contre « la secte phantastique et furieuse des Libertins », le libertinage a toujours évoqué le tour plus radical donné à la libre pensée en s'autorisant précisément de la double entente d'un mot qui gardera jusqu'à Sade l'obscure mémoire d'une résistance plus marquée à l'orthodoxie. Celle-ci ne se méprit jamais sur le sens qu'il fallait prêter à cette tournure libertine de l'esprit et, à l'exemple du jésuite René Rapin, considéra toujours qu'en brouillant les limites assignées au domaine de la raison et à celui des sens, la pensée se jette nécessairement dans un « désordre » qui « est la source du libertinage[16] ». Le roman libertin fournit plus d'un exemple où surviennent pareille confusion et pareil brouillage : c'est le cas, entre autres, d'une scène assez plaisante que l'on retrouve dans les *Lauriers ecclésiastiques, ou Campagnes de l'abbé de T**** du chevalier de La Morlière. Le narrateur de ce roman, l'abbé de T***, vient de faire monter la Présidente de S*** dans sa voiture ; la conversation devient assez vive, celui-ci se met « à prendre des baisers sur sa bouche, & à visiter sa gorge » et, à la Présidente qui se récrie : « ah ! mon petit Abbé que vous êtes libertin ! », celui-ci ne daigne enfin répondre « qu'en continuant [s]es occupations philosophiques[17] ». De même, pendant tout le XVIIIe siècle, les adversaires de la libre pensée ne se sont jamais mépris sur le tour que pouvaient prendre certaines « occupations philosophiques ». Aussi est-ce encore et toujours la figure du libertin qui perce sous celle du « philosophe » lorsque Palissot porte les *Philosophes* (1760) sur la scène comique pour dénoncer l'abus « de ce nom respectable[18] ». Voici comment il conçoit, dans son « Avis préliminaire », l'acception prétendue abusive de ce mot, alors qu'il évoque le portrait qu'avait fait Voltaire de l'abbé Dubois, « ministre des plaisirs », puis « ministre d'État » du duc d'Orléans :

C'était un de ces philosophes dégagés des préjugés, élevé dans sa jeunesse auprès de la fameuse Ninon l'Enclos. *Il y parut bien à sa mort* [...] Il avait toujours dit à ses amis, qu'il trouverait le moyen de mourir sans les Sacremens de l'Eglise, *et il tint parole*[19].

---

16. René Rapin, *Comparaison de Platon et d'Aristote*, 1671, p. 365-366 ; cité par Gerhard Schneider, *Der Libertin, op. cit.*, p. 206-207.
17. Jacques de La Rochette, dit le chevalier de La Morlière, *Les lauriers ecclésiastiques, ou Campagnes de l'abbé de T****, 1748, p. 103.
18. Charles Palissot de Montenoy, « Avis préliminaire », *Les philosophes*, 1971 [1760], p. 319 sq.
19. *Ibid.*, p. 321-322.

Dans la pièce elle-même, les *Bijoux indiscrets* sont qualifiés de « gaillardise assez philosophique[20] » et, si la charge contre les philosophes visait nommément le libertinage de Diderot, ici travesti en Dortidius, les ambitions d'une telle comédie se portaient bien au delà du simple factum. Il s'agissait surtout de dénoncer une « secte » qui « faisait trophée de son incrédulité, rendait la morale douteuse, et mettait en problème le respect qu'on doit à l'autorité[21] ». Ce sont là, on le sait depuis Valéry, de « beaux titres ». Palissot, cependant, voyait les choses d'un autre œil et, sans s'attacher au détail de toute la pièce, rappelons seulement qu'il imagina une intrigue où l'adresse d'un valet permet de dévoiler la duplicité de « philosophes » s'employant à séduire une riche veuve pour mieux la dépouiller de ses biens. Une fois la supercherie démasquée, le philosophe retrouve sa véritable figure sous les traits d'un libertin peu fréquentable qui disqualifie le discours philosophique officiel. Avec ses quiproquos et ses révélations, les ressorts éprouvés de la comédie classique servent pourtant une critique qu'on aurait tort de méconnaître et dont il importe de méditer la leçon car, avec une œuvre qui met en scène la duplicité des philosophes, Palissot rend peut-être de la meilleure façon l'ambiguïté, voire les contrastes et l'hétérogénéité propres à la pensée des Lumières. L'attitude que dénonce le dramaturge, les libertins du XVIIe siècle la résumait déjà en citant cette maxime de Cremonini qu'ils firent leur : « *Intus ut libet, foris ut moris est*[22] ». En revanche, en blâmant une duplicité de cette sorte, Palissot entend bien dissocier les Lumières d'un tel libertinage et agir, si l'on peut s'exprimer ainsi, en *Aufklärer* vertueux[23]. Sa correspondance avec Voltaire en témoigne[24] : ce qu'il prétend dénoncer, c'est ce que la philosophie allemande appellera, à la fin du siècle, *ein « Mißbrauch der Aufklärung*[25] ». À la suite de Palissot, il y a sans doute tout lieu de reconnaître le caractère pluriel

---

20. *Ibid.*, p. 391.
21. Charles Palissot de Montenoy, « Ancienne préface des premières éditions de la comédie des *Philosophes* », *op. cit.*, p. 417.
22. « En privé, fais ce qu'il te plaît ; en public, fais selon l'usage reçu » (je traduis). Voir Guy Patin, *Lettres*, 1864, vol. II, p. 277 : « M. Naudé [...] disait qu'il fallait faire comme les Italiens, bonne mine sans bruit, et prendre dans ce cas-là pour devise : *Intus ut libet, foris ut moris est* ».
23. L'expression est de Moses Mendelssohn : *ein « tugendliebender Aufklärer »*, dans « Über die Frage : was heißt aufklären ? », *Was ist Aufklärung*, 1990 [1784], p. 7.
24. Voir Charles Palissot de Montenoy, « Correspondance de l'auteur et de M. de Voltaire, relative à cette comédie », *op. cit.*, p. 423-471 et, en particulier, p. 425.
25. Moses Mendelssohn, « Über die Frage : was heißt aufklären ? », *loc. cit.*, p. 7 : « *Mißbrauch der Aufklärung schwächt das moralische Gefühl, führt zu Hartsinn, Egoismus, Irreligion, und Anarchie* » ; « un mauvais usage des Lumières affaiblit le sentiment moral et conduit à *l'esprit de système*, à *l'égoïsme*, à *l'irréligion* et à *l'anarchie* » (je traduis).

des Lumières en maintenant la tension qui existe entre l'*Aufklärer* vertueux et celui qui « mésuse » des Lumières. Toutefois, à l'honneur des philosophes les plus radicaux cette fois, il faudrait ajouter que le « mauvais usage » des Lumières entretint toujours un rapport de conformité avec une libre pensée s'ouvrant sans cesse à l'audace libertine : autrement dit, à une hardiesse explorant toutes les ressources critiques du discours philosophique. Naigeon, encore une fois, ne manque pas de remarquer à quel point il est nécessaire que de tels écarts viennent rompre toutes les mesures de la « doctrine publique » des Lumières, car « il s'en faut de beaucoup, se récrie-t-il à propos de la prudente timidité de d'Alembert, que nos connaissances [...] soient aussi bornées[26] ». On pourrait enfin citer le célèbre *Discours sur la liberté de penser* d'Anthony Collins qui, dès le début du siècle, n'affirme déjà rien d'autre en s'écriant qu'on ne saurait « prescrire des *bornes* à ma *Pensée* sans me faire penser à la raison pour laquelle il ne m'est pas permis d'*étendre ma Pensée* sur tel sujet qui me plaira[27] ».

Que le libertin du XVIIIe siècle « mésuse » des Lumières en en radicalisant les leçons, c'est ce dont on ne peut guère douter si l'on songe, par exemple, à la définition que donne du libertinage l'*Histoire de Juliette* (ca. 1797). À la fin de la sixième partie de ce long ouvrage du marquis de Sade figure le récit de débauches vénitiennes où, à l'occasion d'un souper composé de chair humaine, Juliette et ses compagnons dissertent sur leurs maximes. C'est la Durand qui parle :

> Le libertinage, dit-elle, est un égarement des sens qui suppose le brisement total de tous les freins, le plus souverain mépris pour tous les préjugés, le renversement total de tout culte, la plus profonde horreur pour toute espèce de morale ; et tout libertin qui n'en sera pas à ce degré de philosophie [...] ne pourra jamais être parfaitement heureux[28].

---

26. Jacques André Naigeon, « Philosophie ancienne et moderne. Article Marsais, du / Philosophie de », *Encyclopédie méthodique, op. cit.*, p. 202.

27. Anthony Collins, *Discours sur la liberté de penser et de raisonner sur les matieres les plus importantes*, 1717, p. 39. L'ouvrage était très connu en France : voir Jacques André Naigeon, « Philosophie ancienne et moderne. Collins (philosophie de) », *Encyclopédie méthodique, op. cit.*, vol. CXLIV, t. 1, p. 856.

28. Donatien Alphonse François, marquis de Sade, *Histoire de Juliette, ou les prospérités du vice*, dans *Œuvres complètes du marquis de Sade*, 1987 [ca. 1797], t. 9, p. 507.

Une définition aussi éloquente montre bien que, même à la fin du siècle, le mot « libertinage » demeure le seul disponible pour nommer à la fois une liberté de mœurs et une licence d'esprit qui en appellent toujours aux principaux thèmes de la philosophie « privée » et clandestine du XVIIIe siècle, malgré un récit dont les excès entraînent bien au delà des Lumières en annonçant déjà le XIXe siècle. Toutefois, on l'a vu à propos de Palissot, caractériser le libertinage du siècle des Lumières suppose aussi que l'on sache retracer les prudents détours d'une doctrine « privée » et, sur ce point, l'œuvre de Denis Diderot est sans nul doute beaucoup plus exemplaire que celle de Sade. Tantôt sanctionnée par la censure et tantôt clandestine, tantôt licencieuse et tantôt prompte à déclamer contre les nudités de Boucher, cette œuvre n'a pas dédaigné de paraître quelquefois sous un travesti libertin et, en pareil cas, le libertinage devient un motif destiné à relever le savoir philosophique d'un contrepoint insolent. Un seul exemple suffira pour me faire comprendre : il s'agit de l'*incipit* du *Neveu de Rameau* (1761-1774), texte qui, pendant tout le XVIIIe siècle, ne circula que sous la forme de copies manuscrites destinées à l'usage d'un cercle restreint. Cet ouvrage s'ouvre, on s'en souvient peut-être, sur une évocation des promenades que Diderot se plaisait à faire dans les jardins du Palais-Royal et le trait par lequel celui-ci retrace le cours ordinaire de sa réflexion mérite qu'on le rappelle :

> Je m'entretiens avec moi-même de politique, d'amour, de goût ou de philosophie. J'abandonne mon esprit à tout son libertinage. Je le laisse maître de suivre la première idée sage ou folle qui se présente, comme on voit dans l'allée de Foy nos jeunes dissolus marcher sur les pas d'une courtisane à l'air éventé, au visage riant, à l'œil vif, au nez retroussé, quitter celle-ci pour une autre, les attaquant toutes et ne s'attachant à aucune. Mes pensées, ce sont mes catins[29].

Dans ce court extrait, l'esprit suit la même marche que ces « jeunes dissolus de l'allée de Foy », de sorte qu'il se découvre à la fin un même mouvement et une même inconstance. La figure du jeune débauché et celle du philosophe qui médite s'entrelacent : libertinage d'esprit et libertinage de mœurs se répondent à la faveur d'une image en miroir saisissante où viennent se réfléchir réflexions politiques et esthétiques, philosophiques et érotiques. Par un raccourci exemplaire, ce trait unit les valeurs extrêmes que suppose le terme même de « libertinage » qui, en parfait accord avec une

---

29. Denis Diderot, *Le neveu de Rameau*, dans *Œuvres*, 1951, p. 425.

histoire sémantique dont il garde toujours l'obscure mémoire, était encore disponible pour marquer cette sorte de contrepoint effronté et licencieux des Lumières. Ces « Lumières libertines[30] », on l'a vu, ne pouvaient paraître que sur le versant clandestin d'une libre pensée qui devait faire avec un contexte où le poids de la censure déterminait nombre d'auteurs à une politique faite de prudence et d'esquive. C'est ainsi qu'aussi bien chez Diderot que chez tous ceux « qui pensoient à peu près comme lui sur ces matières[31] », l'usage des Lumières se module suivant la manière tantôt réglée et tantôt libertine que commande la pratique d'une « double écriture, l'une exotérique, destinée à l'imprimeur, l'autre ésotérique, conservée par devers soi[32] ». «Conservée par devers soi», cette production ésotérique ne l'est pas toujours et elle s'en remet dès lors aux hasards de la reproduction manuscrite ou encore aux ressources de l'édition clandestine. Dans ce dernier cas, une curieuse expression témoigne des précautions dont on en garantissait la diffusion : comme l'éditeur expédiait les ouvrages en feuillets non brochés, il *lardait* ceux qui paraissaient munis d'un privilège royal, de manière à y cacher des livres illicites à l'intérieur[33]. «Lardées», les productions les mieux réglées de la pensée des Lumières le sont à plus d'un titre : c'est même sous ce pli, comme le montre le roman libertin, que l'on retrouve ce qui singularise le sens que le XVIIIe siècle a rattaché au libertinage.

---

30. Cette heureuse expression est de Radu Toma dans « Lumières libertines », 1982.
31. Jacques André Naigeon, *Encyclopédie méthodique, op. cit.*, p. 171.
32. Cette observation est de Michel Delon, « De *Thérèse philosophe* à *La philosophie dans le boudoir*, la place de la philosophie », 1983, p. 80.
33. Voir Robert Darnton, *Édition et sédition, op. cit.*, p. 34

III

La Vénus métaphysique

Libertinage et roman

Les observations précédentes montrent la complexité du destin sémantique d'un mot qui, outre la spécialisation morale que lui confère le XVIIe siècle, désigne de surcroît un ton audacieux où perce le contrepoint clandestin des Lumières. Il fallait sans doute interroger cette double entente avant d'envisager les romans qui, au XVIIIe siècle, peuvent se prévaloir du titre de « libertins ». C'est, en effet, sur une pareille pluralité des sens et des enjeux que va se jouer l'identité de ces textes où viennent se mesurer, sur la scène d'une expérience imaginaire, enquête philosophique et représentation du corps, savoirs et volupté, indocilité des désirs et indocilités de la raison. Nul roman n'est libertin, par conséquent, s'il ne s'annonce par une hardiesse qu'il n'est pas rare de voir s'afficher dès la première de couverture. Qu'on ouvre, par exemple, les *Lauriers ecclésiastiques*, qu'on y lise l'impertinente mention d'édition « À Luxuropolis, de l'Imprimerie ordinaire du Clergé » et, déjà, on est sûr de son fait : voilà, à n'en pas douter, un texte osé, un texte prohibé, un texte libertin. Les exemples de ces villes et de ces imprimeries inventées à plaisir foisonnent et un simple coup d'œil jeté sur quelques titres de la bibliothèque libertine en est aussitôt averti. Ne voit-on pas une profusion de mentions telles « À Pékin, chez Lou-chou-chu-la » ou encore « À Gaznah, de l'imprimerie du très-pieux, très-clément et très auguste sultan des Indes » ? Bref, rien de plus ordinaire et de plus commode que de recourir librement à un tel arsenal toponymique, car le mérite du procédé ne se limite pas à piquer la curiosité des lecteurs : il suppose encore qu'on se promette de tromper les perquisitions d'une police souvent prompte à saisir tout ce qui affecte trop d'insubordination. Dans ces publications furtives, libertinage et illégalité se répondent : c'est pourquoi le roman libertin se définit d'abord en regard d'une aventure éditoriale qui, comme le souligne Gachet d'Artigny en 1739, engage tous les auteurs désireux de faire imprimer des livres comme le

« *Tanzaï* & les *Princesses malabares* », à « regard[er] la Bastille d'un œil intrépide[1] ».

On dispose aujourd'hui d'études suffisamment précises sur l'histoire de la librairie clandestine au XVIIIe siècle pour mesurer avec assez d'exactitude ces risques qu'évoque d'Artigny et même pour débrouiller les liens complexes qui se nouent entre le roman libertin, le grand commerce du livre illicite et les dispositions prises par les autorités pour en réprimer les licences. Soumis au régime de la censure préalable qui en réprouve jusqu'à l'existence, le roman libertin, sa diffusion, voire sa possibilité même, dépendent d'un immense trafic dont l'ampleur étonne lorsqu'on songe que « le livre prohibé a eu une importance qui est sans doute comparable, peut-être même fort supérieure à celle du livre permis[2] ». Dans la foule si considérable des ouvrages illicites, le roman libertin, bien sûr, n'est pas seul et il côtoie dans les mêmes réseaux de diffusion soit les contrefaçons de livres par ailleurs autorisés, soit la multitude des livres réprouvés. En pareil cas, il peut s'agir d'imprimés à caractère religieux, jansénistes ou convulsionnaires, bref, hérétiques ; ou encore d'écrits politiques et de satires dirigées contre le gouvernement ; ou enfin d'ouvrages philosophiques dont le public, souvent restreint, s'élargit aussitôt que philosophie et littérature s'entremêlent : c'est à cette enseigne que se retrouvent nos romans.

Pendant tout le siècle et afin d'endiguer ce flot, la politique royale répondit par un ensemble de mesures qui, bien mieux concertées que celles de l'Église et du Parlement, s'intéressaient à deux objets essentiels. On mettait d'abord à la disposition de la direction de la librairie une nombreuse équipe de censeurs[3]. Chacun d'entre eux avait pour tâche de prévenir tout ce qui compromettait le respect dû au Roi, à l'Église et aux bonnes mœurs et, s'il soupçonnait un texte de pareils écarts, de refuser l'octroi du privilège ou d'exiger des amendements préalables. Ensuite, il fallait sévir contre toutes les

---

1. Antoine Gachet d'Artigny, *Relation de ce qui s'est passé dans une assemblée tenue au bas du Parnasse pour la réforme des belles lettres*, 1739, p. 3. Les *Princesses malabares*, roman « philosophique » et « production libertine d'une imagination frappée », suivant son auteur, (1734, p. 2) « a été condamné par arret du parlement le 31 décembre 1734 », si l'on en croit une note manuscrite du XVIIIe siècle figurant sur l'exemplaire conservé à la Bibliothèque nationale (Y2-60792). Quant au *Tanzaï*, il s'agit, bien sûr, du premier grand roman libertin de Crébillon fils.
2. Anne Sauvy, « Livres contrefaits et livres interdits », *Histoire de l'édition française. Le livre triomphant (1660-1830)*, 1984, t. 2, p. 104 (dir. Henri-Jean Martin, Roger Chartier et Jean-Pierre Vivet).
3. Vers 1750, on compte plus de 120 censeurs : voir Daniel Roche, « La censure », *Histoire de l'édition française, op. cit.*, p. 82.

publications qu'on avait dérobées aux regards du censeur et cette précaution était d'autant plus nécessaire que les presses clandestines et les éditeurs établis hors du Royaume offraient toujours une excellente ressource aux auteurs. Contrôler aux frontières l'entrée des ballots de livres en provenance de l'étranger, multiplier sur le territoire même les interventions policières et, au besoin, embastiller les contrevenants : voilà le programme de cette police du livre dont on complétera l'esquisse en évoquant, pour une période comprise entre 1740 et 1749, l'incarcération de deux cents prévenus qui, pour moitié, sont des auteurs et, pour l'autre, des libraires, des ouvriers ou des colporteurs[4]. À la vue de marques aussi affirmées de dirigisme et d'autoritarisme, on imagine bien cette « foule de mauvais effets » que Diderot évoque dans les *Bijoux indiscrets* et qui étaient le résultat inévitable d'une police souvent trop prompte à « estropier de bons ouvrages » ou encore à « étouffer les meilleurs esprits[5] ». Seulement, il ne faudrait pas s'empresser de conclure de cette critique à l'efficacité de la politique royale, car il y entrait une multitude d'ambiguïtés et de désordres favorables à l'indépendance d'esprit des auteurs et aux opérations de la librairie clandestine. À l'intérieur même du système répressif, il y avait la négligence des censeurs, résumée par une anecdote amusante que rapporte Sébastien Mercier et où l'on voit un docteur de la Sorbonne déclarer, après lecture d'une traduction du Coran, n'y avoir trouvé « rien de contraire à la foi catholique[6] ». Quelquefois, pouvoir et libre pensée sont d'intelligence : le cas le plus célèbre est celui de Malesherbes qui, à titre de directeur de la librairie, ordonne la saisie de l'*Encyclopédie*, mais offre néanmoins sa maison à Diderot pour y mettre en sûreté ce que la Cour l'avait prié de faire confisquer[7]. Plus grave encore, la politique officielle allait souvent jusqu'à se contrarier elle-même. Par exemple, nul ne savait, pas même la police, comment distinguer avec exactitude le livre légal, de l'ouvrage permis, simplement toléré ou absolument prohibé[8] et cette confusion administrative, la direction de la librairie en était elle-même responsable. Soucieuse de ne pas favoriser la concurrence étrangère en accablant la production nationale d'une réglementation trop stricte, obscurément consciente

---

4. Voir *ibid.*, p. 87.
5. Denis Diderot, *Les bijoux indiscrets*, 1951 [1748], p. 175.
6. Le censeur se nommait Claude Morel : voir Sébastien Mercier, « Censeurs », *Tableau de Paris*, 1782, t. 2, ch. 121, p. 50.
7. Pour les détails de cette affaire, voir Pierre Lepape, *Diderot*, 1991 p. 131 sq.
8. Voir Robert Darnton, *Édition et sédition*, *op. cit.*, p. 12.

« qu'un livre français sur deux, ou même plus, [est] publié hors du royaume[9] », celle-ci avait peu à peu assoupli un régime fondé sur l'octroi d'un privilège officiel au profit d'un système de la permission tacite ou, mieux, de la simple tolérance. Si l'on se représente que cette dernière pratique était d'usage quand « on sent[ait] la nécessité de tolérer un livre » sans devoir toutefois « avouer qu'on le tolérait[10] », on concevra une idée assez exacte de l'extraordinaire confusion à laquelle put donner lieu, en 1737, l'épisode fameux de la proscription générale des romans. Dans cette affaire, comme le rapporte Henri-Jean Martin,

> [...] le sévère chancelier d'Aguesseau, qui trouvait cette littérature pernicieuse, interdit de décerner des privilèges pour les ouvrages de cette sorte ; mais le comte d'Argenson qui lui avait été adjoint [...] trouva cette mesure néfaste et décida, avec la complicité du lieutenant de police, de tolérer que les romans puissent continuer à être imprimés en France[11].

Pareille contradiction est exemplaire : c'est même dans l'entrelacs serré de ces tensions où le pouvoir oscille entre tolérances fugitives et répression que vont s'insinuer les effronteries du roman et, notamment, les plus insolentes, celles dont la pratique définit le roman libertin. Une seule anecdote va suffire à illustrer cette remarque : le 14 mars 1749, on conduisit à la Bastille un certain Jean Lacasse, coupable d'avoir « mis en dépôt dans la chapelle du Roi à Versailles une édition entière du *Portier des Chartreux*[12] ». C'est ainsi qu'au cœur, si l'on peut dire, mystique du pouvoir monarchique, se pratique un recel d'ouvrages libertins secrètement favorisé et, en même temps, sévèrement réprimé. Bref, ce sont de ces ambiguïtés mêmes qu'est fait le destin éditorial du roman libertin et, si celui-ci peut publier ses impudences, on s'aperçoit qu'il ne doit rien négliger et se recommander à mille précautions.

---

9. Henri-Jean Martin et Roger Chartier, « L'édition en français hors de France », *Histoire de l'édition française, op. cit.*, p. 302. Pour le roman en particulier, voir les statistiques produites par Richard L. Frautschi, « Styles de roman et styles de censure dans la seconde moitié du dix-huitième siècle français. TABLE B. Provenance des romans francophones », 1972, vol. LXXXVIII, p. 536-537.

10. Guillaume de Lamoignon de Malesherbes, *Mémoire sur la liberté de la presse*, p. 52 ; cité par Jean-Paul Belin, *Le commerce des livres prohibés à Paris de 1750 à 1789*, 1913, p. 28.

11. Henri-Jean Martin, « La direction des lettres », *Histoire de l'édition française, op. cit.*, p. 71. Sur cette question, voir également Françoise Weil, *L'interdiction du roman et la librairie (1728-1750)*, 1986.

12. Pièce produite par Funck Brentano, *Les lettres de cachet, 1659-1789*, 1903, n° 4074 ; cité par Jean M. Goulemot, *Ces livres qu'on ne lit que d'une main. Lecture et lecteurs de livres pornographiques au XVIIIe siècle*, 1994, p. 37.

Dans un contexte où la tolérance peut toujours se démentir, on comprend donc à quel point il était opportun de faire imprimer à l'étranger ou encore d'affecter de le faire en produisant une fausse adresse à Amsterdam ou à Londres, voire de se dérober avec esprit en invoquant une provocante Luxuropolis.

Mais, sous l'Ancien Régime, la police du livre ne fixe pas seulement un protocole éditorial. De manière plus précise et, si j'ose dire, encore plus positive, les catégories consacrées de la censure viennent encore spécifier ce qui qualifie le libertinage d'un roman. La politique royale conçoit l'objet qu'elle réprouve sous les espèces d'une triple offense contre la religion, l'autorité publique et la pureté des mœurs : devenue topique, cette triade sert aussi bien de règlement de police que de critère bibliographique et poétique, comme en témoignent les pages consacrées aux « mauvais romans » dans le traité *De l'usage des romans* de Lenglet Du Fresnoy[13]. Dès lors, la police du livre ne se borne plus à commander les dehors et les abords du roman libertin : elle en qualifie aussi le programme critique, la portée et les ambitions séditieuses. Enfin, le régime de la censure ne manque pas de régler, en un sens fâcheusement contraire à ses attentes, le débit des productions libertines. C'est ce que rappelle Diderot dans une *Lettre sur le commerce de la librairie*, lorsqu'il relève avec ironie que « plus [la proscription] est sévère, plus elle hausse le prix du livre, plus elle excite la curiosité de le lire, plus il est acheté, plus il est lu[14] ». Cette remarque semble résumer un sentiment assez général[15] que le goût moderne pour la statistique peut traduire en chiffres. Parmi les romans libertins les plus interdits, on dénombre jusqu'à seize éditions de *Thérèse philosophe* et de la *Fille de joie*, au moins vingt de l'*Histoire de dom Bougre* et treize des *Lauriers ecclésiastiques*[16] : chiffres considérables, si l'on songe qu'à l'époque, « on peut parler d'un ouvrage qui sort de l'ordinaire » à partir de « cinq éditions[17] ».

---

13. Voir Nicolas Lenglet Du Fresnoy, « Défauts à éviter dans les romans », *De l'usage des romans*, 1734, t. 1, p. 135-187.

14. Denis Diderot, *Lettre sur le commerce de la librairie*, dans *Œuvres complètes de Diderot*, 1876, t. 18, p. 66.

15. Voir, entre autres, Jean-Charles Gervaise de Latouche, « Préface », *Mémoires de Mademoiselle de Bonneval*, 1738 : « l'Auteur obtint une Défense / De vendre le susdit Bouquin... / Avis aux Curieux ; on y court ; on s'empresse : / La vente prend un tour heureux : / Le Livre tous les jours se vend de mieux en mieux, / Et va tout de nouveau faire gémir la presse ». Voir aussi cette observation de Nicolas Lenglet Du Fresnoy, « Préface », *Les princesses malabares, op. cit.* : « Le secret le plus infaillible de procurer un cours étonnant à quelque Livre, c'est de l'annoncer comme défendu ».

16. Voir Robert Darnton, *Édition et sédition, op. cit.*, p. 165 sq.

17. Angus Martin, « Romans et romanciers à succès de 1751 à la Révolution d'après les rééditions », 1970, t. 35, n° 139, p. 384.

Quoi qu'il en soit, il n'y a pas que cette relative fronde éditoriale qui annonce le libertinage au XVIIIe siècle et l'on ne saurait négliger plus longtemps d'examiner les avantages que celui-ci a su tirer de la prose romanesque. La tradition critique ne s'est d'ailleurs pas trompée en associant plus volontiers le libertinage du siècle des Lumières au roman. Cette tendance s'inscrit dans un contexte général où l'invention romanesque se distingue avec éclat et où la vogue croissante dont jouit ce genre auprès du public incite des auteurs de plus en plus nombreux à s'y exercer. Huit nouveaux romans paraissent en 1701 et cinquante-deux en 1750[18] : dans l'intervalle, comme le note Fréron en 1753, « l'Empire romanesque » commence à « affecter une domination universelle, et [à] vouloir s'asservir toutes les républiques littéraires[19] ». Cette « domination universelle » qui place le roman au mitan de tous les discours permet à ce genre plus qu'à tout autre d'accueillir les audaces libertines et les mésalliances que celles-ci supposent entre ambitions critiques, savoirs et mises en scène du désir. « Moins respectable, il est plus libre que le théâtre officiel[20] » et, s'il est vrai qu'il y eut aussi des spectacles montés secrètement sur la scène privée de quelque « petite maison », le libertinage de ces représentations ne tenait guère qu'aux seules mœurs. N'y voit-on pas surtout de joyeuses compagnies où se distinguent des personnages tels Branlard ou Paillardet, Couillanus ou Vitus, Vise-cul ou Souple-fesse, plus pressés, il va sans dire, de se livrer aux plaisirs que de disserter sur des matières plus spéculatives[21] ? De même, le roman permit davantage au libertinage de s'illustrer que la poésie, comme le montre l'exemple de l'*Ode à Priape* d'Alexis Piron ou, mieux, des *Réclusières de Vénus*, ouvrage dont ces quelques vers qui en résument l'argument indiquent assez bien le ton général :

---

18. Voir les statistiques produites par Silas Paul Jones, *A List of French Prose Fiction, from 1700 to 1750*, 1939.

19. Élie-Catherine Fréron, *Lettres sur quelques écrits de ce temps*, 1753, t. 8, p. 21 ; cité par Jacques Rustin, *Le vice à la mode. Étude sur le roman français du XVIIIe siècle de Manon Lescaut à l'apparition de la Nouvelle Héloïse (1731-1761)*, 1979, p. 22.

20. La remarque est de Wallace Kirsop dans « Nouveautés : théâtre et roman », *Histoire de l'édition française, op. cit.*, p. 224.

21. Voir, par exemple, *Le luxurieux*, *La nouvelle Messaline* ou *Les putains cloîtrées*, dans *Théâtre érotique français au XVIIIe siècle*, 1993, p. 73-97, p. 221-241 et p. 361-393.

[On doit] créer riantes Réclusieres
Que regiront des Abesses routieres,
Et y cloîtrer, galamment, avec choix
Tendrons fringans, dociles à leurs loix,
Qu'on formera dans tous les exercices[22].

Mais la poésie du XVIIIe siècle ne rêve pas qu'à instituer des sérails et, bien souvent, elle adopte le tour raisonneur et l'esprit galant des poètes de la fin du siècle précédent. Les exemples de ces pièces qui, en célébrant l'enchantement d'un instant, roulent sur quelques traits libertins ne manquent pas. Néanmoins, quand il s'agit de donner plus d'étendue et plus d'ampleur au libertinage de l'esprit, il n'est pas rare que les poètes du XVIIIe siècle s'en remettent eux-mêmes à une prose narrative, comme dans ces *Songes du printems*, long poème qui se propose de « travestir en images ou en sentimens une réflexion métaphysique[23] ». Recourir à un récit et aux avantages d'une intrigue constitue une option à laquelle contraint le projet philosophique de ces *Songes* car, à une époque où le libertinage suppose toujours un souci de mise en expérience de la « réflexion métaphysique », la forme narrative ne pouvait que fixer les préférences. Au reste, la conception générale qu'on se faisait du roman favorisait un tel choix, du moins si l'on en juge par la préface remarquable des *Lettres de Thérèse* *** (1739) où l'auteur en appelle précisément au mérite de l'expérience pour établir celui de son ouvrage :

Mais aujourd'hui que les vérités puisées dans la nature, & indiquées par elle-même, nous frappent davantage que celles qui sont comme arrachées par les efforts de l'étude ; on croit que le Public verra avec plaisir, dans ces morceaux détachés, les différentes impressions, que peut produire sur un cœur & sur un esprit exempt de préjugés, une infinité de choses sur lesquelles l'habitude nous rend aveugle[24].

Ce programme que décrit Bridard de la Garde, seul le roman pouvait vraiment le satisfaire et, du moment où il s'agissait de donner un tour vigoureux à

---

22. Anonyme, *Les reclusieres de Venus*, allégorie 1750, p. 12. Une mention qui a été reportée sur l'exemplaire conservé à la Bibliothèque nationale attribue l'ouvrage à Blanchet de Pravieux, « d'après une note manuscrite qui se trouve sur un exemplaire double » ; BN : Microfiche Ye. 15603.
23. Anonyme, « Préface », *Les songes du printems, par M. Turben*, 1750, p. xiii.
24. Abbé Philippe Bridard de la Garde, « Avertissement », *Lettres de Thérèse ***, ou Memoires d'une jeune demoiselle de province, pendant son séjour à Paris*, 1739.

ces « vérités puisées dans la nature », le genre offrait en outre la commodité d'une longue tradition qui se laissait aisément détourner du côté d'un certain libertinage de mœurs. À la suite de Pierre Daniel Huet et jusqu'à l'*Encyclopédie*, tout le siècle des Lumières a été unanime à définir les romans comme autant d' « *histoires feintes d'aventures amoureuses*[25] ». Ce sont des ouvrages qui, par définition, « respirent généralement la galanterie », affirme un journaliste[26] ; « le fond de leurs intrigues ne roule que sur l'amour », ils enseignent même « ce qu'il y a de plus essentiel dans la vie » en montrant comment « on peut se mettre en bonne posture auprès des Dames », ajoute Lenglet Du Fresnoy[27] — et ce ne sont là que quelques exemples.

Si les romans du XVIIIe siècle font souvent de l'amour le fond de leur sujet, la plupart n'osent s'écarter d'une certaine orthodoxie en matière de mœurs, de philosophie ou de religion. Mais si certains affichent plus d'indépendance, les contemporains les qualifient aussitôt de « romans infâmes[28] » ou « d'écrits libertins[29] », de « romans qui ne respirent que le libertinage[30] » et de « livres licencieux[31] ». Ces manières de catégories, on s'en aperçoit, ne pèchent pas leur excès de précision. Au mieux, elles permettent de reconnaître et de regrouper des ouvrages d'un genre plus libre que réprouve la censure : en aucun cas, on ne retrouve un principe d'unité comparable à celui dont pourrait se réclamer un corpus formé de tragédies, d'épigrammes ou même de récits de voyage. Si l'indécision du XVIIIe siècle est si éloquente, c'est précisément dans la mesure où le roman libertin ne peut être caractérisé avec la dernière exactitude. Il n'est guère possible d'en rattacher les productions à un genre ou à un sous-genre littéraire susceptible à son tour d'être réduit à des règles ou à une poétique. Par définition, et toutes les analyses précédentes se sont efforcées d'établir ce point, il tient davantage à une licence de mœurs étroitement associée à la « doctrine privée » des Lumières

---

25. Pierre Daniel Huet, *Lettre-traité de Pierre Daniel Huet sur l'origine des romans*, 1971 [1669], p. 46-47.
26. Anonyme, « Lettre sur les romans. À M**. Journaliste étranger. Ce premier septembre 1742 », *Les amusemens du cœur et de l'esprit. Ouvrage périodique*, 1742, t. 14, p. 410.
27. Nicolas Lenglet Du Fresnoy, *De l'usage des romans, op. cit.*, p. 38 et p. 60.
28. Voir Nicolas Lenglet Du Fresnoy, article « Venus dans le cloître, ou la religieuse en chemise », *Bibliothèque des romans, avec des remarques critiques sur leur choix & leurs differentes éditions*, 1734, t. 2.
29. Anonyme, « Lettre sur les romans. À M**. Journaliste étranger. Ce premier septembre 1742 », *art. cit.*, p. 421.
30. François-Alexandre Aubert de la Chesnaye des Bois, *Lettres amusantes et critiques sur les romans*, 1743, p. 27.
31. Anonyme, « Sur ce qu'on appelle des livres licencieux », *Jeunes gens du monde*, 1783, III, p. 351-357.

qu'à un prétendu code littéraire et, de ce fait, il échappe sans cesse à une théorie des genres qui en marquerait le caractère propre et les enjeux en fonction d'une mise en ordre taxinomique. Autrement dit, il n'y a pas de genre littéraire libertin dont le paradigme serait, par exemple, les romans de Crébillon fils ou, si l'on est plus tenté par la canaille que par le boudoir aristocratique, l'*Histoire de dom Bougre*. Il n'est que trop clair qu'ici, on ne saurait suivre l'exemple de la *Poétique* d'Aristote qui, cherchant à définir la tragédie, prend *Œdipe* comme modèle. De ce point de vue, il n'est pas étonnant que les diverses propositions faites jusqu'à ce jour par l'histoire littéraire se soient toujours combattues. Par exemple, Henri Coulet considère les *Bijoux indiscrets* comme le « chef d'œuvre [d'un] genre » dont la définition reste par ailleurs impuissante à caractériser ce texte ; puis, il divise le reste de la piétaille libertine en romans galants et en romans cyniques, rattache aux premiers *Thémidore* et *Angola*, aux seconds *Fanfiche* et *Margot*, mais exclut *Thérèse philosophe* pour obscénité outrée et l'œuvre de Crébillon fils pour cause de génie[32]. À cette indécision taxinomique, d'autres auteurs ont préféré opposer une définition plus resserrée. C'est le cas de Robert Abirached qui assimile roman libertin, « science du monde » et élégance aristocratique, de manière à restreindre la carrière de ce genre à celle d'un « homme à bonnes fortunes » usant d'un « art de haute stratégie » pour « réduire à merci les femmes » : dans cette perspective, les *Égarements du cœur et de l'esprit* de Crébillon fils deviennent exemplaires[33]. Mais il existe aussi un autre parti où le domaine du libertinage tend plutôt à s'accroître démesurément. Cette attitude s'illustre, par exemple, dans le *Vice à la mode*, ouvrage qui tient un roman pour libertin du moment qu'on a affaire à « un romancier qui peint des libertins[34] ». Si l'on prend garde que « libertin » s'entend ici au sens de petit-maître ou de débauché, il faudrait, sur ce pied, revendiquer ce titre pour des œuvres aussi diverses que le *Cleveland* de l'abbé Prévost et la *Vie de Mademoiselle Carville* (1745), bagatelle graveleuse du marquis d'Argens tissée à même la chronique scandaleuse du temps. Enfin, un tel système devient ce qu'il peut chez Philippe Laroch dont toute l'entreprise se limite à faire le

---

32. Henri Coulet, « Le roman et le conte libertins », *Le roman jusqu'à la Révolution*, 1991 [1967], p. 386 sq.
33. Robert Abirached, « Les libertins du XVIIIe siècle », article « LIBERTINS », *Encyclopædia universalis*, 1980, p. 743.
34. Jacques Rustin, *Le vice à la mode*, op. cit., p. 37.

portrait d'une légion de petits-maîtres et de roués[35], sans songer que « le libertinage n'est pas à chercher dans la matérialité d'une conduite », mais dans le raisonnement « qui justifie la jouissance[36] ». Qu'il s'agisse des conceptions défendues par l'un ou l'autre de ces auteurs, on ne saurait, en somme, se dissimuler les difficultés qui embarrassent ces définitions et que l'examen d'un seul cas devrait suffire à mettre en évidence. Prenons un roman libertin, les *Sonnettes* par exemple, dans la version qu'en donne un curieux exemplaire aujourd'hui conservé à la Bibliothèque nationale, pièce unique dans la mesure où on y retrouve plusieurs annotations de la main même de François-Louis Jamet le Jeune, bibliophile et érudit du premier ordre. Dans la première partie de cet ouvrage, alors que le marquis D***, narrateur du roman, observe depuis sa fenêtre une voisine à l'heure du déshabiller, son

> bonheur voulut qu'il fît une extrême chaleur, les fenêtres resterent ouvertes, les rideaux ne furent point tirés, & la femme de chambre sortit, après avoir approché du lit une table avec des lumières. Ma jeune Déesse prit sous son chevet une *brochure*, & l'ouvrit. Il me fut aisé de juger que cette lecture l'attachoit [...] Je crus appercevoir une expression de langueur, répandue dans toute sa personne. Quelques momens après sa tête se panche, le livre lui échappe [...] sa respiration devient précipitée, son sein timide & naissant s'éleve & s'abaisse, & ses yeux fermés me font craindre qu'elle n'ait perdu l'usage des sens; j'en suis touché au point que j'éprouve les mêmes périls[37].

Ce passage donne une idée assez exacte de la scène que le marquis représente; dans ses marges, toutefois, une autre histoire se dévoile aux yeux du lecteur. À la suite du mot « brochure », un appel de note manuscrit se propose de suppléer à l'imprécision du texte et indique, outre le nom d'auteurs déjà anciens, mais réputés pour leur licence, tels « L'Aretin » ou « Bocace », les principaux titres de la bibliothèque libertine du XVIIIe siècle : « Tanzaï. Le Sopha. le Portier. Les lauriers ecclesiastiques. — Therese-philosophe. La fille de joie. [...] Angola[38] ». Ce corpus est formé de ce que le siècle offre de plus « infâme » : ni « galantes », ni « cyniques », ni « mondaines », mais

---

35. Voir Philippe Laroch, *Petits-maîtres et roués. Évolution de la notion de libertinage dans le roman français du XVIIIe siècle*, 1979.

36. Voir, sur ce point, Radu Toma, « Lumières libertines », *art. cit.*, p. 38.

37. Jean Baptiste Guiard de Servigné, *Les sonnettes, ou Mémoires de monsieur le marquis D****, 1749, p. 28-29 (c'est moi qui souligne).

38. Note manuscrite de François-Louis Jamet le Jeune dans *Les sonnettes*, *op. cit.*, p. 28.

adoptant tour à tour ces formes les plus diverses, ces « brochures » que l'on prend « sous son chevet » invitent toutes à une lecture furtive et cette attitude dérobée répond bien à la clandestinité et à l'impudence qui réunissent tous ces « écrits libertins » par delà les distinctions de genre et les galeries de petits-maîtres. C'est que le roman libertin des Lumières aime à multiplier les formes sous lesquelles il se produit. Conte oriental, roman mondain, chronique scandaleuse, roman-mémoires, récit des bas-fonds, roman d'apprentissage: tout lui est propre, il exploite tous les genres et se reconnaît seulement à la vigueur du tour qu'il leur donne. Dans un tel contexte, rien de plus banal que de voir un même roman libertin confondre les genres les plus divers et, à l'exemple de la *Cythéride* (1743) d'Antoine Bret, attaquer le récit sur le ton de la féerie érotico-orientale pour l'achever ensuite sur une peinture réaliste des bas-fonds. « Ni roman polisson, ni roman rationaliste, ni roman aristocratique ou "féodal", ni roman poissard ou crapuleux, ni roman érotique, ni roman pornographique, il peut cependant revêtir tour à tour l'une de ces livrées[39] » : voilà ce qui lui confère un caractère propre que n'appréhendent pas sans peine, il faut bien le reconnaître, une théorie des genres et les catégories de l'histoire littéraire. Que l'on compare le sort que réservent à la fable orientale le libertinage du *Sopha* (1740) de Crébillon fils et les *Ames rivales* (1738) de Paradis de Moncrif et si, à chaque fois, les mêmes motifs génériques font retour, on s'apercevra néanmoins que le parti qu'on en tire diffère en tous points. Mais pour juger de ces différences, l'analyse doit intégrer un souci pour les savoirs qui informent le texte libertin car, si celui-ci place le désir, comme le remarquait Claude Reichler, « au centre de sa conception de l'homme et de la société », il exerce toujours d'un même mouvement « à l'égard de n'importe quelle position d'autorité, une critique sans pardon, selon l'essence du mouvement des Lumières[40] ». Une fois admise la hardiesse commune à tous les romans que signalait Jamet dans son exemplaire des *Sonnettes* et une fois relativisées les catégories habituelles de l'histoire littéraire, doit-on pourtant se refuser à marquer des différences entre, par exemple, les licences d'esprit et de mœurs d'un Boccace et celles de Crébillon fils ? Doit-on même s'interdire de nommer « libertins » tous ces romans du XVIIIᵉ siècle en faveur de cet effet de lecture érotique qu'observait le

---

39. Jacques Rustin, « Définition et explicitation du roman libertin des Lumières », 1978, vol. XVI, n° 2, p. 30.
40. Claude Reichler, *L'âge libertin*, 1987, p. 52.

marquis depuis sa fenêtre et qui ne se préoccupe guère de distinguer, par exemple, les intempérances de *Thérèse* des débordements de l'Arétin ?

C'est cette piste que suit un ouvrage récent de Jean M. Goulemot. De manière significative, ce dernier qualifie la bibliothèque libertine du XVIIIe siècle de « pornographique », terme qui pourra surprendre si l'on songe que le siècle des Lumières y a rattaché un autre sens et que l'usage actuel en réserve plus volontiers l'application à des films ou à des illustrés à fort tirage où s'expriment si bien certains aspects de la culture marchande et publicitaire du XXe siècle[41]. Mais il est inutile de disputer sur un mot sans rendre compte du projet que celui-ci autorise. Chez Goulemot, le pornographique permet de concevoir « le fonctionnement de l'effet de réel de la littérature » sous un mode exemplaire, dans la mesure où la tâche essentielle que poursuit tout texte littéraire consiste précisément à « faire naître le désir de jouissance chez son lecteur[42] ». Rien n'est plus constant que la jouissance : parler de pornographie suppose ainsi une sorte de « transhistoricité de l'obscène[43] » auquel correspond un acte de lecture venant toujours provoquer l'éveil du désir avec la même efficacité. C'est pourquoi, de tout temps, pornographie, désir et intérêt du lecteur se répondent de manière à former ensemble la figure par excellence de l'acte de lecture. Pareille hypothèse n'est pas sans mérite et rien ne paraît pouvoir la contredire si ce n'est peut-être la résistance que semblent lui offrir les textes du XVIIIe siècle, siècle « bavard et volontiers pédagogue » où l'on voit surgir un « roman pornographique [qui] n'échappe pas aux tentations du discours ». À l'exemple des « adaptations modernes » qui les « allègent de [leurs] interminables péroraisons[44] », il faut donc abstraire de ces romans une sorte d' « épure fonctionnelle[45] » où le pornographique s'obtient par l'élagage de tout discours savant et philosophique. Certes, on pourrait manifester quelque scrupule envers un pareil travail de réduction du roman libertin à une épure pornographique, surtout si l'on observe qu'il permet d'inventer et de comprendre tout à la fois des textes qui, comme le reconnaît Goulemot lui-même, n'ont jamais existé. En effet,

---

41. Au XVIIIe siècle, seul « pornographe » est attesté et s'emploie au sens de « traité sur la prostitution », comme en témoigne l'usage qu'en fait Restif de la Bretonne qui, le premier, recourt à ce terme dans *Le pornographe, ou idées d'un honnête homme sur un projet de règlement pour les prostituées*, 1769.
42. Jean M. Goulemot, *Ces livres qu'on ne lit que d'une main*, *op. cit.*, p. 106 et p. 94.
43. *Ibid.*, p. 9.
44. *Ibid.*, p. 96.
45. *Ibid.*, p. 103.

il faut se demander si ce livre pornographique, conçu comme une épure fonctionnelle, peut réellement exister. N'est-il pas toujours victime de ces brouillages [...] ? Ainsi, le livre pornographique serait une espèce de projet impossible[46].

En rêvant à un livre impossible, du moins au XVIIIe siècle, la réduction au pornographique constitue une difficulté plus apparente que réelle, puisqu'elle représente la condition nécessaire à une analyse féconde de l'acte de lecture exemplaire. Mais, fatalement, un tel projet se trouve aussi à substituer la simplicité d'une épure spéculative à des romans dont l'intérêt réside peut-être dans les « brouillages » d'une écriture jouant sur une intrication complexe entre libertinage de mœurs et d'esprit. Depuis longtemps préparée par l'histoire de la libre pensée, une pareille alliance fait non seulement justice à l'unité relative du roman libertin par delà de superficielles distinctions de genres et de sous-genres, mais elle met encore en évidence des différences qu'il est difficile de méconnaître entre témérités libertines du XVIIIe siècle et, par exemple, paillardises de la Renaissance. Une pornographie fondée sur une « transhistoricité de l'obscène » et tournée vers le désir de jouissance du lecteur n'a pas à se donner de telles distinctions pour objet. Toutefois, un seul exemple suffira à montrer en quoi il importe parfois de reconnaître celles-ci en spécifiant les savoirs et les stratégies rhétoriques à l'œuvre dans une simple mise en tableau du corps, aussi obscène soit-elle. Que l'on en juge d'après l'une des œuvres « pornographiques » les plus fameuses de la Renaissance, les *Ragionamenti* de Pietro Aretino, dit l'Arétin. S'il s'agit bien de l'un de ces livres « qu'on ne lit que d'une main » et si l'on a vite fait d'y observer des écarts d'imagination s'apparentant au libertinage du XVIIIe siècle, on est surtout frappé par une différence de ton à laquelle ne restent pas étrangères une philosophie et une rhétorique dont on voit mal comment on parviendrait à se départir au profit du seul effet de lecture. Cet exemple où brillent quelques-unes des figures conçues par l'Arétin est tiré du premier dialogue entre Antonia et Nanna, alors que celle-ci raconte un épisode relatif à sa vie de nonne. La scène se déroule entre une abbesse et son confesseur, aperçue derrière une cloison dont les fissures discrètes favorisent les regards avides de Nanna :

NANNA. Au plus beau moment de l'histoire, le Confesseur avait retiré le bouchon de la bouteille et il voulait à toute force le mettre dans le pot à civette : la

---

46. *Ibid.*, p. 171.

pauvrette, toute en rut, toute en luxure, toute en sueur, agenouillée à ses pieds, le conjurait par les Stigmates, par les Douleurs, par les Sept Allégresses, par le PATER NOSTER de Saint Julien, par les Psaumes Pestilentiels, par les trois Mages, par l'Étoile, par les SANTA SANTORUM ; mais elle ne put jamais obtenir que le Néron, le Caïn, le Judas, lui plantât son poireau dans le jardinet : [...] tout gonflé de venin [...] soufflant comme un aspic sans oreilles, l'écume à la bouche, comme l'orque, il lui enfonça le plantoir dans le trou restauratif[47].

Le bouchon et la bouteille, le poireau et le jardinet, les Stigmates et les Sept Allégresses, Néron et Judas, l'aspic et l'orque : une érudition plutôt désordonnée et la présence d'un goût encore médiéval pour l'énumération concourent à former un tableau dont les figures sont ajustées à un savoir sur le monde qui donne aux mouvements des personnages une sorte de pulsation vitale, elle-même rendue par des métaphores assimilant corps et nature, macrocosme et microcosme. Ni machines dont les ressorts aveugles s'ébranlent sous le coup d'une sensation, ni matière en mouvement soumise aux lois de la mécanique des corps, l'Abbesse et le Confesseur des *Ragionamenti* ne se produisent pas sur la même scène que le petit abbé et les nonnes du roman libertin, puisque tout, jusqu'à l'obscénité de leurs jouissances, participe d'un naturalisme si caractéristique de la Renaissance. Marquer de telles différences suppose, on s'en aperçoit, qu'il faille s'enquérir des savoirs à l'œuvre dans les textes pour à la fois distinguer la liberté de ton d'un ouvrage comme les *Ragionamenti* de celle qui règne dans le roman libertin et retracer ensuite la relative unité qu'offre ce corpus au siècle des Lumières. Enfin, s'il fallait encore mettre en doute la nécessité de placer sous ce jour le libertinage romanesque, on voudra bien comparer deux textes du XVIIIe siècle qui, chacun à leur manière, ont imaginé d'étendre la faculté de parler au « bijou » des femmes. Le premier est fameux : il s'agit des *Bijoux indiscrets* (1748) de Denis Diderot, roman qui tient pour l'essentiel en une sorte d'enquête libertine sur les propriétés de la matière, comme en témoignent quelques pages consacrées à une « métaphysique expérimentale de l'âme[48] ». Ce roman libertin ne parut toutefois qu'à la suite d'une autre pièce, un conte méconnu, *Nocrion* (1747),

---

47. Pietro Aretino, dit l'Arétin, *Première journée dans laquelle Nanna, à Rome, sous un figuier, raconte à l'Antonia la vie des nonnes*, dans *Les ragionamenti de l'Arétin*, 1959 [1536 et 1556], p. 38.
48. Voir Denis Diderot, « Métaphysique de Mirzoza. », *Les bijoux indiscrets, op. cit.*, p. 132 sq.

ouvrage que l'on doit peut-être à un ami de Diderot, l'abbé de Bernis[49]. Ce texte se présente comme une sorte de variation faite à partir d'un fabliau gaillard du Moyen Age, *Le chevalier qui fist parler les cons* : comme l'annonce la réédition de 1750, c'est un amusement d'érudit et de philologue d'où l'on a tiré ensuite les *Bijoux indiscrets*. Mais examinons un peu ce conte dont le fond, signale l'auteur, est si « plaisamment imaginé[50] ». Qu'y voit-on ? Une jeune « pucelle, laquelle issoit de la noble Maison de Italie, appelée Nocrion, dont portoit le nom », racontant à un Roi un fabliau qui « tant plus il sera gaillard, tant il me fera plaisir » ; un héros, « gentil Chevalier, qui [...] pour le bel engin, la forte membrure » « étoit sans parangon » ; une intrigue se résumant « au présent nouvel, & moult singulier » que ce dernier reçoit d'une fée ; quelques essais de ce pouvoir auprès des femmes — et voilà tout[51]. Bref, une même fable vient servir l'invention de deux textes contemporains, mais l'un est un divertissement obscène, l'autre, un roman libertin.

Les romans « qui ne respirent que le libertinage » ont donc une figure propre : l'examen des savoirs qu'ils mettent en jeu qualifie celle-ci, si bien qu'on ne saurait en dissiper aisément les « brouillages » au profit d'un seul effet de lecture pornographique tout entier orienté vers un « désir de jouissance ». Mais si une telle figure a partie liée avec une libre pensée dont les premiers traits, on l'a vu à propos de l'histoire sémantique de « libertin », se nouent dès le XVIe siècle, il n'est guère besoin de reprendre les choses de si loin lorsqu'il s'agit de préciser la manière dont le libertinage du siècle des Lumières sut tirer parti du roman. Il suffit de mentionner qu'entre les pièces gaillardes du moyen-âge ou de la Renaissance qu'on vient d'évoquer et le roman libertin du XVIIIe siècle, il y a une sorte d'éclipse du licencieux qui, au demeurant, a souvent attiré l'attention des historiens de la littérature. « Jusqu'à la fin de la Régence de Marie de Médicis, les imprimeurs et les libraires ont privilège du roi pour publier ce qui relève d'une joyeuse

---

49. Anonyme, *Nocrion, conte allobroge*, 1747, réimprimé en 1750 sous un nouveau titre, *L'origine des Bijoux indiscrets, ou Nocrion*. Sur l'attribution à l'abbé de Bernis, voir la note de Jamet reproduite dans une réédition de 1881 : « J'ai ouï Duclos, de l'Académie française, attribuer ce charmant pamphlet à son confrère l'abbé, depuis cardinal de Bernis, alors, en 1746, anagnoste et taille-plume de Mme de Pompadour » (« Préface », *Nocrion, conte allobroge*, d'après l'édition originale de 1747, avec une préface et des notes de Jamet, suivi du fabliau de Garin *Le chevalier qui faisoit parler les c. et les c.ls*, 1881). Sur les liens unissant l'abbé de Bernis et Diderot, voir Madame de Vandeul, *Diderot, mon père*, 1992 [1787], p. 11.
50. Voir la préface de *Nocrion, op. cit.*
51. *Ibid.*, p. 8, p. 12 et p. 17.

obscénité », remarque avec justesse Jean M. Goulemot[52] ; en revanche, observe-t-il ailleurs, « peu ou pas de pornographie publique et reconnue de 1650 à 1715[53] ». De même, écrit Gerhard Schneider,

> die lizenziösen Gedichtsammlungen, die zu Beginn des Jahrhunderts einen großen Teil der literarischen Produktion ausgemacht hatten, verschwanden etwa seit dem Prozeß gegen Théophile de Viau, der die Verschärferung des Klimas signalisierte[54].

Dans le contexte de ce durcissement général du pouvoir marqué par l'avènement de Richelieu, puis le triomphe de l'absolutisme sous Louis XIV, on ne s'étonnera pas que « *the use of an erotic vehicle for the presentation of libertine thought has to wait for the 1740's for further development*[55] ». Ce ne sera donc qu'après la Régence du duc d'Orléans et en fonction d'une conjoncture politique et philosophique nouvelle que le libertinage va recommencer à publier ses audaces. Romanesque pour l'essentiel, il tient à une indépendance d'esprit et de mœurs façonnée par une « doctrine privée » et par un art de dire propres au XVIIIe siècle et dont il faudra bientôt chercher à reconnaître les principes avec davantage d'exactitude.

Mais avant que ne s'invente, dans les années 1730-1740, le roman libertin français du siècle des Lumières, l'éclipse qui en précéda l'essor ne fut que relative. Il existe, en effet, toute une tradition littéraire formée de quelques romans licencieux échappés à la police du Grand Siècle et qui est d'ailleurs évoquée par Bayle dans quelques pages consacrées aux « obscénités », alors qu'il observe « qu'il s'est toujours conservé dans la république des lettres un droit ou une liberté des écrits de cette nature[56] ». On ne signalera que trois romans d'importance où s'observe, précisément, « l'émergence de la tex-

---

52. Jean M. Goulemot, « Les livres érotiques », *Histoire de l'édition française, op. cit.*, p. 226.
53. Jean M. Goulemot, *Ces livres qu'on ne lit que d'une main, op. cit.*, p. 30.
54. Gerhard Schneider, *Der Libertin, op. cit.*, p. 223 : « S'ils représentaient une part importante de la production littéraire au début du siècle, les recueils de pièces licencieuses disparurent à peu près à l'époque du procès engagé contre Théophile de Viau, signe d'un durcissement général » (je traduis). Antoine Adam exprimait déjà le même sentiment (*Les libertins au XVIIe siècle, op. cit.*, p. 73), repris ensuite par Pascal Pia, « Avant-propos », *L'école des filles ou la philosophie des dames*, 1969, p. xxiv, et par Claude Reichler, *L'âge libertin, op. cit.*, p. 16.
55. Barry Ivker, « Towards a Definition of Libertinism in 18th-Century French Fiction », 1970, vol. LXXIII, p. 228 : « L'usage qui consiste à faire de l'érotisme un véhicule de la pensée libertine a dû attendre les années 1740 avant de connaître un nouvel essor » (je traduis).
56. Pierre Bayle, « IVe éclaircissement. Sur les obscénités », *Dictionnaire historique et critique, op. cit.*, p. 326.

tualité libertine des Lumières[57] » : *L'école des filles ou La philosophie des dames* (1655) ; *Vénus dans le cloître ou La religieuse en chemise* (1672) ; et l'*Académie des dames ou Le meursius français* de Nicolas Chorier (1680). Le premier consiste en un dialogue entre deux jeunes cousines. L'une s'emploie à déniaiser l'autre et leur entretien doit enseigner aux « belles et curieuses damoiselles » tout ce qu'il leur faut « sçavoir [...] pour couler en douceurs et en plaisirs tout le temps de [leur] jeunesse[58] ». Sur la foi d'un tel programme, on pourra croire avec raison que toute la philosophie de ce roman se réduit le plus souvent à quelques observations relevant d'une érotologie pratique, comme l'atteste entre autres une discussion sur les « sortes de vits [qui] sont les meilleurs et les plus divertissants[59] ». Toutefois, le rendu de quelques traits licencieux sollicite parfois des connaissances plus spéculatives. Comprendre pourquoi on ne saurait dire « dans le moment que le foutre s'escoule » permet, par exemple, de disserter sur la matérialité de l'âme[60], et voilà déjà une première esquisse du roman libertin des Lumières. Mais l'époque offre mieux encore. Avec *Vénus dans le cloître*, on dispose cette fois d'un dialogue entre deux nonnes qui, entremêlant savoirs et baisers « à la florentine », célèbre cette philosophie des « personnes éclairées[61] » que résume la devise libertine « *intus ut libet, foris ut moris est*[62] ». « En privé », rien de plus absurde, par exemple, que de châtier un « beau corps [...] coupable d'aucun crime », surtout si l'on considère que la mortification procède à la fois « du désordre d'une raison altérée » et d'une part inavouée de trouble érotique[63] ; « en public », cependant, la prudence convie au respect des préjugés monastiques. Bref, exercices voluptueux et savoirs philosophiques se répondent de telle manière que l'on pourrait bien se méprendre et, à l'exemple d'Apollinaire ou de Pascal Pia, considérer l'ouvrage comme un roman libertin du siècle des Lumières[64]. À regarder les choses de plus près, on s'aperçoit néanmoins que la philosophie dont il s'agit distingue encore une âme spirituelle

---

57. La remarque est de Jean-Pierre Dubost dans son « Introduction générale » aux *Œuvres érotiques du XVIIe siècle. L'Enfer de la Bibliothèque nationale*, 1988, t. 7, p. 15.
58. Anonyme, « Épistre invitatoire aux filles », *L'école des filles, op. cit.*, p. xlvii.
59. *Ibid.*, p. 109.
60. Voir *ibid.*, p. 138 sq.
61. Anonyme, *Vénus dans le cloître, op. cit.*, p. 317.
62. Voir *ibid.*, p. 322 sq. : « En privé, fais ce qu'il te plaît ; en public, fais selon l'usage reçu ».
63. Voir *ibid.*, p. 327, p. 370 et p. 382.
64. Selon ces deux auteurs, l'édition princeps serait de 1719 : voir « Avertissement », *Vénus dans le cloître, op. cit.*, p. 291.

du corps, se défie même du témoignage des sens[65] et, de ce point de vue, tient davantage au rationalisme cartésien du XVIIᵉ siècle qu'au sensualisme et au matérialisme des Lumières. Ces attitudes typiques de la libre pensée du Grand Siècle sont encore plus manifestes dans l'*Académie des dames*, alors que Tullie y développe dans l'intimité voluptueuse du lit les conséquences de la maxime qu'elle a adoptée : « *Palam vive omnibus, clam et in tuto tibi*[66] ». Pareille distinction prescrit, bien sûr, une opposition stricte entre les mouvements légitimes de la nature et les préjugés ridicules de l'opinion[67]. Mais ce principe du « *clam et in tuto tibi* » n'engage, dans le roman, aucun contenu doctrinal car, si les plaisirs se goûtent dans les marges de l'orthodoxie, ces écarts secrets ne procèdent que d'un prudent scepticisme qui se déclare satisfait dès lors qu'il met entre parenthèses théologie et critique sociale[68]. Sur ce point, songeons enfin qu'après plus d'un siècle, l'héroïne de *Juliette ou les prospérités du vice* (ca. 1797), s'arrêtant à l'*Académie des dames* pendant sa visite de la bibliothèque d'un moine paillard, remarque précisément qu'il s'agit là d'un « ouvrage [...] fait par un homme timide qui avait l'air de sentir la vérité mais qui n'osait la dire[69] ». On pourrait induire de ce sentiment une observation d'une portée plus générale, car si les textes que l'on vient d'évoquer ont ouvert la voie au roman libertin des Lumières en faisant le plus souvent du corps « la surface d'un commentaire et de l'inscription d'un savoir[70] », la « timidité » des savoirs qui figurent dans ces ouvrages ne laisse pourtant pas de marquer des différences essentielles.

Mécanique des sensations et métaphysique expérimentale de l'âme

À ces quelques romans du Grand Siècle, ajoutons les pièces que l'on doit aux poètes libertins qui, dans la seconde moitié du XVIIᵉ siècle et avec plus ou moins de rigueur, se réclament de Lucrèce ou d'Épicure, et voilà résumée la tradition littéraire que va poursuivre, après la Régence et à la suite de Crébillon fils, le roman libertin de la première moitié du XVIIIᵉ siècle. En fait,

---

65. Voir *ibid.*, p. 391 et p. 385.
66. Nicolas Chorier, *L'académie des dames, op. cit.*, p. 493 : « Vis en public selon la loi commune, mais en secret et en sûreté selon la tienne ».
67. Voir *ibid.* et, en particulier, p. 447 et p. 639.
68. Voir *ibid.* et, en particulier, p. 493.
69. Donatien Alphonse François, marquis de Sade, *Histoire de Juliette, op. cit.*, p. 480.
70. Jean-Pierre Dubost, « Introduction générale », *Œuvres érotiques du XVIIᵉ siècle, op. cit.*, p. 17.

une telle généalogie n'est qu'une idée commune à la plupart des auteurs qui ont traité de cette question : aussi bien Lenglet Du Fresnoy qui évoque la nécessité présente de « tromper le goût de ceux qu'un amour toujours languissant avoit droit de rebuter[71] » que le marquis de Sade dans *Idée sur les romans* (1788) la rappellent :

> L'épicuréisme des Ninon-de-Lenclos, des Marion-de-Lorme, des marquis de Sévigné et de Lafare, des Chaulieu, des St-Évremond, de toute cette société charmante enfin, qui, revenue des langueurs du Dieu de Cythère, commençait à penser comme Buffon, « *qu'il n'y avait de bon en amour que le physique* », changea bientôt le ton des Romans ; les écrivains qui parurent ensuite, sentirent que les fadeurs n'amusaient plus un siècle perverti par le Régent [...] ils enveloppèrent du cynisme, des immoralités, sous un style agréable et badin, quelquefois même philosophique[72].

De cette littérature où l'immoralité s'enveloppe d'un style « badin » et « même philosophique », ce serait trop peu dire que de la déclarer simplement « galante ». Considérons, par exemple, un vers tiré du second livre des *Satires* d'Horace : « *Dum licet, in rebus iucundis vive beatus*[73] ». Certes, Horace a toujours offert la facilité d'une autorité commode lorsqu'il s'agit d'accréditer les opinions les plus diverses, mais il n'est pas moins curieux d'observer qu'à une même époque, les libertés les plus décidées et les pudeurs les plus marquées de la galanterie puissent toutes deux se réclamer d'un tel vers comme d'un patrimoine indivis et même s'en faire une devise commune. C'est ce que montre la reprise en exergue qu'en font aussi bien *Thémidore* (1745), ouvrage libertin et fripon, que la *Veillée galante* (1747), texte où l'on débite surtout des vers douceureux. Ce parallèle fait aussitôt comprendre que, si la galanterie est l'une des composantes du libertinage, celle-ci établit souvent ses quartiers en deçà. Par exemple, l'*Heureuse foiblesse ou l'entretien des Tuilleries* (1736) d'Antoine Urbain fils Coustelier se donne à lire comme une « *Nouvelle galante* » et, en effet, toute l'intrigue y expose une affaire de cœur que vient couronner un heureux mariage. Entre 1730 et 1750, la galanterie peut parfois illustrer, comme dans le *Miseys* (1745) de

---

71. Voir Nicolas Lenglet Du Fresnoy, *De l'usage des romans, op. cit.* p. 319.
72. Donatien Alphonse François, marquis de Sade, *Idée sur les romans*, 1967 [1788], p. 22. La même observation est souvent le fait de plusieurs chercheurs de notre temps : voir, entre autres, Jacques Rustin, *Le vice à la mode, op. cit.*, p. 41.
73. Horace, *Satires*, II, 6, v. 96 : « Pendant que tu le peux, vis heureux au milieu des délices » (je traduis).

l'abbé de Bernis, une simple moralité, voire une entreprise apologétique : dans les *Amours de Doraste et de Celonte* (1747), la vertueuse tendresse de deux amants vient même favoriser leur conversion à la foi. On pourrait accumuler les exemples mais, à chaque fois, on s'aperçoit que le libertinage confère à la galanterie plus de vigueur, sans qu'on puisse s'en remettre pour autant à l'idée générale d'une plus grande obscénité pour juger de ces différences. Peut-on, en effet, qualifier d'obscènes et, à la manière de Laurent Versini, de simplement « grivoises » ou « licencieuses[74] », les galanteries plus appuyées relevant de la tradition libertine ? Que l'on considère, par exemple, *Thérèse philosophe* (1748), roman qu'un critique décrit en 1754 comme un livre « proscrit, orné d'estampes infâmes, en un mot libertin en tout sens et à toute outrance[75] » et qui fut, du reste, l'un des plus grands succès de librairie du XVIIIe siècle[76]. Sans s'attarder aux méchantes estampes qui ornent l'ouvrage, examinons plutôt l'un des raisonnements que Thérèse, la narratrice, prête au comte, son amant :

> Mais demandons à ces hommes crédules ce que c'est que l'esprit. Peut-il exister et n'être dans aucun lieu ? S'il est dans un lieu, il doit occuper une place, s'il occupe une place, il est étendu, s'il est étendu, il a des parties, et s'il a des parties, il est matière. Donc l'esprit est une chimère, ou il fait partie de la matière. De ces raisonnements [...] on peut conclure avec certitude : premièrement que nous ne pensons de telle ou telle manière que par rapport à l'organisation de nos corps, jointe aux idées que nous recevons journellement par le tact, l'ouïe, la vue, l'odorat et le goût ; secondement que le bonheur ou le malheur de notre vie dépendent de cette modification de la matière et de ces idées[77].

Cette thèse où s'affirme la matérialité de l'âme semblera familière à quiconque a fréquenté les manuscrits philosophiques clandestins de la première moitié du XVIIIe siècle. Pareil raisonnement constitue même une variation sur quelques thèmes tirés de l'*Ame matérielle* et qu'on aurait cousus ensemble ; en voici l'un des extraits les plus probants :

---

74. Voir Laurent Versini, *Laclos et la tradition*, 1968, p. 56-57.
75. Pierre Clément, *Les cinq années littéraires*, 1754, t. 1, p. 166.
76. Sur l'importance de *Thérèse*, voir par exemple Jean-Paul Belin, *Le commerce des livres prohibés à Paris de 1750 à 1789, op. cit.*, p. 106 : « Les plus petits ouvrages, qui étaient souvent les plus défendus, pouvaient atteindre des prix exorbitants [...] *Thérèse philosophe*, un des romans qui eurent le plus de vogue à cette époque, valait de un à cinq louis d'or ».
77. Jean-Baptiste de Boyer, marquis d'Argens, *Thérèse philosophe, ou Mémoires pour servir à l'histoire du P. Dirrag, & de Mademoiselle Éradice*, 1986 [1748], vol. V, p. 180.

> Je demande si l'ame humaine est etendue ou non ; si elle est etendue, elle est composée de parties, ou bien l'idée que nous avons de l'etendue est fausse ; Si l'on répond que l'ame humaine n'est point etendue, n'a t'on pas droit de conclure qu'elle ne peut se trouver en aucun espace, ni etre unie à aucune matiere, et qu'il est par consequent faux qu'elle existe dans le corps de l'homme [...] En effet etre dans un lieu, n'est-ce pas un attribut de l'espece créée, et ainsi ce qui n'est en aucun lieu, n'est point du tout[78].

Le marquis d'Argens était, on le sait sur la foi de son propre témoignage, un lecteur de manuscrits de cette nature[79] et, de ce point de vue, sans doute est-il assez vraisemblable que *Thérèse* et l'*Ame matérielle* soient des œuvres qui se fassent écho. Mais cette simple collation de textes ne fait pas qu'illustrer la proximité entre philosophie clandestine et roman libertin : elle montre encore la singularité de ce dernier, qui associe le savoir philosophique à la conduite d'un récit destiné à en soumettre les principes à une sorte de vérification expérimentale. Jusqu'à l'entretien qu'on vient de lire, Thérèse, il faut le rappeler, s'était toujours refusée aux désirs du comte qui, dans l'espoir de la rendre moins inflexible, lui parie qu'un regard jeté sur ses tableaux et la lecture de ses livres libertins sauront forcer son inclination. Cette dernière relève le défi qu'on lui propose et la suite du récit rend les sensations et les sentiments de volupté qui, par degrés, prennent en elle leur essor, alors qu'elle s'abandonne à la lecture et au spectacle des collections du comte. Au cinquième jour,

> [...] je tombai dans une espèce d'extase. Couchée sur mon lit, les rideaux ouverts de toutes parts, deux tableaux — les *Fêtes de Priape, les Amours de Mars et de Vénus* — me servaient de perspective. L'imagination échauffée par les attitudes qui y étaient représentées, je me débarrassai des draps et des couvertures et [...] je me mis en devoir d'imiter toutes les postures que je voyais. Chaque figure m'inspirait le sentiment que le peintre y avait donné [...] Machinalement, ma main droite se porta où celle de l'homme était placée, et j'étais au moment d'y enfoncer le doigt lorsque la réflexion me retint [...] que j'étais folle, grands dieux, de résister aux plaisirs inexprimables d'une jouissance réelle ! Tels sont les effets

---

78. Anonyme, *L'ame matérielle*, 1969, p. 62-64.
79. Voir, en particulier, les *Mémoires de monsieur le marquis d'Argens* (1993 [1735], p. 89), alors que celui-ci rapporte la nature de ses conversations avec un Arménien rencontré à Constantinople : « Il me fit présent d'un manuscrit fort beau, intitulé *Doutes sur la Religion dont on cherche l'éclaircissement de bonne foi* ». Sur cette question, voir Antony McKenna, « Le marquis d'Argens et les manuscrits clandestins », *Le marquis d'Argens. Colloque international de 1988*, 1990, et, en particulier, p. 117 sq.

du préjugé : ils sont nos tyrans. [...] Quoi ! m'écriai-je, les divinités mêmes font leur bonheur d'un bien que je refuse ! Ah ! cher amant ! je n'y résiste plus. Parais, Comte, je ne crains point ton dard [...] Vous parûtes tout à coup, plus fier, plus brillant que Mars ne l'était dans le tableau. Une légère robe de chambre qui vous couvrait fut arrachée[80].

Dans ce passage, le goût le plus décidé que Thérèse conçoit pour le comte suppose qu'à la sensation de l'objet perçu réponde *machinalement* le sentiment d'un sujet sentant, si bien que l'esprit s'éveille à la volupté en se livrant à l'impression, puis s'élève à la réflexion suivant les principes d'une conception matérialiste des ressorts de l'âme. Soutenu de tableaux servant à Thérèse de « perspective », le rendu pictural de la description conspire en outre à persuader de la liaison essentielle qui existe entre sensation et sentiment, et en vertu de laquelle l'âme n'est déterminée à agir « qu'en conséquence [...] des facultés du corps[81] ». La « peinture » des mouvements qui agitent Thérèse suppose donc un savoir implicite où le sentiment n'est pas tant lié à l'objet même du désir qu'à la représentation d'un besoin qu'informe la perception de cet objet. Il s'agit là, on le sait, d'un savoir qui entre dans le patrimoine commun de la philosophie sensualiste et matérialiste des Lumières et dont on peut suivre la trace au moins jusqu'à la fin du siècle, comme en témoigne, par exemple, cette réflexion tirée de l'*Erotika biblion* de Mirabeau (1783) :

Il ne s'agit pas d'un sentiment que l'être de la fille transmette ; elle ne fait que le provoquer. Ce n'est pas une sensation qu'elle communique par l'impulsion de son corps ; c'est une sensation que l'homme doit goûter en lui-même par l'imagination de cette fille[82].

De même, si l'on relit les thèses essentielles de la philosophie sensualiste contemporaine de *Thérèse*, on s'aperçoit qu'en imaginant la fable d'une statue advenant par degrés à la pensée, l'abbé de Condillac entendait montrer que la sensation renferme tous les principes du développement des facultés humaines et détermine leur action par la représentation de besoins

---

80. Jean-Baptiste de Boyer, marquis d'Argens, *Thérèse philosophe, op. cit.*, p. 182-185.
81. *Ibid.*, p. 179.
82. Voir Honoré Gabriel Riqueti, comte de Mirabeau, *Erotika biblion*, dans *Œuvres érotiques de Mirabeau*, 1984 [1783], t. 1 ; cité par Patrick Wald Lasowski, *Libertines*, 1980, p. 146-147.

auxquels s'attache ensuite le désir[83]. Dès 1741, un roman libertin tel *Pigmalion, ou la statue animée* avait même inventé le programme et la fable dont cette philosophie se réclame, en décrivant le destin d'un beau marbre prenant peu à peu « la molesse des chairs[84] » et appelé à devenir la figure d'une matière qui arrive à s'animer d'elle-même. Pendant tout le siècle, la réflexion critique sur la peinture et la sculpture retint elle aussi les principes de cette philosophie sensualiste et la leçon si volontiers libertine qu'elle comporte : c'est, pour ainsi dire, ce à quoi rêve l'éloge fort significatif du *Pygmalion* de Falconet dans le *Salon de 1763* de Diderot[85]. Bref, dans le passage essentiel du préjugé « aux plaisirs d'une jouissance réelle » que *Thérèse philosophe* représente, tout se passe comme si le double éveil de la volupté et de la conscience se trouvait régi par une sorte de mécanique des sensations qui, en commandant l'essor de mouvements lascifs, donne en même temps à voir les diverses modifications auxquelles se prête la matière. À n'en pas douter, Thérèse est philosophe, mais elle l'est à la manière dont Dumarsais définissait ce terme dans les *Nouvelles libertés de penser* (1743), c'est-à-dire comme « une machine humaine [...] qui, par sa constitution mécanique, réfléchit sur ses mouvements [et] [...] démêle les causes autant qu'il est en lui[86] ». Toutefois, *Thérèse philosophe* donne à la fois un tour plus éloquent à la sécheresse démonstrative de Dumarsais et une tournure plus radicale ou, pour mieux dire, libertine, aux positions « officielles » de la philosophie sensualiste dont un abbé aussi peu suspect d'athéisme que Condillac était le représentant le plus accrédité. À la faveur d'un tableau licencieux, le savoir investit une expérience imaginaire dont s'arme la critique des préjugés habituels aux « hommes crédules » pour mieux aboutir à cette conséquence la plus extrême : « L'esprit est une chimère ou il fait partie de la matière ». Enfin, sans trop anticiper sur la suite des choses, on voudra bien considérer que, si le texte cherche à persuader cette thèse, l'expérience à laquelle il la soumet tire sa *potestas verbi* ou, si l'on préfère, sa force persuasive, d'un modèle oratoire qu'il faudra bien interroger pour comprendre en quoi un roman comme *Thérèse* parvient à faire paraître le savoir sous la figure séduisante d'une éloquence aussi riante.

---

83. Étienne Bonnot, abbé de Condillac, *Traité des sensations*, dans *Œuvres philosophiques de Condillac*, 1947 [1754], vol. I, p. 222 et p. 232.
84. André François Boureau-Deslandes, *Pigmalion, ou la statue animée*, 1741, p. 21.
85. Denis Diderot, *Salon de 1763*, dans *Salons*, 1957, vol. I, p. 245 sq.
86. César Chesneau Dumarsais, « Le philosophe », *Nouvelles libertés de penser*, 1743, p. 174.

« Les gens d'esprit et de goût ne font nul scrupule de décorer leurs cabinets de nudités de toute espèce », précise la *Fille de joye*[87] ; pareilles « débauches d'esprit », lit-on même souvent, sont les « délassemens des honnêtes-Gens[88] ». Si l'on prend garde de consulter la leçon que comporte un roman comme *Thérèse philosophe*, la galanterie ou l'obscénité ne sauraient qualifier à elles seules ces délassements où la « débauche » sollicite sans cesse « l'esprit ». Composés suivant une manière qui vient à maturité au cours des années 1730-1740, ces ouvrages apparaissent comme indissociables d'une critique de la métaphysique prenant appui sur une philosophie mécaniste et matérialiste qu'une anecdote licencieuse réduit en action et met en expérience. En revanche, si l'on veut se représenter ce qu'est un roman obscène au cours de la même période, on peut songer à l'exemple assez navrant offert par l'*Anti-Thérèse ou Juliette philosophe* (1750). Il s'agit d'un texte dont les licences sont mal conçues et qui ne se soucie guère de nouer au récit de diverses aventures graveleuses les réflexions morales que l'auteur, Vincent François Toussaint, tire de son traité sur les *Mœurs* (1748). Ces réflexions entravent même la marche de l'intrigue et c'est ainsi qu'après plusieurs dissertations où s'affirment des principes vertueux encore proches de la formation janséniste de Toussaint, suivent des scènes où l'héroïne conçoit l'idée, singulière dans un tel contexte, de satisfaire ses désirs avec l'assassin de sa mère. À la même enseigne, on pourrait retrouver un roman comme *Fanfiche ou Mémoires de Mademoiselle de* ***, ouvrage dont la narratrice n'est, somme toute, qu'un regard avide et ignorant auquel celle-ci fait elle-même justice dans un « Avis au lecteur » où elle évoque tour à tour les aspects les plus caractéristiques de ce texte : autrement dit,

> les expressions basses, le style plat & décousu ; les conversations trop triviales, [...] quelques réfléxions sans goût & jettées au hazard ; un esprit faux, des connoissances imparfaites, beaucoup d'audace, & rien pour la soutenir[89].

Il serait également possible de faire un même sort à l'*Histoire de Mademoiselle Cronel dite Fretillon*, texte licencieux d'une tout autre envergure,

---

87. Jean-Louis Fougeret de Monbron, *La fille de joie*, 1993 [1751], p. 9.
88. Voir ici « L'avis de l'éditeur » qui précède les *Sonnettes, op. cit.* : « Comme ce petit Ouvrage est rempli d'agréables folies, qu'on pourroit [...] appeler débauches d'esprit : j'ai crû devoir le faire précéder [...] d'une Lettre qui, à l'imitation d'Erasme, fit l'éloge des délassemens des honnêtes-Gens ; même des plus sérieux ».
89. Jean-Baptiste Gimat de Bonneval, *Fanfiche ou Mémoires de Mademoiselle de* ***, 1748, p. iv-v.

mais qui se confine à une longue suite d'aventures érotiques réglée sur cette seule idée : faire l'économie « de longs raisonnemens pour prouver » qu'il est « possible d'aimer véritablement deux objets dans le même tems[90] ». À la différence de ces productions dont « rien ne soutient l'audace », on voudra bien considérer qu'un roman comme l'*Histoire de dom Bougre, portier des Chartreux*, rempli de scènes sans doute obscènes, ne laisse pourtant pas d'en tirer un parti libertin qui heurte le « préjugé », tenu d'emblée pour « un animal qu'il faut envoyer paître[91] ». « Destiné par [la] naissance à augmenter le nombre [des] pourceaux sacrés[92] », Saturnin, narrateur de ces mémoires, a donc dû embrasser l'état ecclésiastique et c'est à ce titre qu'il se propose de « lever le bandeau qui [...] couvr[e] les yeux » du public en révélant « les mystères » de l'Église[93]. Tout le récit semble d'abord s'organiser autour d'un « vit soumis aux lois de l'imagination et de la vue[94] », lois « naturelles » et « mécaniques » dont le texte, au demeurant, détaille les particularités dans des mises en scène qui entendent ruiner les illusions d'un sentiment religieux que seules garantissent des idées spéculatives incertaines. Voici, par exemple, un passage où Saturnin décrit les « mouvements convulsifs » et lubriques auxquels se livre le père Polycarpe en compagnie de Toinette, sa maîtresse : « J'examinais, écrit-il, tous leurs mouvements » et, « sans autre guide que la nature », « je reconnus la cause des différents sentiments que j'éprouvais tous les jours à la vue des femmes[95] ». Or, cette « cause » unique d'où procèdent tous les sentiments, voire toutes les opinions, la voilà tantôt déterminée par des « yeux » qui « sourirent à mille charmes que je ne lui avais pas aperçus[96] » ; et tantôt par « cette vue » qui « produisit chez moi une surprise mêlée de joie », puis « un feu inconnu », tant et si bien qu'à la fin « mon cœur palpitait, je retenais mon haleine, et la pique de Vénus, que je pris à la main, était d'une force et d'une raideur à abattre la cloison[97] ». Mais soit qu'il s'agisse simplement d'« ouvr[ir] les yeux » et de « les fixe[r] » sur quelque femme,

---

90. Anonyme, *Histoire de Mademoiselle Cronel dite Fretillon*, 1740, p. 55.
91. Jean-Charles Gervaise de Latouche, *L'histoire de dom B***, portier des Chartreux*, 1985 [1740], vol. III, p. 162. On remarquera qu'avec *Thérèse*, ce roman fut l'un des plus populaires du siècle : pendant la Révolution, on en donna même une suite sous le titre de *Dom Bougre aux États Généraux*.
92. *Ibid.*, p. 153.
93. *Ibid.*, p. 154.
94. *Ibid.*, p. 63.
95. *Ibid.*, p. 36.
96. *Ibid.*, p. 38.
97. *Ibid.*, p. 34.

pour que les siens à leur tour « se troublent [...] [et] s'égarent » et que, par degrés, « son con s'enflamme[98] » ; soit que des « yeux animés » se livrent à « de nouvelles découvertes », pour ensuite « descendre plus bas » et se retrouver enfin malheureux de ne pouvoir participer « au plaisir de ma main », alors que « je touchais du bout du doigt l'entrée de la grotte[99] » : tout, on s'en aperçoit, se passe à la surface des regards et ces regards à chaque fois décident de tout. Dans ce contexte où le mouvement des yeux occasionne celui de la pensée, le texte peint le fonctionnement mécanique du sentiment pour mieux dissiper les « prestiges » de l'Église, en faisant voir le peu d'empire qu'exercent ses dogmes sur un clergé qui, en secret, s'abandonne à la simplicité première des mécanismes de la nature. Pensons enfin au père Casimir et au portrait qu'on en fait : « vrai prélat de papimanie », il avait le « corps rond », le « ventre gros et bien nourri » et des « yeux qui vous enculaient de cent pas[100] ».

À la fin, un pareil libertinage, qui rappelle si bien celui de *Thérèse*, invite à s'interroger sur l'enjeu philosophique des savoirs à l'œuvre dans les publications de cette nature. L'exemple de *Dom Bougre* en témoigne avec éloquence : de semblables romans sont ennemis de toute spéculation qui oppose, selon le mot de Bayle, « des raisonnemens métaphysiques à une vérité de fait[101] ». Autrement dit, la connaissance suppose une attitude critique qui, sous sa forme la plus radicale et la plus libertine, appelle la raison à se dégager d'un « galimatias métaphysico-théologique[102] » toujours susceptible de l'entraîner à disserter sans consulter l'existence sensible des choses. C'est là une entreprise dont le programme était inspiré par la critique de l'idéal de totalisation et de clôture du savoir, de ce qu'on appelait alors « l'esprit de système », préjugé en faveur duquel était prévenue, disait-on, toute la pensée du XVIIe siècle. Les philosophes de ce siècle, répète-t-on à l'envi,

> ont été plus flatez de deviner, que d'observer. Ils ont souvent réüssi, par leurs conjonctures ingénieuses, à éblouir le genre humain ; mais leurs systêmes ont

---

98. *Ibid.*, p. 206.
99. *Ibid.*, p. 118.
100. *Ibid.*, p. 163.
101. Voir, en particulier, Pierre Bayle, *Pensées diverses sur la comète, op. cit.*, § 145, p. 35.
102. L'expression est de Denis Diderot : voir *Entretien entre d'Alembert et Diderot*, dans *Œuvres, op. cit.*, p. 912.

presque eu le sort des ouvrages de magie ; le flambeau de l'expérience, en rompant le charme, a fait évanouir ces châteaux enchantez[103].

Voilà à quoi se réduisent désormais les « conjonctures ingénieuses » de la métaphysique : à des « châteaux enchantez ». À la suite de Descartes, faut-il le rappeler, la métaphysique du Grand Siècle s'était proposée de fonder la vérité du savoir en ramenant le monde à une *res extensa*, pur « objet étendu » dont la connaissance procède d'idées innées et *a priori* que le sujet tire de lui-même. Toutefois, entre cet *ego cogitans* et le monde empirique, une médiation était requise : celle d'un principe divin garantissant la véracité de nos idées et, par conséquent, de notre représentation du monde. Or, c'est précisément à la critique de ce « roman ingénieux[104] » que le sensualisme et le matérialisme du XVIIIe siècle vont travailler. Leur tâche essentielle consiste même à repenser la relation du sujet à son objet et, pour écarter toute forme de transcendance, à établir que la représentation est indissociable de l'impression que le monde fait sur nos sens. Il s'agit, en somme, de poser le problème de la sensation de manière à fonder le savoir sur le terrain de l'expérience. C'était là le parti défendu par John Locke dès la fin du XVIIe siècle et cette hypothèse empiriste élevée au statut paradoxal d'axiome sera sans cesse reprise et radicalisée au cours du XVIIIe siècle[105]. « Je suis corps et je pense[106] » : tel est le principe auquel s'en remet cette nouvelle forme du savoir et que condense en une maxime Voltaire, ce « philosophe profond » à qui revient le mérite, du moins si l'on en juge par *Angola*, cette *histoire indienne* et libertine du chevalier de La Morlière, d'avoir « dépouillé les systèmes anciens de ces obscurités et de ces contradictions qui les rendaient plus ennuyeux qu'utiles[107] ». En « dépouillant » à son tour les « systèmes anciens » de leurs

---

103. La remarque est de Louis-Jean Lévesque de Pouilly dans sa « Théorie des sentimens agréables. Où l'on établit les principes de la morale », *Recueil de divers écrits sur l'amour et l'amitié, la politesse, la volupté, les sentimens agréables, l'esprit et le cœur*, 1736, p. 4-5. Ce texte a été repris et augmenté par la suite dans la *Théorie des sentimens agréables*, 1747.
104. L'expression est de François-Marie Arouet, dit Voltaire, dans « Sur Descartes et Newton », *Lettres philosophiques*, 1988 [1734], XIV, p. 73.
105. Voir Denis Diderot, « Suite de l'apologie de M. l'abbé de Prades » (*Premières œuvres*, 1972 [1752], section 12, p. 175) : « Il n'y a rien de démontré en métaphysique, et nous ne saurons jamais rien ni sur nos facultés intellectuelles, ni sur l'origine et le progrès de nos connaissances, si le principe ancien, *nihil est in intellectu, quod non fuerit prius in sensu*, n'a pas l'évidence d'un premier axiome ».
106. François-Marie Arouet, dit Voltaire, « Sur Locke », *Lettres philosophiques*, op. cit., XIII, p. 66.
107. Jacques de La Rochette, dit le chevalier de La Morlière, *Angola, histoire indienne, ouvrage sans vraisemblance*, 1991 [1746], p. 121.

« contradictions », le roman libertin va se saisir des principes mêmes de la philosophie nouvelle pour inventer, à partir de la représentation du corps de ses personnages, une sorte de « métaphysique expérimentale ».

« Métaphysique expérimentale » : l'expression est surprenante et mérite quelques éclaircissements. Diderot, on l'a vu, l'introduit dans les *Bijoux indiscrets* (1748) à l'occasion d'un dialogue sur la matérialité de l'âme et la tournure annonce celle à laquelle va recourir d'Alembert dans le *Discours préliminaire* (1751) de l'*Encyclopédie*, lorsqu'il reconnaît à Locke le mérite d'avoir ramené « la Métaphysique à ce qu'elle doit être en effet, la Physique expérimentale de l'ame[108] ». Déjà, cette formule signale une communauté de savoirs entre le roman libertin et les Lumières. Cette « métaphysique expérimentale » dont peut se réclamer à juste titre le libertinage suppose même un accord initial avec la philosophie sur un premier point : le rôle que joue la sensation en tant que principe du sentiment et de la réflexion. Il s'agit là d'un savoir qui forme la trame de toute une littérature libertine dont on a eu raison d'affirmer que « le premier article de la doctrine psychologique [...] est qu' [...] il n'existe pas de sentiment qui ne se traduise en sensation, ni de sensation qui ne s'extériorise en geste physique[109] ». C'est ce que montre, entre mille exemples, ce passage tiré du *Tanzaï* de Crébillon fils, alors que la princesse Néadarné médite sur les mobiles de son inconstance :

> Puis-je répondre des mouvements de la nature ? Sa sensibilité est-elle mon ouvrage ? Si l'âme devait être indépendante des *sentiments du corps*, pourquoi n'a-t-on point distingué leurs fonctions ? Pourquoi les ressorts de l'un sont-ils les ressorts de l'autre ? Ah ! sans doute ! Cette bizarrerie n'est pas de la nature, et nous ne devons qu'à des préjugés ces distinctions frivoles[110].

La suite du texte s'attache à la dramatisation de ces *sentiments du corps* que va rendre sensibles une éloquence qui se déploie au seuil de la sensation et de la pensée, du sentiment et de la chair. C'est même là l'ambition qui préside à l'invention du roman libertin. S'agit-il, comme chez Crébillon fils, d'interroger la nature de l'âme ? On s'empresse alors de décrire la sensation et

---

108. Jean Le Rond d'Alembert, « Discours préliminaire », *Encyclopédie, ou Dictionnaire raisonné des sciences, des arts et des métiers*, 1966-1967 [1751], t. 1, p. xxvii.
109. Voir Robert Abirached, qui fait de ce principe une règle du roman libertin en général ; « Libertins », *art. cit.*, p. 744.
110. Claude Prosper Jolyot de Crébillon, dit Crébillon fils, *Tanzaï et Néadarné, histoire japonoise*, 1976 [1734], p. 254 (c'est moi qui souligne).

l'objet qui l'a fait naître, puis le corps de cette princesse qui n'y tient plus, si bien qu'on dispose à la fin d'une « définition expérimentale » de l'âme où la mécanique des sensations entraîne avec elle le destin du sentiment et de la pensée, où « la vertu et le scrupule » cèdent « en soupirant leur place aux plaisirs[111] ». De même, demande-t-on, à l'exemple de la sœur Monique dans *Dom Bougre*, « qu'est-ce qu'un homme ? » La définition devient un portrait vivant et, en retraçant « la cause des mouvements que sa vue excite dans mon cœur »,

> je me déshabillais toute nue, je m'examinais avec un sentiment de volupté [...] je brûlais, j'écartais les cuisses, je soupirais, mon imagination échauffée me présentait un homme [...] Enfin je me livrai à la passion : j'enfonçai [...] J'étais enchantée de la découverte que je venais de faire, elle avait répandu la lumière dans mon esprit[112].

Bref, « la situation romanesque naît ici [...] d'un théorème de psychologie[113] » qui devient un savoir partagé entre philosophie des Lumières et roman libertin, comme en feraient foi nombre de passages tirés de l'*Ame mortelle* ou des *Dialogues sur l'ame*, du *Système de religion purement naturelle* ou de la *Parité de la vie et de la mort*[114], traités clandestins dont une strophe du *Cinquième discours en vers sur l'homme* (1737) de Voltaire résume, sur ce point, les thèses :

> Par le seul mouvement il [le dieu de la nature] conduit la matière ;
> Mais c'est par le plaisir qu'il conduit les humains [...]
> Par lui le corps agit, le cœur sent, l'esprit pense [...]
> Les mortels en un mot n'ont point d'autre moteur[115].

Analogue au mouvement et à la force de gravité, le plaisir est le seul moteur des mortels : c'est ce principe fondamental dont se réclame la libre pensée du XVIIIe siècle qui confère aux tableaux licencieux du roman libertin la couleur si particulière qu'y prennent des amplifications oratoires

---

111. *Ibid.*, p. 260.
112. Jean-Charles Gervaise de Latouche, *L'histoire de dom Bougre*, op. cit., p. 58-59.
113. Robert Abirached, « Libertins », art. cit., p. 744.
114. Voir *L'ame mortelle*, ms. 1189, p. 34 ; *Les dialogues sur l'ame*, ms. 1191, p. 81-84 ; *Le système de religion purement naturelle*, ms. 1192, p. 243 ; et *Parité de la vie et de la mort*, ms. 1192, p. 101.
115. François-Marie Arouet, dit Voltaire, *Cinquième discours en vers sur l'homme*, dans *Les œuvres complètes de Voltaire*, op. cit., t. 17, p 504-505.

conçues pour donner de l'étendue, comme dans *Dom Bougre*, à cette même idée suivant laquelle « le plaisir est le premier mobile de toutes les actions des hommes[116] ».

Toutefois, le roman libertin ne limite pas ses ambitions à persuader que l'âme et le corps ont des ressorts communs ou que l'amour, comme le rapporte Lenglet Du Fresnoy, « est l'aimant de l'humanité[117] ». Pareille entreprise romanesque porte ses vues bien au delà de la seule analyse d'une mécanique de la matière en mouvement dont le plaisir serait le mobile et l'attraction, le principe. La « métaphysique expérimentale » qu'invente le libertinage le fait également avancer dans la voie que lui ouvre le destin social et culturel de la sensation, ce qui repousse d'autant les limites d'une enquête autrement bornée à la seule description de l'impression du monde sur les sens. Qu'on relise, par exemple, l'introduction des *Considérations sur les mœurs de ce siècle* (1751) où l'auteur, Charles Pinot Duclos, propose de soumettre « la science des mœurs » à cette méthode dont on use à l'égard des autres sciences et qui consiste à « éclaircir, détruire ou confirmer les systèmes par l'expérience, l'examen & la confrontation des faits[118] ». Il reviendra à deux textes de prolonger cet appel à un nécessaire retour de la pensée sur les choses et d'en appliquer les principes aux « mœurs », c'est-à-dire à ces usages qui, en façonnant l'esprit de chaque nation, « influent sur la manière de penser, de sentir & d'agir[119] ». Ce sont d'abord, il va de soi, les *Considérations sur les mœurs* elles-mêmes, ouvrage dont la manière rappelle celle des *Caractères* de La Bruyère ; mais ce sont aussi les *Mémoires pour servir à l'histoire des mœurs du XVIIIe siècle* (1751), roman libertin que l'auteur donne au public la même année. Dans un contexte où la littérature libertine participe à l'évidence de l'enquête sur les « mœurs », elle devient une façon de « détruire ou confirmer les systèmes par l'expérience », en introduisant « l'amour, la galanterie, et même le libertinage[120] » dans l'ordre du savoir. Entre peintures « peu régulières[121] » du libertinage et exigences d'une enquête sur les mœurs, entre caprices du désir et organisation rationnelle du savoir, il y aurait pourtant méprise à supposer un antagonisme : « Les principes puisés dans la

---

116. Jean-Charles Gervaise de Latouche, *L'histoire de dom Bougre*, op. cit., p. 187.
117. Nicolas Lenglet Du Fresnoy, *De l'usage des romans*, op. cit., p. 288.
118. Charles Pinot Duclos, *Considérations sur les mœurs de ce siècle*, 1751, p. 2.
119. *Ibid.*, p. 7.
120. Charles Pinot Duclos, « Avertissement », *Mémoires pour servir à l'histoire des mœurs du XVIIIe siècle*, 1986 [1751], p. 7.
121. *Id.*

nature, remarque Duclos, sont toujours subsistants ; mais pour s'assurer de leur vérité, il faut surtout observer les différentes formes qui les déguisent[122] ». Autrement dit, la variété des phénomènes peut se réduire à l'uniformité des principes, mais l'ordre du savoir doit sûrement s'attacher à l'irrégularité des faits observés, car enfin « le progrès des lumières exige à la fois que tout le réel soit rationnel et que la raison cesse d'assigner d'avance des bornes trop étroites à la réalité[123] ».

Voilà, en somme, la méthode à laquelle se confie l'étude des auteurs libertins et celle-ci commande à son tour la conception que ces derniers se font du roman. C'est, du moins, ce que donne à penser la préface restée célèbre des *Égarements du cœur et de l'esprit* (1736-1738) où Crébillon fils ridiculise les « puérilités fastueuses » de l'ancienne tradition romanesque et appelle de ses vœux une réforme qui ferait du roman un « tableau de la vie humaine[124] ». Pareille conception n'a d'ailleurs rien d'exceptionnel et le roman libertin y souscrit toujours volontiers, surtout lorsqu'il s'agit de critiquer les « chimères » des romans de jadis, « *ces chaos de doucereuses fadaises* » qu'évoque *Angola* et « où on faisait l'amour en prenant ses grades, comme dans un cours de théologie[125] ». L'une des réflexions que lance le narrateur de l'*Histoire du cœur humain* de Claude Villaret mérite également d'être citée :

> Je ne connoissois encore que le nom de l'amour ; ce que la lecture de quelques Romans m'en avoit appris, ne m'avoit pas rendu fort éclairé sur cet article ; ces sortes de livres ne m'en avoient présenté qu'une ébauche informe que la nature méconnoissoit. Cette tendresse alambiquée, toûjours plaintive, toûjours languissante, me paroissoit une chimere que le bon sens ne pouvoit admettre[126].

Mais dans ces réflexions éparses où les auteurs libertins livrent quelques-unes de leurs idées sur le roman, il y a bien davantage qu'un prélude à une esthétique « réaliste » appelée à triompher au siècle suivant, car la manière dont les Lumières conçoivent la nature s'y trouve, elle aussi, mise en cause. Lorsqu'il s'agit d'exécuter ces « peintures peu régulières du libertinage » dont

---

122. Charles Pinot Duclos, *Considérations sur les mœurs, op. cit.*, p. 2.
123. La remarque est de Jean Ehrard, *L'idée de nature en France dans la première moitié du XVIIIe siècle*, 1994 [1963], p. 247.
124. Claude Prosper Jolyot de Crébillon, dit Crébillon fils, *Les égarements du cœur et de l'esprit*, 1736-1738, dans *Romanciers du XVIIIe siècle*, 1965, p. 9.
125. Jacques de La Rochette, dit le chevalier de La Morlière, *Angola, op. cit.*, p. 138.
126. Claude Villaret, *Histoire du cœur humain, ou Mémoires du marquis de ***, 1743, p. 27.

parlait Duclos, « l'industrie du Romancier », observe Lenglet Du Fresnoy, consiste « à se disculper de maniere, qu'on soit content de lui » ; en pareil cas,

> je n'en trouve pas de meilleure raison que celle qui est fondée sur l'inconstance de toutes choses ; des cœurs & des esprits, aussi bien que des corps. Il faut bien que chacun s'y accommode : on a beau faire, la nature ne demande pas moins de variété que l'amour[127].

Le motif de « l'inconstance de toutes choses » est, bien sûr, l'une des ressources les plus habituelles de la littérature. Mais l'inconstance des cœurs, des esprits et des corps qu'évoque ici Lenglet Du Fresnoy n'en appelle pas tant à la fortune ou au destin qu'à la variété de la nature, laquelle semble tirer cette capricieuse inconstance de son propre fond. Ce motif qui, à première vue, paraît destiné à gêner tous les calculs de la rationalité ne sera pourtant, chez les philosophes et chez les libertins du XVIIIe siècle, que le nécessaire contrepoint d'un thème où l'ordre du savoir se réclame également de l'ordre de la nature. Tout cela ne pourrait bien sembler qu'un paradoxe intenable mais, pour un philosophe des Lumières, le caractère à la fois irrégulier et uniforme des phénomènes se conçoit, en quelque sorte, comme l'avers et le revers d'une même nature. Dès 1686, Fontenelle, par exemple, ne prétendait déjà rien d'autre dans les *Entretiens sur la pluralité des mondes*. S'il est juste d'affirmer, écrit-il, que l'univers « ressemble à une montre » au point qu'il est même « surprenant que l'ordre de la nature [...] ne roule que sur des choses si simples[128] », il n'en demeure pas moins que cet ordre naturel ménage en même temps une « diversité infinie [...] dans ses ouvrages[129] ». « Voyez, remarque-t-il, combien la face de la nature est changée d'ici à la Chine ; d'autres visages, d'autres figures, d'autres mœurs, et presque d'autres principes de raisonnement[130] ». Dans *De l'interprétation de la nature* (1753) et à plus d'un demi-siècle d'intervalle, Diderot établit lui aussi qu'à la variété de la nature répond l'uniformité de ses lois et à la constance de son mécanisme, une infinité de figures changeantes. Il invoque même l'autorité de Buffon et de Maupertuis, car il faut bien convenir avec eux

---

127. Nicolas Lenglet Du Fresnoy, *De l'usage des romans, op. cit.*, p. 263.
128. Bernard Le Bovier de Fontenelle, *Entretiens sur la pluralité des mondes*, 1968 [1686], t. 2, p. 11.
129. *Ibid.*, p. 6.
130. *Ibid.*, p. 30.

que la nature se soit plu à varier le même mécanisme d'une infinité de manières différentes. Elle n'abandonne un genre de production qu'après en avoir multiplié les individus sous toutes les faces possibles[131].

On pourrait sans doute qualifier le savoir auquel correspond une telle conception de la nature de « science baroque », comme le suggère par ailleurs Claire Salomon-Bayet dans l'*Institution de la science*[132]. Quoi qu'il en soit, pareille conception va de pair avec certains principes qui n'ont pas cessé d'exercer leur influence pendant tout le siècle des Lumières et dans les disciplines les plus diverses. À l'exemple de Voisenon, les romanciers libertins, pour leur part, firent toujours de ces principes la règle de leur étude, car

> quoiqu'elle [la Nature] agisse toujours d'une maniere uniforme en ce qui regarde l'espéce, elle se plaît à reprendre dans ses productions une diversité qui sans confusion remplit l'univers d'une infinité d'ornemens & de richesses[133].

Suivant le même esprit, Boureau-Deslandes justifie, dans sa dédicace à *Pigmalion, ou la statue animée*, les « quelques traits un peu trop vifs » de son libertinage au nom d'un sujet à la fois « bizare & [...] philosophique » où le « mélange d'objets inespérés & frappans » semble tiré de la nature même[134]. Les exemples ne manquent pas : l'on pourrait évoquer tantôt les *Sonnettes* de Guiard de Servigné où la nature « s'offroit à nos regards avides sous mille figures différentes[135] », tantôt *Grigri*, ce conte libertin de Louis de Cahusac qui, cherchant à peindre le ton et la « façon de faire l'amour » des Fées, offre un « tableau » qu'on regardera peut-être « comme un écart d'imagination », alors que « je ne ferois que copier la nature, à la vérité très-singuliere, mais qui malgré ses bizarreries ne laisse pourtant pas d'être[136] ». En somme, on s'aperçoit qu'à chaque fois les auteurs libertins, en s'appliquant à l'étude d'une nature qui, selon l'expression de Sade, est « uniforme dans ses plans, irrégulière dans ses effets[137] », se mettaient à même de reporter leur

---

131. Denis Diderot, *De l'interprétation de la nature*, dans *Œuvres complètes*, 1981 [1753], t. 9, § 12, p. 36.

132. Claire Salomon-Bayet, *L'institution de la science et l'expérience du vivant. Méthode et expérience à l'Académie royale des sciences, 1666-1793*, 1978, p. 136 sq.

133. Claude-Henri de Fuzée, abbé de Voisenon, *Turlubleu*, 1745, p. 7-8.

134. André François Boureau-Deslandes, « À Madame la Comtesse de G. », *Pigmalion, op. cit.*

135. Jean Baptiste Guiard de Servigné, *Les sonnettes, op. cit.*, p. 12.

136. Louis de Cahusac, *Grigri*, 1749, p. 111-112.

137. Donatien Alphonse François, marquis de Sade, *Idée sur les romans, op. cit.*, p. 38.

« métaphysique expérimentale » sur une scène où les caprices du désir peuvent s'unir sans contrariété à l'ordre du savoir.

« Hâtons-nous de rendre la philosophie populaire[138] » : cet appel que lançait Diderot, il semble bien que le roman libertin y ait répondu et, à titre d'« ouvrage philosophique », ait mêlé ses audaces aux productions des Lumières les moins enclines au libertinage, du moins jusqu'à Madame de Staël à qui l'on doit, au seuil du XIXe siècle, cette manière d'épitaphe :

> ceux qui ont pu lire les ouvrages licencieux qui ont été publiés en France [...] attesteront que, quand les auteurs [...] veulent s'appuyer d'une espèce de raisonnement, ils en appellent tous à l'influence du physique sur le moral [...].
> Les objets extérieurs étaient, disait-on, le mobile de toutes nos impressions [...] mais par degrés la source intérieure s'est tarie [...] à tel point qu'on aura bientôt plus même assez d'âme pour goûter un bonheur quelconque, quelque matériel qu'il soit[139].

Pourtant, bien avant que ne paraisse *De l'Allemagne* (1808-1810), le roman libertin appartenait déjà à une littérature d'un autre âge. C'est ainsi qu'il y a « quinze ans, écrit Grimm en 1771, que M. de Crébillon ne vit que de chutes[140] » et, lorsque ce dernier meurt en 1777, « La Harpe [...] insistera longuement sur le caractère démodé d'une œuvre dont l'esprit s'est par trop identifié avec l'atmosphère de la première moitié du siècle[141] ». Dès les années 1750, à vrai dire, tout le siècle semble emprunter un cours nouveau : « l'histoire événementielle y joue son rôle, comme l'ont rappelé récemment Michel Delon et Pierre Malandain, mais aussi la maturation interne des premiers enfants des Lumières, œuvres et hommes[142] ». Sur le front de la libre pensée, l'époque héroïque de la diffusion manuscrite semble parvenue à son terme, en même temps que les presses clandestines s'affranchissent davantage et que la publication du premier volume de l'*Encyclopédie* marque le début de la lutte ouverte contre le préjugé religieux et absolutiste. En art, le goût lui-

---

138. Denis Diderot, *De l'interprétation de la nature*, op. cit., t. 9, § 40, p. 68.
139. Madame de Staël, *De l'Allemagne*, 1968 [1808-1810], vol. II, p. 110.
140. Cité par Robert Abirached, « Libertins », art. cit., p. 744.
141. Patrick Wald Lasowski, *Libertines*, op. cit., p. 36 ; du même auteur, voir aussi « Crébillon fils et le libertinage galant », oct. 1982, n° 47, p. 83-84.
142. Michel Delon et Pierre Malandain, *Littérature française du XVIIIe siècle*, 1996, p. 7. À vocation scolaire, l'ouvrage est formé de deux parties que sépare entre elles l'année 1750 : à ce titre, il est représentatif de toute une tradition critique qu'il n'y a pas lieu, à mon sens, de remettre en cause.

même change et il n'y a pas jusqu'aux motifs plus assagis du néo-classicisme qui ne vont bientôt commencer à recouvrir les lambris rocailles, alors qu'*Un père de famille* de Greuze triomphe au Salon de 1755. « Cette révolution contre le rococo, rappelle Hugh Honour dans un ouvrage célèbre, [...] commença à pénétrer les arts autour du milieu du siècle » :

> Au lieu d'un Olympe rococo de dieux et de déesses énamourés [...] nous trouvons désormais des thèmes et des sujets d'une tout autre espèce : de dégrisantes leçons de vertus plus modestes, de stoïques exemples de simplicité que rien n'est venu gâter ni corrompre, d'abstinence et de sobriété, de noble abnégation et de patriotisme héroïque[143].

En littérature, malgré une tradition libertine qui restera encore vivace chez une multitude d'auteurs depuis Jean-François de Bastide et Vivant Denon jusqu'à Laclos, Mirabeau ou Sade dont les grands textes sont écrits à la veille de la Révolution, le courant sentimental et vertueux qu'illustre, au théâtre, la création des premiers drames bourgeois commence à exercer un fort ascendant sur tous les genres. Le roman lui-même, « à partir de 1756 [...] s'épuise qualitativement et quantitativement[144] » et, sur ce point, peut-être n'est-il pas inutile de rappeler un lieu commun selon lequel la publication de la *Nouvelle Héloïse* (1761) constitue un moment décisif qui, succédant à « la crise ouverte des années 50[145] », ouvre au genre des perspectives nouvelles et, somme toute, peu favorables au libertinage. Mais en 1748, lorsque Diderot mentionne, dans sa dédicace aux *Bijoux indiscrets*, quelques titres fameux de la bibliothèque libertine : « le *Sopha*, le *Tanzaï* et les *Confessions*[146] », le goût du public se déclare encore pour des ouvrages conçus dans ce style. À cette époque, « voies obliques de la propagande philosophique[147] » et roman libertin se confondent. Ce dernier offre même des possibilités d'autant plus séduisantes qu'on ne saurait vraiment réfuter un roman, surtout si « le libertinage de l'esprit », comme l'affirme en 1741 une critique de *Dom Bougre*, s'y soutient de « beaucoup d'esprit & [d']un grand feu d'imagination[148] » : autrement dit, d'un savoir devenu éloquence.

---

143. Hugh Honour, *Le néo-classicisme*, 1998 [1968, 1977, 1991], p. 21 et p. 22-23.
144. Jacques Rustin, *Le vice à la mode, op. cit.*, p. 30.
145. *Ibid.*, p. 32.
146. Denis Diderot *Les bijoux indiscrets, op. cit.*, p. 31.
147. Voir Roland Mortier, « Les voies obliques de la propagande philosophique », *Le Cœur et la Raison*, 1990.
148. Anonyme, « Extrait d'une lettre de Paris du 1 Juin 1741 », *Les amusemens du cœur & de l'esprit. Ouvrage périodique*, 1742 t. 4, p. 551

DEUXIÈME PARTIE

LE SAVOIR ÉLOQUENT

Scribendi recte, sapere, est et principium et fons
Horace, *Art poétique*[*].

---

* Horace, *Art poétique*, v. 305 : « Le savoir, voilà le principe et la source de l'éloquence » (je traduis).

En 1744, Lefranc de Pompignan, évêque du Puy, fit paraître un essai où, évoquant « l'état présent de la République des Lettres », il regrettait l'ascendant qu'exerçaient sur les esprits les idées philosophiques nouvelles, puis déplorait la faveur avec laquelle celles-ci étaient reçues même « dans les compagnies du monde », pour mieux dénoncer les abus dont cette mode était, « par rapport aux Lettres, [...] une des sources principales[1] ». Le propos, on s'en aperçoit, participe d'un certain esprit de croisade qui, dans la suite du texte, porte naturellement l'auteur à appeler de ses vœux une réforme :

> Qu'ils [les auteurs modernes] ne prétendent pas que l'esprit puisse tenir lieu de génie & de goût. Qu'ils n'inventent pas des systèmes fragiles [...] Qu'ils bannissent de leurs écrits ces tours singuliers, qui étonnent par leur hardiesse, & qui ne plaisent pas, ces pensées énigmatiques qu'on devine avec peine, & qu'on méprise après les avoir devinées. Tous ces défauts [...] n'ont d'autres causes qu'une Philosophie mal entenduë [...] La Philosophie de ces derniers tems a enseigné qu'on peut secouer le joug de l'autorité, dans les choses qui sont du ressort de la raison. On se prévaut de ce principe, qui méneroit à de grands excès, s'il étoit poussé trop loin[2].

Que peut bien signifier un tel texte ? Que veut dire, surtout, l'accord qu'on y présume entre une « Philosophie mal entenduë » et des « tours singuliers », entre « l'esprit » et des « systèmes fragiles », entre des « pensées énigmatiques » et une entreprise où la raison vient « secouer le joug de l'autorité » ? Il y a là tout un réseau de correspondances dont la signification semble confusément se soutenir, dans la mesure où le sens même des termes en présence s'est, de nos jours, obscurci — et cette première observation appelle, à son tour, une première précision. « Tour », « esprit », « pensée » : tous ces mots ont un sens technique, celui que leur donnaient les traités de rhétorique du XVIIIe siècle, bien sûr, mais aussi celui que la théorie ancienne de l'éloquence, l'*ars dicendi*, assignait aux termes latins « *figura* », « *ingenium* » et « *sententia* », dont le souvenir perçait toujours sous chacune des trois

---

1. Jean-Georges Lefranc de Pompignan, *Essai critique sur l'état present de la République des Lettres*, 1744, p. 8.
2. *Ibid.*, p. 9-10.

expressions françaises qui les rendent. Si, par exemple, on considère un instant le destin sémantique d' « esprit », ce maître mot de l'éloquence à l'âge des Lumières, on découvre que ce terme correspond non seulement au latin « *ingenium* » mais que, par suite, l'adjectif qui en dérive n'est pas tant « spirituel » qu' « ingénieux[3] ». C'est ce que montre la célèbre définition de Voltaire : l'esprit est une « raison ingénieuse[4] ». Pourtant, à interroger de la sorte les sources d'une telle définition, il y a bien davantage à tirer qu'une étymologie faite de souvenirs érudits, puisque raison et éloquence, rhétorique et philosophie y ont partie liée suivant les mêmes principes que ceux dont s'autorisait le réseau de correspondances à l'œuvre dans le texte de Lefranc de Pompignan. Parler de « raison ingénieuse », c'est concevoir autant une raison curieuse de nouveaux savoirs et prompte à « secouer le joug de l'autorité », qu'une étroite liaison entre philosophie et éloquence se réalisant au profit d'une prose relevée de figures « dont le sens soit clair et l'expression énergique[5] ». Autrement dit, de même que la marque imprimée dans un texte par une « figure énergique » doit être inspirée par la raison, de même est-il nécessaire que celle-ci devienne « ingénieuse » en s'énonçant au moyen de figures capables de capter l'attention et de surprendre, de renverser le préjugé et de séduire. De ce point de vue, saisir les enjeux que comporte l'idée de « raison ingénieuse » conduit à examiner les principes d'une rhétorique qui traverse et embrasse différents registres, depuis le savoir philosophique et l'efficacité des arguments jusqu'à la texture matérielle de l'écriture.

Cette rhétorique, c'est celle des Lumières et d'une prose libertine où s'entremêlent « Philosophie mal entenduë » et « tours singuliers », « esprit » et « systêmes fragiles ». En brouillant les distinctions entre figures, argumentation et savoirs, cet art de dire se trouve à lier certaines manipulations effec-

---

3. Voir, sur ce point, Heinrich Lausberg, *Handbuch der literarischen Rhetorik. Eine Grundlage der Literaturwissenschaft*, 1973, § 1152, p. 550.
4. François-Marie Arouet, dit Voltaire, « Esprit », 1754, dans *Articles pour l'Encyclopédie. Les œuvres complètes de Voltaire*, 1987, p. 51. Sur cette définition de l' « esprit » et sur le souvenir du « vocabulaire propre aux rhéteurs latins » qu'elle met en cause, voir Marc Fumaroli, « Le génie de la langue française », *Trois institutions littéraires*, 1994, p. 213-214. Du reste, l'expression « raison ingénieuse » revient fréquemment au XVIIIe siècle pour définir l'esprit : voir, par exemple, de l'abbé Trublet, *Mémoires pour servir à l'histoire de la vie et des ouvrages de Mrs. de Fontenelle et de la Motte*, 1759, p. 12.
5. François-Marie Arouet, dit Voltaire, « Esprit », *loc. cit.*, p. 52.

tuées sur la langue aux effets de sens qui se rattachent à ces dispositifs. Ce sera même là l'objet auquel vont s'intéresser une multitude de « rhétoriques de l'esprit », à une époque où le souci de « secouer le joug de l'autorité » et de diffuser les Lumières en appelle à une prose militante dont la force tient précisément à l'ingéniosité d'une raison et d'un savoir devenus éloquents. Déjà, dans ses *Dialogues sur l'éloquence*, Fénelon opposait la manière aride et, par conséquent, peu persuasive, des apologistes chrétiens, à cette savante éloquence de la libre pensée où pétille l'esprit :

> Il est bon de remarquer cela en passant, pour comprendre combien les gens du dernier siecle se sont trompés. Il y avoit d'un côté des savants à belles lettres qui ne cherchoient que la pureté des langues et les livres poliment écrits ; ceux-là, sans principes solides de doctrine, avec leur politesse et leur érudition, ont été la plupart libertins. D'un autre côté, on voyoit des scholastiques secs et épineux, qui proposoient la vérité d'une maniere si désagréable et si peu sensible, qu'ils rebutoient presque tout le monde[6].

Politesse de l'élocution, savoirs, libertinage : dès le XVIIe siècle, comme le soulignait à juste titre Marc Fumaroli, « cette liberté ingénieuse apparaît [...] comme l'équivalent rhétorique du libertinage moral et de l'incivisme politique[7] ». Au siècle des Lumières, c'est toujours la réunion de ces mêmes traits qui commande les aspects essentiels de l'évolution de la pensée rhétorique. C'est là, du moins, ce que donne à penser le dictionnaire français-anglais de Boyer lorsque, dans son édition de 1702, il propose de traduire « libertin » par *wit*, c'est-à-dire « bel esprit »[8]. De fait, comme le précise Crébillon fils dans le *Tanzaï* : « l'esprit est d'un caractère plus sociable » car, ajoute-t-il, « la dignité de ses manières fait sentir que son éducation a été

---

6. François de Salignac de la Mothe Fénelon, « Dialogue second », *Dialogues sur l'éloquence en général et sur celle de la chaire en particulier*. Œuvres de M. François de Salignac de la Mothe Fénelon, 1787, t. 3, p. 220-221 ; première édition de 1713, établie sur un manuscrit remontant à 1680 environ.

7. Marc Fumaroli, *L'âge de l'éloquence. Rhétorique et « res literaria » de la Renaissance au seuil de l'époque classique*, 1980, p. 692.

8. Cité par Jean-Christophe Abramovici, « Libertinage », dans Michel Delon (dir.), *Dictionnaire européen des Lumières*, 1997, p. 648.

soustraite aux préjugés[9] ». Cette dernière remarque, surtout si l'on songe au contexte où elle paraît, suggère que nul autre genre que le roman libertin n'offrit alors d'exemples plus accomplis de cette manière d'éloquence. Cette hypothèse n'est peut-être qu'une opinion, mais c'est une opinion que contredit rarement le témoignage des contemporains. Qu'on en juge d'après un numéro d'avril 1742 du *Mercure de France* et le ton indigné de ce lecteur qui, dans l'« Extrait d'une lettre contre les romans », prend à partie tous ces ouvrages où se pratiquent des « commerces criminels de tendresse & de libertinage » et dont l'art de dire est, d'un même mouvement, condamné en ces termes : « Peut-on aimer ce prétendu Bel-Esprit, qui n'affecte que des pointes & des jeux de mots, & qui semble accabler le bon sens sous le fard & l'artifice ?[10] » Ce n'est pas en vain que les romans et, en particulier, ceux qui peignent des « commerces criminels de libertinage » affectent de l'esprit et des figures artificieuses, des pointes et des jeux de mots : ce genre d'éloquence participe, en effet, d'une étroite union entre philosophie critique et rhétorique, entre « figures de l'esprit » et libertinage.

Il s'agit là d'un fait dont on trouve plus d'un exemple. Dans un roman comme les *Sonnettes* de Guiard de Servigné, le narrateur, le marquis D***, raconte comment il s'est introduit dans la chambre, puis dans le lit, de la présidente de ***. Toute la « conversation » est alors alimentée par « l'esprit » du marquis dont le tour particulier se prête à une double entente aussi savante qu'« ingénieuse » :

> Parlons un peu de votre esprit, Marquis, je vous en ai trouvé un d'une justesse & d'une solidité ..... Dès le moment que je vous ai vû, j'ai désiré de passer avec vous un quart d'heure ; vous avez de ces figures intéressantes qui promettent beaucoup [...]. L'esprit que vous m'accordez, Madame, lui répondis-je, consiste chez moi dans une contention qui dure presque toujours, & dont votre mérite seul pourroit me rendre capable ; [...] & par une reconnoissance également douce & facile, je veux vous faire part de quelques-unes de mes productions ; trop heureux si elles sont de votre goût. Par exemple, Madame, celle-ci ; c'est *le pouvoir de l'Amour*. L'Amour est le fils de la vue & du désir, il s'insinue adroitement dans

---

9. Claude Prosper Jolyot de Crébillon, dit Crébillon fils, *Tanzaï et Néadarné, histoire japonoise*, 1976 [1734], p. 192.
10. Anonyme, « Extrait d'une lettre contre les romans », *Mercure de France*, avril 1742, p. 733.

un cœur, avec peine d'abord .... quand il y est, il s'étend, il remplit le vuide qui est partout sans lui .... on voudroit le chasser, mais en vain, [...] les charmes qu'il employe sont si forts, qu'après l'avoir repoussé, on l'attire sans le vouloir .... ces combats jettent le trouble dans l'ame, & par leurs secousses réïtérées ..... la rendant avide de plaisir .... enfin l'ivresse succéde, un épanchement délicieux .... Sentez-vous cela, Madame ? la mémoire me manque... Ah ! .... oui .... Marquis, que vous avez d'esprit ! je sens ..... poursuivez .... quel plaisir ! [...]
La voye est frayée .... la bréche reçoit le vainqueur ; il revient à la charge plus animé que jamais .... [...] une extase .... un délire ... Dieux ! C'est bien cela ! ah Marquis ! que vous peignez bien ! répétez ....
La matiére que je traitois étoit inépuisable ; je ne pouvois tout dire, & la Présidente, à qui mes réflexions en avoient fait naître de nouvelles, prit à son tour ma place. Qu'elle la remplit bien ! l'essor qu'elle donnoit à son éloquence, & la rapidité de son débit, marquoient parfaitement combien le sujet lui étoit cher. [...]
Je laissai la Présidente très satisfaite de mon esprit, & je retournai vers le jour à mon appartement[11].

C'est à plus d'un titre que la « matière » que le marquis entreprend de traiter est inépuisable. À cet esprit que signalent « justesse » et « solidité » répond non seulement des « figures intéressantes » secourues par « une contention qui dure presque toujours », mais encore l'essor que la présidente donne elle-même à son « éloquence ». Dès lors, figures de l'amour et figures oratoires s'entremêlent de telle manière que leur conjonction permet d'inventer une « production » ingénieuse où « le pouvoir de l'amour » en appelle aux lois mécaniques de la nature, à la vue et au désir, à ces mouvements de la matière qui « attirent sans le vouloir », bref, à quelques-unes des thèses centrales de la physique, de la philosophie et de la psychologie nouvelles.

On pourrait donner plus d'ampleur à ces dernières remarques et un passage tiré *De la décadence des lettres et des mœurs* (1787) en fournit l'occasion. Dans cet ouvrage qui, un peu à la manière du *Discours sur l'universalité de la langue françoise* (1784) de Rivarol mais dans un esprit radicalement conservateur, trace une sorte de bilan du siècle, voici ce que son auteur, Rigoley de Juvigny, affirme du roman libertin :

---

11. Jean Baptiste Guiard de Servigné, *Les sonnettes, ou Mémoires du marquis D****, 1749, p. 116-122.

Cependant si le Bel-Esprit se fût contenté de fomenter l'ignorance en amusant l'oisiveté [...] c'eût été du moins le seul reproche qu'on eût pu lui faire ; mais déja corrompu lui-même, il voulut corrompre l'innocence & pervertir les mœurs. Il s'associa donc avec la fausse Philosophie, qui leva sa tête altière, & ne rougit point d'insulter à la pudeur, dans les productions ténébreuses du libertinage le plus honteux & le plus infâme.
[Puis, en note, l'auteur ajoute :]
Quel siécle en effet plus fertile que le nôtre, a produit, dans l'espace de dix à douze ans, plus d'infâmes Romans ! Ils ont annoncé, ils ont précédé ce torrent de *Lumières philosophiques* dont nous sommes inondés aujourd'hui[12].

Si l'on prend garde qu'à l'exemple des *Sonnettes*, ce « Bel-Esprit » est « ingénieux » en autant qu'il multiplie des « figures intéressantes » qui « insultent à la pudeur » en s'associant à une « fausse Philosophie », il sera aisé de comprendre en quoi le roman libertin suppose un savoir devenu éloquence. C'est toujours cette figure familière au libertinage des Lumières que saisit Mirabeau dans *Hic et Hæc*, roman dont le narrateur, « *élève des RR. PP. Jésuites d'Avignon* », décrit en ces termes son propre sexe :

Et ses yeux se fixaient sur l'insolent dont l'orgueil augmentait à vue d'œil ; il y a peu d'avocats aussi éloquents aux yeux d'une femme : je vis le succès du plaidoyer muet, et reprenant sa main, je la pressai contre l'orateur[13].

Souvent, cet orateur se « pique » aussi de science et de philosophie. C'est pourquoi le roman libertin se compare au « bijou » d'Alcine qu'évoque Diderot dans les *Bijoux indiscrets* et qui discourt tel un « orateur[14] » ; ou à ce bijou si enclin à toujours parler « comme s'il se fût adressé à une assemblée » et qui, « après vous avoir instruits, messieurs, de ce que vous devez attendre de [s]es découvertes et de [s]on élocution », ajoutait « quelques coups de pin-

---

12. Jean-Antoine Rigoley de Juvigny, *De la décadence des lettres et des mœurs, depuis les Grecs et les Romains jusqu'à nos jours*, 1787, p. 374-375. « L'espace de dix à douze ans » : Rigoley désigne ici la période 1740-1750, objet de notre étude. Quant à l'expression « Roman infâme », elle désigne toujours, chez les adversaires des Lumières, le roman libertin. Il peut même s'agir d'une « catégorie bibliographique » : voir Nicolas Lenglet Du Fresnoy, article « Venus dans le cloître, ou la religieuse en chemise », *Bibliothèque des romans, avec des remarques critiques sur leur choix & leurs differentes éditions*, 1734, t. 2.
13. Honoré Gabriel Riqueti, comte de Mirabeau, *Hic-et-Hæc ou l'élève des RR. PP. Jésuites d'Avignon*, dans *Œuvres érotiques de Mirabeau*, 1984 [1798], p. 193.
14. Denis Diderot, *Les bijoux indiscrets*, 1951 [1748], p. 45.

ceau [...] pour vous esquisser [s]on caractère[15] ». Un « bijou orateur » dont la savante éloquence, « insultant à la pudeur », séduit et instruit : ce pourrait bien être l'emblème de la littérature libertine. Avec ses « traits vifs », l'esprit que celle-ci déploie s'y reconnaît, comme l'observe Dumarsais, à un « prompt assemblage d'idées qu'on est souvent étonné de voir unies[16] » et qu'elle tire d'une « fausse Philosophie ». Il en résulte une prose accumulant les traits séduisants et séducteurs qui impliquent aussi bien l'aventure implicite d'un savoir qu'une longue tradition oratoire.

---

15. *Ibid.*, p. 179. On remarquera que tout le discours du bijou « entortillé » se donne à lire comme un pastiche de la langue de Crébillon fils.
16. César Chesneau Dumarsais, « Le philosophe », *Nouvelles liberté de penser*, 1743, p. 183.

I

De l'*ars dicendi* des Anciens à la raison ingénieuse des Lumières

S'il ne fait pas de doute, comme l'affirment les quelques historiens contemporains qui se sont intéressés à la rhétorique du XVIIIe siècle, qu'autour de « 1730 est définitivement installée la rhétorique française, art national et moderne[1] », on ne saurait méconnaître que c'est d'abord au sein d'un dialogue ininterrompu avec les Anciens que s'invente ce nouvel art d'éloquence. Mais s'il infléchit l'orientation de la pensée, le rapport aux Anciens est, surtout au XVIIIe siècle, sélectif, de sorte qu'il faut bien se demander de quelle Antiquité il s'agit. Pour répondre à cette question, consultons la *Bibliothèque françoise* de l'abbé Goujet et, en particulier, la seconde partie du tome I, consacrée aux « Traductions françoises des écrits des anciens sur la Rhétorique », sorte de répertoire bibliographique et critique qui permet d'apprécier ce qu'on lisait le plus communément en 1740[2]. Avec tout son siècle, Goujet considère Aristote comme un auteur dont « la diction [...] a un air sec, triste & scholastique[3] ». En revanche, Cicéron apparaît plutôt comme celui qui « a annobli et perfectionné sa doctrine [...] [afin de] rectifier ce qu'il y avoit de défectueux[4] ». Semblable opposition n'a rien de neuf : depuis la Renaissance, on le sait, la redécouverte de l'œuvre de Cicéron marque justement une rupture d'avec l'hermétisme aristotélicien dont s'inspirait le *modus scholasticus* médiéval en lui substituant un *modus oratorius* où s'affirme déjà l'idéal laïc d'une parole agissant sur une opinion publique. C'est à ce titre que Cicéron

---

1. Annie Benard, *Les traités de rhétorique au XVIIIe siècle*, 1973, p. 6
2. Abbé Claude-Pierre Goujet, *Bibliothèque françoise ou Histoire de la littérature françoise*, 1740, p. 295 sq.
3. *Ibid.*, p. 300. On remarquera à quel point cette formule est top que. Voir, par exemple, l'abbé Colin : « mais en général sa Diction [celle d'Aristote] a un air sec, triste & scholastique » (*Traduction du Traité de l'orateur de Cicéron*, 1737, p. 7) ; et ce passage d'un roman assez libre de Nicolas Jouin, tiré des *Anecdotes jésuitiques, ou le Philotanus moderne* (1740, p. 4) : « Je me livre cependant à la seche & dégoutante Etude de la surannée Philosophie d'Aristote ».
4. Abbé Claude-Pierre Goujet, *Bibliothèque françoise*, op. cit., p. 300.

est resté la référence essentielle des études rhétoriques et la pièce maîtresse de toute *Bibliotheca rhetorum* jusqu'à la fin du XVIIIe siècle, exerçant ainsi son influence sur toute la théorie générale de l'éloquence, voire sur le destin même de la notion de figure[5].

Cette influence, on en comprend mieux la nature à la lecture du troisième livre du traité *De l'orateur*, texte où « va le mieux se manifester, suivant un sentiment assez général, la conception toute particulière que Cicéron se fait de l'éloquence[6] ». L'ouvrage est conçu en forme de dialogue et le principal interlocuteur, Crassus, y considère tour à tour les problèmes relatifs à l'élocution oratoire. Ce n'est pas tant la description technique des figures qui lui importe, qu'une conception générale de l'élocution qui se refuse à toute distinction de principe entre le « fond » du discours et les « mots[7] ». « L'éloquence, en effet, est une[8] » : elle est à la fois art de bien dire et art de bien penser[9], et c'est à ce titre qu'elle élève le discours à une puissance ou, si l'on préfère, à une *vis dicendi*[10] indissociable d'une alliance entre l'élocution et l'ensemble des savoirs qui l'informent. Une telle conception de l'*ars dicendi* renferme, de ce fait, une critique de la philosophie, du moins lorsque celle-ci se réclame de la tradition inaugurée par Socrate, car

> ce fut lui [Socrate] qui [...] sépara l'art de bien penser et de bien dire [*sapienterque sentiendi et ornate dicendi scientiam*], deux sciences qui, au fond, tiennent l'une à l'autre. C'est d'alors que date cette séparation si importante entre, si j'ose dire, la langue et l'esprit [*linguae atque cordis*], divorce vraiment absurde, inutile et condamnable, qui fit en sorte que l'acquisition du savoir et de l'éloquence dût s'en remettre à deux maîtres différents [*ut alii nos sapere, alii dicere docerent*][11].

Reconstituer l'unité perdue du savoir et de l'éloquence constitue donc la tâche essentielle que s'assigne cette rhétorique et c'est précisément sous ce

---

5. Sur la place de Cicéron dans l'enseignement de la rhétorique au XVIIIe siècle, voir Stéphanie Bouabane et Jean Leclerc, « Nature et fonction des *exempla* dans la *Rhetorica in Seminario Quebecensi* (1774) de Charles-François Bailly de Messein », sept. 1999, n° 10.

6. Daniel Auverlot, « Cicéron, ou le rêve d'une rhétorique idéale », *Rhétorique(s)*, 1989, p. 62. Voir également Alain Michel, *Rhétorique et philosophie dans l'œuvre de Cicéron*, 1960, p. 80-149.

7. Cicéron, *De l'orateur*, 1971 [55 A.C.N], L. III, V, 19 : « [les choses et les mots] ne sauraient être séparés » (« [*res et verba*] seicunta esse non possunt »).

8. *Ibid.*, VI, 22 : « *Una est enim* [...] *eloquentia* ».

9. *Ibid.*, XV, 56 : « *cogitandi pronuntiandique ratio* ».

10. *Ibid.*, XV, 56.

11. *Ibid.*, XVI, 60-61 (je traduis).

jour qu'il convient d'envisager la conception cicéronienne de la figure. Ici, les figures du discours doivent être soutenues par la fécondité et par l'exactitude d'un savoir, de sorte qu'elles cessent, et la critique actuelle ne s'y est pas trompée, d'être simplement « le produit d'une maîtrise technique pour se faire l'expression d'une sagesse », ce qui, bien sûr, constitue une première « remise en cause [...] [d'une] conception traditionnelle de la rhétorique[12] ». D'autre part, lorsque Cicéron emploie le mot latin *figura*, il recourt à un terme dont le sens primitif de « forme plastique » se fait toujours entendre. *Figura*, rappelons-le en substance à la suite d'Erich Auerbach, est dérivé de la même racine que le verbe latin *fingere*, de sorte que le sens de « façonner » et de « modeler » s'y trouve associé dès l'origine. Il s'y rattache ainsi une dimension plastique et une idée de mouvement dont témoignent jusqu'aux occurrences les plus anciennes de *figura*, souvent accompagnées de l'adjectif *nova* pour désigner une forme à l'aspect inusité[13]. Toutefois, on ne saurait pénétrer les raisons qui ont poussé Cicéron à user de ce terme pour servir une réflexion plus abstraite sur le problème général de la forme et du discours, sans rappeler le rôle exercé par l'influence de la langue et de la culture grecques sur le destin de ce mot. Cicéron, on le sait, avait très tôt cherché à faire du latin une langue savante et, à cette fin, il traduisit plusieurs concepts de la philosophie grecque. Le mot *figura* ne devait pas rester étranger à cette entreprise et c'est pourquoi il devint l'équivalent latin de *skhèma*, reprenant même à son compte le système d'oppositions en fonction duquel le concept grec faisait sens. Depuis Platon et Aristote, la philosophie grecque distinguait avec précision ce concept de *skhèma* de ceux de *morphè* et d'*eidos*. À l'Idée ou à la Forme intelligible que désignaient ceux-ci s'opposait *skhèma*, c'est-à-dire le simple aspect des choses dont les sens se saisissent[14]. Par conséquent, *skhèma* se trouvait déterminé par une métaphysique qui le destinait à nommer le revers de l'Idée, bref, une pure apparence dont le latin semble accréditer à son tour le caractère contingent et inessentiel en associant si volontiers *figura* à *ornatus*. Pourtant, le sens primitif de *figura* devait toujours se maintenir et, si l'influence exercée par *skhèma* dicte certains aspects de son évolution sémantique, elle « n'épuise en aucun cas la force de ce terme, sa *potestas verbi*[15] ». *Figura* tire de ses origines des ressources qui engagent sa

---

12. Daniel Auverlot, « Cicéron, ou le rêve d'une rhétorique idéale », *art. cit.*, p. 65.
13. Erich Auerbach, *Figura*, 1993, p. 9-10.
14. *Ibid.*, p. 12 sq.
15. *Ibid.*, p. 14.

signification à sans cesse excéder le domaine étroit de l'*ornatus* inessentiel, du non-propre et de l'écart. Cet excès de sens brouille la filiation entre le concept métaphysique grec de *skhèma* et *figura*, comme le montre l'usage qu'en feront les rhéteurs latins et, en particulier, Cicéron. Chez lui, il est vrai, *figura* ne désigne pas encore, comme l'a relevé Emil Vetter[16], un mot technique destiné à nommer les diverses figures du discours. L'emploi de ce terme participe plutôt, et cette remarque d'Auerbach est capitale, d'un effort pour « concevoir ce qu'on appellerait aujourd'hui un concept totalisant de forme[17] ». Ce « concept totalisant de forme » ou, du moins, son esquisse permet toujours à Cicéron d'insister sur le lien unissant la notion particulière de *figura* à une théorie générale de l'*ars dicendi* qui, on l'a vu, entend dépasser l'opposition métaphysique entre « pensée » et « expression ». C'est ce qu'indique la locution de *figura dicendi*, si fréquente dans son œuvre[18] et qui désigne à la fois la teneur du discours et le tour qu'on lui donne. En pareil cas, imposer une *figura* au discours suppose qu'on le façonne un peu à la manière dont on « modèle une cire très molle[19] » et ce « faire » effectue sur la langue un travail où la facture reste indissociable de la fécondité de la pensée et du savoir. La possibilité d'une telle alliance s'affirme aussi bien dans l'expression *figura dicendi* que dans la théorie générale de l'élocution à laquelle elle se rattache et où tout concourt « à supprimer toute notion d'écart en faisant de l'*elocutio* la conséquence nécessaire de la culture[20] ». Par delà le concept grec de *skhèma*, la *figura dicendi* réalise, dans ce contexte, une sorte d' « accord et de concert » entre tous les savoirs[21]. La métaphore devient une preuve de la force d'invention, un *specimen ingenii* où l'esprit triomphe en résumant en un seul trait toute une proposition[22] ; le chiasme ou la paronomase deviennent des « armes » dont on use pour persuader, etc.[23] Même l'emploi du terme *ornatus* dont Cicéron use à propos de ces figures ne signifie pas tant un ornement surajouté, qu'une sorte de plénitude du néces-

---

16. Emil Vetter, article « *Figura* », *Thesaurus linguæ latinæ*, 1912-1926, vol. VI, p. 722-738.
17. Erich Auerbach, *Figura, op. cit.*, p. 19.
18. Voir, en particulier, Cicéron, *De l'orateur, op. cit.*, II, 98 et III, 34.
19. Cicéron, *De l'orateur, op. cit.*, L. III, XLV, 177 : « *sicut mollissimam ceram fingimus* ».
20. Daniel Auverlot, « Cicéron, ou le rêve d'une rhétorique idéale », *art. cit.*, p. 66.
21. Cicéron, *De l'orateur, op. cit.*, L. III, VI, 21 : « *consensus doctrinarum concentusque* ».
22. *Ibid.*, XXXIX, 160. Voir aussi l'*Orateur*, ch. 19, où le propre de la métaphore devient « d'agiter l'esprit, de le transporter tout d'un coup d'un objet à un autre, de le presser de comparer soudainement les deux idées qu'elles présentent ».
23. *Ibid.*, LIV, 206.

saire contribuant à la tâche fondamentale de l'éloquence : persuader. Plénitude du dire et souci pragmatique pour la persuasion : ces idées résument les deux aspects fondamentaux de la théorie cicéronienne de la figure dont l'influence sera appelée à s'exercer sur la réflexion oratoire des Lumières, comme va l'attester l'émergence, à la fin du XVIIe et au début du XVIIIe siècle, de notions comme celles de *figuræ ad docendum, ad delectandum* et *ad movendum*, c'est-à-dire de figures propres à instruire, à plaire et à toucher.

Reprenons maintenant l'abbé Goujet. Dans les sections consacrées aux « Écrits françois sur l'éloquence en général[24] », une même observation revient avec insistance : le goût moderne semble faire consister l'éloquence « dans une rapide simplicité[25] ». À vrai dire, si Cicéron continue pendant tout le XVIIIe siècle à orienter la conception générale de l'éloquence, sa *copia*, c'est-à-dire le souffle et l'ampleur de son style périodique, cesse de servir de modèle à la pratique des écrivains et des philosophes du siècle des Lumières. Dans la « rapide simplicité » des modernes qu'évoque Goujet entre plutôt le souvenir de Sénèque et, sous ce nom, il faut entendre aussi bien Sénèque le Père ou, si l'on préfère, Sénèque le Rhéteur, que son fils, Sénèque le Philosophe. Le XVIIIe siècle distinguait sans doute leurs œuvres longtemps confondues depuis la grande édition qu'en avait donnée Érasme (1529)[26]. Mais à en croire le sentiment exprimé par Balthazar Gibert en 1718 dans les *Jugemens des savans*, l'opinion prévalait toujours que « cette affectation [...] des pointes & des brillants continuels étoit particuliere à la famille des Annéens », de sorte que si la manière de Sénèque le Philosophe était considérée comme « plus severe » que celle de son père, cela n'empêchait pas « qu'ils ne soient tous deux sentencieux[27] ». « Sentencieux », ils l'étaient sans doute. Ce sont eux qui, au Ier siècle de notre ère, avaient introduit et mis en vogue le *stylus abruptus* ou, si l'on préfère, le « style coupé », dont la pratique était indissociable d'un recours aux « figures de l'esprit », ces traits brefs qu'on appelait en latin *sententiae* et dont l'usage procédait de l'*ingenium*[28].

---

24. Abbé Claude-Pierre Goujet, *Bibliothèque françoise, op. cit.*, ch. 3, t. 2, p. 1 sq.

25. *Ibid.*, p. 53.

26. Voir, sur ce point, Balthazar Gibert, *Jugemens des savans sur les auteurs qui ont traité de la rhétorique*, 1718, t. 1, p. 419-420 : « Il y a déja du tems qu'il ne reste plus aucun doute [Nic. Faber, 1602] sur la distinction qu'il faut mettre entre Seneque le Rhéteur, & Seneque le Philosophe ».

27. *Ibid.*, p. 441 et p. 442.

28. Je reprends l'expression *figure de l'esprit* à Benito Pelegrín qui, par ce néologisme, cherche à traduire les termes *agudeza* et *ingenio*, équivalents espagnols de la *sententia* et de l'*ingenium* latins ; voir sa préface à Baltasar Gracián, *Art et figures de l'esprit*, 1983 [1647].

C'est, comme on le verra, la pratique de ce style coupé que va cultiver, au XVIIIe siècle, la prose libertine et qui va en appeler à une théorie de la figure mise au service de la rapidité « sentencieuse », des effets de séduction et de la vivacité argumentative. C'est, encore de nos jours, à quelque passage tiré de *Sentences, divisions et couleurs des orateurs et des rhéteurs*, seul ouvrage de Sénèque le Père qui nous reste, que songent Chaïm Perelman et Lucie Olbrechts-Tyteca, lorsqu'ils jettent les fondements d'une théorie de la « figure argumentative[29] ».

Dans une lettre adressée à ses fils et que Sénèque le Père donne en guise de préface à son ouvrage, ce dernier rapporte cette opinion de l'un de ses plus proches amis, Marcus Porcius Latron :

> Mon cher Latron vous ressemblait, en ce qu'il aimait les *traits* [*sententiae*] [...] Il avait coutume aussi d'écrire séparément les figures qui pouvaient convenir à la controverse [...] Les figures, il soutenait qu'elles avaient été imaginées non comme ornement, mais comme aide, pour insinuer de façon détournée et furtive ce qui, exprimé directement, blesserait l'oreille[30].

Avec ces traits et ces figures assorties à la controverse et aux insinuations voilées se dessine le caractère distinctif d'un art de dire typique de l'Empire, un genre tout nouveau d'éloquence que même la philosophie fera souvent sien et qui, comme l'ont observé les historiens de la rhétorique, « *is a new phenomenon developed for the circumstances*[31] ». C'est ce que montre avec éclat l'œuvre de son fils, Sénèque le Philosophe, chez qui engagement politique et projet philosophique sont indissociables. À ce caractère général de l'œuvre s'ajoute encore le recours constant à cette éloquence nouvelle, remplie de figures et allusive, prescrite, en quelque sorte, par les exigences d'un siècle désormais soumis au regard d'un Prince. Déjà, les Anciens avaient relevé combien l'éloquence devait dorénavant se prêter à cette politique nouvelle. Alors que Tacite, par exemple, souligne sans cesse la manière « ingénieuse » de Sénèque dans les discours qu'ils publient « par la bouche du prince », Quinti-

---

29. Voir Chaïm Perelman et Lucie Olbrechts-Tyteca, *La nouvelle rhétorique. Traité de l'argumentation*, 1958, art. 41, p. 226.

30. Sénèque le Père, *Sentences, divisions et couleurs des orateurs et des rhéteurs*, 1992, p. 36 sq. Sur le rôle et l'importance de Latron dans la pensée romaine, voir Pascal Quignard, *La raison*, 1990.

31. George Kennedy, « Seneca the Elder », *The Art Rhetoric in the Roman World. 300 B.C.-A. D. 300*, 1972, p. 328 : ce genre d'éloquence « est un phénomène nouveau dont l'émergence est liée aux circonstances ».

lien tourne cette observation en critique et lui reproche d'écrire moins en philosophe exact, qu'en rhéteur mondain soucieux de briller[32]. Au XVIIIe siècle, on le verra, cette dernière opinion était souvent associée à l'idée peu favorable d'une décadence de l'éloquence, idée que nourrissait le souvenir du *Dialogue des orateurs* et qui entraînait avec elle un certain discrédit de Sénèque[33]. C'est ce qu'exprime, entre autres, le jugement de Gilbert Charles Le Gendre qui, dans son *Traité de l'opinion*, considère qu'à partir du Ier siècle,

> on a donné dans les pointes & dans l'affectation du style: & la famille des Annéens introduisit à Rome un nouveau genre d'éloquence. Alors on préféra le brillant du style au solide, l'esprit au jugement, l'affectation à la nature[34].

Pourtant, comme l'indique l'*Essai sur les règnes de Claude et Néron* (1778) de Denis Diderot, la mémoire de Sénèque ne se réduisit jamais à cette seule idée, car son exemple favorisa aussi l'invention d'une prose philosophique et militante, vive et énergique, capable de tromper la censure et persuasive à force de figures ingénieuses.

Dans l'une des *Lettres* que Sénèque adresse à son ami Lucilius au cours des quelque trois années précédant sa condamnation à mort par Néron, voici ce qu'on peut lire :

> Veux-tu savoir ce que la philosophie promet au genre humain ? Ses lumières. L'un, la mort le réclame; l'autre, la pauvreté le dévore [...] Aux naufragés, aux prisonniers, aux malades, aux indigents, aux condamnés qui sentent la hache levée sur leur tête, tu as promis du secours. Où te détournes-tu ? Que fais-tu ? Celui-ci, avec qui tu joues, a peur. Viens-lui en aide, rompant ses lacs quand la crainte le tient angoissé[35].

Recours à l'interrogation oratoire et emploi d'un style coupé qui juxtapose propositions et substantifs, usage de la couleur propre à l'hypotypose et métaphore des lacs: tout cela participe d'une stratégie oratoire étroitement

---

32. Voir Tacite, *Annales*, L. XIII, 3 et 11 ; et Quintilien, *Institution oratoire*, L. X, 1, 129.
33. Voir Tacite, *Dialogue des orateurs*, 1960, XXXVI sq.
34. Gilbert Charles Le Gendre, *Traité de l'opinion, ou Mémoires pour servir à l'histoire de l'esprit humain*, 1733, t. 1, p. 115.
35. Sénèque, *Lettres à Lucilius*, 1947, t. 2, 48, 7-8 : « *Vis scire quid philosophia promittat generi humano ? Consilium. Alium mors vocat, alium paupertas urit [...] Opem laturum te naufragis, captis, aegris, egentibus, intentae securi subiectum preastantibus caput pollicitus es : quo diverteris ? quid agis ? Hic cum quo ludis, timet : succerre, quicquid laqueis timore pendenti rumpens* ».

associée à la représentation d'une philosophie en acte. *Quid agis ?* Que fais-tu ? La question invite à une dramatisation du savoir tournée vers la persuasion d'autrui et l'exercice d'un magistère. L'écriture de Sénèque ne destine pas le savoir à des débats d'École : d'autres objets l'occupent et, dans un texte comme le *De clementia* (ca. 56) par exemple, il s'agit non seulement de fonder les principes d'une réforme du régime impérial, mais encore d'en persuader l'opinion et le Prince[36]. Les exemples d'une telle ambition ne manquent pas et, à chaque fois, le recours aux pouvoirs de l'*ars dicendi* reste indissociable d'un dessein politique et éthique, lui-même subordonné à la doctrine stoïcienne dont se réclame Sénèque et qui, précisément, assigne au savoir philosophique la tâche de servir l'action au sein de la cité. Aussi est-ce sous ce jour qu'il faut lire les réflexions discontinues et fragmentaires auxquelles Sénèque s'est livré sur le problème de l'élocution oratoire et de la figure. Comme le souligne Mireille Armisen-Marchetti dans un ouvrage consacré à ces questions, ce qui attire d'abord l'attention de Sénèque ne concerne pas tant le simple catalogue des figures, voire une théorie grammaticale ou sémantique de celles-ci, que leur « insertion dans le projet général du discours philosophique[37] ». Certes, une telle entreprise pourra surprendre chez un philosophe stoïcien qui, par ailleurs, ne ménage pas les déclarations hostiles aux outrances sophistiques que la rhétorique peut aisément seconder en détournant de l'étude des choses (*res*) au profit de celle des mots (*verba*)[38]. Mais si, comme l'affirme Sénèque, « la philosophie enseigne à agir, non à parler[39] » et que la rhétorique menace sans cesse de favoriser une éloquence populaire étrangère à tout souci de vérité[40], il ne faut pourtant pas se méprendre sur les conditions du discours philosophique. Que celui-ci entende transmettre un savoir véritable sur les choses ne saurait le soustraire à l'obligation qui lui incombe de vaincre les obstacles qu'on lui oppose et de susciter des volontés en sa faveur. Le discours philosophique suppose même qu'il faille à la fois faire savoir et faire vouloir : en bref, savoir et victoire sur le

---

36. Voir, à cet égard, le commentaire de Pierre Grimal, « Le *De clementia* et l'idéologie du principat », *Sénèque ou la conscience de l'Empire*, 1991 [1978], p. 119-131.
37. Mireille Armisen-Marchetti, *Sapientiae facies. Étude sur les images de Sénèque*, 1989, p. 23.
38. Sénèque, *Lettres à Lucilius, op. cit.*, 40, 14 : « *a rebus studium transferendum est ad verba* ». Sur ce point, voir Franck Ivan Merchant, qui tente précisément de réduire ces « *discrepancies between his practice and his theory* », dans « Seneca the Philosopher and his Theory of Style », 1905, vol. XXVI, p. 58.
39. Sénèque, *Lettres à Lucilius, op. cit.*, 20, 2 : « *facere docet philosophia, non dicere* ».
40. Voir *ibid.*, 40, 4.

préjugé, appel à la volonté et recours à l'éloquence doivent aller de pair. Que l'on relise, dira Sénèque, les anciens philosophes et l'on s'apercevra que ceux-ci,

> s'ils s'énonçaient simplement avec l'unique ambition d'établir les faits, fourmillent pourtant de comparaisons imagées qui me semblent nécessaires afin de soutenir la faiblesse de notre esprit et de mettre l'orateur comme l'auditeur en contact avec les choses elles-mêmes[41].

Il existe donc un droit à l'éloquence et à la figure, un *translationis ius*[42] confirmé par l'autorité des auteurs anciens et justifié par des considérations pragmatiques. Mais la figure n'est pas seulement un instrument que mobilise une « propagande » philosophique dont les enjeux la dépassent : elle s'allie également à un discours qui, sans elle, ne saurait être proféré. Un examen rapide de l'un des ouvrages les plus importants de Sénèque permet de mieux approfondir cette idée : il s'agit de son traité *Sur les bienfaits* (ca. 62), texte qui jette les bases d'une éthique sociale fondée sur le *mutuum*, c'est-à-dire sur un prêt gratuit incitant les citoyens à se faire des dons mutuels. Ajoutons à cela que, dans une cité dont quelques particuliers se sont enrichis des dépouilles des provinces conquises, il devient impératif de renforcer la concorde entre les différentes classes du peuple et, déjà, on comprend sans peine qu'un dessein politique vienne redoubler l'ambition morale de ce texte. Or, ce problème politique et éthique s'énonce dans le langage juridique fixé par le droit romain, ce que rappelle à juste titre l'auteur de *Sapientiae facies*. Ici, la théorie des bienfaits est pensée

> au travers des concepts qui régissent dans le domaine juridique la question des obligations, et particulièrement du « prêt de consommation », le *mutuum*. [...] Dès lors, l'image de la créance soutiendra toute l'analyse. Elle anime des métaphores innombrables, et il faut le noter, d'une réelle technicité[43].

De ce point de vue, « l'image ne double pas la pensée conceptuelle, mais la crée[44] ». C'est ce dont Sénèque lui-même prend conscience dans un passage

---

41. *Ibid.*, 59, 6 : « *Qui simpliciter et demonstrandae rei causa eloquebantur, parabolis referti sunt, quas existimo necessarias [...] ut inbecillitatis nostrae adminicula sint, ut et dicentem et audientem in rem praesentem adducant* » (je traduis).
42. Voir *ibid.*, 114, 1.
43. Mireille Armisen-Marchetti, *Sapientiae facies*, *op. cit.*, p. 266.
44. *Ibid.*, p. 268-269.

où il s'explique sur le recours systématique aux métaphores juridiques qui lui font qualifier le bienfait de « créance » :

> Quand nous parlons de « créance », nous employons une image et une métaphore ; de même, nous appelons la loi « une équerre qui sert à tracer la limite du juste et de l'injuste » [...] Nous nous prêtons à ces termes de manière à établir les faits qui sont en cause[45].

Procédé cognitif et argumentatif propre à « à établir les faits qui sont en cause », la *translatio* peut prétendre exercer une fonction et produire un effet qui seront ceux qu'assume, précisément, toute figure militante. En se promettant à la fois de susciter un jugement de valeur et d'infléchir les conduites, celle-ci participe de ces sortes de traits que Sénèque appelle *subiti ictus sententiarum*[46] et qui viennent réaliser la convergence entre « esprit » et philosophie, « sentence » et argument, séduction et savoir. C'est ce que montre un dernier exemple tiré du traité *Sur les bienfaits*. Sénèque y avait consacré plusieurs pages à la condition servile et, si certaines cherchaient à alerter le pouvoir politique sur le sort réservé aux esclaves, la première action à envisager consistait à renverser les idées reçues. Il fallait donc faire recevoir cette proposition déduite de l'éthique stoïcienne :

> C'est ignorer le droit des gens que de nier à un esclave la possibilité d'être le bienfaiteur de son maître ; ce qui importe, c'est l'esprit, et non pas la condition sociale ; nul ne possède de privilèges exclusifs sur la vertu[47].

Quelques développements syllogistiques et plusieurs exemples cherchent ensuite à établir la véracité d'une thèse dont la démonstration doit enfin à une interrogation oratoire et à une antithèse ce qui constitue, pour ainsi dire, sa pointe : « *Quid ergo ? beneficium dominus a servo accipit ? immo homo ab homine* » (« Eh quoi ! le bienfait existe d'esclave à maître ? Non, mais d'homme à homme »)[48].

---

45. Sénèque, *Des bienfaits*, 1926, t. 1, IV, 12, 1 : « *Cum creditum dicimus, imagine et translatione utimur ; sic enim et legem dicimus iusti iniustique regulam esse* [...] *Ad haec uerba demonstrandae rei causa descendimus* » (je traduis).
46. Sénèque, *Lettres à Lucilius*, op. cit., 100, 8 : « Ces traits pénétrants et inattendus ».
47. Sénèque, *Des bienfaits*, op. cit., III, XVIII, 2 : « *Seruum qui negat dare aliquando domino beneficium, ignarus est iuris humani ; refert enim, cuius animi sit, qui praestat, non cuius status. Nulla praeclusa virtus est* » (je traduis).
48. *Ibid.*, III, XXII, 3.

À la lumière de cette brève *sententia*, sans doute comprend-on mieux en quoi le souvenir de Sénèque va inspirer, au XVIIIe siècle, une rhétorique tournée tantôt vers l'efficacité politique et sociale du discours philosophique, tantôt vers les saillies plus aventureuses ou plus ardentes de la prose libertine. Dans l'*Essai sur les règnes de Claude et Néron* que l'on a déjà évoqué, la position générale qu'adopte Diderot consiste même à assimiler la figure de Sénèque à celle d'un philosophe des Lumières ou, plutôt, à observer « que les ennemis de nos philosophes ressemblent quelquefois merveilleusement aux détracteurs de Sénèque[49] ». Une semblable attitude le porte ensuite à prononcer une sorte d'apologie de la manière « précise, vive, énergique, serrée[50] » que pratiquait l'auteur latin :

> Un savant [...], rapporte Diderot, me semble avoir mieux caractérisé le style de Sénèque, lorsqu'il a dit de cet auteur qu'il avait de l'abondance avec brièveté, *abundantiam in brevitate*, et de la véhémence avec facilité[51].

C'est précisément cette *abundantia in brevitate* que le XVIIIe a placé au cœur de sa réflexion si féconde sur l'éloquence[52]. Par contraste, peut-être faudrait-il rappeler que le XVIIe siècle classique s'était plutôt vécu comme un siècle attaché à l'idéal d'un *stylus tullianus* qu'avait fixé l'exemple de l'abondance et de la gravité cicéroniennes. Cet idéal lui permettait de se penser ou, plus exactement, de se rêver comme une sorte de retour à la latinité de l'âge d'or et comme un siècle dont la destinée répondait en tout à celui d'Auguste : « Et l'on peut comparer sans craindre d'estre injuste, / Le Siecle de LOUIS au beau Siecle d'Auguste », écrivait Charles Perrault dans son poème sur « Le siècle de Louis le Grand[53] ». Au centre de la vie publique et de l'État, la figure du grand roi venait nourrir cet imaginaire et, dans le domaine de l'éloquence, tout semblait autoriser un tel parallèle. Le Grand

---

49. Denis Diderot, *Essai sur les règnes de Claude et Néron et sur la vie et les écrits de Sénèque, pour servir d'introduction à la lecture de ce philosophe*, dans *Œuvres complètes de Diderot*, 1875, t. 3, p. 179.

50. *Ibid.*, p. 195-196.

51. *Ibid.*, p. 235.

52. À ma connaissance pourtant, le rôle essentiel que joue, à partir de la Régence, la figure de Sénèque en tant que « symbole capable de caractériser toute une orientation littéraire », n'a été évoqué, de nos jours, que par Basil Munteano dans « Quintilien dans la "Querelle". Les "nouveaux Sénèques" et le "retour à l'antique" », *Constantes dialectiques en littérature et en histoire - problèmes, recherches, perspectives*, 1967, p. 180-183.

53. Charles Perrault, « Le siècle de Louis le Grand », *Parallèle des Anciens et des Modernes en ce qui regarde les arts et les sciences*, 1971 [1692], t. 1-4, p. 79.

Siècle, en effet, aima pratiquer une grande manière d'éloquence, celle dont Guez de Balzac a pu se faire le théoricien et qui, « née au commandement & à la souveraineté[54] », trouva bientôt dans les sermons de Bossuet et de Bourdaloue son achèvement. En revanche, le XVIIIe siècle s'imagina volontiers comme une « latinité d'argent » où le « brillant » de l'esprit, comme le rapporte le chevalier de La Morlière dans *Angola*, « imitait [...] l'or[55] ». Aussi bien dans la Rome du Ier siècle qu'à Versailles, le pouvoir du prince semblait avoir pris le même tour despotique et si, dans l'imaginaire classique, Louis le Grand avait été un nouvel Auguste, de même Louis XV, ce « Néron français », selon le mot de Sade dans la *Philosophie dans le boudoir*[56], fut-il bientôt assimilé aux tyrans qui succédèrent au premier empereur romain. Un tel parallèle entre les mondes ancien et moderne ne s'attachait pas aux seules circonstances politiques, mais faisait aussi considérer les enjeux d'un nouvel art d'éloquence qui, suscités par ces circonstances, devait davantage se prêter au combat philosophique, voire à l'exercice d'un magistère moral et politique. De manière exemplaire, l'*Essai sur les règnes de Claude et Néron* de Diderot témoigne de cette réversibilité des théories politique et rhétorique, alors qu'il oppose aussi bien le Siècle de Néron à celui d'Auguste et la manière de Cicéron à celle de Sénèque, que l'écriture de Fontenelle à celle de Bossuet et le Grand Siècle, enfin, à celui des Lumières[57]. À la différence de plusieurs de ses contemporains, Diderot se propose même de défendre et d'illustrer le parti de la « latinité d'argent », comme l'attestent ses observations répétées :

> Notre langue, relève-t-il, n'est pas celle du règne de Louis XIV ; cependant le français que nous parlons n'est pas corrompu : Fontenelle écrit purement, sans écrire comme Bossuet ou Fénelon. Sénèque se fit une manière de dire propre à son génie, au goût de ses contemporains, et à l'usage du barreau[58].

---

54. Jean-Louis Guez de Balzac, *De la grande éloquence. A Monsieur Costar, Dissertation II*, dans *Les œuvres de Monsieur de Balzac*, 1665, t. 2, p. 521.

55. Jacques de La Rochette, dit le chevalier de La Morlière, *Angola, histoire indienne, ouvrage sans vraisemblance*, 1991 [1746], p. 138.

56. Donatien Alphonse François, marquis de Sade, « Français, encore un effort si vous voulez être républicains », *La philosophie dans le boudoir*, dans *Œuvres complètes*, 1986 [1795], t. 3, note 1, p. 512.

57. Le débat entre partisans de la grande manière du Siècle d'Auguste et ceux de Sénèque est ancien et le XVIIIe siècle en hérite largement : sur ce point, voir Christian Mouchel, *Cicéron et Sénèque dans la rhétorique de la Renaissance*, 1990.

58. Denis Diderot, *Essai sur les règnes de Claude et Néron, op. cit.*, p. 23.

Mais qu'elle soit favorable ou sévère, la critique de la « manière de dire » que pratiquent les Lumières depuis Fontenelle procède toujours, pendant tout le XVIIIe siècle, d'un parallèle avec l'éloquence latine du Ier siècle. Les témoignages de ce fait sont innombrables. Ce peut être, par exemple, l'abbé d'Olivet, se déclarant hostile à tous les jeunes auteurs de son siècle qui, séduits par un abus de figures, « se plaisent à marcher dans une nouvelle route, inconnuë à nos péres » et dont la manière prend précisément pour guide le siècle de Néron, et non plus « la saine Antiquité[59] ». Il peut s'agir encore de l'abbé Colin, affirmant que, parmi les auteurs du XVIIIe siècle, « une secte de nouveaux Ecrivains » a si bien rempli ses ouvrages « d'antitheses, de metaphores outrées & de rafinement » que « l'Eloquence françoise est menacée de la même décadence dont Quintilien se plaignoit autrefois[60] ». C'est enfin Lefranc de Pompignan[61] ou encore Gachet d'Artigny, pour qui « lorsque ces grands Génies » du XVIIe siècle

> disparurent, le bon goût se perdit peu à peu, & l'amour des faux brillans, source ordinaire de la décadence des Beaux Arts, reprit de nouvelles forces. Un stile affecté succéda à cette noble simplicité, si vantée dans les bons Auteurs du siècle d'Auguste & de Louïs le Grand. On apella ce langage avoir de l'esprit & du goût [...] Fontenelle, la Mothe [...] formèrent un Parti capable de replonger la Langue Françoise dans son ancienne barbarie[62].

Comme le remarque à son tour d'Alembert dans le « Discours préliminaire » de l'*Encyclopédie*, « le siecle de Démétrius de Phalere a succédé immédiatement à celui de Démosthene, le siecle de Lucain & de Séneque à celui de Cicéron & de Virgile, & le nôtre à celui de Louis XIV[63] ». Ces parallèles incessants entre mondes anciens et modernes, Jochen Schlobach avait déjà proposé de les appréhender en intégrant à notre lecture du XVIIIe siècle le

---

59. Pierre-Joseph Thoulier, abbé d'Olivet, « Discours sur l'éloquence. Prononcé dans l'Académie françoise, avant la distribution des prix, le 25 d'août 1735 », *Philippiques de Démosthéne et Catilinaires de Cicéron traduites par monsieur l'abbé d'Olivet*, 1736, p. 19 ; voir aussi p. 27.
60. Hyacinthe Colin, dit abbé Colin, « Préface, ou Discours préliminaire sur les moyens d'acquerir l'éloquence », *Traduction du Traité de l'orateur de Cicéron, op. cit.*, p. 12.
61. Voir Jean-Georges Lefranc de Pompignan, *Essai critique sur l'état présent de la République des Lettres, op. cit.*, p. 4 sq.
62. Antoine Gachet d'Artigny, *Relation de ce qui s'est passé dans une assemblée tenue au bas du Parnasse pour la réforme des belles lettres*, 1739, p. 47.
63. Jean Le Rond d'Alembert, « Discours préliminaire », *Encyclopédie, ou Dictionnaire raisonné des sciences, des arts et des métiers*, 1966-1967 [1751], t. 1, p. xxxii.

souvenir « de la tradition séculaire, trop oubliée aujourd'hui, de la théorie cyclique de l'histoire ». Par théorie cyclique, précisait-il, il faut comprendre

> le modèle d'évolution de l'histoire selon lequel une culture ou un état s'élève de débuts primitifs à un apogée pour ensuite redescendre vers une fin nécessaire, le retour à la barbarie. Les cycles se répètent: la barbarie engendre une nouvelle culture qui qualitativement décrit le même cercle[64].

À ce titre, le parallèle s'affirme telle une « *Ausdrucksform der zyklischen Geschichtsauffassung*[65] », c'est-à-dire telle une « forme » où s'exprime au mieux une conception cyclique de l'histoire. Indissociable de la représentation du temps historique, la pratique du parallèle permet en outre de rendre intelligible l'histoire moderne de l'Europe en lui conférant la forme d'un argument basé sur un rapprochement, par delà les siècles, avec l'histoire politique et littéraire de l'Antiquité. C'est donc dans cet esprit que se formule un peu partout cette même idée appelée à s'imposer pendant tout le siècle: de même que « le Bel-Esprit Ovide [...] prépara le triomphe de Sénèque » sur les ruines du Siècle d'Auguste, de même Fontenelle forma Voltaire, cet « autre Sénèque », et, avec lui, le genre d'éloquence propre aux Lumières et à la prose libertine[66]. Du reste, on se souvient de la bruyante sortie de Rigoley de Juvigny contre le roman libertin: celle-ci pourrait même laisser présumer qu'il revient à ce genre d'avoir le mieux illustrer cette nouvelle manière d'éloquence, du moins si l'on en juge d'après la lecture de quelques passages de l'*Histoire de dom Bougre*. Traits, pensées ingénieuses, mordant du style, tout, dans ce texte, concourt à dénoncer ces « moines scélérats, débauchés, corrompus [...] qui rient de la crédulité des peuples[67] ». « Quelles raisons assez puissantes », demande par exemple dom Bougre,

> ont pu rassembler dans l'enceinte des cloîtres tant de gens si différents par le caractère de leur esprit et de leur cœur? La paresse, la paillardise, la lâcheté, l'ivrognerie, le mensonge, la perte des biens et de l'honneur[68].

---

64. Jochen Schlobach, « Pessimisme des philosophes ? La théorie cyclique de l'histoire au 18ᵉ siècle », 1976, vol. CLV, p. 1973.

65. Jochen Schlobach, *Zyklentheorie und Epochenmetaphorik. Studien zur bildlichen Sprache der Geschichtsreflexion in Frankreich von der Renaissance bis zur Frühaufklärung*, 1980, p. 235.

66. Voir Jean-Antoine Rigoley de Juvigny, *De la décadence des lettres et des mœurs, depuis les Grecs et les Romains jusqu'à nos jours*, op. cit., p. 324 sq. et p. 350 sq.

67. Jean-Charles Gervaise de Latouche, *L'histoire de dom Bougre*, op. cit., p. 153.

68. *Ibid.*, p. 154.

Cette tirade où interrogation et énumération oratoires se mettent au service d'un style et d'une critique alertes culmine enfin dans cet étonnant portrait du père Boniface où la satire tire parti de toutes les ressources d'une élocution « brillante », « abondante avec brièveté » et, pourrait-on dire à la suite de l'abbé Colin, fourmillant « d'antitheses et de metaphores outrées » :

> Voyez-vous le père Boniface, ce madré furet qui penche dévotement la tête, qui tourne vers la terre des yeux mortifiés, qui semble, en marchant, composer avec le ciel et implorer la fin d'une vie qui paraît pour lui un fardeau pesant ? Prenez garde à lui, c'est un serpent qui se glisse : il monte chez vous, veillez des yeux votre femme, resserrez vos filles, éloignez vos garçons. Bougre, bardache, fouteur, il est entré, vous êtes sorti : tâtez-vous le front, visitez votre femme, vos filles, vos fils, tout est foutu, tout est enculé[69].

Il n'y a pas que le père Boniface qui se glisse avec la prestesse du serpent : il y a aussi la phrase elle-même, coupée, prompte à retrancher les conjonctions et fourmillant d'asyndètes.

Ce « goût de pointes, de pensées brillantes, de figures recherchées » exprime à merveille le tour particulier de cette éloquence nouvelle qui, la remarque est de Charles Rollin, « paroît si fort au goût de notre siècle[70] ». Ce goût nouveau, le XVIIe siècle ne l'invente et ne le comprend qu'à la faveur d'un dialogue ininterrompu avec les Anciens, c'est-à-dire, comme l'a si bien compris Chantal Grell, au sein d' « incessants allers et retours entre un passé conçu à l'image des conflits présents, et un présent jugé à l'aune des expériences passées[71] ». Mais en se constituant à l'ombre de la « latinité d'argent », la nouvelle éloquence française suppose surtout la nécessaire médiation de l'enseignement de la rhétorique latine qui, au seuil des Lumières, oriente et exprime tout à la fois l'émergence d'une nouvelle pratique d'écriture. C'est ce qu'avait déjà signalé un historien de l'éducation comme François de Dainville[72] ; c'est ce que montrera à nouveau l'exemple de Charles Porée,

---

69. *Ibid.*, p. 155.
70. Charles Rollin, *De la manière d'enseigner et d'étudier les belles-lettres, par rapport à l'esprit & au cœur*, 1740 [1726-1728], t. 1, p. 405 et p. 403.
71. Chantal Grell, *Le dix-huitième siècle et l'Antiquité en France (1680-1789)*, 1995, p. 1066.
72. François de Dainville, « L'évolution de l'enseignement de la rhétorique au XVIIe siècle », 1968, n°s 80-81. Voir également cette remarque de Peter France, dans *Rhetoric and Truth in France. Descartes to Diderot*, 1972, p. 16 : « [...] between, say, 1630 and 1730 [...] elegance and wit tended to replace pomp and splendor ».

l'une des grandes figures de la pensée rhétorique au XVIIIe siècle. Rattaché au Collège jésuite Louis-le-Grand de 1708 à 1741, appartenant à ce « petit nombre de professeurs » célèbres « chez les gens du monde », « éloquent dans le goût de Sénèque[73] », maître de Voltaire et de Crébillon fils, Porée est l'un de ceux qui n'ont pas hésité à développer les conséquences pédagogiques et théoriques que comportait l'avènement d'un nouveau genre d'éloquence. Conscient du changement de goût, il abandonne, comme le signale un collaborateur du *Journal de Trévoux*, « la grande manière de Cicéron » pour prendre « le tour d'éloquence [...] du siècle de Trajan » en donnant tout « à l'esprit, aux expressions ingénieuses, aux pensées vives et saillantes[74] ». Suivant le même point de vue, un autre contemporain, Claude Buffier, oppose à son tour « les panégyriques de Cicéron, du P. Bourdaloue & du P. Cossart » à ceux « trop brillans de Pline le Jeune, de M. Fléchier & du P. Porée[75] ». Mais si ces remarques ont le mérite de rappeler les principes généraux de la pensée rhétorique de Porée, peut-être sera-t-on curieux d'observer de plus près la façon dont l'écriture les met en œuvre. L'occasion en est d'ailleurs fournie par un document peu banal où des annotations manuscrites de la main même de Porée viennent corriger la traduction française qu'avait faite l'un de ses collègues, le père Brumoy, d'un discours latin qu'il avait prononcé en 1727 ; voici ce qu'on y lit :

Discours latin	Traduction de Brumoy	Correction de Porée
Utrium e duobus praestet alteri ratione formæ Regnum, an Republica, saepe disputatum est, numquam definitum.	C'est un problème souvent proposé, jamais décidé, lequel est préférable par sa nature & sa forme, de l'Etat Monarchique ou du Républicain.	Examiner quelle forme de gouvernement est préférable, ou la Monarchie ou la République, c'est renouveler un problème souvent discuté, jamais résolu.[76]

---

73. François-Marie Arouet, dit Voltaire, « Catalogue alphabétique de la plupart des écrivains français qui ont paru dans le siècle de Louis XIV, pour servir à l'histoire littéraire de temps », *Le siècle de Louis XIV*, dans *Œuvres complètes de Voltaire*, 1883, p. 584.
74. Anonyme, *Journal de Trévoux*, mars 1741, p. 552, que cite par ailleurs François de Dainville.
75. Claude Buffier, *Traité philosophique et pratique d'éloquence*, dans le *Cours de sciences*, 1732, p. 309.
76. Copie annotée du *De heroibus informandis*, laquelle, au XIXe siècle, était encore conservée à la bibliothèque du Collège de Vaugirard ; cité par Joseph de la Servière, *Un professeur d'Ancien Régime, le père Charles Porée S. J. (1676-1741)*, 1899, p. 430-431.

En supprimant le pronom relatif au profit d'une proposition infinitive présentée de front, la version de Porée tend à accroître la vivacité d'une phrase dont le cours se précipite en entassant des effets de symétrie fondés sur l'accumulation d'antithèses qui se heurtent. À la même époque, un tel procédé était d'ailleurs familier à la plupart des rhéteurs, comme le montre ce passage tiré des *Agrémens du langage réduits à leurs principes* (1718) d'Étienne Simon de Gamaches :

> Une proposition [...] peut fort bien être présentée de front, pourvû toutefois qu'un pronom la remplace dans la proposition principale ; au lieu de dire, *Il ne seroit pas difficile de prouver que sans le secours du vice, nous n'aurions jamais de vertus ;* Je couperois ma phrase & je dirois, *sans le secours du vice nous n'aurions jamais de vertus, il ne seroit pas difficile de le prouver*[77].

À chaque fois, en somme, la pratique du « style coupé » se trouve illustrée suivant des principes qui seront également ceux auxquels va recourir la prose libertine pour conférer une forme éloquente à la représentation des savoirs dont elle se nourrit. Voici, dans le *Tanzaï* par exemple, comment s'y prend Crébillon fils pour rendre l'action mécanique de la sensation qui, en suscitant le désir, élève bientôt la « matière » jusqu'à la « pensée » ; c'est Néadarné qui parle et elle s'adresse à Tanzaï, son amant :

> Je désire, ajouta-t-elle en rougissant, plus que je ne pense. [...] Vous parlez, et j'admire. Je vous regarde et je soupire. Vous me touchez, et mon cœur se trouble. Ce baiser que vous venez d'imprimer sur ma main, a pénétré jusqu'à mon âme. Quand la violence de vos désirs vous fait approcher votre bouche de la mienne, mon cœur tout entier y vole, un doux frémissement s'empare de mes sens, et les confond[78].

À la manière de l'un des meilleurs disciples de Porée, Crébillon fils multiplie les effets de symétrie, si bien qu'à chaque trait où se retrace le mouvement mécanique de la sensation répondent la vivacité de l'expression et celle d'une pensée qui éclôt. Mais veut-on un autre exemple de ce « tour d'éloquence » qui, suivant l'expression du *Journal de Trévoux*, donne tout « à

---

77. Étienne Simon de Gamaches, « Première partie », *Les agrémens du langage réduits à leurs principes*, 1718, p. 64-65.
78. Claude Prosper Jolyot de Crébillon, dit Crébillon fils, *Tanzaï et Néadarné, op. cit.*, p. 132-133.

l'esprit, aux expressions ingénieuses, aux pensées vives et saillantes » ? Qu'on relise alors, dans le même roman, ce portrait du grand prêtre Saugrénutio :

> Mauvais théologien, mais séduisant auprès des femmes, remplissant mal les devoirs de son état, pour vaquer trop bien à ceux qu'il s'imposait avec elles, il avait, selon le bruit public, passé de l'appartement d'une princesse au pontificat de Chéchian[79].

Toute « l'ingéniosité » du tour et, de ce fait, toute la séduction qu'exerce la critique de l'état ecclésiastique tiennent ici à un art de l'antithèse, « *figura ad delectandum* » suivant les catégories de Porée et emblème par excellence de cette éloquence nouvelle qu'il professait et dont on ne saurait méconnaître la portée et le rayonnement[80].

Au reste, de telles prétentions n'expriment rien d'autre qu'une idée qui, aujourd'hui, est devenue fort commune : les cours de rhétorique dispensés dans les collèges jésuites participèrent, dès le XVIIe siècle et de manière essentielle, à l'avènement d'une prose française à la fois savante et éloquente[81]. À cette considération s'ajoutent le rayonnement du Collège Louis-le-Grand et la fonction considérable qu'y a exercée Porée : sans doute est-ce assez pour présumer d'un esprit commun unissant l'enseignement de ce dernier et l'art de dire pratiqué par toute une génération d'auteurs qui furent ses élèves[82]. Cette dernière remarque est d'ailleurs susceptible d'une formulation plus exacte : la leçon d'éloquence que comporte le roman libertin depuis Crébillon fils suppose une théorie dont la rhétorique enseignée dans les collèges livre certains principes fondamentaux, comme le laisse deviner une

---

79. *Ibid.*, p. 128.
80. Voir Charles Porée, S. J., « Caput tertium. Figuræ ad delectandum idoneæ », *Ars rhetorices. Dictata a reverendissimo Patre Porée, societatis Jesu. Scripta a Francisco Laplanche, rhetorices alumno, anno 1738*, ms. 3826, p. 113 sq. Il s'agit là d'un traité manuscrit de rhétorique destiné à l'enseignement.
81. Voir, outre François de Dainville et Marc Fumaroli, l'ancien article de Robert A. Lang, « The Teaching of Rhetoric in French Jesuit Colleges », 1952, vol. XIX, p. 286 sq. ; et l'ouvrage plus récent de Thomas M. Conley, qui prend soin de rappeler cette évidence dans *Rhetoric in the European Tradition*, 1994, p. 152 sq.
82. Sur l'influence de Porée sur ses élèves, voir Sylvain Menant, « La rhétorique dans le *Portatif* », 1995, n° 2. Sur, en particulier, « l'admiration de Voltaire pour ses maîtres, l'abbé Gédoyn, le P. Porée, ou pour le pédagogue Rollin », voir Emmanuel Bury, « Le goût de Voltaire », *Littérature et politesse. L'invention de l'honnête homme (1580-1750)*, 1996, p. 207 sq. Voir aussi Joseph de la Servière, rappelant à juste titre que Porée, « pendant quarante ans, forma les fils des premières familles de France » (*Un professeur d'Ancien Régime, op. cit.*, p. vii). Sur le rôle du Collège Louis-le-Grand dans la formation des élites, voir Guy Chaussinand-Nogaret, *La noblesse au XVIIIe siècle. De la féodalité aux Lumières*, 1984 [1976], p. 98-99.

intuition souvent exprimée, rarement approfondie et suivant laquelle « *it is through literary art(ifice) that the Jesuits become examples of libertinage*[83] ». C'est, du moins, ce que l'on pourrait conclure des propos tenus par Porée au cours d'un entretien que rapporte l'abbé Desfontaines :

> Le stile coupé [...] à la Sénèque, lui confie-t-il alors, me paroît [...] le plus propre à aiguiser l'esprit des jeunes gens [...] il leur apprend à construire leurs pensées avec art et à symmétriser leurs expressions[84].

Style de l'éloquence et choix pédagogiques convergent ici au profit d'une théorie oratoire dont la simple mention de Sénèque indique assez bien l'orientation générale. Si ce n'est là qu'une esquisse, un autre texte va permettre de mieux en apercevoir les enjeux. Il s'agit d'un passage tiré du *Discours sur les spectacles*, ouvrage où Porée, rappelons-le, se porte à la défense du théâtre :

> Vous [les Philosophes] avez épousé une méthode qui vous astraint à procéder par ordre de propositions, de preuves, d'objections, de réfutations. Le moyen de n'être pas discoureur ! Mais le Poëte en aurait-il moins d'autorité sur la Scéne, parce qu'il sçauroit être sentencieux & court, souvent sublime Philosophe en un seul vers ? Que voulez-vous ? Nous aimons la briéveté. Se mêle-t'on de nous instruire ; nous voulons qu'on nous dise beaucoup en peu de mots[85].

« Être sublime Philosophe en un seul vers », « dire beaucoup en peu de mots », « construire ses pensées », « symmétriser ses expressions » : c'est sur ce fonds qu'il faut, à mon sens, envisager ce qui fut sans doute l'un des plus grands apports de la rhétorique du XVIIIe siècle. Celle-ci devait concevoir une théorie de la figure qui, à l'exemple de Cicéron, associe celle-ci à une *scientia*, mais qui, suivant le modèle offert par Sénèque, l'envisage également tel un trait argumentatif et séducteur destiné à rendre éloquent le savoir qu'elle s'approprie. Certes, ce ne sont là que les premiers éléments d'un art de dire : en les examinant avec davantage d'exactitude, on verra mieux en

---

83. Martha M. Houle, « What the Libertine and Jesuit Have in Common, and the Posing of a Literary Problem », *Continuum. Problems in French Literature from the Late Renaissance to the Early Enlightenment. Libertinage and The Art of Writing*, 1992, p. 55.

84. Pierre-François Guyot, abbé Desfontaines, *L'esprit de l'abbé Desfontaines*, Paris, 1757, t. 2, p. 90 ; cité par François de Dainville, « L'évolution de l'enseignement de la rhétorique au XVIIe siècle », *art. cit.*

85. Charles Porée, *Discours sur les spectacles*, 1733, p. 13.

quoi la prose libertine s'y rapporte, un peu à la manière de ces auteurs de la latinité d'argent qu'évoque Pierre Bayle et qui,

> au lieu de laisser aller chaque raison par son chemin, recourent à une espéce de Dioptrique, pour reünir une infinité de rayons, afin de jeter un grand éclat [...] on demanda des traits d'esprit, & des saillies d'imagination ; on voulut marcher non pas à la lumière du jour [...] mais à la lueur des éclairs[86].

Au siècle des Lumières, à l'exemple des Sénèque et des Martial, des Lucain et des Pline le Jeune marchant « à la lueur des éclairs », toute une génération d'auteurs libertins tirèrent parti de cette « espéce de Dioptrique » où le savoir se réfracte dans quelque figure et où « l'esprit indépendant de tout [...], toujours séduisant, plus prompt que l'éclair, brille, étonne, éblouit[87] ».

---

86. Pierre Bayle, art. « Priolo », *Dictionnaire historique et critique* ; cité par Balthazar Gibert, *Jugemens des savans sur les auteurs qui ont traité de la rhétorique*, 1718, t. 1, p. 456-457.
87. Claude Prosper Jolyot de Crébillon, dit Crébillon fils, *Tanzaï et Néadarné*, op. cit., p. 192

II

La savante éloquence des figures de l'esprit

Le travail théorique qu'accomplit le XVIIIe siècle au sein de la tradition oratoire est pourtant resté indissociable d'innombrables polémiques où, bien souvent, se fait entendre une hostilité déclarée envers les arts du discours. Dès 1662, la *Logique* de Port-Royal avait ouvert un premier front où devait se consommer la ruine presque complète de toutes les positions occupées par les lieux oratoires. Depuis le *locus e similitudine* jusqu'au *locus a causa*, ces lieux, faut-il le rappeler, devaient enseigner « l'art de tirer des arguments & des syllogismes[1] ». Alliés traditionnels de l'invention oratoire, ils formaient une topique capable de fournir la matière de tout discours et, à ce titre, figuraient en bonne place dans les rhétoriques scolaires. Que l'on consulte, par exemple, le *De arte rhetorica* (1562) de Cyprien Soarez, manuel dont on fit usage jusqu'en 1659 dans les classes de rhétorique prévues par le *Ratio studiorum* jésuite. On y découvrira une *inventio* où perce encore l'esprit de la scolastique médiévale et qui, de ce fait, liait le problème de la persuasion à celui de l'organisation syllogistique d'arguments topiques[2]. Depuis la renaissance aristotélicienne du XIIe siècle jusqu'aux Lumières, c'est cette méthode qui présidait au protocole de la *disputatio* dans les Écoles[3] et c'est précisément contre cette rhétorique ou, pour mieux dire, contre « cette mauvaise

---

1. Voir Antoine Arnauld et Pierre Nicole et, en particulier, « Des lieux ou de la méthode de trouver des arguments. Combien cette méthode est de peu d'usage », *La logique ou l'art de penser*, 1970 [1662], ch. 17, 3e partie. Sur cette critique, qui « correspond à l'époque où l'*inventio* comme méthode est méprisée », voir Francis Goyet, *Le sublime du « lieu commun ». L'invention rhétorique dans l'Antiquité et à la Renaissance*, 1996, p. 9 sq.
2. Sur l'influence de ce manuel, voir Balthazar Gibert, *Jugemens des savans, op. cit.*, t. 2, p. 397 sq. Sur le *Ratio studiorum* ou « Règle des études », définitivement fixé en 1599, et sur la place qu'il donnait à une invention « *relied heavily upon the "common-places" or loci* », voir Robert A. Lang, « The Teaching of Rhetoric in French Jesuit Colleges », 1952, vol. XIX, p. 294.
3. Voir, sur ce point, Ernst Robert Curtius, *La littérature européenne et le moyen-âge latin*, 1986 [1956], vol. I, p. 108 sq. ; et, plus récemment, Alain de Libera, « La logique de la discussion dans l'université médiévale », *Figures et conflits rhétoriques*, 1990, p. 59-81.

fertilité de pensées communes[4] » que la science et la philosophie nouvelles en appelleront dès le XVIIe siècle. L'ascendant exercé par la pensée cartésienne, combiné au mépris d'Aristote dont « tout l'art du syllogisme », rappelle un auteur libertin, « rebute[5] », devait jouer un rôle décisif en imposant la nécessité de raisonner suivant « les principes de la Mathématique ou [...] d'autres aussi évidens & certains[6] ». Bref, le recours à l'évidence rationnelle puis, au XVIIIe siècle, à l'évidence empirique récuse l'autorité des lieux oratoires, véritable routine assimilée à une logomachie scolastique et « gothique » dont tout le prétendu savoir, la remarque est de Pascal, est fait de « mots d'enflure » qui ont pour vocation de « guinder l'esprit[7] ». Au reste, ce galimatias « gothique » et ces « mots d'enflure » font l'objet, dans le roman libertin, d'attaques sans cesse renouvelées. Tantôt, ce sera l'abbé T*** des *Lauriers ecclésiastiques* qui tonne contre un précepteur « hérissé de scrupules, de préjugés & de syllogismes » et jaloux de lui « extorquer un consentement tyrannique, & absolument contraire aux lumieres de [s]a raison[8] ». Tantôt, on verra dom Bougre interpeller le lecteur et s'exclamer : « Quel intérêt prendrait-on à voir un penaillon disputer envers et contre tous, mettre le bon sens et la raison à la gêne dans des arguments en *baroco*[9] ? »

Dans un tel contexte, la rhétorique ou, du moins, ses théoriciens les mieux avisés, ne pouvaient que prendre acte de ces critiques. C'est ainsi qu'au XVIIIe siècle, seuls quelques auteurs livreront encore en faveur des lieux oratoires un combat d'arrière-garde, le plus souvent par attachement à Aristote et aux méthodes de l'École. C'est le cas, par exemple, du curé Breton qui, dans sa *Rhétorique selon les principes d'Aristote, de Cicéron et de Quintilien*, s'emploie aussi bien à lier argument, enthymème et lieux oratoires qu'à

---

4. Antoine Arnauld et Pierre Nicole, « Des lieux ou de la méthode de trouver des arguments. Combien cette méthode est de peu d'usage », *loc. cit.*

5. Voir André François Boureau-Deslandes, « De Socrate & de ses disciples, sur-tout de ceux qui ont établi de nouvelles sectes philosophiques », *Histoire critique de la philosophie*, 1737, L. IV, p. 273-274.

6. Voir René Descartes, qui conclut sur cette remarque ses *Principes de philosophie*, dans *Œuvres de Descartes*, 1964, t. 9, p. 324. Sur ces questions, voir, en particulier, Peter France, « Philosophy and persuasion », *Rhetoric and Truth in France*, *op. cit.*, p. 35 sq., et Chaïm Perelman et Lucie Olbrechts-Tyteca, « Introduction », *La nouvelle rhétorique*, *op. cit.*, p. 1-5.

7. Blaise Pascal, *L'esprit de la géométrie et de l'art de persuader*, dans *Œuvres complètes*, 1954 [1657], p. 602.

8. Jacques de La Rochette, dit le chevalier de La Morlière, *Les lauriers ecclésiastiques, ou Campagnes de l'abbé de T****, 1748, p. 14 et p. 17.

9. Jean-Charles Gervaise de Latouche, *L'histoire de dom Bougre*, *op. cit.*, p. 157-158. L'expression « baroco » désigne une abréviation à usage mnémotechnique se rapportant à l'une des figures du syllogisme.

considérer que les figures de mots « ne méritent pas que nous en parlions[10] ». Il en va de même chez Jean-Louis Clausier, dont la *Rhetorique, ou l'art de connoître et de parler* défend, non sans raideur et sans lourdeur, l'union entre topique et invention[11]. Pour l'essentiel, cependant, les rhétoriques du XVIIIe siècle se sont détournées de cette voie et, jusque dans les milieux plutôt hostiles à la philosophie nouvelle, les lieux perdirent peu à peu de leur éclat, comme l'indique cette réflexion tirée de la préface de l'abbé Colin à sa traduction de l'*Orateur* de Cicéron :

> Je ne nie pas que cette méthode [celle des lieux oratoires] ne puisse être utile à certains esprits peu inventifs & peu industrieux ; mais je suis persuadé que ceux qui sont d'un caractere plus vif, plus pénétrant, plus élevé, doivent s'accoutumer de bonne heure à travailler de génie[12].

De cette attitude découlent deux conséquences fondamentales. En renonçant à la longue liste des lieux, la nouvelle rhétorique entend confier à la seule raison instruite par une encyclopédie du savoir le soin de féconder l'invention. Déjà, La Mothe le Vayer, libertin érudit du Grand Siècle, considérait que « tous les lieux Oratoires sont fondez principalement sur la science, & sur les belles lettres, qu'on doit tenir pour la source de cette Invention des Rheteurs[13] ». À son tour, Bernard Lamy n'hésite pas à affirmer que la « methode des lieux » est un « art qui apprend à discourir sans jugement de choses qu'on ne sçait point », appelant dès lors l'invention à se confondre avec les « sciences particulieres [...] qui sont des sources fécondes d'où coulent toutes les autres veritez[14] ». Il s'agit là, enfin, de la position qu'adopte Claude Buffier dans son *Traité philosophique et pratique d'éloquence*, alors qu'il s'écrie, à la suite d'une critique assez dure d'Aristote et de la méthode des lieux : « car enfin, ce qui découvre les preuves, c'est l'esprit, la raison, le bon sens, & sur tout le grand usage des matières que l'on traite[15] ». Jusque sur le terrain de l'invention oratoire, en somme, l'avènement de la

---

10. Breton, curé de Saint-Hyppolite, *De la rhétorique selon les preceptes d'Aristote, de Cicéron et de Quintilien*, 1703, p. 8 sq. et p. 197.
11. Jean-Louis Clausier, *La rhetorique, ou l'art de connoître et de parler*, 1728, p. 4 sq.
12. Abbé Hyacinthe Colin, « Préface, ou Discours préliminaire sur les moyens d'acquerir l'éloquence », *Traduction du Traité de l'orateur de Cicéron, op. cit.*, p. 56.
13. François de La Mothe le Vayer, *La rhétorique du Prince*, 1651, p. 13.
14. Bernard Lamy, *La rhétorique ou l'art de parler*, 1701, p. 376 et p. 385.
15. Claude Buffier, *Traité philosophique et pratique d'éloquence, op. cit.*, p. 411.

nouvelle rhétorique permet de concevoir à quel point le XVIIIe siècle fut un siècle encyclopédique. C'est même cette tendance que le roman libertin reprend et illustre en donnant figure aux principes essentiels de la théorie de la connaissance et du « système de la nature », de la « psychologie sensualiste » et de la réflexion sur l'esthétique, de la critique de l'Église et de la conception de l'État.

La ruine des lieux oratoires entraîne une seconde conséquence et celle-ci s'impose d'elle-même : l'élocution et, avec elle, la théorie de la figure, joueront désormais un rôle prépondérant. Cette mutation, les contemporains l'ont soulignée pour mieux s'en justifier : « l'étymologie le dit assez », remarque l'abbé d'Olivet, « l'Eloquence, qui est l'art en général, dépend fort de l'élocution, qui n'est qu'une de ses parties[16] ». Des considérations de cette sorte signifient bien plus qu'une preuve oratoire tirée de l'étymologie : elles participent d'une tendance générale qu'encore une fois atteste, accentue et confirme une certaine évolution dans l'enseignement de la rhétorique. À cet égard, les cahiers où les élèves du XVIIIe siècle consignaient leurs notes de cours offrent un témoignage d'autant plus précieux que de semblables manuscrits échappent, comme le relève à juste titre François de Dainville, « aux censures préalables auxquelles étaient soumis les ouvrages imprimés », livrant « avec plus de franchise les opinions des maîtres » et reflétant « avec plus d'exactitude l'enseignement effectivement donné[17] ». C'est ce que montrent des notes prises à l'occasion d'un cours de rhétorique donné par Charles Porée en 1726 au Collège Louis-le-Grand ; le cahier appartient à un certain Émile Guédon et s'ouvre sur ces remarques :

> Lorsqu'il lui faut écrire un discours, l'orateur doit, pour l'essentiel, s'aviser de trois choses : trouver quoi dire, ordonner ce qu'il a trouvé et rendre dans le discours ce qu'il a ordonné. C'est là un ordre qui semble exiger que nous enseignions d'abord l'invention, puis la disposition et, en dernier lieu, l'élocution.

---

16. Pierre-Joseph Thoulier, abbé d'Olivet, « Discours sur l'éloquence. Prononcé dans l'Académie françoise, avant la distribution des prix, le 25 d'août 1735 », *Philippiques de Démosthène et Catilinaires de Cicéron traduites par monsieur l'abbé d'Olivet*, 1736, p. 26. Voir aussi l'article « Élocution » de l'*Encyclopédie* qui, en fait, cherche essentiellement à définir l'éloquence (*op. cit.*, p. 520-526). Voir enfin Charles Rollin, suivant lequel « il faut que cete partie [l'élocution] soit bien essentielle à l'éloquence, puisqu'elle lui a donné son nom. Aussi voyons-nous que c'est elle qui décide principalement du mérite des orateurs [....] » ; « Livre quatrième. De la rhétorique », *De la maniere d'enseigner et d'étudier les belles-lettres, op. cit.*, t. 1, p. 451.

17. François de Dainville, « L'évolution de l'enseignement de la rhétorique au XVIIe siècle », *art. cit.*, p. 25.

Pourtant, puisque nous formons des élèves de rhétorique et que nous prenons sur nous la tâche propre à l'invention et à la disposition, *il nous a semblé préférable de commencer par l'élocution*[18].

Ce programme qu'assigne Porée à son enseignement signale un certain renversement des perspectives, alors que les prestiges de la topique sur laquelle se réglait l'invention s'estompent et qu'en revanche, l'importance accrue de l'élocution en vient jusqu'à renverser l'« *Aristotelis ordo* », c'est-à-dire l'ordre des matières reçu jusqu'à ce jour[19]. Mais un tel bouleversement ne se borne pas à une simple inversion des parties. Une fois affranchie de l'empire exercé par les lieux oratoires, l'élocution ne saurait se réduire à un pur ornement de l'invention dans la mesure où, dès lors que le souci pour l'organisation syllogistique d'arguments topiques cède le pas à la question de la figure, cette dernière reste seule à assumer la tâche fondamentale de toute rhétorique : celle de persuader. Scellée, pour ainsi dire, sur les ruines de la topique, l'intrication entre figure et persuasion entraîne même, chez Porée, une sorte de révolution taxinomique.

Pour en mesurer la portée, rappelons la méthode qui, depuis Quintilien et jusque dans les manuels encore en usage au XVIIe siècle, incitait la plupart des rhéteurs à diviser l'immense domaine des figures en tropes, figures de mots et figures de pensées. Chaque classe répondait à un type particulier d'altération, la première affectant le sens d'un seul mot, la deuxième sa forme, et la troisième la tournure dite naturelle d'une phrase[20]. C'est là la voie que semble suivre l'enseignement de Porée :

> Il existe donc deux catégories de figures : les unes sont des figures de mots ou de diction qui relèvent du matériau et, pour ainsi dire, du corps du discours ; les

---

18. Charles Porée, S. J., *Rhetorica a Patre Dicta Porez. Anno domini millesimo septengentesimo vigesimo sexto 1726, in Collegio Ludovici Magni*, ms. 3497, premier feuillet : « *Cum in oratione scribenda tria debeat potissimum praestare orator, res invenire, inventas disponere, et dispositas eloqui, ordo id postulare videbatur ut de inventione primum, tum de dispositione, postremo loco de elocutione disceremus ; verum quoniam ita erudimus alumnos rhetoricæ ut et inveniendi et disponendi laborem in nos recipiamus*, placuit de elocutione primum agere » (je traduis et je souligne). On observera que, dans ce cahier, l'*inventio* occupe 49 feuillets et l'*elocutio*, 87, soit près du double.

19. « *Aristotelis ordo* » : l'expression désigne l'ordre canonique d'exposition des matières tel que l'avait fixé Aristote. Elle se retrouve fréquemment, notamment sous la plume du jésuite Dominique de Colonia qui, dans son *De arte rhetorica libri quinque* (1710, p. 114), adopte la même position que Porée.

20. Voir Quintilien, *Institution oratoire*, L. VIII et IX. Pour le XVIIe siècle, voir surtout Cyprien Soarez, *De arte rhetorica, op. cit.*, L. III, 41 sq. et L. III, 49 sq.

autres sont des figures de pensées qui s'attachent à la forme et, en quelque sorte, à l'esprit du discours. Même si la plupart des auteurs ont l'habitude de traiter en premier lieu des figures de mots [...] nous commencerons, néanmoins, par les figures de pensées[21].

« Nous commencerons, néanmoins, par les figures de pensées » : et pour cause car, dans la suite du cours, elles seules seront considérées ou, plutôt, elles seules qualifieront la totalité des figures comme des tropes[22]. À ce titre, elles forment une entité originale, justiciable à son tour d'une catégorisation nouvelle réglée sur ces principes :

Les figures de pensées sont susceptibles d'être distribuées en quelque trois classes répondant chacune aux trois fonctions de l'orateur. En effet, comme ce dernier doit instruire, émouvoir et plaire, il est des figures propres à instruire, certaines à émouvoir et d'autres à plaire[23].

Instruire, plaire et émouvoir : depuis Cicéron, ce sont là les trois fonctions que tout orateur doit remplir s'il entend persuader. L'idée de déduire de ces fonctions un principe de classification des figures n'était pas, il est vrai, entièrement nouvelle. Pour la première fois, la triade des *figuræ ad docendum, ad delectandum* et *ad movendum* apparaît dans le cahier manuscrit

---

21. Charles Porée, S. J., *Rhetorica a patre dicta Porez, op. cit.*, ms. 3497 : « *Sunt ergo duplicis generis figuræ, aliæ verborum seu dictionis, quæ pertinent ad materiam et quasi corpus orationis, aliæ sententiarum quæ ad formam orationis et veluti animum spectant. Et si autem plerique solent de figuris verborum prius dicere* [...] *tamen* [...] *de sententiarum figuris priore loco dicemus* » (je traduis).

22. Le manuscrit du cours (1738, ms. 3826) ordonne de la sorte l'étude des tropes et des figures du discours qui, tous, paraissent à la suite de considérations sur la période (p. 3-38) dans la section *Tractatus secundus de figuris* (p. 39-130) :

    Sectio prima. *De figuris sententiarum* (p. 40-130)

    Caput I :   *Figuræ sententiarum ad docendum idoneæ* (p. 41-88) :
        anteoccupatio, communicatio, compensatio, concessio, correctio, gradatio, interpretatio, interrogatio, licentia, prætermissio, subjectio, sustentatio.

    Caput II : *Figuræ ad movendum idoneæ* (p. 89-112) :
        apostrophe, comminatio, deprecatio, dubitatio, exclamatio, prosopopœia.

    Caput III : *Figuræ ad delectandum idoneæ* (p. 113-130) :
        allegoria et metaphora, antithesis, comparatio, hyperbole, hypothiposis, ironia, repetitio.

23. Charles Porée, S. J., *Ars rhetorices. Dictata a reverendissimo patre Porée, societatis Jesu. Scripta a Francisco Laplanche, rhetorices alumno, anno 1738*, ms. 3826, p. 40 : « *Figuræ sententiarum in tres veluti classes distribui possunt, quæ triplici oratoris muneri respondere possunt, nam cum docere, movere, delectare debeat orator, aliæ figuræ ad docendum idoneæ sunt, ad movendum aliæ, quidam ad delectandum appositæ* » (je traduis).

d'un cours professé par Joseph de Jouvancy au Collège Louis-le-Grand en 1693[24]. Mais chez ce dernier, comme plus tard chez Dominique de Colonia[25], ces catégories nouvelles n'opèrent qu'au sein du système d'opposition traditionnel entre figures de pensées et figures de mots. Chez Porée, en revanche, elles se substituent complètement à l'ancien système, de sorte que toutes les figures se trouvent redistribuées selon une logique régie non plus par le souci de différencier chacune suivant la nature de l'écart qu'elle introduit, mais par les seules fonctions du discours persuasif. Certes, les principes d'une taxinomie n'expriment souvent rien d'autre qu'une vaine subtilité : aussi faut-il insister sur l'obstacle théorique réel que les propositions de Porée permettent de lever. C'est ce que mettent en évidence les études rhétoriques actuelles lorsqu'elles refusent, par exemple, « de séparer, dans le discours, la forme du fond, [et] d'étudier les structures et les figures de style indépendamment du but qu'elles doivent remplir dans l'argumentation ». Ce refus, comme le signalent Perelman et Olbrechts-Tyteca, entraîne à chaque fois une remise en cause de « l'une des distinctions majeures, celle entre figures de pensées et figures de mots, » qui « a contribué à obscurcir toute la conception des figures de rhétorique[26] ». Pareille distinction convie à une étude des figures où le seul souci de marquer leurs traits pertinents en appelle forcément à un concept abstrait d'écart et, de ce fait, favorise l'oubli de « la place qu'elles occupent réellement dans le phénomène de la persuasion[27] ». En revanche, présumer, comme le fait Porée, une proximité entre figure et persuasion rend, à la fin, indiscernables les domaines de l'invention et de l'élocution[28]. Par delà le cadre conceptuel de l'*Aristotelis ordo*, le destin de tout argument, voire de toute idée, se trouve désormais lié à une expression linguistique déterminée qui est destinée à « instruire », à « plaire » ou à « émouvoir » :

---

24. Voir Joseph de Jouvancy, *Institutions rhetorica*, ms. 3819, p. 26-37. Il est à remarquer que les catégories *ad docendum*, *ad delectandum*, *ad movendum* disparaissent de son ouvrage *Candidatus rhetoricæ* (1712), qui n'est d'ailleurs qu'une nouvelle version tirée du *Novus candidatus rhetoricæ* (1661) de François Pomey, manuel de référence pour l'enseignement de la rhétorique pendant toute la seconde moitié du XVIIe siècle. On signalera aussi cette intuition de l'abbé de Bretteville : les « figures répondent aux deux principaux devoirs de l'Orateur, qui sont de persuader & de toucher » (*L'éloquence de la chaire et du barreau, selon les principes les plus solides de la rhétorique sacrée et profane*, 1689, p. 301).

25. Voir Dominique de Colonia, *De arte rhetorica*, op. cit., p. 116-142.

26. Chaïm Perelman et Lucie Olbrechts-Tyteca, *La nouvelle rhétorique*, op. cit., art. 37, p. 192 et art. 42, p. 231 sq.

27. *Ibid.*, art. 42, p. 231 sq.

28. Sur cette conception ambitieuse de l'*elocutio* qu'incarne, dès le XVIIe siècle, la tradition jésuite, voir surtout Mercedes Blanco, *Les rhétoriques de la pointe. Baltasar Gracián et le conceptisme en Europe*, 1992.

autrement dit, à séduire sous les traits d'une figure « touchante » ou « piquante[29] ».

Souvent dénoncée comme un plat « tissu de pointes & d'antitheses[30] », cette théorie et la pratique qu'elle inspire participe pourtant de la formation d'un genre d'éloquence dont la prose des romanciers libertins va illustrer au mieux le tour et l'esprit. C'est ce dont témoigne, entre autres, les *Amours de Zeokinizul, roi des Kofirans*, roman attribué à Crébillon fils et dans lequel s'entremêlent libertinage, satire de la cour et critique de la monarchie[31]. Le titre même de l'ouvrage est une anagramme ingénieuse obtenue par la transposition des lettres de « Louis Quinze, roi des Français » et le style coupé à la manière d'un Porée vient y servir la représentation des mouvements irréfléchis et mécaniques d'un pouvoir arbitraire que les flatteries d'un courtisan ou d'une maîtresse viennent solliciter avec un succès qui trop rarement se dément : « *Zeokinizul* amoureux ne peut rien refuser. Rangs, titres, biens, tout fut prodigué », lit-on par exemple[32]. Au reste, toutes les facultés que mobilise une rhétorique des figures de l'esprit y sont sans cesse mises en scène de manière à dévoiler les mécanismes de la persuasion, voire de toute entreprise de séduction. Dans le passage qui suit, voici comment procède Liamil, une courtisane, pour se soumettre la volonté du roi :

> Le jour n'entroit que fort peu dans l'appartement, aussi n'étoit ce que par son esprit qu'elle devoit enflammer *Zeokinizul*. [...] Ce qu'il y a de certain, c'est que *Liamil* enchanta le Roi par ses saillies vives & brillantes, qu'il prît à l'entendre plus de plaisir qu'il ne s'étoit promis, que les agaceries de cette femme mirent sa vertu aux abois, & qu'enfin doucement entraîné sur un lit de repos, il la mit au comble de ses vœux[33].

---

29. « Touchante » et « piquante » : on remarquera qu'à la fin du XVIIIe siècle, ce sont parfois ces deux expressions qui servent à traduire en français la triade taxinomique et néo-latine des *figuræ ad docendum, ad delectandum* et *ad movendum*. Dans sa *Rhétorique* française et manuscrite, un certain Louis Cadieux divise ainsi le domaine des figures de pensées en « Figures piquantes » et en « Figures touchantes » (ms. F115 1/1, p. 106-121).

30. Anonyme, *Lettre de Monsieur *** à un de ses amis, au sujet de l'oraison funèbre de Louis XIV. Prononcée par le R. P. Porée, jésuite*, 1716, p. 10 ; cette lettre est un pamphlet dirigé contre Porée.

31. Claude Prosper Jolyot de Crébillon, dit Crébillon fils, *Les amours de Zeokinizul, roi des Kofirans. Ouvrage traduit de l'arabe du voyageur Krinebol*, 1746. On remarquera que, deux ans après la publication de ce roman par « Krinebol » (Crébillon), devait paraître un essai politique du chevalier de La Beaumelle plaidant en faveur de la tolérance religieuse et dont le titre singulier est, précisément, tiré de la même anagramme : voir *L'Asiatique tolérant. Traité à l'usage de Zeokinizul roi des Kofirans, surnommé chéri. Ouvrage traduit de l'arabe du voyageur Bekrinol, par Mr. de ****, 1748.

32. *Ibid.*, p. 47.

33. *Ibid.*, p. 37-38.

De l'« esprit » et des « saillies vives et brillantes » assurent le succès de l'entreprise, mais l'œuvre de la séduction se prolonge aussi dans une écriture qui redouble l'ingéniosité du discours de chaque personnage en se prêtant à son tour à une éloquence « savante » et « piquante ». Cette description des plaisirs auxquels s'abandonne *Zeokinizul* en compagnie de *Lenertoula*, sa nouvelle maîtresse, en fait foi :

> Mais entre deux amans sans cesse ensemble, la conversation languiroit bientôt si on s'en tenoit aux discours ordinaires. On se fait donc des serments de s'aimer avec une constance inviolable [...] & passant aux preuves, on démontre qu'ainsi que les deux corps sont confondus ensemble, les deux ames de même s'unissent & n'en font qu'une. La passion fait répéter souvent la demonstration, & enfin le demonstrateur épuisé succombe à la fatigue des argumens. Ce fut ainsi qu'en agit *Zeokinizul* avec *Lenertoula*[34].

Des « preuves », des « démonstrations », des « arguments » : toute la description de cette scène emprunte ses métaphores à l'art oratoire, si bien que la double entente de chaque terme dépend de l'ingéniosité d'un procédé qui, à son tour, dérive d'une rhétorique pour laquelle on ne saurait ni instruire, ni plaire, ni émouvoir sans associer le savoir à l'invention d'une simple figure.

« *Expositio sententiæ tota pendet ex elocutione*[35] » : cette réflexion du père de la Sante, qui fut l'ami et le collègue de Porée à Louis-le-Grand, met en lumière les enjeux de ce nouvel art de dire dont la fortune semble, par ailleurs, si étroitement liée à l'enseignement dispensé dans les collèges jésuites. Il n'y a pas jusqu'aux exercices scolaires qui aient échappé à cette évolution d'une pensée rhétorique où l'élocution tend de plus en plus à intégrer l'invention à son domaine, contentant ainsi — la remarque est de Balthazar Gibert — « ceux qui croyent que cette connoissance [des figures] sert autant à rendre le discours figuré, que le discours figuré sert lui-même à persuader[36] ». Par exemple, ce qu'on appelait dans les écoles la *chrie* n'est autre chose qu'une sorte d'amplification du discours procédant par l'intégration d'un savoir régie par l'usage de diverses figures. Voici en quels termes Dominique de Colonia, professeur au Collège jésuite de Lyon, définissait

---

34. *Ibid.*, p. 56.
35. Gilles Anne Xavier de la Sante, S. J., *Rethorica* [sic] *a patre dicta de la Sante anno millesimo septingentesimo vigesimo septimo in Collegio Ludovici Magni*, ms. 3497, p. 88 : « Le développement d'une pensée dépend entièrement de l'élocution » (je traduis).
36. Balthazar Gibert, « Art. Soare », *Jugemens des savans, op. cit.*, t. 2, p. 401.

dans son *De arte rhetorica* l'amplification du discours et les procédés que celle-ci met en œuvre :

> L'amplification permet d'affirmer avec plus de force, de manière à entraîner la persuasion par l'émotion qu'on suscite dans les esprits [...] À cette fin, on recourt surtout à six procédés : 1° Les métaphores. 2° Les hyperboles. 3° Les synonymes. 4° Les termes plus forts et plus éclatants. 5° Les périphrases, ou circonlocutions. 6° Les répétitions[37].

Amplifier, c'est donc développer un argument au moyen d'une figure et, sur ce point, les idées de Colonia n'ont rien de bien extraordinaire. De même, comme l'a déjà remarqué la critique anglo-saxonne, « *when Pomey or Jouvancy speak of amplification, they are usually thinking not so much of the loci as of various stylistic means of magnifying a subject or spinning out a speech*[38] ». Pour s'en convaincre, on n'a qu'à lire l'un des exercices d'amplification figurant dans le *Candidatus rhetoricæ* de Jouvency lui-même :

> Supposons que l'on donne à amplifier cette pensée : *Il faut fuir le péché parce qu'il est cause de peines innombrables dans cette vie, et de peines éternelles dans l'autre*[39].

En pareil cas, vers quel expédient peut donc se tourner l'élève de rhétorique pour se tirer d'embarras ? Depuis la prétérition jusqu'à la prosopopée, quelque trente figures peuvent venir relancer une invention qui bat la campagne et, si son choix se fixe sur l'apostrophe, il obtiendra cet argument :

> 5° *Par apostrophe.* — O péché funeste ! ô le seul et le plus grand des maux ! tu es si laid et si honteux, pourquoi ne détournons-nous pas nos regards pour ne pas te voir[40] ?

---

37. Dominique de Colonia, *De arte rhetorica, op. cit.*, p. 65 et p. 80 : « *Amplificatio est gravior quidam affirmatio, quæ motu animorum conciliat in dicendo fidem.* [...] *Fit sex præcipue modis. 1° Per verba translata seu metaphorica. 2° Per verba superlata. 3° Per verba synonyma. 4° Per verba gravia & illustriora. 5° Per periphrasim seu circumlocutiones. 6° Per repetitionem* » (je traduis).
38. Peter France, *Rhetoric and Truth in France, op. cit.*, p. 22 : « Lorsque Pomey ou Jouvency parlent d'amplification, d'ordinaire, ils ne songent pas tant aux *loci* qu'à divers procédés stylistiques permettant de célébrer un objet ou encore de donner plus d'étendue au discours » (je traduis).
39. Joseph de Jouvency, *Candidatus rhetoricæ*, 1712, dans André Collinot et Francine Mazière, *L'exercice de la parole. Fragments d'une rhétorique jésuite*, 1987, p. 98.
40. *Ibid.*, p. 102 et p. 99.

Ce dernier exemple, toutefois, ne doit pas faire illusion : en perdant l'air lourd et scolastique que lui donnait la doctrine des lieux, la nouvelle rhétorique peut surtout prétendre à sortir des collèges et à paraître sur la « scène du monde ». Voyons, par exemple, ce que devient une chrie libertine où l'amplification oratoire, tout comme chez Jouvancy, prend appui sur l'apostrophe : la scène est tirée de l'*Histoire de dom Bougre*, notre moine s'y retrouve en compagnie de Nicole, sa maîtresse, et dans l'emportement de ses désirs, celui-ci s'exclame :

O décharge! tu es un rayon de la divinité! ou plutôt n'es-tu pas la divinité même! Pourquoi ne meurt-on pas dans tes transports[41] ?

Depuis le « ô péché funeste ! » de Jouvancy jusqu'à ce « ô décharge ! » de *Dom Bougre*, l'objet de l'apostrophe varie sans doute mais, si celle-ci en cessant d'être pieuse devient tout à fait leste, on remarque néanmoins la parfaite identité formelle entre les deux tours. De ce point de vue, *Dom Bougre* accommode l'éloquence néo-latine à la française et, jusque dans la parodie, reste fidèle à l'enseignement des collèges : dans ses cours, Porée n'insistait-il pas déjà sur la nécessité d'*accommodare ad eloquentiam Gallicam* les principes de la rhétorique latine[42] ? Il en va de même de son collègue de la Sante dont l'enseignement témoigne également de cette ambition nouvelle, s'exprimant en exergue sur la page de garde d'un cahier de cours où figure, précisément, cette définition de l'*esprit*, ce maître mot de l'éloquence moderne : « Qu'est-ce que l'esprit ? raison assaisonnée[43] ».

« Assaisonner la raison » ou encore, suivant l'expression de Crébillon fils, « égayer la raison[44] » : hors des collèges et sur la scène du « monde », c'est là le premier précepte auquel l'éloquence se recommande. Il s'y exprime la même tendance que celle qui est à l'œuvre dans les rhétoriques plus scolaires et que résume à merveille un rhéteur mondain, Gabriel Henri Gaillard : sans les séductions de l'élocution, seul objet auquel tienne véritablement l'éloquence, « les raisonnemens les plus solides, les mieux enchaînés, les mieux suivis, n'ont rien que d'ennuyeux & de désagréable : sans elle, la raison même

---

41. Jean-Charles Gervaise de Latouche, *L'histoire de dom Bougre*, op. cit., p. 147.
42. Charles Porée, S. J., « Præfatio », *Ars rhetorices. Dictata a reverendissimo patre Porée, societatis Jesu*, ms. 3826 : « [...] d'accommoder à l'éloquence française » (je traduis).
43. Gilles Anne Xavier de la Sante, S. J., *Rethorica* [sic] *a patre Dicta de la Sante*, ms. 3497 ; cette définition est tirée d'une *Épitre à Marot* de Jean-Baptiste Rousseau.
44. Claude Prosper Jolyot de Crébillon, dit Crébillon fils, *Tanzaï et Néadarné*, op. cit., p. 104.

révolte[45] ». En appeler à une éloquence de la raison contre ce qui, en elle, révolte constitue le souci le plus invariable de la pensée rhétorique au siècle des Lumières. Il est vrai que les rhéteurs ont souvent exprimé cette préoccupation sous une forme moins spéculative que pratique : rares sont ainsi les théoriciens du XVIIIe siècle qui, se proposant de rendre la raison éloquente, ne rappellent pas que « les exemples ont infiniment plus de force que les préceptes[46] ». C'est d'ailleurs cette thèse que l'on retrouve sous la plume de tous ceux qui cherchent à faire valoir les mérites du genre romanesque, comme l'indique cette petite pièce anonyme tirée d'un numéro de 1742 des *Amusemens du cœur et de l'esprit* et qui résume au mieux les termes dans lesquels se pose la problématique du roman au siècle des Lumières :

> « La raison, *come dit la Marquise de Lambert*, doit plutôt regler les passions que les combattre, & moins travailler au dessein chimérique de les déraciner de nous-mêmes, qu'à les assaisoner par le goût de l'esprit & par les sentimens du cœur [...] C'est le goût de l'esprit, c'est la réfléxion qui distingue la volupté d'avec la débauche. La raison a sa mollesse, & sait plier aux choses qui conviennent à la nature d'une ame bien née [...] » Ceci supposé, M[onsieur,] ne s'ensuivroit-il point que la plûpart des Romans seroient bien plutôt utiles que dangereux, & serviroient peut-être mieux que beaucoup d'autres Livres à former le goût de l'esprit[47].

Unie à la volupté et chargée du soin d'assaisonner les passions, la raison confère de la politesse aux plaisirs en les relevant par le « goût de l'esprit ». C'est pourquoi elle se tourne vers l'éloquence : ce souci lui fait ensuite rechercher des exemples et, à la fin, le roman s'offre à elle tel un modèle. Dès lors, un seul point demeure en suspens : à quelle manière d'éloquence songe-t-on en faisant du roman un genre exemplaire ? Cette sorte d'écrits, remarque Voltaire à la même époque, néglige aussi bien « le goût de Cicéron ou de Quintilien » que le « style de Bourdaloue » : il s'agit plutôt d' « ouvrages

---

45. Gabriel Henri Gaillard, « Préface », *Essai de rhétorique françoise*, 1746, p. 81.
46. Charles Rollin, *De la manière d'enseigner et d'étudier les belles-lettres, op. cit.*, p. 336 ; voir également Claude Buffier, *Traité philosophique et pratique d'éloquence, op. cit.*, p. 313 sq. Tous les partisans de l'éloquence nouvelle favorisent cette option établie sur l'autorité de Quintilien et de Sénèque : « Longue est la voie des préceptes, courte et efficace celle des exemples » (*Lettres à Lucilius, op. cit.*, 6, 5).
47. Anonyme, « Lettre sur les romans. A M**. Journaliste étranger. Ce premier septembre 1742 », *Les amusemens du cœur et de l'esprit*, 1742, t. 14, p. 420.

ingénieux[48] » et éloquents à force de saillies. C'est ce qu'observe encore Bricaire de La Dixmerie dans la préface à ses *Contes philosophiques et moraux* : ce genre, écrit-il, « ne peut guères intéresser que l'esprit, & dès lors [...] il veut un style plus saillant, plus épigrammatique[49] ».

Ingénieuse, pleine d'esprit, épigrammatique et, de ce fait, à l'image de la conversation, l'éloquence romanesque doit aussi son caractère propre à la fonction sociale et éducative qu'on lui confie : celle de former des gens, pour ainsi dire, « *fit for polite society*[50] » et pour lesquels, comme le souligne un roman galant, « quelques petites phrases coupées » forment « une grande ressource dans les occasions délicates[51] ». Premier théoricien français du roman, Pierre Daniel Huet invoquait déjà cet argument pour établir la valeur du genre :

> Ajoutez à cela que rien ne dérouille tant un esprit nouveau venu des universités, ne sert tant à le façonner et le rendre propre au monde que la lecture des bons romans. Ce sont des précepteurs muets qui succèdent à ceux du collège et qui apprennent aux jeunes gens, d'une méthode bien plus instructive et bien plus persuasive, à parler et à vivre, et qui achèvent d'abattre la poussière de l'école dont ils sont encore couverts[52].

Étrangère à « la poussière des écoles » et montrant « à parler et à vivre », l'éloquence des romans tient à tous ces mérites. Elle est même indissociable, toujours selon Huet, de « la politesse de notre galanterie qui vient à mon avis de la grande liberté dans laquelle les hommes vivent en France avec les femmes[53] ». Cette dernière considération est essentielle. Pendant tout le

---

48. François-Marie Arouet, dit Voltaire, *Conseils à un journaliste, sur la philosophie, l'histoire, le théâtre, les pièces de poésie, les mélanges de littérature, les anecdotes littéraires, les langues et le style (10 mai 1737)*, dans Œuvres complètes de Voltaire. *Mélanges I, op. cit.*, p. 256.

49. Nicolas Bricaire de La Dixmerie, *Contes philosophiques et moraux*, 1765, p. xiii.

50. L'expression est de Thomas M. Conley et lui sert pour désigner la principale tendance de la rhétorique à l'âge des Lumières ; « Eighteenth-Century Rhetorics », *Rhetoric in the European Tradition*, 1994, p. 224.

51. Abbé Philippe Bridard de la Garde, *Lettres de Thérèse ***, ou Memoires d'une jeune demoiselle de province, pendant son séjour à Paris*, 1739, p. 87 sq.

52. Pierre Daniel Huet, *Lettre-traité de Pierre Daniel Huet sur l'origine des romans, op. cit.*, p. 142. Sur l'écho que reçoit cette opinion au XVIII° siècle, voir, en particulier, Nicolas Lenglet Du Fresnoy, *De l'usage des romans, op. cit.*, p. 216 : « On voit par les entretiens qui s'y lisent de quelle maniere il faut converser dans le monde [...] on y découvre des gens polis, civils, agréables, fort differens de ceux qu'on a vû dans les Colleges [...] enfin ce qui est essentiel, lorsqu'on entre dans le monde, on y aprend à parler poliment [...] ».

53. Pierre Daniel Huet, *Lettre-traité de Pierre Daniel Huet sur l'origine des romans, op. cit.*, p. 138.

XVIIIe siècle, il s'agit là d'une opinion des plus répandues qui commande jusqu'à la conception générale de l'éloquence et dont les romans libertins eux-mêmes se font naturellement l'écho. Cet idéal mondain et galant raille d'abord une érudition « hérissée d'épines » et « ensevelie sous la poussière de l'École », comme le fait Crébillon fils dans le *Tanzaï* lorsqu'il retrace l'origine d'un roman dont il prétend n'être que le traducteur pour mieux se livrer à une enquête philologique burlesque : un voyageur hollandais, poursuit-il,

> laissa son ouvrage au savant Jean-Gaspard Crocovius-Putridus, de Leipzig, son ami intime, et connu dans la littérature par la dispute qu'il a eue avec Emmanuel Morgatus, sur une chose importante. Il s'agissait de savoir si les meutes de la chaste Diane étaient composées de chiens et de chiennes, ou seulement de l'un ou de l'autre sexe de ces animaux. Après des contestations très vives, la palme demeura à Putridus[54].

Du moment où l'érudition se trouve travestie sous la figure d'un docteur Putridus, seul « le commerce des femmes », comme le rappelle le chevalier de La Morlière dans *Angola*, devient à même de « polir un jeune homme », de faire « disparaître cette rudesse d'écolier », de dissiper enfin ces « préjugés grossiers dont les gouverneurs de la jeunesse remplissent leurs leçons pédantesques[55] ». Cette « véritable éloquence » dont font preuve les femmes, on ne cessera d'en vanter les mérites, comme l'atteste entre mille exemples un passage tiré des *Trois voluptés*, petite pièce anonyme et libertine où l'on décrit en ces termes les premiers moments d'une liaison s'établissant par degrés sur des lettres d'amour :

> Cependant les lettres commencent à s'établir entre Melite & moi, & je sentis dans celles qu'elle m'écrivoit ce feu, cette legereté, cette suspension, ces transitions agréables, ces negligences, enfin cette véritable éloquence qui n'éxiste que dans le stile des femmes ; cette lecture acheva de me determiner[56].

Avec son feu et sa légèreté, avec ses suspensions et ses négligences, cette « véritable éloquence » qu'illustrent aussi bien le roman que le style des femmes va offrir à nombre de rhétoriques du XVIIIe siècle un nouvel objet à leur étude. Soucieuses d'en établir la théorie, celles-ci se feront volontiers

---

54. Claude Prosper Jolyot de Crébillon, dit Crébillon fils, *Tanzaï et Néadarné, op. cit.*, p. 101.
55. Jacques de La Rochette, dit le chevalier de La Morlière, *Angola, op. cit.*, p. 51-52.
56. Anonyme, *Les trois voluptés*, 1746, p. 45.

« ingénieuses » et « mondaines », c'est-à-dire qu'elles se préoccuperont surtout des enjeux pragmatiques d'un discours qui aspire à soutenir la critique et la repartie, l'entrain de la conversation et les ruses du dialogue par excellence : celui entre les hommes et les femmes. Dans le *Sopha* de Crébillon fils, Nassès déclare à Zulica : « Je vous ai prouvé la nécessité où vous êtes d'aimer encore, & je vais, autant qu'il me sera possible, vous prouver actuellement que c'est moi qu'il faut que vous aimiez[57] » — et voilà, en somme, l'un des principaux objets auquel s'intéressent aussi bien le roman libertin que les rhétoriques des Lumières. Il ne faut donc pas s'étonner de voir celles-ci insister si souvent sur l'importance des femmes en matière d'éloquence[58]. Quiconque néglige leur commerce, précise Gaillard dans son *Essai de rhétorique françoise*, « n'est aujourd'hui qu'un lourd pédant, ou qu'un imbécile érudit » ; en effet,

> la compagnie des femmes (j'entends des femmes aimables & spirituelles) est absolument nécessaire pour polir l'esprit [...] leur conversation, toujours agréable, souvent même utile, est une espèce de Rhétorique-Pratique[59].

Or, c'est précisément cette « espéce de Rhétorique-Pratique » que le siècle des Lumières, on l'a vu, assimile à l'idée qu'il se fait de l'*esprit*. Sur leur versant le plus pratique, le plus mondain, voire le plus frivole, ces rhétoriques de l'esprit favorisent le goût des formes littéraires brèves, contes légers ou petites pièces libertines, et le tour épigrammatique qu'on leur donne. Ne lit-on pas, dans un roman à la mode, qu' « à Paris aujourd'hui, on ne parle plus de tendresse qu'en épigrammes, que la pudeur même n'entendroit pas toujours volontiers[60] » ? Bien des rhétoriques se prêtent à ce goût : la *Rhétorique de l'honnête homme* (1699), le *Je ne sai quoi* (1723) de Cartier de Saint Philip, l'*Éloquence du tems, enseignée à une dame de qualité* (1707) de Leven de Templery, tous ces ouvrages rivalisent auprès de leurs lecteurs afin, semblent-ils leur dire, « que si vous ne vouliez pas considerer ce Livre comme un Traité de

---

57. Claude Prosper Jolyot de Crébillon, dit Crébillon fils, *Le sopha, conte moral. Collection complète des œuvres de M. de Crébillon, fils*, 1968 [1740, 1777], p. 200.

58. Voir ici François de Dainville : « La réputation de "bel-esprit" [...] qui doit beaucoup à la place qu'ont prise les femmes dans la société, n'a pas peu contribué, sans doute, à l'avènement de la nouvelle rhétorique » ; « L'évolution de l'enseignement de la rhétorique au XVIIe siècle », *art. cit.*, repris dans *L'éducation des jésuites (XVIe-XVIIIe siècle)*, 1978, p. 206.

59. Gabriel Henri Gaillard, « Préface », *Essai de rhétorique françoise, op. cit.* Voir également Cartier de Saint Philip, « Article VIII. Témoignages d'auteurs touchant les dispositions que les dames ont pour cultiver leur esprit & les sciences », *Le je ne sai quoi*, 1723, vol. I, p. 30 sq.

60. Abbé Philippe Bridard de la Garde, *Lettres de Thérèse****, *op. cit.*, p. 100-101.

Rhetorique, vous le regardiez au moins comme un recueil de pensées ingenieuses[61] ». Au reste, quand l'une de ces rhétoriques de l'esprit entreprend d'examiner en quoi une pensée est ingénieuse, elle relève tout aussitôt que la vigueur de sa pointe tient à la fois d'un savoir et du tour concis que lui donne une figure. De ce fait, cet art de bien dire introduit le problème plus général des connaissances dont doivent disposer les « honnêtes gens » pour parvenir à l'éloquence et ce souci pour une sorte d'encyclopédie mondaine et rhétorique, déjà présent au XVIIe siècle[62], s'affirme sans cesse par la suite avec la publication de rhétoriques écrites en français à l'usage des « gens de qualité ». Seulement, il était fatal que le tour « ingénieux » que les rhétoriques de cette sorte recommandent de donner au savoir et à l'éloquence suscitât les critiques d'adversaires soucieux de distinguer une invention et une élocution qui, au nom de l'esprit, s'entremêlaient si fâcheusement. Au cours du siècle, les censeurs ne renoncent jamais à dénoncer la nature sophistique et frivole de ce prétendu « esprit » dont un auteur comme Bruzen de la Martinière résume assez bien le caractère présumé :

> On poussa le mauvais goût jusqu'à l'acheter par des figures forcées & trop hardies, par un style décousu, & qui sous prétexte de dire beaucoup en peu de mots, ne dit rien comme il falloit le dire. On s'écarta de l'usage ordinaire des termes ; on en joignit qui ne devoient jamais se trouver ensemble ; & pour donner un beau nom à ce nouveau langage, on le nomma de l'*esprit*[63].

Ces figures où l'on joint des termes « qui ne devoient jamais se trouver ensemble » indiquent mieux que ne le fait la teneur générale du propos le jour sous lequel doit être envisagée la question de l'esprit au XVIIIe siècle. En affectant de « jouer la concision et le style nerveux », on en vint même, selon un autre adversaire de l'éloquence et de la philosophie nouvelles, à « cet

---

61. Joseph Leven de Templery, *L'éloquence du temps, enseignée à une dame de qualité, et accompagnée de quantité de bons mots et de pensées ingenieuses. Par Mr. *** de l'Académie françoise. Nouvelle édition revûë & augmentée de maximes choisies pour former l'esprit & le cœur*, 1707 ; d'abord publié sous le titre *La rhétorique françoise, tres-propre aux gens qui veulent apprendre à parler, & écrire avec politesse*, 1698, p. 5.

62. Voir, en particulier, Étienne Binet, S. J., dont la rhétorique est tout autant une encyclopédie qu'un traité d'élocution ; *Essay des merveilles de la nature et des plus nobles artifices, pièce nécessaire à tous ceux qui font profession d'éloquence*, 1987 [1621]. Voir aussi René Bary, *La rhétorique françoise*, 1659, et, en particulier, p. 268 sq., où les figures sont définies comme des « lieux de l'invention ».

63. Antoine-Augustin Bruzen de la Martinière, *Introduction générale à l'étude des sciences et belles-lettres*, 1756 [1731], p. 252. Sur la critique du « bel-esprit », voir, en particulier, François de Callières, *Du bel esprit*, 1695.

étrange bouleversement dans les idées » qui parut « la preuve d'un [...] *siècle philosophique*[64] ».

Cette dernière attaque, Palissot la profère en 1757, au plus fort de la lutte contre l'*Encyclopédie*. À ce titre, elle permet de se convaincre que la problématique introduite par cette éloquence mondaine et ingénieuse dont le roman libertin offre l'un des meilleurs modèles ne saurait simplement se réduire à une vaine frivolité. Sur son versant le plus spéculatif, cette rhétorique de l'esprit ne se borne pas à faire de la pensée ingénieuse une forme minimale du discours servant de matériau de base à une écriture éloquente : elle laisse encore apercevoir une théorie où savoirs et séduction, argumentation et figures ont partie liée. Du moins est-ce là la conclusion que suggère la lecture de ce passage tiré de la *Lettre sur l'esprit* de Voltaire :

> Ce qu'on appelle l'esprit, est tantôt une comparaison nouvelle, tantôt une allusion fine : ici l'abus d'un mot qu'on présente dans un sens, et qu'on laisse entendre dans un autre ; là un rapport délicat entre deux idées peu communes ; c'est une métaphore singulière ; [...] c'est l'art de réunir deux choses éloignées, ou de diviser deux choses qui paraissent se joindre, ou de les opposer l'une à l'autre ; c'est celui de ne dire qu'à moitié sa pensée pour la laisser deviner[65].

Une comparaison nouvelle, un rapport délicat entre deux idées, une métaphore singulière, l'art de réunir deux choses éloignées : voilà « l'esprit ». Ce terme, le XVIIIe siècle en use pour désigner l'union que réalise une figure ingénieuse entre le fond et tour de la pensée, mais aussi le genre d'éloquence propre au roman et, singulièrement, au roman libertin, dans lequel bonheur d'expression et raffinements du savoir s'entrelacent au profit du récit d'une « bonne fortune ». Dans le *Sopha* de Crébillon fils, Zéïnis n'ose « porter ses regards sur Phéléas » :

> Elle défendoit une chose pour en permettre une plus essentielle : elle vouloit, & ne vouloit plus ; cachoit une de ses beautés pour en découvrir une autre ; elle repousoit avec horreur, & se rapprochoit avec plaisir. Le préjugé quelquefois triomphoit de l'amour, & lui étoit un instant après sacrifié[66].

---

64. Charles Palissot de Montenoy, *Petites lettres sur de grands philosophes*, 1971 [1760], p. 271.
65. François-Marie Arouet, dit Voltaire, *Lettre sur l'esprit*, à la suite de *Mérope*, 1744.
66. Claude Prosper Jolyot de Crébillon, dit Crébillon fils, *Le sopha*, op. cit., p. 294.

Toute cette amplification à laquelle donne lieu la défaite du préjugé allie la prolifération des antithèses au rendu de mouvements ardents dont le cours obéit à la succession des sensations chez Zéïnis. Dans ce seul passage se dessine alors le caractère général d'une œuvre à propos de laquelle un critique du XVIIIe siècle faisait remarquer que Crébillon fils

> a pour bien écrire ce fonds de belles connoissances, qu'Horace exige [Ars poet., 309 : *Scribendi recte sapere est & principium, & fons*]. Il cherche tous les jours à se surpasser par l'invention, & par le stile. [...] Faisant valoir des bagatelles, il s'attache à leur donner du poids[67].

Donner du poids à des « bagatelles » grâce à un « fonds de belles connoissances » : qu'on ajoute à cela l'étroite union entre l'invention et le style, et l'on aura une idée assez précise du ton qui prévaut communément dans les rhétoriques du XVIIIe siècle.

Sous une forme encore là exemplaire, voici l'une de ces pensées ingénieuses dont la vogue fit en sorte que même les rhétoriques les plus conformes à l'orthodoxie ne purent bientôt plus en négliger l'examen :

> Un autre Poëte voulant prouver l'inconstance de l'homme a dit :
> Il veut, il ne veut pas, il accorde, il refuse,
> Il écoute la haine, il consulte l'amour,
> Il assure, il retracte, il condamne, il excuse,
> & le même objet plaît, & déplaît à son tour.
>
> Et, d'ajouter ensuite l'auteur,
>
> Ces exemples sont des Argumens figurez[68].

Avec cette question des « argumens figurez » où tout le raisonnement se confond avec une antithèse, nous parvenons au cœur d'une problématique qu'a introduite une étude portant tour à tour sur la décadence des lieux oratoires, puis sur le triomphe de l'élocution et, enfin, sur la question de l'éloquence mondaine, de ses modèles libertins et des traits ingénieux dont elle

---

67. François-Alexandre Aubert de la Chesnaye des Bois, *Lettres amusantes et critiques sur les romans en general, anglois et françois, tant anciens que modernes*, 1743, p. 41.
68. Breton, curé de Saint-Hyppolite, *De la rhétorique selon les préceptes d'Aristote, de Cicéron et de Quintilien*, op. cit., p. 17-18.

use. Si l'on poursuit l'enquête en interrogeant quelques rhétoriques fondatrices, le premier texte qui doit retenir l'attention est la *Manière de bien penser dans les ouvrages d'esprit* (1687) du jésuite Dominique Bouhours. Publiée à la fin du XVIIe siècle et souvent rééditée par la suite, cette œuvre s'occupe de deux objets dont l'importance se fera sentir au moins jusqu'à la *Manière d'enseigner et d'étudier les belles-lettres* (1728) de Charles Rollin : prolonger une réflexion sur la *sententia* issue de la latinité d'argent et interroger la tradition du conceptisme italien et espagnol[69]. Les Anciens, on l'a vu à propos de Sénèque le Père et de son fils, Sénèque le Philosophe, avaient inventé et cultivé à partir du Ier siècle de notre ère la pratique d'un style coupé qui assimilait l'argumentation à la production de *sententiae* ou, si l'on préfère, de « traits ingénieux ». Mais si les Anciens offraient le modèle de ce style, ces derniers avaient « au même moment, échoué, ou plutôt renoncé, à élaborer une véritable théorie du procédé » que leur pratique mettait en cause[70]. Ce n'était pas là négligence : au livre VIII de l'*Institution oratoire*, Quintilien, par exemple, consacre tout un chapitre à la question de la *sententia*. Toutefois, ses remarques critiques tendent moins à établir une théorie de la *sententia* qu'à dénoncer son usage abusif et c'est en vain, pour ainsi dire, qu'il retrace l'histoire sémantique d'un terme qui, recouvrant d'abord la sphère de la pure pensée et du savoir considéré dans sa généralité, en arrive bientôt à désigner de surcroît toute formule vive et ingénieuse[71]. Sur la base de cette double entente, il aurait sans doute été possible d'établir une théorie, mais encore eût-il fallu approfondir la relation entre les deux pôles autour desquels oscille la notion de *sententia*. Cela aurait exigé que l'on cherche à penser une coïncidence entre la production de l'énoncé et du sens, entre la mise en forme du savoir et de l'argument. C'est là une entreprise qui doit en appeler à une notion unique dont seule une théorie de la figure dispose, mais que seuls envisageront, à partir du XVIIe siècle, les théoriciens espagnols et italiens du conceptisme puis, au seuil des Lumières, Dominique Bouhours.

69. Il faut entendre par « conceptisme », le « mouvement » qu'illustrèrent, en littérature, l'Italien Giambattista Marino et l'Espagnol Francisco de Quevedo ; et, en rhétorique, l'Espagnol Baltasar Gracián, S. J., et l'Italien Emanuele Tesauro, S. J. Sur ces différents auteurs et la mouvance conceptiste à laquelle chacun se rattache, voir, en particulier, l'important ouvrage de Mercedes Blanco, *Les rhétoriques de la pointe*, op. cit.
70. Voir ici Pierre Laurens, « '*Ars ingenii*'' : la théorie de la pointe au dix-septième siècle (Baltasar Gracián, Emanuele Tesauro) », 1979, n° 3, p. 185 sq.
71. Voir Quintilien, *Institution oratoire*, L. VIII, 5. Sur la question de la *sententia* chez Quintilien, voir F. Delarue, « La *sententia* chez Quintilien », 1979, n° 3.

Ce n'est, du reste, qu'en réactivant l'apport italo-espagnol que ce dernier réussit à développer une conception de la figure comme trait d'esprit, « ce que les Italiens, souligne-t-il dans le "Premier dialogue" de la *Manière de bien penser*, appellent *vivezze d'ingegno*, & les Espagnols *agudezas* [...] & le Comte de Thesauro [...] enthymêmes figurez[72] ». Mais ici, deux remarques s'imposent. Dans le *Cannochiale* ou encore dans l'*Idée de la parfaite devise*, Emanuele Tesauro et, avec lui, tout le conceptisme italien du *seicento* tentèrent d'établir une théorie du *concetto* (lat. : *sententia*) ou, si l'on préfère, du trait ingénieux. Résumée par cette formule originale d' « enthymême figuré » que mentionne Bouhours, l'entreprise cherchait à unir l'enthymême, instrument de la démonstration logique, à la figure, qui est la marque du procédé oratoire[73]. Déporté du seul domaine de l'invention, l'argument ne devient persuasif que du moment où il se fait ingénieux à la faveur de figures qui, en retour, cessent d'être du seul ressort de l'élocution. De ce point de vue, la pointe d'esprit d'une pensée ou, pour mieux dire, son *acutezza* tient au tour qu'une figure prête à un discours en venant régir le réseau des connexions logiques qui détermine la manière dont se noue l'argument. Cette *acutezza* italienne, par ailleurs, répond assez bien à ce que les Espagnols appellent *agudeza*, notion qui, chez eux, devait trouver en Baltasar Gracián son plus grand théoricien[74]. Dans son *Agudeza y arte del ingenio* (1647), celui-ci définit d'abord le *concepto*, c'est-à-dire cet « acte de l'entendement qui exprime la correspondance qui existe entre les objets[75] ». Le texte insiste ensuite sur un aspect fondamental : « le trait d'esprit, l'*agudeza*, et la pensée qu'il porte, le *concepto*, coïncident[76] », et cette coïncidence est d'autant plus marquée que « les tropes et les figures rhétoriques sont la matière et comme le fondement »

---

72. Dominique Bouhours, *La manière de bien penser dans les ouvrages d'esprit*, 1705, p. 15.

73. Emanuele Tesauro, *Cannochiale aristotelico, o sia Idea dell'arguta et ingeniosa elocutione, che serve a tutta l'arte oratoria, lapidaria e simbolica, esaminata coi principi del divino Aristotele*, 1968 [1654], III, 3. Sur la question de l'enthymême figuré, appelé encore « syllogisme poétique », voir aussi le ch. 7 de l'*Idée de la parfaite devise*, 1992 [c. 1629] : « Que ce signe est en forme de syllogisme poétique » ; et la préface de Florence Vuilleumier et de Pierre Laurens à la traduction française de ce texte et, en particulier, p. 60 sq.

74. Voir ici Mercedes Blanco, *Les rhétoriques de la pointe, op. cit.*, p. 101 : « Les principaux termes, *ingenio*, *agudeza*, *concepto*, ont en italien des équivalents immédiats, *ingegno*, *acutezza* (ou *arguttezza*) *concetto* ».

75. Baltasar Gracián, *La pointe ou l'art du génie*, 1983, Discours II, p. 47. Voir aussi la traduction que propose de ce texte Benito Pelegrín, *Art et figures de l'esprit*, 1983, Discours II, p. 97.

76. Mercedes Blanco, *Les rhétoriques de la pointe, op. cit.*, p. 64 ; voir aussi *ibid.*, « Quand la figure précède l'argument », p. 293 sq.

sur lesquels s'élève toute correspondance ingénieuse[77]. Dès lors, l'ingéniosité tient à une figure dont les effets de sens sont fonction d'un dispositif logique et argumentatif qui tisse un réseau subtil de correspondances entre les termes du discours. C'est là la principale leçon du conceptisme qui, comme le signalait déjà Curtius, s'offre tel un système complétant celui de la rhétorique antique[78]. Mais qu'il s'agisse de Tesauro ou encore de Gracián, dont la lecture fit concevoir à Bouhours « l'envie de le traduire[79] », il reste que c'est à la lumière des ambitions spéculatives de ses deux collègues espagnol et italien que doit être envisagée la portée de l'œuvre du jésuite français. L'apport théorique du conceptisme fournit à Bouhours sa conception générale de l'esprit, que résume cette distinction :

> On entend par ouvrage de l'esprit un ouvrage de la raison et de cette intelligence qui distingue l'homme de la bête ; on entend par ouvrage d'esprit un ouvrage de la raison polie et de cette fine intelligence qui distingue l'homme de l'homme[80].

Mais l'influence du conceptisme ne se limite pas à inspirer cette sorte d'idéal de la « raison polie ». De manière beaucoup plus précise, il permet à Bouhours de distinguer son ouvrage de la *Logique* de Port-Royal, « dont tout le dessein se reduit à regler les trois operations de l'entendement [...] selon les principes de Descartes », et de le penser plutôt comme « une Logique & une Rhétorique tout ensemble[81] ». Ses vues se portent donc sur les « jugemens ingénieux [...] qui s'appellent Pensées en matiere d'ouvrages d'esprit » et dont il cherche à formuler les principes[82]. En parfait accord avec les théoriciens du conceptisme, il considère que les ressorts de ces « jugemens ingénieux » tiennent à quelque figure, elle-même indissociable d'un argument où l'invention s'allie à l'élocution en bousculant les distinctions usuelles entre pensée et expression. Du reste, il n'y a pas que l'ouvrage même de Bouhours pour attester l'importance de cette thèse : il y a de surcroît les critiques les plus sévères de ses contemporains qui ne manquent jamais

---

77. Baltasar Gracián, *La pointe ou l'art du génie*, op. cit., Discours XX, p. 156.
78. Ernst Robert Curtius, *La littérature européenne et le moyen-âge latin*, op. cit., vol. I, p. 463 sq.
79. Dominique Bouhours, *La manière de bien penser*, op. cit., p. 362.
80. Dominique Bouhours, *Remarques nouvelles* ; cité par Suzanne Guellouz dans son introduction à *La manière de bien penser*, op. cit., p. lxiii, note 205.
81. Dominique Bouhours, « Avertissement », *La manière de bien penser*, op. cit.
82. *Ibid*. Sous ces expressions, il faut évidemment entendre aussi bien le latin *sententia* et *ingenium*, que l'italien *concetto* et l'espagnol *concepto*.

d'attirer l'attention sur cette confusion présumée entre manière de bien penser et manière de bien s'exprimer dont témoignerait jusqu'au titre du livre[83]. Au seuil du XVIIIe siècle, les *Mémoires de Trévoux* rapportent la même objection chez le marquis d'Orsi[84], mais la manière dont ils en justifient Bouhours mérite davantage qu'on la rappelle : par pensée, y lit-on, ce dernier

> entendoit [...] une proposition enfin propre à persuader & à émouvoir par les seules idées qu'elle renferme. On peut appliquer cette réponse à l'exemple qu'on a rapporté ci-dessus [p. 246 : « Le cœur d'un mortel ne doit point garder de haine immortelle »], dans lequel à la vérité deux propositions sont en quelque façon renfermées : mais l'artifice a sçû en ramasser toute la force dans une seule : & cette force consiste dans les deux epithetes de *mortel* & d'*immortel ;* en sorte que la proposition devient par ce moyen un simple jugement[85].

À la lecture de ce texte, deux objets doivent éveiller l'attention : l'antithèse entre « mortel » et « immortel », qui permet de renfermer deux propositions en une seule, et l'effet de sens que crée cette figure, qui sollicite un dispositif logique fondé sur une correspondance entre les termes du discours et grâce auquel se noue l'argument. En somme, Bouhours se trouve justifié suivant des principes que les théoriciens espagnols ou italiens du trait ingénieux n'auraient pas récusés et que lui-même illustre. Pourtant, même si « à première vue, rien ne distingue ses critères de jugement de ceux des conceptistes[86] », ce dernier n'est ni un Tesauro, ni un Gracián français. Il se récrie même volontiers devant l'imagination baroque du théoricien espagnol[87], car il considère toujours que « bien penser dans les ouvrages d'esprit » signifie d'abord régler l'invention des figures sur un savoir rationnel. Indivis chez Gracián et Tesauro, le domaine du trait ingénieux est traversé, chez

---

83. Voir, entre autres, le janséniste Andry de Boisregard, *Sentimens de Cléarque sur les Dialogues d'Eudoxe et de Philanthe et sur les Lettres à une dame de province*, 1688, p. 15 sq. ; cité par Suzanne Guellouz dans son introduction à *La manière de bien penser, op. cit.*, p. xlii.

84. Anonyme, *Journal de Trévoux ou Mémoires pour servir à l'histoire des sciences et des arts*, février 1705, art. 22, p. 245. La polémique engagée par Gioseffo Orsi dans un ouvrage intitulé *Considerazioni sopra un famoso Libro Francese intitolato la Maniere de bien penser dans les ouvrages d'esprit* (1703) est résumée dans les numéros de février et mars 1705 du *Journal de Trévoux.*.

85. Anonyme, *Journal de Trévoux ou Mémoires pour servir à l'histoire des sciences et des arts, art. cit.*, p. 247.

86. La remarque est de Mercedes Blanco, *Les rhétoriques de la pointe, op. cit.*, p. 84.

87. Dominique Bouhours, *La manière de bien penser, op. cit.*, p. 356 sq.

Bouhours, par une frontière destinée à séparer les figures qui doivent leur «faux brillant» à une imagination déréglée, de celles où l'esprit brille à raison de la solidité du savoir dont elles sont investies. C'est même cette opposition entre «faux esprit» et «bel esprit» qui structure tout le dialogue sur lequel est construit la *Manière de bien penser* et, par delà, l'hostilité du classicisme français au goût italien ou espagnol[88]. Pendant tout le «Premier dialogue» de l'ouvrage, Philanthe, amateur de «faux brillants», observe qu'une pensée ingénieuse «pique davantage» dans les «pieces où brille l'esprit» lorsque le mensonge y triomphe; Eudoxe, au contraire, lui assure que les pensées de cette sorte ne plaisent que dans la mesure où le faux y est fondé sur une vérité qui renvoie toujours à l'exactitude d'un savoir[89]. Mais reprenons la discussion à partir d'un exemple tiré de Plutarque et à propos duquel Bouhours rapporte que

> Balzac ne peut souffrir ce que dît Pompée lors qu'il s'embarqua contre l'avis des gens de mer par un temps fort orageux : *Il est nécessaire que j'aille, mais il n'est pas nécessaire que je vive.* « Voilà, s'écrie Balzac [...] une parfaite contradiction : car pour aller il faut vivre ; & ainsi l'un est aussi nécessaire que l'autre. »
> La Mothe-le-Vayer au contraire trouve le mot excellent [...] Qui croire des deux, interrompt Philanthe? Je ne voy nulle contradiction dans les paroles de Pompée, repartit Eudoxe. & j'y voy tous les sentimens d'un véritable Romain. Pour exécuter les ordres du Sénat, il déclare qu'il fait moins de cas de sa vie que de son honneur : car c'est comme s'il disoit, je suis indispensablement obligé de faire mon devoir, quand ce seroit au dépens de ma vie [...] Apparemment Balzac s'est mépris aux deux sens du mot de nécessité : il n'a regardé que le sens propre & physique [...] cependant le sens de Pompée est le sens figuré & le moral qui emporte obligation & devoir[90].

Le trait ingénieux que rapporte Plutarque contient en lui-même, sous un mode virtuel, le germe de tout un développement. Avec ce raisonnement qui repose simplement sur une symétrie et sur une antithèse, c'est tout le stoïcisme des élites de la Rome ancienne que retrace la figure, laquelle redouble et conforte le discours par la solidité que lui confère sa valeur d'allusion à un savoir. Bref, en cette rencontre, «le figuré n'est pas faux» et, de façon plus générale, «la métaphore a sa vérité aussi bien que la fiction[91]» : autrement

---

88. Voir, entre autres, Nicolas Boileau, *Art poétique*, I, 43-55 : « Laissons à l'Italie/ De tous ces faux brillants l'éclatante folie./ Tout doit tendre au bon sens [...] ».
89. Voir Dominique Bouhours, *La manière de bien penser*, op. cit., p. 10-11 et p. 77.
90. *Ibid.*, p. 50-52.
91. *Ibid.*, p. 15.

dit, « l'enthymème figuré » est légitime, mais seulement dans la mesure où il est informé par une invention savante, véritable socle des « pensées solides & de bon sens[92] ».

Invention savante et séduction, figures et argumentation : c'est en refusant de dissocier ces termes et en repensant le tout-ensemble qui en résulte que les rhétoriques des Lumières indiquent les principes à partir desquels s'est inventée la prose libertine. Sans cesse, cette écriture illustre une éloquence qui, en s'amusant au récit d'une anecdote galante ou érotique, réduit en figures les arguments et les thèses centrales de la philosophie nouvelle. On pourra toutefois se demander de quels titres la rhétorique du XVIIIe siècle peut se prévaloir pour exiger qu'on l'envisage, dirions-nous aujourd'hui, comme une sorte d'interface entre le domaine du savoir philosophique et celui où l'écriture s'égaie à l'invention d'une pièce libertine. À vrai dire, la rhétorique ne saurait prétendre à ce rôle que dans la mesure où l'éloquence se retrouvait alors au centre de ce qui s'appelait encore la « République des Lettres ». Au sein de cette République, faut-il le rappeler à la suite du *Mercure de France*, « aucun genre de Litterature n'est exclu », depuis la poésie et les « Piéces de Théatre » jusqu'à la médecine et aux « nouvelles Découvertes dans les Arts & les Sciences[93] ». Mais comme l'atteste un *Discours sur l'esprit et la science* de Louis Jouard de La Nauze paru dans ce même numéro du *Mercure*, toute « culture savante » se déclare indissociable « d'un art ingénieux, qui loin d'étouffer la nature & la rendre stérile, augmente sa force[94] ». Quelques années auparavant, le même auteur avait publié un court mémoire sur les *Rapports que les belles-lettres & les sciences ont entr'elles*[95]. L'entreprise consistait à penser l'unité de la République des Lettres et, à cette fin, il s'agissait de montrer que tout savoir, sans l'éloquence, est impuissant[96]. « Le premier abord de la Philosophie vous révolte », écrit La Nauze : celle-ci « combat

---

92. *Ibid.*, p. 395.

93. Anonyme, « Avertissement », *Mercure de France*, janvier 1743.

94. Louis Jouard de La Nauze, « Discours sur l'esprit et la science », *Mercure de France*, janvier 1743, p. 93.

95. Louis Jouard de La Nauze, « Des rapports que les belles-lettres & les sciences ont entr'elles », *Mémoires de littérature, tirez des registres de l'Académie royale des inscriptions et belles lettres*, 1740, t. 13 (depuis l'année 1734 jusques & compris l'année 1737), 19 avril 1735, p. 372-384.

96. Tirée de Cicéron (*De l'orateur*, L. III, 142), cette thèse sera reprise et amplifiée pendant tout le siècle des Lumières. Voir, entre autres, Toussaint Rémond de Saint Mard : « La Philosophie ne saurait se passer [...] d'une certaine élégance [...] Ciceron est mon garant, il étoit parfait Orateur & fort bon Philosophe » ; *Discours sur la nature du dialogue. Les œuvres mêlées de Mr de Remond de Saint Mard*, 1742 [1714], t. 1, p. 10.

les préjugez de l'enfance & de l'éducation » et, en ce sens, l'éloquence est la seule ressource dont on dispose pour « faire goûter les Sciences » et des connaissances tout juste bonnes à rebuter si ces dernières n'étaient susceptibles de devenir « plus sensibles par les tours ingénieux, [...] par les fictions mêmes qu'on présente à l'esprit[97] ». De même, les belles-lettres ne sauraient, sans le savoir, parvenir à l'éloquence et se réduiraient autrement à « un vain étalage de mots frivoles[98] ». En effet, pour rendre les belles-lettres « florissantes, il est nécessaire que l'esprit philosophique, & par conséquent les Sciences qui le produisent [...] donnent le ton aux ouvrages de Littérature ». Cette complicité est d'autant plus nécessaire que « la Philosophie, source inépuisable d'idées & de sentimens, invente chaque jour pour les exprimer, des tours de phrase vifs, ingénieux, délicats[99] ». Bref, si l'éloquence permet de penser l'unité de la République des Lettres, c'est cette unité même qui la rend à son tour possible. Telle était l'opinion de Cicéron et des Anciens, « & cette opinion estoit vérifiée par le succès », alors qu'après la chute de l'Empire et pendant tout le Moyen Âge, « l'ignorance devint profonde & générale[100] ». Or, cette ignorance tenait précisément au fait que les scolastiques avaient

> négligé, comme une vaine parure, le secours des Belles-Lettres. Qu'est-il arrivé ? Leurs leçons n'ont guéres conduit personne, ni à la science de la sagesse, ni à la connoissance de la nature. Leur Philosophie a dégénéré en pur jargon, & l'école est devenue un théâtre de criaillerie & de chicane[101].

Au XVIIIe siècle, toutefois, la réflexion sur le rôle de l'éloquence au sein de la République des Lettres ne se limite pas à évoquer, tel un repoussoir commode, le galimatias scolastique. Les regards se portent également sur des exemples qui, loin de simplement établir *a contrario* les mérites d'une conception ambitieuse de l'éloquence, en fortifient positivement les principes. Bouhours, on l'a vu, faisait procéder les productions de l'esprit du savoir et, en retour, prêtait à ce savoir un tour « ingénieux », c'est-à-dire « cette fine

---

97. Louis Jouard de La Nauze, « Des rapports que les belles-lettres & les sciences ont entr'elles », *Mémoires de littérature, op. cit.*, p. 378.
98. *Ibid.*, p. 377.
99. *Ibid.*, p. 380.
100. *Ibid.*, p. 383.
101. *Ibid.*, p. 379.

intelligence qui distingue l'homme de l'homme[102] ». À cela s'ajoute encore le souvenir de Fontenelle qui, d'une façon moins spéculative et bien plus pratique, fit la preuve qu'à un tel parti répondait le succès auprès du public. À la différence de Bouhours et de la plupart des théoriciens du conceptisme, Fontenelle, pourtant, n'est pas jésuite. Certes, ses liens avec la Compagnie sont étroits et, comme le précise l'abbé Trublet, son biographe, il « avoit fait ses études chez les Jésuites, & [...] les a toujours aimés[103] » ; mais c'est surtout, et ce point est essentiel, un libertin rallié à la philosophie nouvelle. Songeons, par exemple, à ses *Entretiens sur la pluralité des mondes* (1686), premier texte important où le libertinage érudit s'allie à une éloquence « ingénieuse » et dont la fortune fut telle qu'en 1737, le marquis d'Argens déclarait encore avoir pour ce livre la « profonde Vénération, que Stace avoit pour l'Énéïde[104] ». Cet ouvrage, Paul Hazard en résumait le propos en ces termes :

> Dans un grand parc solitaire deux personnages : une marquise coquette et un homme du monde, son ami, son amant peut-être, qui, lorsque la nuit est tombée, longuement s'entretient avec elle. De quel sujet ? D'astronomie[105].

Il faudrait sans doute ajouter qu'au cours de ces divers entretiens sur les connaissances astronomiques les plus récentes, c'est d'abord l'exposé de la physique cartésienne qui constitue le véritable objet de l'ouvrage. Ce passage, par ailleurs si célèbre, ne permet pas d'en douter :

> Sur cela, je me figure toujours que la nature est un grand spectacle, qui ressemble à celui de l'opéra. Du lieu où vous êtes à l'opéra, vous ne voyez pas le théâtre tout-à-fait comme il est : on a disposé les décorations et les machines pour faire de loin un effet agréable [...] Il n'y a peut-être que quelque machiniste [...] qui s'inquiète d'un vol qui lui aura paru extraordinaire [...] Vous voyez bien

---

102. Dominique Bouhours, *Remarques nouvelles* ; cité par Suzanne Guellouz dans son introduction à *La manière de bien penser*, op. cit., p. lxiii, note 205.

103. Abbé Nicolas-Charles-Joseph Trublet, *Mémoires pour servir à l'histoire de la vie et des ouvrages de Mrs. de Fontenelle et de la Motte*, 1759, p. 79.

104. Jean-Baptiste de Boyer, marquis d'Argens, *La philosophie du bon-sens, ou Réfléxions philosophiques sur l'incertitude des connoissances humaines, à l'usage des cavaliers et du beau-sexe*, 1737, p. 438. Voir aussi Jean Le Rond d'Alembert déclarant que, grâce à Fontenelle, « nos Livres de Science semblent avoir acquis jusqu'à l'espece d'avantage qu'il sembloit devoir être particulier aux Ouvrages de Belles-Lettres » ; « Discours préliminaire », *Encyclopédie ou Dictionnaire raisonné des sciences, des arts et des métiers*, op. cit., t. 1, p. xxx.

105. Paul Hazard, *La crise de la conscience européenne (1680-1715)*, 1935, p. 317.

que ce machiniste-là est assez fait comme les philosophes. Mais ce qui, à l'égard des philosophes, augmente la difficulté, c'est que dans les machines que la nature présente à nos yeux, les cordes sont parfaitement bien cachées [...] représentez-vous tous les sages à l'opéra, ces Pythagore, ces Platon, ces Aristote [...] : supposons qu'ils voyaient le vol de Phaëton que les vents enlèvent [...] et qu'ils ne savaient point comment le derrière du théâtre était disposé. L'un d'eux disait : « C'est une vertu secrète qui enlève Phaëton. » [...] L'autre, « Phaëton a une certaine amitié pour le haut du théâtre [...] » [...] A la fin, Descartes et quelques autres modernes sont venus, qui ont dit : « Phaëton monte, parce qu'il est tiré par des cordes, et qu'un poids plus pesant que lui descend[106] ».

Dans cet extrait, il faut d'abord considérer la manière dont l'exposé de la mécanique cartésienne exploite la métaphore de l'opéra, si étroitement liée au propos qu'il y a tout lieu de l'envisager comme l'un de ces arguments figurés où le raisonnement raconte et la figure démontre. Au demeurant, ce procédé se soumet nettement au projet que Fontenelle avait formé pour cet ouvrage : « traiter la philosophie d'une manière qui ne fût point philosophique[107] ». Dans cette entreprise, c'est une langue rompue aux méthodes d'une éloquence ingénieuse qui prête son concours à la diffusion du savoir et dont on pourrait dire, suivant une formule heureuse de l'abbé Trublet, « que *la raison en bannit le raisonnement*, ou du moins l'appareil & les longueurs de la Dialectique », distinguant ainsi l'ouvrage entier par « l'union du bel-esprit & de l'esprit philosophique, l'un & l'autre dans le plus haut degré[108] ». En ce sens, les principes de la mécanique céleste ne participent pas seulement de la mise en scène d'un « divertissement » galant et mondain : comme en témoigne la métaphore de la nature conçue à la manière d'un opéra, ces principes s'énoncent sans cesse sous la forme d'un argument figuré dont on ne saurait les dissocier. À ce titre, ils deviennent la source d'un répertoire innombrable de figures qui réinvestissent tout aussitôt l'ensemble des problèmes philosophiques. J'en prendrai pour exemple un passage des *Entretiens* où la discussion porte sur les mouvements insensibles de la terre dans sa course autour du soleil. À la marquise qui s'étonne de ne pas sentir ces mouvements, voici ce que son interlocuteur lui rétorque :

---

106. Bernard Le Bovier de Fontenelle, « Premier soir », *Entretiens sur la pluralité des mondes*, 1968 [1686], t. 2, p. 10-11.
107. *Ibid.*, « Préface », p. 3.
108. Abbé Nicolas-Charles-Joseph Trublet, *Mémoires pour servir à l'histoire de la vie et des ouvrages de Mrs de Fontenelle et de la Motte*, *op. cit.*, p. 15 et p. 12.

> Les mouvements les plus naturels [...] sont ceux qui se font le moins sentir : cela est vrai, jusques dans la morale. Le mouvement de l'amour-propre nous est si naturel, que le plus souvent nous ne le sentons pas, et que nous croyons agir par d'autres principes[109].

Ici, le recours à la figure ne permet pas seulement à Fontenelle de sauver « le fond de sa matière, qui est tout-à-fait sèche[110] », mais participe encore d'un élargissement de la méthode cartésienne à d'autres objets — et c'est là un point capital. Dès la fin du XVIIe siècle, cette méthode sera appelée à conquérir tout le champ du savoir et, au premier chef, ce que Descartes lui-même avait naguère mis entre parenthèses : le politique, l'éthique et la théologie. Descartes, résume à son tour l'*Examen de la religion*, manuscrit philosophique clandestin fameux, « ne veut croire que ce qu'il voit, & ce n'est qu'en matière de Religion qu'il se bouche les yeux : plaisant raisonnement![111] ». Seulement, lorsque l'on cesse de « se boucher les yeux », cela suppose que l'écriture se fasse militante, qu'elle s'arme de figures dont tout le procédé consiste, comme le relève encore une fois l'abbé Trublet,

> à transposer les expressions d'un genre à l'autre, les expressions de la conversation aux Sciences, les expressions les plus ordinaires & les plus familieres aux matieres qui le sont le moins ; & quelquefois aussi les expressions des Sciences proprement dites, à la Morale, à la Littérature, aux matieres ordinaires[112].

En accommodant la science nouvelle à une éloquence où l'argument devient figure, l'écriture de Fontenelle se met donc à portée d'incarner une attitude critique qui entend embrasser tout le domaine du savoir, et c'est précisément cette attitude qui se prolongera tout au long du XVIIIe siècle. Les *Entretiens* instaurent, la critique de notre siècle ne s'y est pas trompée, « un dispositif formel et intellectuel qui s'affirme et se développe durant tout le

---

109. Bernard Le Bovier de Fontenelle, *Entretiens sur la pluralité des mondes*, op. cit., p. 21.
110. *Ibid.*, « Préface », p. 5 ; Fontenelle prend alors comme modèle de ce procédé les *Géorgiques* de Virgile.
111. Voir Anonyme, « Ce que c'est que la Religion », *Examen de la religion dont on cherche l'éclaircissement de bonne foi, attribüe à Mr. de St. Evremond*, ch. 2, mss. Fr. 13213, 13214, 13215 et NAFr. 1557 et 1902. Ce manuscrit « fut très largement diffusé et a exercé une influence considérable sur la philosophie clandestine », rappelle Antony McKenna dans la préface de son édition à « De la conduite qu'un honnête homme doit garder pendant sa vie » (1987, vol. XIV, p. 231).
112. Abbé Nicolas-Charles-Joseph Trublet, *Mémoires pour servir à l'histoire de la vie et des ouvrages de Mrs de Fontenelle et de la Motte*, op. cit., p. 66.

siècle suivant[113] » : à ce titre, ce texte s'offre tel un emblème au seuil des Lumières qu'il annonce. Il est vrai que l'on pourrait objecter que la physique newtonienne ne tardera pas à remplacer celle que Fontenelle empruntait à Descartes. Pourtant, le discrédit dans lequel cette dernière va tomber laissera intact le modèle qu'imposèrent les *Entretiens* à la discussion savante. C'est ce dont témoignent aussi bien un texte comme le *Newtonianisme pour les dames*, dédié à Fontenelle[114], que le ton qui règne dans ce Temple du goût dont parle Voltaire et où

avec grâce on allie
Le vrai savoir à l'enjouement,
Et la justesse à la saillie[115].

Avec cette idée d'un « vrai savoir » sur lequel s'ajustent des saillies enjouées, voilà que se découvrent enfin les fondements d'une éloquence dont le destin se joue tout entier sur une étroite alliance entre argument et figure, savoir et lutte contre les préjugés, science nouvelle et séduction, voire érotisation du discours philosophique. Mais, en même temps que l'unité de la République des Lettres et le libertinage d'esprit, triomphe alors une conception de l'éloquence bientôt susceptible de régir l'écriture « ingénieuse » de romans comme *Thérèse philosophe* et les *Bijoux indiscrets*, le *Sopha* et les *Lauriers ecclésiastiques*. De ce point de vue, il ne restait plus au roman libertin des Lumières qu'à radicaliser des principes oratoires déjà renfermés dans les *Entretiens* de Fontenelle.

À la suite de Bouhours et de Fontenelle, c'est-à-dire dans le prolongement d'un souci commun pour des « pensées solides & lumineuses » où « l'ingénieux est toujours vrai[116] », plusieurs traités fleurirent pendant toute la première moitié du XVIIIe siècle. C'est à cette époque que s'affirma le projet de systématiser cet art de dire qu'avait introduit Bouhours, dont les

---

113. Michel Delon, « La marquise et le philosophe », 1981, vol. LIV, n° 182, p. 65.
114. Francesco Algarotti, *Il newtonianismo per le dame*, 1737 ; *Le newtonianisme pour les dames*, 1738. Voir, en particulier, la Préface, dans laquelle Algarotti dédie son ouvrage à Fontenelle : « Vous m'offrez un exemple vivant [...] Le premier vous sçutes rappeller la Philosophie du fonds des Cabinets et des Bibliotheques, pour l'introduire dans les Cercles, & à la Toilette des Dames » (« À Monsieur de Fontenelle. Épître et préface de l'auteur » *op. cit.*, p. xxxvi).
115. François-Marie Arouet, dit Voltaire, *Le temple du goût. La henriade, suivie d'autres textes*, 1874 [1733], p. 361.
116. Abbé Nicolas-Charles-Joseph Trublet, *Mémoires pour servir à l'histoire de la vie et des ouvrages de Mrs de Fontenelle et de la Motte, op. cit.*, p. 12

Entretiens de Fontenelle avaient étendu l'usage au libertinage et qui devait parvenir à une sorte d'achèvement théorique dans les *Agrémens du langage réduits à leurs principes* d'Étienne Simon de Gamaches[117]. L'ouvrage questionne le même objet que les « rhétoriques de l'esprit » mais, s'il s'agit toujours d'enseigner l'art de persuader et de plaire en montrant « ce qui peut servir à [...] mettre en œuvre [...] nos conceptions[118] », l'étude du discours ingénieux comporte désormais une exactitude qu'ignorait encore Bouhours. Dès la Préface, Gamaches annonce cette tournure plus spéculative qu'il confère à son étude :

> je ne donne point icy simplement des regles [...] je donne encore les principes d'où ces regles se tirent : & par-là mon ouvrage sera toûjours de quelque utilité, ne fût-ce que pour la speculation[119].

Ce souci des premiers principes, Gamaches le reprend à « Descartes, de qui semble venir cette scrupuleuse exactitude, qu'on se pique enfin d'avoir en matiere de raisonnement[120] ». Au reste, l'ambition spéculative et systématique des *Agrémens du langage* prolonge la tradition inaugurée par la *Rhétorique ou l'art de parler* (1675) de Bernard Lamy, modèle par excellence d'une « rhétorique philosophique » dont le projet est indissociable d'une théorie générale du discours[121]. C'est ce que montre surtout la troisième partie des *Agrémens*, laquelle s'attache au « brillant » du discours, c'est-à-dire à une efficacité oratoire fondée sur la séduction exercée par l'abrègement argumentatif qu'opèrent des « tours ingénieux » provoquant « une sorte de surprise[122] ». Pour comprendre pareil effet de surprise et de séduction, Gamaches recourt au concept, central chez lui, de « supposition » : « Toute supposition affectée de ce qu'on n'a pas droit de supposer est [...], écrit-il, un tour en matiere de

---

117. Étienne Simon de Gamaches, *Les agrémens du langage réduits à leurs principes*, 1718. Dans la suite du texte, je citerai Gamaches d'après l'édition originale. Jean-Paul Sermain a eu le mérite d'en donner une réédition où ne figure que la troisième partie du traité, mais qu'il fait précéder d'une excellente étude sur les enjeux de ce texte : voir « Le sens de la repartie », *Les agréments du langage réduits à leurs principes (Troisième partie)*, 1992.
118. Étienne Simon de Gamaches, « Préface », *Les agrémens du langage, op. cit.*
119. *Id.*
120. *Ibid.*, p. 102.
121. Sur les rapports entre Gamaches et Bernard Lamy, voir, en particulier, Jean-Paul Sermain, « Dialogue et supposition chez E. S. de Gamaches », 1986, t. 8, fasc. 2, p. 122.
122. Étienne Simon de Gamaches, « Troisième partie. Du brillant », *Les agrémens du langage, op. cit.*, p. 153.

langage¹²³ ». En faisant « entendre ce qu'on affecte de ne point déclarer¹²⁴ », le tour brillant présuppose « le caractère des choses dont on parle, leur certitude & l'évidence des principes sur lesquels on raisonne¹²⁵ ». Il en résulte non seulement une vivacité qui donne au discours un tour plus rapide et plus séduisant, mais aussi un sens proprement oratoire de l'intelligence stratégique. Comme l'observe à juste titre Jean-Paul Sermain, « le style brillant procède de la supposition consensuelle en introduisant une supposition inédite, surprenante, polémique : une supposition de rupture¹²⁶ ». En redoublant tout énoncé d'un savoir implicite, le tour brillant constitue un « raisonnement abrégé », une « assimilation tronquée¹²⁷ » où se réfracte tout un faisceau de « suppositions » : en paraissant sous la figure d'un paradoxe déconcertant, ce raisonnement surprend l'esprit, le captive, le séduit et renverse à la fin le « préjugé ». Cette épigramme, qui « naît d'une contrevérité », sert d'exemple à Gamaches :

Qui désignais-je, à votre avis, dit La Fontaine,
Par ce rat si peu secourable ?
Un moine ? NON, MAIS UN DERVIS.
JE SUPPOSE QU'UN MOINE EST TOUJOURS CHARITABLE¹²⁸.

Métaphore du rat, interrogation oratoire, antithèse, allusion et ironie : toutes ces figures inscrivent un savoir supposé au cœur de l'énoncé. De fait, les principes que l'on présume ne sont pas cités, mais mis en œuvre et joués par des figures qui dynamisent l'énoncé en le redoublant de l'implicite d'un savoir paradoxal. C'est en ce sens que « les traces des idées de Fontenelle, comme on l'a déjà prétendu, [...] [se retrouvent] chez Gamaches¹²⁹ », ces « idées » devenant chez lui l'objet d'une théorie déjà pragmatique, attentive au jeu profond des savoirs à l'œuvre dans le discours et où se trouve caractérisé le

---

123. *Ibid.*, p. 155.
124. *Ibid.*, p. 153.
125. *Ibid.*, p. 155.
126. Jean-Paul Sermain, « Le sens de la repartie », *Les agréments du langage réduits à leurs principes* (*Troisième partie*), *op. cit.*, p. 44.
127. De pareilles expressions reviennent très fréquemment chez Gamaches : voir *Les agrémens du langage*, *op. cit.*, p. 284, p. 290, p. 303, p. 375, etc.
128. *Ibid.*, p. 312.
129. Werner Krauss, « L'étude des écrivains obscurs du siècle des Lumières », 1963, vol. XXVI, p. 1020. On retrouve une remarque analogue chez Arnaldo Pizzorusso, « Le Père Gamaches et les agréments du langage », 1970, p. 66.

sens de la repartie prompte et du paradoxe séduisant propre à la prose des Lumières et des romanciers libertins. Enfin, doit-on s'étonner si, comme l'observe Gamaches lui-même, presque tous les exemples des *Agrémens* sont tirés « de quelques ouvrages qui ne roulent que sur la galanterie[130] » ?

« Plus les yeux ont vû, plus la raison voit elle-même[131] » : cette pensée de Fontenelle que rapporte Charles Rollin dans la *Maniere d'enseigner et d'étudier les belles-lettres*, Gamaches y aurait reconnu l'un de ces « tours brillants » roulant sur l'implicite de présupposés empiristes. À ce titre, cette « pensée ingénieuse » doit également s'entendre comme un argument qui plaide en faveur d'une méthode moins spéculative dans la conduite de la pensée. Or, c'est précisément cette méthode nouvelle que vont préférer les « rhétoriques de l'esprit » publiées à la suite des *Agréments*, sans doute dans la mesure où celle-ci s'accorde mieux avec le souci d'une observation minutieuse des faits que les Lumières revendiquent et dont l'ouvrage de Charles Rollin fournit peut-être l'un des meilleurs exemples. Chez lui, les principes ne forment pas un système d'où l'on tire des règles que viennent ensuite illustrer des exemples : c'est, au contraire, à partir d'une étude exacte de chaque cas particulier que sont inférées des réflexions d'une portée plus générale. « Il est aisé [...] de comprendre, précise Rollin, que la rhétorique sans la lecture des bons écrivains, est une science stérile & muette[132] ». Aussi faut-il, en premier lieu, consulter les textes, comme en témoigne ce passage où s'affirme si bien la démarche habituelle de notre rhéteur :

> M. Fléchier avoit commencé l'éloge de M. de Turenne par celui de l'ancienne & illustre Maison de la Tour d'Auvergne [...] Il veut ensuite parler du malheur qu'a eu ce Prince de naitre dans l'hérésie. Pour joindre cette partie avec la précédente, il emploie une figure nommée par les Rhéteurs Correction, qui lui fournit une transition toute naturelle. « Mais que dis-je ? Il ne faut pas l'en louer ici, il faut l'en plaindre[133] ».

La définition et le rôle de cette figure que les rhéteurs nomment « correction » sont induits de son usage et cet usage révèle de surcroît sa fonc-

---

130. Étienne Simon de Gamaches, « Préface », *Les agrémens du langage, op. cit.*
131. Cité par Charles Rollin, « Livre quatriéme. De la rhétorique », *De la maniere d'enseigner et d'étudier les belles-lettres, op. cit.*, t. 1, p. 373.
132. *Ibid.*, p. 336. Sur la méthode de Rollin, voir Barbara Warnick, « Charles Rollin's *Traité* and the Rhetorical Theories of Smith, Campbell and Blair », hiver 1985, vol. 3, n° 1, p. 51 sq.
133. Charles Rollin, *De la maniere d'enseigner et d'étudier les belles-lettres, op. cit.*, p. 414.

tion argumentative, surtout si l'on songe que ce commentaire survient dans le courant d'un chapitre intitulé « Du raisonnement & des preuves[134] ». Du reste, dans cette très courte section qui tient lieu d'*inventio*, il ne s'agit d'envisager ni les lieux communs ni l'enthymème, mais « les expressions, les pensées, les figures » qui « viennent au secours des preuves, & [qui] ne sont employées que pour les faire valoir, & pour les mettre dans un plus grand jour[135] ». Chez Rollin, en somme, l'examen attentif des faits de langue contribue d'abord au triomphe d'une conception de l'élocution et de la figure où celles-ci ont complètement intégré l'*inventio* à leur domaine, et il n'y a pas jusqu'à l'idée d'« ornement » qui ne se réduise ici à « certains tours, certaines manières qui contribuent à rendre le discours [...] plus persuasif[136] ». Dans ce contexte, on ne s'étonnera donc pas que cette rhétorique, dont l'influence devait être si considérable pendant tout le siècle des Lumières[137], ait privilégié les « pensées » et les figures. Sur ce point, Rollin suit de très près, comme il le reconnaît lui-même, les « réflexions du P. Bouhours[138] », si bien que son ouvrage ne se limite souvent qu'à les amplifier et à leur donner davantage de rigueur. À l'occasion de différentes remarques sur les « pensées », on retrouve la même tension que chez son prédécesseur entre manière de bien penser et manière de bien s'exprimer : autrement dit, si « la vérité est la première qualité, & comme le fondement des pensées[139] », il n'en demeure pas moins que cette vérité dépend essentiellement du « tour nouveau qu'on donne aux choses[140] ». Mais avec une justesse d'analyse à laquelle ne pouvait prétendre Bouhours, Rollin parvient à extraire du commentaire des textes les conséquences théoriques qui s'imposent lorsqu'on envisage à quel point « le choix des mots sert à mettre les pensées & les preuves dans leur jour[141] ». Une première observation en ce sens surgit au détour d'une page où semble prévaloir le souci de guider la réflexion pédagogique des

---

134. *Ibid.*, « Du raisonnement & des preuves », § 1, p. 411-421.
135. *Ibid.*, p. 411.
136. *Ibid.*, p. 396.
137. Voir, entre autres, la multitude d'exemples que Diderot reprend à Rollin dans sa *Lettre sur les sourds et muets* (1751), comme le montre Marian Hobson, « Quelques références dans la *Lettre sur les sourds et muets* », 1975, n° 18.
138. *Ibid.*, p. 429.
139. *Id.*
140. *Ibid.*, p. 431.
141. *Ibid.*, p. 449.

maîtres sur la question de la figure, en leur montrant quelle leçon ils doivent tirer de la lecture des textes :

> Il est bien important de faire remarquer aux jeunes gens dans la lecture des auteurs l'usage que la bonne éloquence fait faire des figures, le secours qu'elle en tire, non seulement pour plaire, mais aussi pour persuader & pour toucher[142].

Toucher, plaire, persuader : à lier de la sorte le bon usage des figures à la fonction pragmatique qu'elles assument dans le discours, la réflexion se trouve engagée à penser celles-ci sans s'arrêter aux distinctions habituelles entre argumentation et élocution, « style » et « contenu ». En effet, du moment où la tâche assignée à l'élocution ne consiste plus à relever après coup le « fond d'un raisonnement » par « l'ornement » des figures, mais à faire en sorte que le discours soit à même d'agir sur autrui, toute la conception de la figure prend un tour nouveau. User de figures ne signifie plus surajouter le luxe d'une ornementation baroque à la vérité toute sèche d'une démonstration, mais façonner le discours un peu à la manière d'un peintre ou d'un sculpteur dont le faire implique autant la création que le modelé des figures qu'il forme sur la toile ou dans l'argile. Chez Rollin, ce sera même ce concept englobant de « faire » qui, en associant de très près « savoirs » et « savoir-faire », nourrit sa théorie de la figure et, par là, l'un des aspects centraux de la rhétorique des Lumières. Pareille idée reprend, on s'en doute, des métaphores dont Cicéron et Quintilien avaient déjà fait usage[143]. Mais, chez Rollin, l'amplification à laquelle celles-ci donnent lieu en accroît bien davantage la portée, avec tantôt cette remarque à l'adresse des « jeunes gens » :

> Il faut leur faire admirer, écrit Rollin, comment les mots sont dans la main de l'Orateur comme une cire molle & fléxible, qu'il manie & qu'il tourne comme il veut, & à laquelle il fait prendre toutes le formes qu'il lui plait[144] ;

et tantôt cette comparaison « fort naturelle » destinée à donner « une juste idée » des figures :

---

142. *Ibid.*, p. 468.
143. Voir la métaphore de la « cire » chez Cicéron (*De l'orateur*, L. III, 177 et l'*Orateur*, IX) et celle de la statue, chez Quintilien (*Institution oratoire*, L. II, 14).
144. Charles Rollin, *De la maniere d'enseigner et d'étudier les belles-lettres, op. cit.*, p. 459.

Une statue [...] toute unie & toute d'une piéce depuis le haut jusqu'en bas [...] paroîtroit immobile & comme morte. Ce sont les différentes attitudes des piés, des mains, du visage, de la tête, qui variées en une infinité de maniéres selon la diversité des sujets, communiquent aux ouvrages de l'art une espéce d'action & de mouvement, & leur donnent comme une ame & une vie[145].

Avec ces métaphores où le discours apparaît telle une cire que l'on modèle ou encore telle une statue que l'on façonne, la théorie de la figure s'appuie dorénavant sur un concept globalisant de faire où la forme et la vie, l'âme et la manière sont liées. La conception de l'élocution échappe alors à un formalisme stérile et, sous l'action de métaphores plastiques, prolonge cette signification ancienne de la *figura* où forme et idée sont indissociables. De la sorte, l'étude du discours dispose d'une théorie susceptible d'articuler le sensible et le sens, et cela importe d'autant plus que c'est en son nom que Rollin réussit à fonder les ambitions d'une rhétorique pour laquelle « la vérité des pensées » dépend essentiellement du « tour nouveau qu'on donne aux choses[146] ».

On mesurera toute l'influence dont jouit, au XVIIIe siècle, une telle conception de l'éloquence en songeant aux embarras qu'éprouvent ses adversaires. Souvent issus de l'École et fidèles au souvenir d'Aristote, ces détracteurs veulent croire, comme le remarque l'abbé Goujet à propos de Balthazar Gibert, que « tous les changemens [...] qu'on dit être arrivés dans l'éloquence, sont accidentels[147] ». Ancien Recteur de l'Université, ce même Gibert est l'un des meilleurs représentants d'un tel conservatisme, ne serait-ce qu'en raison de la polémique qui va l'opposer à Rollin, auquel il reproche une conception de l'éloquence dont les témérités ont pour première conséquence de « remplir l'esprit des enfans de passages de Seneque, & de le leur recommander[148] ». Derrière la franche hostilité de cette remarque, s'affirme surtout une vision traditionnelle de l'élocution, cette « Partie la moins nécessaire de la Rhétorique » et dont il importe de se méfier « de peur qu'on ne donne dans le défaut de ceux [qui] [...] assujétissent leurs pensées aux figures[149] ». La même attitude conservatrice semble encore présider à un ouvrage qu'il fait paraître en 1730 sous le titre de *Rhétorique ou les regles de*

---

145. *Ibid.*, p. 468.
146. *Ibid.*, p. 431.
147. Abbé Claude-Pierre Goujet, *Bibliothèque françoise, op. cit.*, t. 1, p. 358.
148. Balthazar Gibert, *Observations adressées à Mr Rollin, ancien recteur et professeur royal. Sur son Traité de la maniere d'enseigner & d'étudier les belles-lettres*, 1727, p. 289.
149. Balthazar Gibert, « Préface », *Jugemens des savans, op. cit.*, t. 2, p. 397 et p. 48.

l'éloquence. Gibert n'hésite pas à y déclarer qu'il entend « opposer quelques nouveaux obstacles aux progrès surprenans que nous voyions faire à l'erreur[150] » et soustraire ainsi son travail à l'emprise de ces rhétoriques où il ne s'agit que « de soûtenir quelques conversations, ou d'écrire quelquefois des Lettres, ou de produire quelques pensées & quelques expressions ingénieuses[151] ». Malgré un pareil désaveu des rhétoriques de l'esprit, l'auteur mettra pourtant en valeur les aspects les plus « ingénieux » des théories de l'éloquence qui lui sont contemporaines. Les principes orthodoxes de Gibert doivent même côtoyer et souffrir les développements précis que son ouvrage consacre aux « expressions ingénieuses », ces expressions que certains « nomment *Pensées enthymématiques* [...] d'autres [...] *Synacoluthes*, à cause que la Conclusion y marche avec le Principe, le suit d'un pas égal, & se présente en même temps[152] ». Si l'on ajoute que « *les Expressions ou les Pensées ingénieuses* [...] ne sont après tout, que les *Métaphores*, les *Energies*, les *Antithéses*, les *Hyperboles*[153] », on conçoit qu'à l'efficacité de ces raisonnements tronqués répond le recours aux figures du discours. Annoncée dans la préface de l'ouvrage comme formant « la moindre partie de l'Art[154] », la question des figures se retrouve maintenant au centre de la réflexion sur l'argumentation et ce d'autant plus que celles-ci « donnent plus à concevoir qu'elles ne disent[155] » et forment même, dans le cas de la métaphore, une sorte de « quasi-proposition ». En effet,

> dans l'usage de la Métaphore, notre esprit passe rapidement du sujet dont on lui parle, à l'objet d'où l'on tire la Métaphore, & revient aussi rapidement de cet objet qui la fournit, au sujet dont on lui parle, & saisit le rapport qu'il y a de l'un à l'autre, auquel jusques-là il n'avoit point pensé[156].

Bref, la métaphore « multiplie la signification des termes[157] » à raison des rapports qu'elle exprime entre eux. De ce point de vue, elle suppose un « vol rapide dont l'esprit seul est capable[158] » et

---

150. Balthazar Gibert, *La rhétorique ou les regles de l'éloquence*, 1730, p. 7.
151. *Ibid.*, p. 24.
152. *Ibid.*, p. 63.
153. *Ibid.*, p. 559.
154. *Ibid.*, p. 14.
155. *Ibid.*, p. 317.
156. *Ibid.*, p. 443-444.
157. *Ibid.*, p. 474.
158. *Ibid.*, p. 444.

le Discours aura d'autant plus de force, qu'on y fera entrer un plus grand nombre de ces manieres de le fortifier. Et il est bon de savoir que ces manieres entrainent avec elles la plus grande partie des figures dont on fait un si grand mystere[159].

Avec ces manières qui entraînent « avec elles la plus grande partie des figures », nous parvenons au terme d'un raisonnement où finissent par se heurter tous les principes de Gibert, car ce sont maintenant les figures qui éclairent la fabrique du discours en se tissant aux techniques argumentatives et à un sens de l'intelligence stratégique qui définissent l'éloquence elle-même.

Dépourvu de cette sagacité qui, chez Gibert, perce sous la tradition de l'École, l'*Abrégé de l'éloquence* de Jacques Hardion offre, avec toute la prudence dont un manuel est capable, un autre exemple de conservatisme. Toutefois, ce n'est pas la prétention à endiguer les erreurs nouvelles qui justifie l'attitude de l'auteur : ici, on entend simplement « recueillir les préceptes ordinaires » de la rhétorique, dans la mesure où on ne saurait adopter « ceux qu'une nouvelle Métaphysique a introduits depuis quelque tems [...] que lorsqu'ils auront été en quelque sorte consacrés par des écrits[160] ». Le rapport entre « éloquence nouvelle » et « nouvelle Métaphysique » qu'évoque Hardion ne doit pas surprendre. Même sur leur versant le plus mondain, les rhétoriques soucieuses de penser les questions relatives à l'esprit et aux figures de l'esprit en viennent insensiblement, au fur et à mesure que le siècle avance, à soutenir leur réflexion de considérations à la fois épistémologiques et psychologiques. Le meilleur exemple qu'on puisse en donner demeure sans doute l'*Apologie de la frivolité* de Boudier de Villemert, ouvrage qui paraît un an avant le manuel de Hardion. Il s'agit d'une courte lettre adressée « à un Anglois » où l'auteur affirme qu' « en convenant [...] de bonne foi des bornes de l'esprit humain », il devient par conséquent « plus sage de se contenter de connoître les surfaces des objets qui sont seules perceptibles, que d'essayer inutilement d'en sonder les profondeurs[161] ». Autrement dit, que puis-je espérer savoir ? À cette question, la sagesse enjoint de se rappeler que les seuls objets à la connaissance desquels l'esprit humain puisse prétendre doivent

---

159. *Ibid.*, p. 553.
160. Jacques Hardion, *Nouvelle histoire poëtique, et deux traités abregés, l'un de la poësie, l'autre de l'éloquence*, 1751, vol. I, p. viii.
161. Pierre-Joseph Boudier de Villemert, *Apologie de la frivolité. Lettre à un Anglois*, 1750, p. 5.

être d'abord l'objet d'une perception. En revanche, lorsque l'on disserte sur la nature de l'Être et sur les premiers principes des choses sans consulter l'expérience et le témoignage des sens, le prétendu savoir auquel on parvient et dont se targue la spéculation métaphysique ne porte, en définitive, sur rien. Cette remarque n'est pas sans rappeler celle sur laquelle s'ouvre l'introduction de l'*Essai sur l'origine des connaissances humaines* (1749) de l'abbé de Condillac, alors que ce dernier y distingue deux métaphysiques, l'une qui

> veut percer tous les mystères ; la nature, l'essence des êtres, les causes les plus cachées [...] l'autre, plus retenue, [qui] proportionne ses recherches à la foiblesse de l'esprit humain[162].

Cette seconde métaphysique ne saurait être qu'expérimentale, dans la mesure où proportionner « ses recherches à la faiblesse de l'esprit humain » invite à fonder la théorie de la connaissance sur la seule évidence dont on dispose : celle de l'expérience sensible des choses. Mais s'il s'agit là du principe premier d'un sensualisme dont la vogue va bientôt renverser jusqu'à l'ascendant du cartésianisme, il faut surtout observer que cette même philosophie sensualiste qui, on l'a vu, est si étroitement liée à l'invention du roman libertin, sera encore appelée à se doubler d'une rhétorique[163]. Chacune de nos perceptions offre à l'esprit un premier matériau, mais on ne saurait rendre compte de la complexité de la pensée et des concepts dont elle use, si l'on ne prend garde aux modifications secondaires que subissent ces données simples dès lors que l'esprit les combine entre elles : « les Enfans, lit-on dans un roman libertin, acquierent leurs connoissances & leurs idées [...] par leurs Sens », et « combinent enfin eux-mêmes ce qu'ils ont entrevû[164] ». En retour, on peut tout aussi bien envisager de décomposer nos idées les plus complexes en les réduisant chacune à la combinaison d'une multitude de perceptions simples et déduire de la sorte une généalogie de nos idées où la production du général et de l'abstrait survient au terme d'un processus com-

---

162. Étienne Bonnot, abbé de Condillac, *Essai sur l'origine des connoissances humaines*, dans *Œuvres philosophiques de Condillac*, 1947 [1746], vol. I, p. 3.

163. Cette conséquence, ni Boudier de Villemert, ni Condillac ne sont seuls à la tirer : c'est même un sentiment assez général. Voir, entre autres, Toussaint Rémond de Saint Mard, qui commence son *Discours sur la nature du dialogue* (*op. cit.*, p. 5) en rappelant que « les principes des choses que cette science [la métaphysique] considere nous sont entierement inconnus [...] On n'est pas encore tout-à-fait revenu de cette espece de manie qui va à découvrir la Nature des premiers Etres [...] ».

164. André François Boureau-Deslandes, *Pigmalion, op. cit.*, p. 48-49.

binatoire. Dans ce contexte, le concept le plus essentiel de la « métaphysique expérimentale » que propose le sensualisme devient celui de *combinaison* et de *liaison*[165]. Toute forme d'invention verbale et tout l'art de raisonner s'y réduisent et, pour comprendre le parti que la pensée rhétorique du XVIIIe siècle va tirer de ce principe de la liaison des idées, ajoutons encore une dernière remarque. Dans sa *Lettre sur les sourds et muets*, Diderot avait observé que « la sensation n'a point dans l'âme [le] développement successif du discours », de sorte que si « elle pouvait commander à vingt bouches, chaque bouche disant son mot, toutes les idées [...] seraient rendues à la fois[166] ». Or, si la multitude des sensations et des idées se combine en nous en un instant, il devient aisé d'en conclure qu'à la prestesse de ces opérations que la philosophie retrace, répond l'ambition même de toute « rhétorique de l'esprit » : travailler à rendre l'élocution vive et serrée en s'aidant d'une théorie de la figure. Dès lors, « l'histoire naturelle de l'âme[167] » dont la philosophie sensualiste prétend faire le tableau va fournir les bases épistémologiques et psychologiques sur lesquelles les rhétoriques de l'esprit chercheront à comprendre la vivacité de diction que les figures de l'éloquence ménagent dans le discours. Les figures, on l'a vu, avaient sans cesse été définies comme des raisonnements abrégés et tronqués, et c'est encore à ce titre qu'elles réussiront à rendre cette simultanéité des sensations et des idées qui se pressent dans l'âme, processus dont l'existence même légitime, en retour, leur apparente frivolité. Bref, c'est sous ce jour qu'il convient de lire l'*Apologie de la frivolité*, où l'auteur oppose au lourd appareil discursif de tous « les sombres Partisans du syllogisme[168] », l'entrain d'un « esprit » dont les productions représentent les véritables mouvements de la « nature » :

> Pour sentir combien l'on a gagné à faire succéder au joug tyrannique du raisonnement, la douce loi du sentiment, il suffit de les comparer. Le premier nous

---

165. À cet égard, le sensualisme français ne fait que prolonger l'empirisme anglais, comme le montre la définition que John Locke donne de la connaissance, qui « n'est autre chose que la perception de la liaison & de la convenance, ou de l'opposition & de la disconvenance qui se trouve entre deux de nos idées » ; John Locke, *Essai philosophique concernant l'entendement humain*, 1972 [1690, 1700], L. IV, ch. 1, § 1, p. 427. Sur cette question de la « liaison des idées », voir également Jacques Derrida, *L'archéologie du frivole. Lire Condillac*, 1976, et, en particulier, p. 23 sq. et p. 64 sq.

166. Denis Diderot, *Lettre sur les sourds et muets*, op. cit., p. 120.

167. Cette expression, on le sait, est fort en vogue à partir des années 1740 dans les milieux sensualistes et matérialistes : voir, entre autres, l'ouvrage de Julien Offray de La Mettrie qui paraît sous le titre, précisément, d'*Histoire naturelle de l'âme* en 1745.

168. Pierre-Joseph Boudier de Villemert, *Apologie de la frivolité*, op. cit., p. 14.

menoit le plus souvent au faux par un long & pénible enchaînement de conséquences [...] l'autre, au contraire, est un acte vif de l'esprit, qui, nous faisant saisir sans travail, les rapports qu'ont les objets entr'eux, nous conduit sûrement et promptement au vrai[169].

« Faire saisir les rapports que les objets ont entre eux » : voilà le ressort des « productions brillantes » de l'esprit et, si celles-ci conduisent « au vrai », c'est dans la mesure où elles parviennent à rendre les mouvements rapides de la sensation et du sentiment. Ici, tout acte vif de l'esprit imite l'intensité de notre rapport vécu au monde et c'est pourquoi on traiterait en vain « ces agréables mensonges de bagatelles, l'impression faite sur moi est véritable[170] ». En somme, vérité du tour et vérité de l'impression vont de pair et, une fois cette idée admise, « toute la Métaphysique doit le céder, non-seulement à une Comédie qui nous corrige en nous amusant, mais encore à un joli Roman, à une Allégorie fine, à une Épigramme même[171] ». Les rôles sont intervertis : le roman prend la métaphysique en pitié, car comment traiter « de frivole un tour heureux, qui, mettant une vérité dans le point de vue le plus frappant, est une source toujours nouvelle d'instruction et de plaisir[172] ? »

Les rhétoriques de l'esprit ont donc inventé une théorie de la pensée ingénieuse, elle-même assimilée à un argument figuré qui forme à son tour l'unité minimale du discours persuasif. Les figures de l'esprit favorisent non seulement l'abrègement argumentatif, mais elles sont encore appelées à ajuster leurs traits sur l'exactitude d'un savoir. Enfin, si l'on distingue les « sciences » des « belles-lettres », leur appartenance commune à la République des Lettres est chose entendue et, comme le rappelle Louis-Bertrand Castel dans un article paru dans le *Journal de Trévoux*, toute leur différence se réduit à « différens points de vüe ». Alors que « le Poëte enveloppe dans une pensée, & souvent dans un mot, le raisonnement du Philosophe », le Philosophe, quant à lui, « dans un raisonnement étendu développe la pensée, le mot du Poëte[173] ». Seuls « cet enveloppement & ce développement » caractérisent « les deux genres, rélativement l'un à l'autre[174] », car

---

169. *Ibid.*, p. 11.
170. *Ibid.*, p. 14.
171. *Ibid.*, p. 15.
172. *Ibid.*, p. 16.
173. Louis-Bertrand Castel, « Reflexions sur la nature & la source du sublime dans le discours, sur le vrai philosophique du discours poëtique, & sur l'analogie qui est la clef des découvertes », *Journal de Trévoux ou Mémoires pour servir à l'histoire des sciences et des arts*, Trévoux, oct. 1733, art. 77, p. 1748.
174. *Ibid.*, p. 1748-1749.

ce qu'on appelle chés les Poëtes ou chés les Orateurs, métaphores, comparaisons, allégorie, figure, un Philosophe, un Géométre non hérissé l'appelle analogie, proportion, rapport. Toutes nos découvertes, toutes nos vérités scientifiques ne sont que des vérités de rapport. Et par là souvent le sens figuré dégénere en sens propre, & la figure en réalité[175].

Des figures tissant des rapports de proportion et un sens figuré qui, fondé sur l'exactitude de ces rapports, « dégénere en sens propre » : on reconnaît là la leçon que comportent ces rhétoriques destinées à former la prose libertine et pour lesquelles c'est « à la pointe de l'esprit[176] » que le savoir présente le visage riant de la séduction.

---

175. *Ibid.*, p. 1760.
176. *Ibid.*, p.1759.

TROISIÈME PARTIE

LIBERTINAGE ET FIGURES DU SAVOIR

Un vrai sage sçait allier le sçavoir & la volupté.
Fanfiche ou Mémoires de Mademoiselle de ***, 1748.

Pigmalion, ou la statue animée d'André François Boureau-Deslandes s'ouvre sur une dédicace à « Madame la Comtesse de G. », texte important qui pourrait servir d'introduction à tous les romans libertins :

> *Voici, MADAME, cette Histoire de Pigmalion que vous avez [...] tant d'impatience de lire. Je souhaite de tout mon cœur que vous ne soyez point blessée de quelques traits un peu trop vifs dont elle est parsemée. Ces traits sont excusables dans un sujet aussi bizare & aussi philosophique (l'un n'est point contraire à l'autre) que celui que je vous présente. En effet, MADAME, quel mélange d'objets inespérés & frappans ! Un homme amoureux de son ouvrage : une Statue vivante & animée : de la Matiere qui passe par plusieurs essais, qui reçoit différentes modifications, qui se meut, qui a des sentimens : une Divinité puissante qui lui accorde jusqu'à la faculté de penser, & de raisonner !*
> *Tout cela me direz-vous, est bien capable de révolter l'imagination la plus aguerrie. Mais, MADAME, mettons un peu les préjugez à part, & raisonnons ensemble. Qu'est-ce que la Matiere ? En quoi consiste son essence ? Avouons-le de bonne foi : nous n'en sçavons rien. [...] Il est vrai, que nous connoissons quelques propriétés de la Matiere ; mais ces propriétés sont-elles les seules qui lui appartiennent ? N'y en a-t-il point d'autres, & même d'un rang supérieur ?*
> *[...] Qu'est-ce donc qui lui est essentiel ? [...] le peu qui nous est connu [...] n'exclud point la Pensée. Le gros des Théologiens & des Philosophes se récriera contre cette décision, toute modeste qu'elle est ; mais laissons-les s'occuper de vaines Chimêres, laissons-les prendre leurs Syllogismes pour des Oracles, & leurs idées superstieuses [sic] pour la Religion.*
> *En finissant, MADAME, je vous demande une grace, c'est de ne montrer cette bagatelle qu'à peu de personnes. Il y a un certain ton qui fait passer la vérité ; mais ce ton n'est pas entendu de tout le monde, & même il ne doit pas l'être.* Piscis hic non est omnium[1].

Un « sujet bizare & philosophique » s'inscrivant dans un récit rempli de « traits un peu trop vifs » ; l'histoire d'un « homme amoureux de son ouvrage » qui s'allie à une enquête sur les « propriétés de la Matiere » ; un roman où l'on doit mettre les « préjugez à part » et ces théologiens que l'on entend déjà se récrier : c'est bien là ce que promet la lecture d'une « bagatelle » libertine. Mais en adoptant un « certain ton » qui sait faire « passer la vérité », de semblables

---

1. André François Boureau-Deslandes, « À Madame la Comtesse de G. », *Pigmalion, ou la statue animée*, 1741.

bagatelles doivent aussi se prémunir contre la censure : *Piscis hic non est omnium*, « toute vérité n'est pas bonne à dire », conclut la sentence latine.

C'est pourquoi cette littérature est une invitation à explorer ce que d'aucuns ont appelé « les voies obliques de la propagande philosophique[2] ». Porté par une culture savante, le libertinage romanesque cultive en même temps la licence des mœurs, sans toutefois ressembler aux productions « de nos Peres, qui se servoient sans scrupule, & je crois sans crime, de certains termes que notre délicatesse reprouve[3] ». À la différence de cette *Histoire de Mademoiselle Cronel dite Fretillon* où figure cette remarque et de toute une multitude de simples gauloiseries, depuis la *Vie de Mademoiselle Carville* jusqu'aux nombreuses facéties du comte de Caylus écrites en style poissard[4], le roman libertin suppose « un certain ton » : celui que lui confère une élocution savante qui, précisément, « fait passer la vérité ». Aussi l'étude de la prose libertine invitait-elle à se questionner sur un art de dire qui, en fédérant tous les savoirs de la République des Lettres au profit du bonheur de l'expression, donne à la représentation des désirs une force d'enchantement suffisante pour rompre en visière avec les préjugés communs. Comme le rappelle le père Castel dans un article où il magnifie la dimension sensible de l'intelligence et de la parole, « une vérité toute découverte, lorsqu'elle est neuve, blesse la vûë », de sorte qu'il vaut mieux ne proposer un nouveau « système que sous l'enveloppe de la Poësie & de la fiction[5] ». Surtout, il n'était guère possible de comprendre l'alliance qui se noue entre un *ars dicendi* hérité des Anciens et divers romans qui en appellent aux Lumières, sans mettre en évidence un modèle oratoire où la figure est conçue comme un trait argumentatif façonné par un savoir implicite et par une volonté de séduire. De ce point de vue, la savante éloquence du roman libertin met en jeu une écriture où se pressent des « figures du savoir », notion dont la possibilité même bouscule une conception traditionnelle de la figure comme écart. Raisonnement

---

2. Roland Mortier, « Les voies obliques de la propagande philosophique », *Le Cœur et la Raison*, 1990.

3. Anonyme, *Histoire de Mademoiselle Cronel dite Fretillon*, 1740, p. 8-9 ; l'ouvrage est attribué au comte de Caylus.

4. Voir, par exemple, du comte de Caylus, *Histoire de Guillaume, cocher*, 1730, dans *Facéties du comte de Caylus*, 1993, p. 1-70. Quant à *La vie de Mademoiselle Carville, actrice de l'opéra de Paris*, 1745, l'ouvrage serait du marquis d'Argens.

5. Louis-Bertrand Castel, « Reflexions sur la nature & la source du sublime dans le discours, sur le vrai philosophique du discours poëtique, & sur l'analogie qui est la clef des découvertes », *Journal de Trévoux ou Mémoires pour servir à l'histoire des sciences et des arts*, Trévoux, oct. 1733, art. 77, p. 1758.

abrégé, pensée ingénieuse, argument tronqué : voilà ce qui définit ce concept pragmatique de figure, assimilable à une sorte d' « argument figuré » qui est à la fois unité minimale du discours persuasif et tour séducteur nourri par la plénitude d'un savoir.

Parvenu à ce point, on peut sans doute espérer décrire avec une plus grande précision la prose libertine de manière à y discerner les savoirs que celle-ci met en œuvre : c'est là, du moins, ce que proposent les pages qui suivent. Les analyses d'une vingtaine de romans libertins y sont regroupées en quatre sections distinctes portant tour à tour sur les rapports entre roman libertin, d'une part, sciences de la nature, psychologie, esthétique et politique, d'autre part. Au fil de la lecture, peut-être pourra-t-on se persuader, comme le suggérait Claude Reichler, que « les textes littéraires ne sont pas simplement objets de connaissance ou champ de vérification pour des catégories générales », mais qu'ils sont surtout « les *sujets* d'un savoir[6] ». De fait, une telle perspective s'impose ici avec d'autant plus de nécessité que le libertinage renvoie à un moment précis de l'histoire de la République des Lettres, alors que le roman, sensible à l'intensité affective et sensuelle de l'expérience vécue, entend déployer le pouvoir de son éloquence en transformant les sensations en idées et les idées en « tableaux ». Que l'on relise, par exemple, *Aihcrappih*, petite pièce libertine au demeurant assez commune. Son héroïne évoque d'abord « la joüissance d'un plaisir si doux » et si capable de lui faire « connoître combien il nous est nécessaire, & combien il est difficile de s'en priver ». D'un même mouvement, sa réflexion s'élève ensuite jusqu'à une première pensée destinée à railler ces « Sages continuellement occupés à décrier la volupté & ses douceurs », mais qui « s'y livrent entiérement en secret ». « Un esprit qui sait penser sainement de toutes choses », poursuit-elle enfin, doit plutôt « prendre assez sur lui-même pour se mettre au-dessus des faux jugemens du Public » et, par conséquent, ne pas hésiter à rendre témoin de ses plaisirs la foule elle-même :

> Quoi! de plus noble, & de plus charmant en effet, qu'une action qui nous immortalise [...] L'homme meurt en public, & dans ces momens critiques, il se donne en spectacle. [...] Et quelles loüanges, ne méritai-je pas, pour avoir triomphé des préjugés de tout un Peuple spectateur, envieux de ma fermeté ?

---

6. Claude Reichler, *L'âge libertin*, 1987, p. 10.

Puis, à l'intention de son compagnon, un philosophe de l'École cynique moins aventureux qu'elle ne l'est elle-même, Aihcrappih conclut toute sa harangue en ces termes :

> Jamais tu ne me persuaderas que la destruction d'un Etre ait quelque chose de plus noble que sa production ; je te quitte ; donne à l'Univers étonné, le spectacle frapant d'un esprit, qui ne sait pas se soutenir lui même[7].

Lorsqu'on prend la peine d'entrer dans le détail des raisons d'Aihcrappih, depuis ses premières impressions de plaisir jusqu'au souvenir érudit de Montaigne, on voit à quel point le libertinage s'offre volontiers, pour reprendre la définition qu'en donne Patrick Wald Lasowski, comme le « tableau d'une exhibition continue[8] ». Mais s'il est vrai que ce « tableau d'une exposition continue » manifeste, depuis la mort de Louis XIV, une dégradation des formes symboliques et un allégement sémantique jetant tout le siècle dans « cette absolue confusion que le délire de la volupté engendre[9] », il reste que le roman libertin participe également d'une entreprise où l'expérience de la jouissance suppose plaisir de savoir et savoir sur le plaisir. En cessant de paraître sous les dehors d'une sagesse ascétique et désincarnée, ce savoir prend la figure d'une enquête mettant indistinctement à contribution libertinage de mœurs et libertinage d'esprit. C'est ce que montre le rôle que jouent Aihcrappih et, de façon plus générale, la fonction qu'assument l'éloquence féminine et la sexualisation du dialogue philosophique dans le roman libertin. On a déjà vu la place prééminente que réserve la rhétorique des Lumières à cette éloquence féminine, à la fois « ingénieuse » et si heureusement étrangère à « la poussière des écoles ». On a vu aussi à quelle fonction la destine ce tour particulier qu'elle donne au discours et qui relève, selon l'expression de Gabriel-Henri Gaillard, de cette « espèce de Rhétorique-Pratique » dont se prévalent la critique et la vivacité d'une conversation rebelle à tout « esprit de système[10] ». À ce prestige dont jouit l'éloquence des femmes s'ajoute par surcroît celui d'une « sensibilité » susceptible, comme le remarquait Michel Delon, de « procurer à la femme une originalité positive

---

7. Pierre François Godart de Beauchamps, *Aihcrappih*, 1748, p. 35-45 ; sur l'argument qu'évoque Aihcrappih, voir Montaigne, *Essais*, L. III, ch. 5.
8. Patrick Wald Lasowski, *Libertines*, 1980, p. 156.
9. *Ibid.*, p. 55.
10. Gabriel Henri Gaillard, « Préface », *Essai de rhétorique françoise*, 1746.

dès lors qu'on change de contexte philosophique et qu'on substitue aux systèmes anciens et au rationalisme cartésien le sensualisme lockien[11] ». En introduisant dans l'ordre de la connaissance la question de la sensation, des sentiments du corps et du désir, les personnages féminins du roman libertin soumettent le savoir à l'expérience sensible, et c'est là ce qu'enseignent, comme on va le voir, Aihcrappih et Thérèse, Mirzoza et Margot, la fée Lumineuse et Fanny, bref, toute cette compagnie brillante et libertine dissertant dans un cabinet d'étude ou dans une petite maison, à l'opéra ou dans un boudoir, à l'église ou à la cour.

---

11. Michel Delon, « La marquise et le philosophe », 1981, vol. LIV n° 182, p. 75.

I

Nature et sciences de la nature dans le roman libertin

Dans un passage resté célèbre de son troisième livre du traité *De l'orateur*, Cicéron affirme que la nature a voulu que les choses les plus utiles soient en même temps celles qui ont le plus de grâce. Regardez les arbres, poursuit-il : tronc, branches, scions et feuilles, tout y est utile, rien n'y est sans grâce[1]. À plusieurs siècles d'intervalle, Fougeret de Monbron traduit et adapte *Fanny Hill*, ouvrage libertin que l'on doit au romancier anglais John Cleland. Devenu en français la *Fille de joye*, ce roman, écrit son traducteur en 1751, est « quintessencié de l'anglois », et cette expression heureuse annonce une écriture qui va s'inventer à partir de réminiscences érudites. En effet, ces branches et ces scions que Cicéron évoquait pour illustrer l'idée qu'il se faisait de la nature vont donner lieu à la reprise libertine de ce motif, alors que Fanny, la narratrice encore jeune et innocente de ce roman, raconte dans quelles circonstances l'une de ses compagnes mieux instruite en vint à porter la main sur cet « agréable réduit des plus délicieuses sensations » :

> Ses doigts, précise Fanny, jouaient et tâchaient d'allonger les tendres scions de cette charmante mousse que la Nature a fait croître autant pour l'ornement que pour l'utilité[2].

---

1. Cicéron, *De l'orateur*, op. cit., L. III, XLV et XLVI, 178 et 179, p. 72-73. Le passage se lit comme suit : « *Sed ut in plerisque rebus incredibiliter hoc natura est ipsa fabricata, sic in oratione, ut ea, quae maximam utilitatem in se continerent, plurimum eadem haberent uel dignitatis uel saepe etiam uenustatis* [...] *Quid in eis arboribus ? in quibus non truncus, non rami, non folia sunt denique nisi ad suam retinendam conseruandamque naturam ; nusquam tamen est ulla pars nisi uenusta* » (« Mais il en est du discours comme de presque toutes les choses ; la nature, d'elle-même, par un phénomène merveilleux, a voulu que les choses les plus utiles offrissent en même temps le plus de majesté ou souvent même de grâce [...] Et les arbres ? Tronc, branches, feuilles ne servent en définitive qu'à y conserver et entretenir la vie ; cependant il ne se trouve aucun élément qui n'ait sa grâce »).
2. Jean-Louis Fougeret de Monbron, *Fanny Hill, la fille de joie. Récit quintessencié de l'anglais par Fougeret de Monbron*, 1993 [1751], p. 18.

Dans cette description, la représentation du corps emprunte les détours d'une éloquence qu'inspire une conception savante de la nature. Coquette, la nature se plaît à prodiguer les grâces et les ornements : sous cette figure, elle offre les mêmes traits que lui prêtait jadis Cicéron, si bien que tout le passage illustre une conception de la nature que l'on pourrait qualifier d'oratoire et qui est encore largement reçue au XVIIIe siècle. « C'est une femme », déclare par exemple Diderot à propos de la nature, et cette femme « aime à se travestir[3] ». De même lit-on, dans les *Lauriers ecclésiastiques, ou Campagnes de l'abbé de T**** du chevalier de La Morlière, que le cours capricieux conduisant à une « bonne fortune » tient précisément à « ce fond de frivolité qui est dans la nature[4] ». Dans la *Fille de joye*, les références à la nature ne se réduisent pourtant pas à émailler une représentation du corps qui ne prêterait à celui-ci que la beauté un peu frivole de ces « charmantes mousses » ou de ces « tendres scions ». Voici, par exemple, la première réflexion de Fanny sur laquelle s'ouvre le roman : « Tu veux, écrit-elle à sa correspondante, [...] que je retrace à tes yeux les égarements de ma première jeunesse [...] La vérité guidera ma plume [...] : je peindrai les choses d'après nature, sans craindre de violer les lois de la décence[5] ». La suite du texte confirme cette ambition initiale et se résume en conséquence à une suite d'aventures licencieuses attentives à « peindre », suivant l'expression de Fanny, le corps de chaque personnage se livrant à ses désirs. Seulement, la description du corps et la représentation de ses mouvements « d'après nature » supposent le concours d'une prose éloquente, laquelle s'invente à son tour à partir d'un savoir portant sur l'idée même de nature. Ce savoir, on le verra, se rattache, d'une part, à un naturalisme vitaliste qui, hérité des Anciens et des libertins érudits du XVIIe siècle, suppose à la nature force et fécondité. D'autre part, la mise en scène du corps libertin ne consiste pas à simplement piller d'anciens motifs naturalistes, mais aussi à exploiter les conceptions mécanistes dont se réclament les sciences physiques et naturelles au moment où paraît la *Fille de joye*.

Les corps libertins que Fanny se propose de peindre se présentent d'abord sous une figure où s'exprime sans cesse un naturalisme qui doit beaucoup à une certaine idée de la nature qu'avaient cultivée les Anciens.

---

3. Denis Diderot, *De l'interprétation de la nature*, dans *Œuvres complètes*, 1981 [1753], t. 9, XII, p. 38.

4. Jacques de La Rochette, dit le chevalier de La Morlière, *Les lauriers ecclésiastiques, ou Campagnes de l'abbé de T****, 1748, p. 21.

5. Jean-Louis Fougeret de Monbron, *Fanny Hill, la fille de joie*, op. cit., p. 9.

L'opinion suivant laquelle la nature se définit en tant que principe actif et puissance primordiale repose, on le sait, sur les conceptions les plus anciennes : celles, bien sûr, des philosophes présocratiques de l'école ionienne dont le principal objet fut, précisément, la question de la *phúsis*, mais aussi sur celles des épicuriens et, en particulier, de Lucrèce[6]. Reprises aux Anciens par les philosophes de la Renaissance, de telles conceptions accréditèrent l'idée d'un principe vital inhérent à une *natura naturans*, c'est-à-dire à une « nature naturante » variant et renouvelant sans cesse ses productions. Sous cette forme, ce naturalisme devait encore trouver au siècle des Lumières « des prolongements vivaces » qui perpétuent « au temps des Fontenelle et des Bernouilli la mentalité de Cardan ou de Bruno[7] », comme l'a déjà souligné à juste titre Jean Ehrard dans l'ouvrage qu'il a consacré à l'*Idée de nature en France dans la première moitié du XVIIIe siècle*. Pour s'aviser de cette persistance, on n'aurait qu'à songer à la brillante fortune du *De natura rerum* de Lucrèce dans la libre pensée de l'âge classique, depuis les libertins érudits du XVIIe siècle s'inscrivant dans la mouvance de Gassendi jusqu'à cet ouvrage que Diderot fait paraître en 1753 avec comme titre *De l'interprétation de la nature*.

Outre le célèbre prologue du traité de Lucrèce où celui-ci évoque la « volupté » que prodigue aux hommes et aux dieux la « Vénus Nourricière », il faudrait également citer, pour illustrer ces remarques liminaires, la description de l'un de ces spectacles où se déploie la force primitive de la nature, alors que Lucrèce cherche à rendre l'éveil des désirs que suscite Vénus :

> Au détroit fougueux de la vie, dès que s'épanche en nous
> la semence première, le jour de sa maturation,
> de l'extérieur confluent les images de divers corps,
> promesses d'un beau visage et d'un teint éclatant,
> qui excitent les régions gonflées par la semence [...]
> Ainsi de l'homme atteint par les traits de Vénus
> que lui lance le garçon aux membres féminins

---

[6]. Sur cette question, voir, entre autres, la préface de Jean-Paul Dumont à son édition des *Présocratiques*, 1988, p. xiii. Sur la fortune de cette conception dans la philosophie latine, voir également l'introduction de José Kany-Turpin à son édition de Lucrèce, *De la nature. De rerum natura*, 1993, p. 25 sq.

[7]. Jean Ehrard, *L'idée de nature en France dans la première moitié du XVIIIe siècle*, 1994 [1963], p. 50 ; voir, en particulier, les sections intitulées « Sainte et Admirable Nature... ! » et « *Idolum Naturæ*... ! », ch. 1, § 3 et § 4, p. 45-59. Sur cette question, voir aussi Michel Foucault, « La prose du monde », *Les mots et les choses*, 1986 [1966], p. 32-59.

ou la femme dont tout le corps darde l'amour :
il tend vers qui le frappe et brûle de l'étreindre,
de jeter la liqueur de son corps dans le sien,
car son désir muet lui prédit le plaisir. [...]
Tels les amants, jouets des images de Vénus [...]
Cupides, leurs corps se fichent, ils joignent leurs salives, [...]
Enfin jaillit le désir concentré en leurs nerfs,
leur violente ardeur s'apaise un court instant,
puis un nouvel accès de rage et de fureur les prend [...]
Jamais les oiseaux, les fauves, les bestiaux petits ou gros,
les juments ne pourraient se soumettre aux mâles
si leur nature, brûlant, débordant, n'entrait en rut
et ne jouissait du plaisir donné aux assaillants[8].

Au « détroit fougueux de la vie », la nature se déclare, le désir jaillit et des corps gonflés de semence, « jouets des images de Vénus », sont gagnés par la violence, la rage et la fureur de leurs transports, tels ces fauves et ces bestiaux qu'entraîne une force aveugle, celle d'une nature ardente « entrant en rut ». Du reste, tout un bestiaire concourt à représenter cette pulsation vitale de la matière, emportée dans sa course amoureuse et communiquant aux corps une violence sans frein, brûlante et débordante. En regard de ce tableau naturaliste, examinons maintenant la manière dont est représenté le corps dans un épisode que rapporte Fanny dans la *Fille de joye*. Celle-ci évoque un « trait de débauche » où devait se distinguer Émilie, l'une de ses compagnes à qui était venue la fantaisie de vérifier par l'expérience l'axiome suivant lequel la « nature » compenserait toujours, chez un individu, l'imbécillité de l'esprit par quelque vertu plus secrète. Dick, un jeune gueux « insensé et bègue », vient à s'offrir et, dès lors,

---

8. Lucrèce, *De la nature. De rerum natura*, op. cit., L. IV, v. 1030-1208, p. 299 sq. Le texte latin se lit comme suit : « *Tum quibus aetatis freta primitus insinuatur / semen, ubi ipsa dies membris matura creauit, / conueniunt simulacra foris e corpore quoque / nuntia praeclari uoltus pulchrique coloris / qui ciet inritans loca turgida semine multo [...] Sic igitur Ueneris qui telis accipit ictus, / siue puer membris muliebribus hunc iaculatur, / seu mulier toto iactans e corpore amorem, / unde feritur eo tendit, gestitque coire, / et iacere umorem in corpus de corpore ductum ; / namque uoluptatem praesagit muta cupido. [...] sic in amore Uenus simulacris ludit amantis [...] adfigunt auide corpus, iunguntque saliuas / [...] Tandem ubi se erupit neruis conlecta cupido, / parua fit ardoris uiolenti pausa parumper ; / inde redit rabies eadem et furor ille reuisit / [...] Nec ratione alia uolucres, armenta, feraeque, / et pecudes, et equae maribus subsidere possent, / si non, ipsa quod illarum subat ardet abundans / natura, et Uenerem salientum laeta retractat* ».

J'eus même la vanité de vouloir être la première à faire la vérification des pièces [...] et m'étais par gradation saisie du véritable et sensible végétatif, qui loin de se retirer au toucher de mes doigts s'allongeait et se gonflait pour les rencontrer. [...] J'avoue qu'il n'était guère possible de rien voir de plus superbe. Aussi ma lascive compagne, ravie en admiration, [...] me l'ôta brusquement [...] Le fier agent animé par le puissant aiguillon du plaisir devint si furieux, qu'il me fit trembler pour la patiente. Son visage était tout en feu ; ses yeux étincelaient ; il grinçait des dents. Tout son corps agité d'une impétueuse rage faisait voir avec quel excès de force la nature opérait en lui. Tel on voit un jeune taureau sauvage que l'on a poussé à bout, fouler aux pieds, frapper des cornes tout ce qu'il rencontre : tel, le forcené Dick brise, rompt tout ce qui s'oppose à son passage. [...] Dick machinalement gouverné par la partie animale la pince, la mord et la secoue avec une ardeur moitié féroce, moitié tendre. [...] Agités l'un et l'autre d'une fureur égale [...] ils auraient succombé à tant d'efforts, si la crise délicieuse de la suprême joie ne les eût arrêtés subitement et n'eût terminé le combat[9].

À l'aspect des fureurs de ce « fier agent », de ces dents qui grincent, de ce corps « agité d'une impétueuse rage », sans doute se souvient-on des bestiaux de Lucrèce. À chaque fois, toute l'invention procède d'une amplification oratoire tirée d'un même répertoire de métaphores naturalistes, si bien qu'à la puissance élémentaire et aveugle agitant les fauves en rut de Lucrèce répond la force vitale avec laquelle la nature opère en Dick, lequel paraît sous la figure d'un « jeune taureau sauvage ».

Du moment où il s'agit de décrire le corps ou de représenter ses mouvements, le texte recourt à ces métaphores naturalistes et, à cet égard, il rappelle parfois davantage l'exubérance érotique de la prose renaissante des *Ragionamenti* de l'Arétin que le persiflage ingénieux de la sophistique amoureuse d'un Crébillon fils. Telle est, par exemple, le portrait que fait Fanny du premier client qu'une maquerelle, Madame Brown, cherche à faire agréer auprès de celle-ci :

Que l'on se représente, écrit Fanny, un homme de soixante ans passés [...] avec de gros yeux de bœuf, une bouche fendue jusqu'aux oreilles garnie de deux ou trois défenses au lieu de dents [...] enfin un monstre dont le seul aspect faisait horreur[10].

---

9. Jean-Louis Fougeret de Monbron, *Fanny Hill, la fille de joie*, op. cit., p. 77-79.
10. *Ibid.*, p. 21.

Puis, « quand on crut le bouc suffisamment prévenu de mes charmes », voici que le portrait de ce « hideux animal » ou de ce « vieux singe », suivant l'expression de Fanny, se met à s'animer :

> Mes pleurs ne servirent qu'à l'enflammer davantage [...] et après m'avoir jeté la chemise par-dessus la tête, le vilain fit, soufflant et mugissant comme un taureau, des efforts qui se terminèrent par une libation involontaire dont je sentis les effets sur mes cuisses[11].

On pourrait citer d'autres exemples de ces métaphores naturalistes partout disséminées dans le texte et partout constitutives de la représentation du corps. Ce sont tantôt les seins d'une certaine Polly, avec leurs « deux charmants boutons de corail[12] » ; ou bien l'amant de celle-ci, dont le « joyeux instrument sortait avec pompe d'un taillis épais et frisé[13] » ; ou enfin une « monstrueuse cheville [...] dont la chaleur » ressuscite les « esprits animaux[14] ». Bref, il n'y a pas jusqu'aux sensations les plus intimes du corps jouissant des plaisirs de l'amour qui ne soient décrites sans le concours de figures propres à rendre sensible l'idée d'une nature en rut : « Je sentis derechef une émotion si vive, écrit Fanny, qu'il n'y avait que la pluie salutaire dont la nature bienfaisante arrose ces parties-là qui pût me sauver de l'embrasement[15] ». Tel est enfin le contexte en regard duquel doivent se lire les descriptions qui, en recourant à la fable antique, associent motifs mythologiques et représentation du corps au profit de mises en scène s'accomplissant dans une amplification glorieuse et païenne des désirs. Les exemples de cette sorte sont, au reste, innombrables, depuis le portrait que fait Fanny de son premier amant, où elle rappelle « toutes les grâces du fils de Vénus et l'état ravissant où la tendre Psyché le surprit lorsqu'elle le trouva endormi[16] », jusqu'à cette « pièce d'une si énorme taille, qu'on l'aurait prise pour celle du géant Polyphème[17] ».

Toutefois, la représentation du corps libertin ne fait pas que reprendre certains thèmes naturalistes légués par les Anciens, réactivés à la Renaissance

---

11. *Ibid.*, p. 23-24.
12. *Ibid.*, p. 30.
13. *Ibid.*, p. 31.
14. *Ibid.*, p. 57.
15. *Ibid.*, p. 65.
16. *Ibid.*, p. 35.
17. *Ibid.*, p. 62.

et au XVIIᵉ siècle par les libertins érudits, puis figurés par quelque métaphore animale ou encore par la reprise d'un motif mythologique. À chaque fois, les « peintures d'après nature » de Fanny intègrent la leçon mécaniste que comportent la physique nouvelle et les sciences naturelles au moment où paraît le roman. On ne doit pas s'en étonner : pareille entreprise participe d'un travail de relecture et de réinterprétation des Anciens dont la pensée des Lumières offre plusieurs précédents. À propos de l'œuvre de Lucrèce, par exemple, l'*Histoire critique de la philosophie* de Boureau-Deslandes considère curieusement que celui-ci constitue le meilleur exemple d'une « Philosophie [qui] est toute mécanique[18] ». Or, cette philosophie toute mécanique est précisément celle dont se réclament les Lumières à la suite de Descartes et, surtout, de Newton. Suivant cette perspective nouvelle et moderne, la nature ne se confond plus avec un principe *naturant* et n'a plus rien, par conséquent, d'un être comportant une fécondité créatrice. Désormais, toute son action se règle sur les lois du mouvement, la mécanique des corps célestes représentant, comme chacun sait, le paradigme auquel l'âge classique se réfère le plus volontiers. Qu'on en juge par cet extrait de l'article que l'*Encyclopédie* a consacré à la question de la nature :

> Quand on parle de l'action de la *nature*, écrit-on, on n'entend plus autre chose que l'action des corps les uns sur les autres, conforme aux lois du mouvement [...] C'est en cela que consiste tout le sens du mot, qui n'est qu'une façon abrégée d'exprimer l'action des corps, & qu'on exprimeroit peut-être mieux par le mot de *méchanisme* des corps[19].

D'une seconde manière, c'est ce « *méchanisme* des corps » agissant les uns sur les autres dont les descriptions du corps dans la *Fille de joye* vont figurer les lois, comme le donne à penser un exemple où s'illustre cette nouvelle conception toute mécanique de la nature sur laquelle va se régler la représentation des mouvements physiologiques et psychologiques des personnages.

---

18. André François Boureau-Deslandes, « Des philosophes qui ont fleuri à Rome », *Histoire critique de la philosophie*, 1737, t. 3, L. VII, p. 30. Voici le passage où se retrouve cette observation : « J'observerai seulement, écrit Boureau-Deslandes à propos de Lucrèce, que sa Philosophie est toute mécanique, & par conséquent d'une beauté de recherche qui revient souvent. Rien n'existe, remarque-t-il, que le vuide & les atomes. [...] Au moyen de leurs mouvemens, de leurs masses, de leurs figures, s'exécute l'ouvrage immense & laborieux de la Nature ».

19. Article « Nature », *Encyclopédie, ou Dictionnaire raisonné des sciences, des arts et des métiers, op. cit.* t. 11, p. 41.

Dans la description que fait Fanny d'une scène d'amour observée à la dérobée entre sa maquerelle et un jeune amant que cette dernière destine à ses plaisirs, le texte recourt d'abord à des métaphores naturalistes, alors que le jeune homme pose « sans cérémonie ses larges mains sur les effroyables mamelles ou plutôt sur les pesantes calebasses de la mère Brown[20] ». Mais, bientôt, ce sera la mécanique des corps en mouvement qui donnera sa couleur propre au tableau, comme en témoigne la suite du texte :

> le héros, poursuit Fanny, produisit au grand jour cette merveilleuse et superbe pièce qui m'avait été inconnue jusqu'alors et [...] pendant la chaleur de l'action, [...] j'eus tout le loisir de remarquer le mécanisme admirable de cette machine essentielle de l'homme[21].

Pendant la chaleur d'une « action » où s'éprouvent ces corps, le seul spectacle de « cette machine essentielle » fait immédiatement ou, pour mieux dire, mécaniquement ressentir à Fanny « des chatouillements presque aussi délectables que si [elle] en [eût] réellement joui[22] ». Pareilles descriptions des mouvements intimes du corps engagent une attitude intellectuelle dont le texte met sans cesse en évidence les enjeux épistémologiques. Reprenons, par exemple, le passage qui relate la curieuse expérience que Fanny et sa compagne Émilie tentèrent sur le jeune Dick. La nature, en effet, n'opérait pas en lui de manière à confondre ses mouvements avec la seule fureur d'un « jeune taureau sauvage ». En cette circonstance, Dick était aussi « machinalement gouverné par la partie animale » et le rendu mécaniste de ses mouvements était d'autant plus marqué que la partie animale en cause devenait un « sensible végétatif » : « Je m'étais saisie du véritable et sensible végétatif, qui loin de se retirer au toucher de mes doigts s'allongeait et se gonflait pour les rencontrer ». Tirée, selon toute vraisemblance, de l'ouvrage de La Mettrie intitulé l'*Homme plante* (1748), cette métaphore se justifie d'autant mieux que la description de Fanny en fait usage de manière à pouvoir représenter le mouvement mécanique avec lequel ce « sensible végétatif » vient répondre à la sollicitation des doigts qui le pressent de se gonfler. Le texte anglais dont Fougeret de Monbron offre une version « quintessenciée » est encore plus

---

20. Jean-Louis Fougeret de Monbron, *Fanny Hill, la fille de joie, op. cit.*, p. 26.
21. *Ibid.*, p. 27-28.
22. *Ibid.*, p. 27.

éloquent sur ce point, puisqu'il parle de « *sensitive plant*[23] » et, à propos de Dick en général, de « *man-machine strongly work'd upon by the sensuel passion* » ou encore de « *brute-machine driven like a whirlwind*[24] ».

C'est donc avec justice que la critique anglo-saxonne présumait une proximité essentielle entre « *the view of sexuality presented fictionally in* Fanny Hill *and the view of human nature presented in more discursive philosophical form by La Mettrie in* L'homme machine[25] ». À chaque fois, en effet, la licence des peintures oratoires de Fanny ne peut se comprendre sans la prise en compte d'une dimension cognitive qui reste indissociable d'une sorte d'amalgame entre une conception naturaliste et mécaniste de la nature. C'est ainsi qu'à des métaphores issues d'un naturalisme à l'antique, le texte applique souvent et, si j'ose dire, en surimpression, tout un ensemble de figures qui sont solidaires d'une conception mécaniste et, par conséquent, moderne de la nature. Cette forme originale de « naturalisme mécaniste » que met en scène le libertinage romanesque du XVIIIe siècle présente, au reste, le mérite d'offrir une conception unifiée des deux grandes traditions libertines de l'âge classique. De la sorte se trouve même contrariée la prétendue exclusion entre *épistémè* naturaliste et *épistémè* mécaniste qu'avait cherché à établir Michel Foucault. Dans un même passage, ne voit-on pas se mélanger les unes aux autres des références au système de Newton et à Priape, cette figure emblématique de l'exubérance naturaliste ? C'est le cas, par exemple, de la description de la première expérience amoureuse de Fanny, alors que les mains de son amant s'étaient égarées sur sa « gorge nue » ; mais, ajoute-t-elle,

> leur rondeur parfaite, leur blancheur, leur fermeté n'étant pas capable de fixer ses mains, il les porta tout à coup sous mes jupes et découvrit le centre d'attraction [...] il tira son Priape et le poussa de toutes ses forces, croyant le lancer dans une voie déjà frayée. Alors je sentis pour la première fois le frottement de cette noble machine[26].

---

23. Voir John Cleland, *Memoirs of a Woman of Pleasure. Fanny Hill*, 1993 [1748-1749], p. 192. On remarquera que, dans un article qui analyse essentiellement la scène entre Fanny, Émilie et Dick, Leo Braudy semble également apercevoir dans cette *sensitive plant* une allusion à La Mettrie : voir « *Fanny Hill* and Materialism », Fall 1970, vol. IV, n° 1, p. 33.

24. John Cleland, *Memoirs of a Woman of Pleasure. Fanny Hill op. cit.*, p. 194 et p. 195 : « [...] d'homme machine que le trouble des sens ébranle avec force » ou encore « d'animal machine emporté tel un tourbillon » (je traduis).

25. Leo Braudy, « *Fanny Hill* and Materialism », *art. cit.*, p. 21 : « la conception de la sexualité s'offrant dans *Fanny Hill* sous les traits de la fiction et la conception de la nature humaine s'offrant sous une forme plus discursive et philosophique dans l'*Homme machine* de La Mettrie » (je traduis).

26. Jean-Louis Fougeret de Monbron, *Fanny Hill, la fille de joie, op. cit.*, p. 40-41.

« Le centre d'attraction », « Priape » et cette « noble machine » : autant de métaphores constitutives d'une prose à la fois docte et « piquante », « policée » et hardie, qui prend appui sur des figures tirées d'au moins deux conceptions distinctes de la nature, lesquelles permettent de recourir en même temps au langage de la physique nouvelle et à celui de la fable païenne en faveur d'une représentation éloquente du corps libertin.

Pour poursuivre l'enquête sur le destin de cette forme originale de néonaturalisme géométrisé et mécaniste, on pourrait également interroger la figure que celui-ci adopte dans un épisode de *Thérèse philosophe* que rapporte Thérèse et où Madame C*** presse l'abbé T*** de donner une définition de la nature :

> Dame Nature ? reprit l'abbé. Ma foi, vous en saurez bientôt autant que moi. C'est un être imaginaire, c'est un mot vide de sens. Les premiers chefs des religions, les premiers politiques, embarrassés sur l'idée qu'ils devaient donner au public du bien et du mal moral, ont imaginé un être entre Dieu et nous, qu'ils ont rendu l'auteur de nos passions, de nos maladies, de nos crimes. [...] Pourquoi ne pas convenir une bonne fois pour toutes [...] qu'il n'y a rien de mal dans le monde eu égard à la Divinité, que tout ce qui s'appelle *bien* ou *mal* moral n'est que relatif à l'intérêt des sociétés établies parmi les hommes, mais relatif à Dieu par la volonté duquel nous agissons nécessairement d'après les premières lois, d'après les premiers principes du mouvement qu'il a établi dans tout ce qui existe ? Un homme vole : il fait du bien par rapport à lui, du mal par son infraction à l'établissement de la société, mais rien par rapport à Dieu[27].

Une fois livrée à la critique libertine et généalogique de l'abbé T***, « Dame nature » n'est plus qu'une chimère servant avec utilité la théologie et l'ambition politique. Seul l'intérêt des sociétés, et non pas « Dame nature », a fait admettre les distinctions éthiques. Ce sentiment de l'abbé T*** et l'exemple même de cet homme qui vole sont conformes à une attitude très répandue parmi les libertins d'esprit de la première moitié du XVIIIe siècle, du moins si l'on en croit la tradition philosophique clandestine. « Tout est compris dans un ordre phisique », précise un traité attribué à Fontenelle : un ordre où « les actions des hommes sont à l'égard de Dieu la même chose que les Eclipses », si bien que « l'ame de ce fol qui remuë son bras [...] est portée

---

27. Jean-Baptiste de Boyer, marquis d'Argens, *Thérèse philosophe, ou Mémoires pour servir à l'histoire du P. Dirrag, & de Mademoiselle Éradice*, 1986 [1748], vol. V, p. 98-99.

nécessairement à vouloir tuer par les dispositions de son cerveau » et que la seule considération des intérêts de la société doit le faire châtier[28]. Au reste, Dieu ne se soucie guère de moralité et Il est d'autant plus sujet à tomber dans cette indifférence qu'Il n'a rien à démêler avec « Dame Nature ».

« Dame Nature » et la « nature » sont, en effet, deux choses distinctes. La première suppose l'existence de cet être mystérieux et chimérique qu'invoquent les théologiens et les politiques dont parle l'abbé T***. De ce fait, elle cohabite sans peine avec des conceptions héritées du naturalisme de la Renaissance qui, on l'a vu, sont encore vivaces au début du XVIIIe siècle. « Dame Nature » se confond avec « l'âme du monde », elle est un principe occulte sur lequel s'établissent, par exemple, les correspondances analogiques entre microcosme et macrocosme : c'est une force cachée, voire une sorte de divinité à laquelle les spéculations « superstitieuses » des alchimistes et des astrologues s'en remettent. En revanche, la conception que se font de la nature les personnages de *Thérèse philosophe* suit un tout autre plan. Ici, rien de mystérieux dans la nature et toute l'action occulte dont on a bien voulu la doter se réduit, suivant le mot de l'abbé T***, aux « premiers principes du mouvement ». La marche de la nature doit même être assimilée aux lois de la mécanique universelle, thèse centrale de notre abbé libertin et, on l'a vu, de la physique nouvelle. L'important article de l'*Encyclopédie* parlait, on s'en souvient, de « l'action des corps les uns sur les autres », et, tout comme la *Fille de joye*, *Thérèse philosophe* propose également un tableau touchant et séduisant des lois présidant à ce « *méchanisme* des corps ».

Bientôt, pareille conception d'une nature géométrisée va déclencher une mécanique physiologique et psychologique qui, à son tour, va déterminer le plaisir. La raison, précise Thérèse une fois instruite des leçons de l'abbé T***,

> ne sert qu'à faire connaître à l'homme quel est le degré d'envie qu'il a de faire ou d'éviter telle ou telle chose, combiné avec le plaisir et le déplaisir qui doit lui en revenir. De cette connaissance acquise par la raison, il résulte ce que nous appelons *la volonté et la détermination*. Mais cette volonté et cette détermination sont aussi parfaitement soumises aux degrés de passion ou de désir qui nous agitent

---

28. Bernard Le Bovier de Fontenelle, « Traité de la liberté », *Nouvelles libertés de penser*, 1743, p. 151 et p. 142 ; sur l'attribution de ce traité à Fontenelle, voir John Stevenson Spink, *French Free-Thought from Gassendi to Voltaire*, 1960, p. 351 sq.

qu'un poids de quatre livres détermine nécessairement le côté d'une balance qui n'a que deux livres à soulever dans son autre bassin[29].

Bref, tout homme « est déterminé par les degrés de passion dont la nature et les sensations l'affectent[30] » et, dans ce contexte, la métaphore du mouvement nécessaire qu'imprime à une balance un poids de quatre livres devient l'emblème de la tâche à laquelle la raison elle-même est conviée : réfléchir sur les mouvements de notre constitution mécanique et en démêler les causes[31]. L'étendue de ce rôle assigné à la raison se trouve, de surcroît, amplifiée par les plaisirs suscités par la nature et par le *tempérament*. Écoutons l'abbé T*** exposer ce « mécanisme par lequel la nature[32] » procède :

> L'amant, par la réflexion ou par la vue de sa maîtresse, se trouve dans l'état qui est nécessaire à l'acte de génération : le sang, les esprits, le nerf érecteur, ont enflé et roidi son dard. Tous deux d'accord ils se mettent en posture, la flèche de l'amant est poussée dans le carquois de sa maîtresse, les semences se préparent par le frottement réciproque des parties. L'excès du plaisir les transporte, déjà l'élixir divin est prêt à couler[33].

La « flèche de l'amant » et le « carquois de sa maîtresse », ces « semences » qui se préparent et ce « frottement réciproque », tout cela constitue les premiers mouvements de la nature. Puis, à notre abbé dissertant de la sorte en compagnie de Madame C***, répond bientôt un tableau qui offre à Thérèse une nouvelle « scène d'idées » appelée à se déployer dans une amplification oratoire où se trouvent placées sous les yeux du lecteur les opérations successives qui entraînent avec elles une mécanique de la volupté. Bien vite, l'entretien prend un tour beaucoup plus vif : « Ah ! il ... cou... le ! », s'écrie l'abbé T***[34] ; puis, un peu plus loin, voici Madame C*** qui s'exclame à son tour : « Ah ! je me meurs ! [...] Enfonce-le, mon cher Abbé, oui...[35] ». Secret témoin

---

29. Jean-Baptiste de Boyer, marquis d'Argens, *Thérèse philosophe, op. cit.*, p. 51.
30. *Ibid.*, p. 52.
31. On se souvient de César Chesneau Dumarsais, pour qui le philosophe se définit précisément comme « une machine humaine [...] qui, par sa constitution mécanique, réfléchit sur ses mouvements [et] [...] démêle les causes autant qu'il est en lui » ; « Le philosophe », *Nouvelles libertés de penser*, 1743, p. 174.
32. Jean-Baptiste de Boyer, marquis d'Argens, *Thérèse philosophe, op. cit.*, p. 92.
33. *Ibid.*, p. 95.
34. *Ibid.*, p. 96.
35. *Ibid.*, p. 104.

de ces entretiens dont elle fait le portrait, Thérèse, on s'en doute, est à son tour interpellée par ces mouvements et par ces exclamations qui les ponctuent, de sorte qu'elle

> ne sentai[t] rien pour trop sentir. [Elle] devin[t] machinalement le singe de ce qu'[elle] voyai[t], [s]a main faisait l'office de celle de l'abbé, [elle] imitai[t] tous les mouvements de [s]on amie[36].

À l'entretien entre l'abbé T*** et Madame C*** correspond l'automatisme des réactions de Thérèse et, avec l'action qu'exercent les corps les uns sur les autres, s'accorde la métaphore du singe et, surtout, une synecdoque de la main, de cette main qui semble s'aventurer seule sur une scène où, guidée par les mouvements de la nature, elle paraît et s'anime suivant les lois auxquelles est soumise la mécanique des corps. Toutes nos actions ne sont-elles pas, conclut le texte, « déterminées nécessairement[37] » ? En ce sens,

> le coup de dés est le tableau de toutes les actions de notre vie. Un dé en pousse un autre auquel il imprime un mouvement nécessaire, et, de mouvement en mouvement, il résulte physiquement un tel point[38].

Dans la mesure où leurs mouvements se règlent sur des lois nécessaires, ces dés deviennent la métaphore par excellence à laquelle peuvent donner lieu l'action et la puissance de Dieu. C'est Dieu ou, si l'on préfère, la nature, qui jette ces dés, si bien qu'en figurant « toutes les actions de notre vie », leurs mouvements viennent marquer l'empire d'une nécessité purement physique à même de s'étendre de l'office qu'exerce la main de Thérèse jusqu'aux éclipses dont parlait Fontenelle.

Deus sive natura : voilà donc le Dieu de l'abbé T*** et de *Thérèse philosophe* et, si cette formule célèbre résume assez bien l'opinion que le libertinage des Lumières s'était formé de la philosophie de Spinoza[39], elle permet tout aussi bien de marquer l'une des différences qui distingue la conception libertine de la nature et celle, plus ancienne, d'une « Dame Nature » que l'on

---

36. *Ibid.*, p. 104.
37. *Ibid.*, p. 107.
38. *Ibid.*, p. 114.
39. Sur la question du spinozisme en France au XVIIIe siècle et sur « la formule définitive tant exploitée depuis : "Le dieu de Spinoza, c'est l'Univers" », se reporter à l'ouvrage classique de Paul Vernière, *Spinoza et la pensée française avant la Révolution*, 1954, p. 48 sq.

honorait du pressentiment d'un principe caché, voire d'une force occulte. Au demeurant, cette maxime qu'illuminent les amusements de Thérèse et de l'abbé T*** appartient au patrimoine commun de la littérature libertine et, pour s'en persuader, il n'y a qu'à aller consulter *Pigmalion, ou la statue animée* de Boureau-Deslandes. Que l'on relise, en particulier, ce passage où le personnage principal de ce petit roman libertin, le sculpteur grec Pigmalion, fait la preuve qu'il « sçait penser avec hardiesse[40] » :

> *Il y a*, nous dit-il, *des Etres sans nombre* [...] *mais tous ces êtres n'en composent qu'un seul, qui est le* Tout, *qu'on appelle Dieu, la Nature & l'Univers.* [...] *Il y a apparence que le* Tout, *que le vrai Etre doit contenir toutes les modifications possibles ; & par conséquent il ne doit pas moins penser qu'être étendu, moins raisonner que se mouvoir, moins avoir des sentiments qu'être figuré, &c*[41].

Ce texte pourrait être de quelque spinoziste ou, plus précisément, d'un Henry de Boulainviller, auteur qui contribua plus que tout autre à faire connaître à la France des Lumières la pensée du philosophe hollandais[42]. Que l'on songe, en particulier, à son *Essai de métaphysique dans les principes de Benoît de Spinoza* : pour l'essentiel, l'ouvrage montre que, si « Dieu et l'universalité des choses sont le même », cet Être est, en même temps, « pensant et étendu », de sorte que l'exercice de sa puissance est « déterminé par elle-même », c'est-à-dire par des lois nécessaires[43]. Déjà, il semble que l'on entende Pigmalion et, lorsque celui-ci introduit à son tour cette notion d'un Être susceptible de modifications nécessaires, le récit devient mise en scène des lois de ce mouvement perpétuel qui fait passer la matière par toutes sortes de formes. C'est ce que dépeignent les réflexions auxquelles se livre Pigmalion à l'occasion d'une rêverie libertine tout entière suscitée par les beautés de la statue qu'il a réalisée :

---

40. André François Boureau-Deslandes, *Pigmalion, op. cit.*, p. 6.
41. *Ibid.*, p. 43-45.
42. Sur Boulainviller et sur son rôle en tant que « véritable introducteur du spinozisme en France », voir Paul Vernière, *Spinoza et la pensée française, op. cit.*, p. 317-322. Voir également Renée Simon dans son « Introduction » aux *Œuvres philosophiques* d'Henry de Boulainviller, 1973.
43. Je cite d'après une réédition critique moderne : Henry de Boulainviller, *Essai de métaphysique dans les principes de Benoît de Spinoza*, dans *Œuvres philosophiques, op. cit.*, t. 1, p. 102, p. 93 et p. 117. Ce traité a d'abord été publié à Bruxelles en 1731 sous le titre collectif de *Réfutation des erreurs de Benoît de Spinoza, par M. de Fénelon, archevêque de Cambray, par le P. Lami, Bénédictin, et par M. le comte de Boullainvilliers*. Par ailleurs, sa diffusion manuscrite et clandestine fut considérable : voir, en particulier, à la Bibliothèque de l'Université McGill à Montréal, *Essai de métaphysique*, ms. 1.

Ce marbre, s'écrie-t-il, sera toujours un objet charmant à mes yeux ; mais il y aura toujours un vuide infini entre son existence & la mienne. Qui peut communiquer la pensée & le sentiment à du marbre ? Mais qui me les a communiquez à moi-même ? [...] Tout dépend peut-être d'un peu plus ou d'un peu moins de mouvement [...] Ici la matiere est étendue, là elle pese, plus loin elle se meut, plus loin encore elle pense. Ce sont peut-être là que différentes modifications qui concourrent à former un tout parfait[44].

Ces pensées de Pigmalion sur les propriétés de la matière anticipent, on s'en aperçoit, sur le cours que suivra quelque trente ans plus tard le *Rêve de d'Alembert*. À nouveau, ce texte évoquera la possibilité de tirer d'une statue « de la chair ou de l'âme », car la vie est-elle autre chose qu'une « suite d'actions et de réactions » et « la sensibilité active ici, inerte là » ne se communique-t-elle pas « comme le mouvement[45] » ? Pourtant, ce passage de « la matiere étendue [...] à un état [...] plus perfectionné[46] » où le marbre lui-même advient à la pensée, *Pigmalion, ou la statue animée* l'inventait déjà en lui prêtant la figure d'une fable où se retraçaient les progrès insensibles du mouvement dans une statue conçue par Pigmalion. « La machine se développe », précise-t-on ; puis, « ses ressorts jouent les uns contre les autres ». C'est enfin « une action & une réaction continuelle[47] », de sorte qu' « après tous ces préliminaires, se déclara la pensée, comme un trait de lumière qui éclate dans une nuit obscure[48] ». Depuis cette machine jusqu'au jeu de ses ressorts et depuis cette action et cette réaction continuelles jusqu'à ce trait de lumière éclatant dans la nuit d'une matière insensible, c'est non seulement une statue de marbre mais, avec elle, toute la nature qui prennent leur essor. À la faveur de cette amplification oratoire inspirée de métaphores savantes, c'est encore l'action des corps les uns sur les autres dont le mécanisme est développé, avec bientôt ces « mains dociles » qui

> suivent si aisément ce qui a d'abord plû aux yeux, que Pigmalion ne pouvoit se lasser de se rendre propres par le toucher, les beautez qu'il avoit saisies par des regards ardens[49].

---

44. André François Boureau-Deslandes, *Pigmalion*, op. cit., p. 29-30.
45. Denis Diderot, *Entretien entre d'Alembert et Diderot. Le rêve de d'Alembert*, dans *Œuvres*, 1951, p. 904-905 ; p. 930 et p. 918.
46. André François Boureau-Deslandes, *Pigmalion*, op. cit., p. 33.
47. *Ibid.*, p. 36.
48. *Ibid.*, p. 38-39.
49. *Ibid.*, p. 51-52.

Avec ces synecdoques de la personne qui prêtent vie et âme aux mains et aux regards, l'artifice oratoire élève le corps tout entier et la matière elle-même à une sorte d'autonomie réglée sur les seules lois nécessaires du mouvement. Voilà même cet Être dont parlait Pigmalion et qui « ne doit pas moins penser qu'être étendu », déployant maintenant sous les yeux du lecteur l'action continuelle de ses ressorts.

En même temps, les « sentiments du corps » qui guident ces mains dociles obéissent à des mouvements indissociables de la séduction qu'exercent les beautés de la statue, de sorte que cette synecdoque des mains devient beaucoup plus complexe et beaucoup plus savante qu'il n'y paraît d'abord. Celle-ci s'efforce d'abord de rendre un corps parlant, un peu à la manière de ces pantomimes qui, selon Diderot, représentent « une impression profonde sans la moindre idée de discours[50] ». Depuis Deslandes jusqu'à Diderot, semblable attention portée à l'éloquence du corps procède toujours de la même question : à observer les mouvements expressifs du corps, ne pourrait-on pas croire que ce dernier est animé de cette « puissance de pensée » que les prudences d'un Condillac lui déniaient[51] ? « Le pantomime joue, écrit Diderot, et le philosophe, transporté, s'écrie : *Je ne te vois pas seulement ; je t'entends. Tu me parles des mains*[52] ». Aussi bien chez Diderot que dans *Pigmalion*, ces mains qui parlent font s'accorder un corps sentant et un corps parlant, « une matière activement sensible[53] » et une rhétorique du geste fondée sur un rejet de la séparation de l'âme d'avec le corps. En somme, à partir d'une mise en tableau du corps représenté au seuil de la matière étendue et de la pensée, du sentiment et de la volupté, la synecdoque des mains à laquelle recourt *Pigmalion* attribue à celles-ci des passions qui, pour reprendre à Boulainviller une idée tirée de son *Essai*, « n'ont de cause propre que l'action des objets, appliquée à un être capable de sentiment et d'un ressort automate[54] ». Enfin, cette synecdoque introduit et résume en une seule image le rôle d'un sens auquel toute l'épistémologie des Lumières recourt sans cesse pour établir l'existence même de la nature et du monde — et ce

---

50. Denis Diderot, *Entretiens sur le Fils naturel*, dans *Le fils naturel. Les entretiens*, 1975 [1757], p. 122.

51. Voir Étienne Bonnot, abbé de Condillac, *Essai sur l'origine des connoissances humaines*, dans *Œuvres philosophiques de Condillac*, 1947 [1746], vol. I, § 7, p. 7.

52. Denis Diderot, *Entretiens sur le Fils naturel*, op. cit., p. 126.

53. L'expression est de Diderot, *Entretien entre Diderot et d'Alembert*, op. cit., p. 905.

54. Henry de Boulainviller, *Essai de métaphysique dans les principes de Benoît de Spinoza*, dans *Œuvres philosophiques*, op. cit., t. 1, p. 179-180.

sens, c'est le toucher[55]. Quand « la Statue, non plus Statue, pensa », dans le même instant elle s'écria :

> *Que suis-je, & qu'étois-je il n'y a qu'un instant ? Je ne me comprends point : je ne me connois point.* [..] *Je me replie sur moi-même, & je ne connois rien à mon être*[56].

Si les mouvements nécessaires de la nature ont fait advenir le marbre à la pensée, cette pensée ne peut toutefois s'assurer à elle seule de la vérité de ces mouvements, voire de son existence, et ces premiers doutes conduisent la statue à recourir au toucher et à l'expérience dont le « flambeau » devient le second « trait de lumière » qui l'arrache à son insensibilité première. Dans ce passage essentiel, Pigmalion parcourt d'abord « une gorge soutenue des mains de la Nature » et cette gorge,

> avant-couriere d'autres beautez plus secrettes, engageoit Pigmalion à rechercher ces mêmes beautez. [...] *Que prétendez-vous*, s'écria-t-elle, *& quels mouvemens inconnus me faites-vous sentir ? Je me connois encore moins, que je ne faisois il y a quelques heures.* [...] *Comment appellez-vous, & les mouvemens que vous vous donnez, & ceux que vous me forcez à me donner moi-même ? Parlez : arrêtez-vous : ne vous arrêtez pas : je cede à vos transports, mais quel nom leur donnez-vous ? ... Plaisir, plaisir,* répondit Pigmalion d'une voix entrecoupée, *& le plus grand de tous les plaisirs !* [...] *Achevez mon bonheur ... La voix me manque ... je suis heureux.* [...]
> Il sembloit que les secousses réitérées de cette espece de plaisir augmentoient, pour ainsi parler, & perfectionnoient son ame. *A présent*, disoit-elle, *je ne puis douter que je ne vive. Ce que vous appelez plaisir acheve de me convaincre de mon être, & de me persuader sa réalité. Je vis certainement, puisque j'en suis enyvrée*[57].

Avec les « secousses réitérées de cette espece de plaisir », la nature est portée à son plus grand degré de perfection. Surtout, dans un passage où

---

55. Sur la question centrale du toucher, se reporter à Ernst Cassirer, « Psychologie et théorie de la connaissance », *La philosophie des Lumières*, 1966 [1932], p. 130-141 ; à Jean Ehrard, *L'idée de nature en France dans la première moitié du XVIIIe siècle*, 1994 [1963], p. 685 ; et, surtout, à Étienne Bonnot, abbé de Condillac, « Comment le toucher apprend aux autres sens à juger des objets extérieurs », *Traité des sensations*, dans *Œuvres philosophiques de Condillac*, 1947 [1754], vol. I, p. 275-297. Voir enfin Francesco Algarotti, *Le newtonianisme pour les dames*, 1738, t. 1, p. 182 : « Sans l'attouchement que deviendrions-nous, & quel serait notre sçavoir ? Nous ne pourrions juger de la forme, ni de la situation, ni de la distance des objets ».
56. André François Boureau-Deslandes, *Pigmalion, op. cit.*, p. 39-40.
57. *Ibid.*, p. 52-56.

suspensions et recours au style coupé viennent rendre avec beaucoup d'esprit la pulsation vitale d'une matière qui advient à la connaissance de soi-même dans les secousses de la volupté, l'amplification oratoire accomplit et invente tout à la fois cette conception d'un Être qui « *ne doit pas moins penser qu'être étendu, moins raisonner que se mouvoir, moins avoir des sentimens qu'être figuré* ».

L'expérience des plaisirs et du monde relance le retour réflexif de la pensée sur elle-même, et de telle manière que celle-ci devient indissociable des mouvements de la nature : en ce sens, on pourrait même dire de ces derniers qu'ils n'opèrent que sur eux-mêmes. De manière fondamentale, l'expérience participe ainsi de la conception que le libertinage se forme à la fois de la nature et d'une pensée qui, renonçant à la certitude que le *cogito* cartésien lui donnait d'elle-même, lie son existence et son destin au retour constant qu'elle effectue sur les choses. Ce sont les mêmes vues qui président au récit que Thérèse fait de sa vie. Si l'argument du roman semble postuler qu'on ne saurait « éteindre les passions que la nature a mises » en chacun de nous, seul « le cours de [notre] vie » pourra en fournir la « preuve incontestable[58] », preuve elle-même fondée « sur l'expérience et sur le raisonnement détaché de tout préjugé ». Au reste, comme le signale Diderot dans *De l'interprétation de la nature*, « il faut laisser l'expérience à sa liberté » quand on interroge la nature[59] et cette observation caractérise peut-être au mieux la démarche à la fois frivole et savante d'un roman comme les *Bijoux indiscrets*. Il s'agit d'un texte dont l'intrigue, rappelons-le en substance, consiste à faire le récit des péripéties de l'enquête menée par Mangogul, sultan du Congo, auprès des femmes de sa Cour. Désireux de s'instruire de leurs aventures amoureuses, Mangogul s'adresse au génie Cucufa qui, pour répondre à sa requête, lui offre un anneau magique dont la vertu consiste à faire parler le sexe des femmes — leur « bijou ». Le roman relate les différents essais de l'anneau suivant un esprit dont la frivolité s'accompagne, comme l'atteste un chapitre consacré au « Rêve de Mangogul », du même sentiment qui animait déjà Locke : rénover tout l'édifice du savoir en fonction de principes procédant de la seule expérience[60]. Ce rêve, faut-il le rappeler, était un songe étrange au cours duquel Mangogul était parvenu jusqu'à un édifice qui « ne portait sur

---

58. Jean-Baptiste de Boyer, marquis d'Argens, *Thérèse philosophe, op. cit.*, p. 186 et p. 40.
59. Denis Diderot, *De l'interprétation de la nature, op. cit.*, XLVII, p. 83.
60. Voir, en particulier, la préface de John Locke à son *Essai concernant l'entendement humain*, 1972 [1690, 1700], p. xxxii.

rien ». Puis, se glissant jusqu'à « une tribune à laquelle une grande toile d'araignée servait de dais », celui-ci engage la conversation avec un homme qui se présente à lui sous le nom de Platon. Soudain,

> j'entrevis dans l'éloignement un enfant qui marchait vers nous à pas lents mais assurés. Il avait la tête petite, le corps menu [...] mais tous ses membres grossissaient et s'allongeaient à mesure qu'il avançait. Dans le progrès de ces accroissements successifs, il m'apparut sous cent formes diverses ; je le vis diriger vers le ciel un long télescope [...] et, le prisme à la main, décomposer la lumière. C'était alors un énorme colosse [...] Il secouait de la main droite un flambeau dont la lumière se répandait au loin [...]
> — Quel est, demandai-je à Platon, cette figure gigantesque qui vient à nous ?
> — Reconnaissez l'Expérience, me répondit-il[61].

Dans le « progrès de ses accroissements successifs », ce Colosse se déploie sous cent figures diverses et, depuis Galilée jusqu'à Newton, sa marche conduit peu à peu au triomphe de la philosophie nouvelle. Armé d'un flambeau, le Colosse frappe enfin et tout l'édifice aérien des philosophes spéculatifs « s'écroule avec un bruit effroyable ».

Le sens de cette allégorie est suffisamment manifeste pour que l'on puisse déjà pressentir le lien que l'ingéniosité du procédé permet de nouer entre féerie érotique et figures de l'expérience. « Qui sait ce qu'un bijou peut avoir dans l'âme ?[62] », demande ainsi le sultan avant de faire un premier essai de l'anneau. Puis, à cette question initiale, répond bientôt tout l'argument du récit : une succession de tableaux propices à la mise en scène de diverses expériences imaginaires qui, elles-mêmes, participent d'une métaphysique à la fois chimérique et positive que Mirzoza, la maîtresse du sultan, qualifie de « métaphysique expérimentale de l'âme[63] » à l'occasion d'une leçon de philosophie. Il est vrai que, de nos jours, on a pu croire que, « dans les *Bijoux indiscrets* [...] Diderot utilise d'une manière emblématique et triviale la situation de l'homme à la poursuite du secret féminin[64] ». Mais examinons plutôt le texte de manière à interroger la métaphore de ces bijoux bavards et, ajouterais-je volontiers, si peu mystérieux. À première vue, l'enquête à laquelle se livre Mangogul semble renouveler, en lui donnant un tour beaucoup plus

---

61. Denis Diderot, *Les bijoux indiscrets, op. cit.*, p. 145-147.
62. *Ibid.*, p. 41.
63. *Ibid.*, p. 132 sq.
64. Claude Reichler, *L'âge libertin, op. cit.*, p. 60.

libertin, la tradition de la peinture des caractères si en vogue chez les moralistes du Grand Siècle : « Les épreuves que j'ai faites de ma bague m'ont rendu grand moraliste », précise par exemple le sultan[65]. Seulement, et c'est là le premier aspect du projet « métaphysique » des *Bijoux*, il ne s'agit plus de « peindre les hommes en général » à la manière d'un La Bruyère[66], mais de faire une analyse des mœurs à la manière d'un Duclos, suivant un esprit déjà proche d'une sociologie attentive à « éclaircir, détruire ou confirmer les systêmes par l'expérience, l'examen & la confrontation des faits[67] ».

> Je n'ai, ajoute d'ailleurs Mangogul, ni l'esprit de La Bruyère, ni la logique de Port-Royal, ni l'imagination de Montaigne, ni la sagesse de Charron : mais j'ai recueilli des faits qui leur manquaient peut-être[68].

Recueillir des faits : dans les *Bijoux*, cette ambition si chère aux Lumières se double d'un second aspect qui consiste à conférer aux débats sur la nature de l'âme la couleur et le tour ingénieux que comporte la tradition déjà ancienne du roman licencieux. Prenons, par exemple, l'*Académie des dames*, c'est-à-dire l'un des romans érotiques les plus fameux du Grand Siècle. N'y voit-on pas Tullie enseigner à la jeune Octavie que le « véritable siège » de l'âme « est dans les testicules de l'homme et de la femme » ? thèse qui, dans la suite du récit, constitue même le socle de tout un réseau de figures, depuis ce « membre » dont « la tête » se fait sentir « dans l'endroit qui est le siège de l'âme » jusqu'à l'éloquence et à « l'esprit » qui logent, eux aussi, dans cette « partie si spirituelle[69] » ? Enfin, il n'y aurait aucun inconvénient à faire paraître les *Bijoux* sous cette maxime libertine tirée de l'*Académie des dames* : « *Qui aperit vulvam, aperit æque mentem*[70] ».

Mais qu'est-ce donc qu'un bijou dont l'esprit est si délié qu'il accède à la pensée ? Les « esprits forts » de l'Académie des Sciences de Banza, la capitale du Royaume de Mangogul, ne manquent pas de réfléchir à ce problème et

---

65. Denis Diderot, *Les bijoux indiscrets*, op. cit., p. 113. Sur l'intertexte des *Bijoux*, voir, par ailleurs, Jacques Chouillet, *La formation des idées esthétiques de Diderot*, p. 89-109.
66. Voir ici la « Préface » des *Caractères*, dans Jean de La Bruyère, *Œuvres complètes*, 1960 [1694], p. 62.
67. Charles Pinot Duclos, *Considérations sur les mœurs*, op. cit., p. 2.
68. Denis Diderot, *Les bijoux indiscrets*, op. cit., p. 113-114.
69. Nicolas Chorier, *L'académie des dames*, dans *Œuvres érotiques du XVIIe siècle. L'Enfer de la Bibliothèque nationale*, 1988 [1680], p. 450, p. 596 et p. 611.
70. Nicolas Chorier, *L'académie des dames*, op. cit., p. 469 : « Qui ouvre la vulve ouvre aussi l'esprit » (je traduis).

commencent par « chercher dans les propriétés de la matière l'explication d'un fait qu'ils avaient d'abord traité d'impossible[71] ». Les « Bramines », quant à eux, se récrient à cette idée et prétendent plutôt « que le doigt de Brama se manifestait dans cette œuvre[72] » ; voici le discours que prononce l'un d'entre eux :

> Ô prodige de dureté ! ô comble de l'aveuglement ! ils [les insensés] ont imputé l'effet de ta puissance au mécanisme aveugle de la nature. Ils ont dit dans leurs cœurs : Brama n'est point. Toutes les propriétés de la matière ne nous sont pas connues ; [...] Sur ce fondement ils ont élevé des systèmes, imaginé des hypothèses, tenté des expériences[73].

Voilà donc des bijoux servant de fondement à de nouveaux systèmes, prêtant figure à la matérialité de l'âme et conviant dès lors la pensée à donner une ampleur toute nouvelle à l'enquête sur les propriétés de la matière. Aussi ces bijoux sont-ils vifs et volontiers bavards : livrés aux mouvements aveugles de la nature, ils parlent « comme s'ils n'eussent fait autre chose de leur vie ; d'où quelques auteurs avaient conclu, ajoute le texte, que c'étaient de pures machines[74] ». Cette image vient apporter une dernière touche à la « métaphysique expérimentale » des *Bijoux* : la correspondance oratoire qui rattache désormais le destin du bijou à celui de la machine suppose qu'aux rouages bien ordonnés de la nature réponde la matérialité d'une âme dont les ressorts mécaniques *fonctionnent* de manière à faire nécessairement éprouver au corps toute la gamme des plaisirs. Cette proximité entre mouvements mécaniques et jouissance parcourt, on le sait, toute la culture philosophique et libertine des Lumières et l'on n'aurait qu'à lire à la suite l'*Homme machine* (1748) et l'*Art de jouir* (1753) de La Mettrie pour se convaincre de cette constante intrication entre le plaisir et la figure même de la machine[75]. Enfin, les *Bijoux* eux-mêmes développent ce motif où s'entremêlent de manière si essentielle conception mécanique des mouvements de la nature et mise en scène du plaisir. C'est le cas, par exemple, de l'épisode de la lecture que fait

---

71. Denis Diderot, *Les bijoux indiscrets*, op. cit., p. 53.
72. *Ibid.*, p. 71.
73. *Ibid.*, p. 72.
74. *Ibid.*, p. 202.
75. Je renvoie ici à la « Présentation » de Paul-Laurent Assoun à *L'homme machine*, dans Julien Offray de La Mettrie, *L'homme machine*, 1981, et, en particulier, « L'enjeu éthique de *L'homme-machine* : de la matière-loi à la matière-jouissance », p. 63 sq.

Mangogul du Journal des voyageurs envoyés par ses soins à l'étranger et, en particulier, de la description qu'ils font des «bijoux géométrisés». On y apprend que, sur une île inconnue, tout se «règle par des lois géométriques». Qu'un nouveau mariage s'y présente, et un prêtre calcule, un thermomètre d'un genre particulier à la main, le «rapport de chaleur entre les conjoints[76]»:

> Le grand prêtre ayant observé ici l'ascension de la liqueur dans le même temps donné, il prononça sur la validité du mariage, et renvoya les époux se conjoindre à la maison paternelle. Le bijou féminin carré et le bijou masculin parallélépipède furent examinés avec la même rigueur, éprouvés avec la même précision; mais le grand prêtre, attentif à la progression des liqueurs, ayant reconnu quelques degrés de moins dans le garçon [...] monta en chaire et déclara les parties inhabiles à se conjoindre[77].

Bijoux géométrisés et mesure du tempérament, rapport de conformité entre les époux et mathématisation des mouvements de la nature, matérialité de l'âme et mécanique de la jouissance: autant de traits, en somme, qui entrent de manière essentielle dans la composition du tableau qu'offre de la nature le roman libertin.

Dans un bref article où Voltaire se proposait de donner quelques *Conseils à un journaliste*, celui-ci évoque avec étonnement et admiration ces nouvelles propriétés de la matière dont la philosophie expérimentale dévoile l'existence insoupçonnée: «Les admirables expériences de MM. Hales et Boerhaave, écrit-il, ont découvert des effets de l'*air*, qu'on est presque forcé d'attribuer à des propriétés de la matière inconnues jusqu'à nos jours[78]». À l'exemple de Voltaire, les Lumières ont toujours accueilli avec enthousiasme la possibilité de mettre au jour de nouvelles propriétés de la matière; toutefois, si l'on songe aux seuls *Bijoux*, on s'aperçoit que le texte n'insiste pas sur ce thème autant qu'il le pourrait. Pour s'en convaincre, on n'aurait qu'à évoquer l'électricité, propriété nouvelle sur laquelle le texte glisse rapidement, en indiquant seulement qu'il arrive à Mangogul de ranimer «la force électrique de son anneau[79]». Le savoir dont cette propriété de la matière est justiciable ne

---

76. Denis Diderot, *Les bijoux indiscrets*, op. cit., p. 84.
77. *Ibid.*, p. 85.
78. François-Marie Arouet, dit Voltaire, *Conseils à un journaliste, sur la philosophie, l'histoire, le théâtre, les pièces de poésie, les mélanges de littérature, les anecdotes littéraires, les langues et le style*, 1737, dans *Œuvres complètes de Voltaire. Mélanges I*, op. cit., p. 242.
79. *Ibid.*, p. 117. Du reste, à l'époque où les *Bijoux* paraissent, la recherche commence à peine à s'intéresser à l'électricité. Sur cette question scientifique nouvelle, voir l'abbé Nollet, *Essai sur l'électricité des corps*, 1746.

se déploie pas en un réseau de figures parfaitement intégré à l'argument de la fable et survient plutôt dans le texte tel un hapax dans la langue. En revanche, il est d'autres propriétés de la matière que le libertinage de la première moitié du XVIIIe siècle sait mettre à profit et, pour s'en apercevoir, il n'y a qu'à considérer le *Tanzaï* de Crébillon fils, alors que la fée Moustache signale à Néadarné, son amie, qu'il est dans la vie des « moments » dont « on ne peut répondre » et « où la nature agit seule[80] ». Si l'on prend garde à cette nature « qui agit seule », on constate que le texte, comme la critique l'a déjà remarqué à juste titre, ramène précisément celle-ci « à des mécanismes explicables », de manière à la réduire « à des phénomènes d'attraction, de gravitation[81] ». Cette « révolution newtonienne », Crébillon fils n'est pas seul à en faire une composante de l'écriture libertine, dans la mesure où, comme le remarque le philosophe Algarotti, cette « cause qui fait que les corps s'attirent » constitue une « vérité [qui] n'éclate pas moins [...] dans les Phénomènes de la Physique & de la Galanterie[82] ». On le voit, ce principe de l'attirance des corps ou, si l'on veut, de la gravitation, peut être compté du nombre de ces concepts dont le XVIIIe siècle étendit aussitôt l'usage. Définie dans les *Lettres philosophiques* de Voltaire comme une « règle par laquelle les corps pèsent, gravitent, s'attirent en raison inverse des carrés des distances », cette « nouvelle propriété de la matière » connut une brillante fortune[83]. Loin de se réduire à une loi physico-mathématique, elle devait bientôt informer une multitude de métaphores figurant aussi bien la mécanique du corps social chez Montesquieu et chez Rousseau, que les mouvements sur lesquels se règle l'éveil de l'âme chez Condillac et chez Diderot[84]. Un tel parti n'était que la conséquence nécessaire d'un sentiment assez commun suivant lequel

---

80. Claude Prosper Jolyot de Crébillon, dit Crébillon fils, *Tanzaï et Néadarné, histoire japonoise*, 1976 [1734], p. 208.
81. Jean Sgard, *Prévost romancier*, 1968, p. 367.
82. Francesco Algarotti, *Le newtonianisme pour les dames, op. cit.*, t. 2, p. 282.
83. Voltaire, *Lettres philosophiques*, 1988 [1734], XV, p. 82 et p. 88.
84. Sur l'attraction en tant que « nouvelle propriété de la matière », voir Pierre-Louis Moreau de Maupertuis, *Discours sur la différente figure des astres*, 1732, p. 18, cité et commenté par Jean Ehrard dans *L'idée de nature en France dans la première moitié du XVIIIe siècle, op. cit.*, p. 139 sq. Comme le souligne ce dernier (p. 245), la question de l'attraction constitue le « centre nerveux » de toute la vie intellectuelle de la première moitié du XVIIIe siècle. Sur le problème du destin oratoire de l'attraction, voir ce passage particulièrement significatif de Montesquieu : « Ce qu'on appelle union, dans un corps politique, est une chose très-équivoque [...] Il en est comme des parties de cet univers, éternellement liées par l'action des unes et la réaction des autres » ; *Considérations sur les causes de la grandeur des Romains et de leur décadence*, dans *Œuvres complètes de Montesquieu*, 1951, IX, p. 119.

l'attraction était « un principe général répandu dans toute la Nature[85] » : dans la *Fille de joye*, on l'a vu, les « mains » d'un amant empressé se fixent un instant sur les seins de Fanny, pour ensuite se « port[er] tout à coup sous [s]es jupes et découvri[r] le centre d'attraction[86] ». Dans les *Soupers de Daphné* de Meusnier de Querlon, il existe également plus d'un passage où de telles figures de l'attirance des corps s'insèrent dans la description d'un tableau. Nous sommes ici à Daphné, faubourg opulent de la ville d'Antioche en Syrie. Le narrateur de cette scène, Titien, est l'hôte d'Ampélide, un riche commerçant, et le voici qui relate les circonstances d'un repas où « la table & les convives ravissoient également les yeux[87] » :

> Tous ces délicieux entretiens ne m'empêchoient pas de donner une partie de mon attention à une jolie brune assise au-dessous de moi. Je m'étois d'abord partagé fort également entre mes deux voisines, & j'avois à ma droite une assez belle blonde ; mais les yeux noirs m'avoient insensiblement détaché d'elle, & tout-à-fait attiré sur la gauche. [...] Il y avoit un grand vuide à ma droite, & ce vuide s'étoit formé par les mouvemens imperceptibles qu'on fait à table pour se rapprocher d'une personne dont le voisinage fait plaisir. Nous nous pressions encore cette brune & moi, & nous nous trouvions si serrez qu'une jambe de femme qui alloit sans cesse brossant & tâtonnant sous la table, prenoit à chaque instant un pied femelle pour le mien. Il faut vous expliquer ce que vouloit cette jambe. J'avois comme j'ai dit, au commencement du repas si bien partagé mes attentions entre mes deux voisines à droite & à gauche que j'avois conservé l'équilibre, mais à la fin la piquante brune m'avoit entierement entraîné vers elle. Or cette divine Blonde que j'abandonnois ne me voyoit pas fort tranquillement tourner le dos à ses charmes[88].

Ce sont d'abord des yeux noirs qui non seulement entraînent Titien, mais qui attirent encore à eux tout le corps de celui-ci comme vers son centre, pourrait-on dire, de gravité. Foyer de l'impression et du mouvement qui emportent le jeune homme « sur la gauche », ces yeux renferment une force qui engage bientôt celui-ci à rompre l'équilibre entre ses deux voisines, si bien que cette synecdoque des yeux, doublée d'une métaphore de l'atti-

---

85. Francesco Algarotti, *Le newtonianisme pour les dames, op. cit.*, t. 2, p. 175.
86. Jean-Louis Fougeret de Monbron, *Fanny Hill, la fille de joie, op. cit.*, p. 40.
87. Ange-Gabriel Meusnier de Querlon, *Les soupers de Daphné et Les dortoirs de Lacédémone. Anecdotes grecques ou fragments historiques publiés pour la première fois & traduits sur la version arabe imprimée à Constantinople, l'an de l'Hégire 1110 et de notre ère 1731*, 1740, p. 31.
88. *Ibid.*, p. 53-54.

rance, se trouve prolongée par la trajectoire d'un corps aussi soumis aux lois de la mécanique que le sont les corps célestes. Le rapprochement ingénieux que favorisent ces figures entre un corps et un regard n'a, bien sûr, rien d'absolument novateur. La gravitation universelle, disaient les philosophes, est le « grand ressort de la Nature » et, de même que « l'attraction du Soleil diminuë, suivant les accroissemens des carrés de distance », de même voit-on les hommes perdre « facilement l'idée des objets qui leur ont été les plus chers », à tel point qu'il y a « quelque tentation de croire que l'amour suit cette Loy des carrés[89] ». Aussi,

> lorsqu'une passion violente nous occupe [...] ne sentons-nous plus les passions foibles & legeres, si ce n'est que la plus forte attire toute notre ame, & s'en rend maîtresse[90].

Voilà résumée toute l'histoire de Titien. Toutefois, l'action qu'exercent sur lui des « yeux noirs » est dramatisée de telle manière que le recours aux figures du discours donne à voir les principes d'une théorie de la mécanique des corps grâce à une amplification oratoire qui la soumet à l'expérience. Autrement dit, si ces yeux noirs s'imposent aux sens de Titien et captent leur attention, le mouvement et bientôt le sentiment devront leur répondre : ce sera même ce théorème que l'analyse psychologique va chercher à démontrer en développant d'abord l'idée selon laquelle le mouvement est essentiel à la matière et en étendant ensuite ce principe newtonien jusqu'aux mécanismes de l'âme.

---

89. Francesco Algarotti, *Le newtonianisme pour les dames*, op. cit., t. 2, p. 172, p. 215 et p. 213.
90. *Ibid.*, t. 2, p. 228-229

II

La psychologie libertine

Il est des moments où la nature agit seule. Considérez cette femme, déclare la fée Moustache dans le *Tanzaï* : ce qui fait qu'elle « ne manque pas à son amant, c'est qu'elle ne se met point à portée de lui manquer. Dans une occasion fâcheuse, si elle s'y trouvait, la nature soufflerait sur le sentiment, et ne manquerait pas de l'éteindre[1] ». Si le procédé oratoire confère à la nature l'étrange faculté de « souffler sur le sentiment » un peu à la manière dont on éteint la flamme d'une bougie, cette première figure permet surtout de ramener les données immédiates de l'expérience affective à ses premiers principes : autrement dit, comme l'observe à la même époque un manuscrit philosophique clandestin, à ces « mouvemens qui se trouvent dans la matiere » et qui sont « la cause générale de toutes les inclinations naturelles[2] ». Ce sont ces mouvements dont s'empare la représentation libertine, si soucieuse de rendre éloquents, suivant le mot de Crébillon fils, les « sentiments du corps » qui agitent ses personnages. Qu'on en juge par les attitudes de Tanzaï : « Ce qu'il voyait, il le baisait ; ce qu'il avait baisé, il le revoyait encore, ses mains inquiètes s'égaraient partout![3] » Ces expressions « symétrisées » qui, assujetties à l'ordonnance d'un chiasme, rappellent la manière qu'enseignait Charles Porée ; puis, cette synecdoque de la main qui invite celle-ci à s'égarer en cédant à sa propre impatience : le portrait qui s'anime alors sous les yeux du lecteur peint à l'évidence la mécanique de la nature et, du même coup, celle du désir. Mais si l'éloquence sait prêter une figure si séduisante à ces mouvements mécaniques dont l'enchaînement nécessaire guide jusqu'à la main de Tanzaï, c'est précisément dans la mesure où l'attrait du plaisir et de la volupté forme le fonds de toutes nos pensées et de tous nos actes. « Nous ne sçaurions trop admirer », comme le précise, entre mille exemples, l'article « Plaisir » de l'*Encyclopédie*,

---

1. Claude Prosper Jolyot de Crébillon, dit Crébillon fils, *Tanzaï et Néadarné, op. cit.*, p. 219.
2. Anonyme, « Nature de notre ame et de notre esprit », *L'ame mortelle*, ms. 1189, § 2, p. 71.
3. Claude Prosper Jolyot de Crébillon, dit Crébillon fils, *Tanzaï et Néadarné, op. cit.*, p. 135.

combien la nature est attentive à remplir nos desirs. Si par le seul mouvement elle conduit la matiere, ce n'est aussi que par le *plaisir* qu'elle conduit les humains[4].

Le libertinage, on s'en aperçoit, avait déjà tiré la leçon de ce premier principe de la psychologie des Lumières. C'est tantôt dom Bougre qui, évoquant une main « timide dans les commencements », soumet bientôt ses mouvements aux lois du plaisir, celle-ci devenant par degrés « plus hardie par la facilité qu'elle trouvait à se satisfaire[5] » ; et tantôt Fanny, « anéantie » dans les bras de son amant, « sans aucun sentiment, excepté dans ces parties favorites de la nature où nos âmes, notre vie et toutes nos sensations étaient alors entièrement concentrées[6] ».

En liant le trouble de l'âme aux sentiments qu'éveillent en elle les sensations qui embrasent ces « parties favorites de la nature », le roman libertin investit d'abord la représentation des mouvements du corps du pouvoir de renverser le « préjugé ». Le sentiment général qu'exprime un ouvrage clandestin comme les *Dialogues sur l'ame* affirme d'emblée la thèse que le roman libertin ne cessera de reprendre et d'amplifier :

> En butte aux impressions continuelles de tous les objets qui nous environnent, nous n'avons de force, que pour ne pas toûjours résister à leurs impulsions, que pour nous laisser entraîner par la loi victorieuse du plaisir. La résistance que nous lui opposons n'est que pure grimace[7].

Soumis à la « loi victorieuse du plaisir », les mouvements de la nature renversent les digues que le préjugé leur oppose et celui-ci se réduit dès lors à n'être que « pure grimace ». Que l'on pense maintenant au *Sopha* de Crébillon fils : la scène que l'on va lire fait état d'un entretien entre Almaïde et Moclès. La première s'est depuis longtemps jetée dans la dévotion, le second est « chef d'un collège de Bramines » et leur étroite liaison a su respecter jusqu'à ce jour la vertu la plus stricte. Cependant, malgré cette « rare vertu dont Almaïde & Moclès étoient doués, [...] ils mêloient quelquefois à la morale des peintures du vice » : les voici bientôt entraînés par un mouvement

---

4. Article « Plaisir », *Encyclopédie, ou Dictionnaire raisonné des sciences, des arts et des métiers, op. cit.*, p. 689.
5. Jean-Charles Gervaise de Latouche, *L'histoire de dom Bougre, op. cit.*, p. 44.
6. Jean-Louis Fougeret de Monbron, *Fanny Hill, la fille de joie, op. cit.*, p. 64.
7. Anonyme, *Dialogues sur l'ame, op. cit.*, p. 189.

insensible à approfondir chaque jour davantage le détail de ces peintures[8]. S'ils affirment toujours avec une belle constance « que la vraie félicité ne se trouve que dans le sein de la vertu », ils en conviennent « séchement » et, désormais, ce n'est plus « avec la même rapidité » qu'ils procèdent à l'examen des plaisirs. Bref,

> c'étoit à peu près la même façon de se parler, mais ce n'étoit plus le même ton. Ils vivoient enfin avec une familiarité qui devoit les mener d'autant plus loin, qu'ils s'étourdissoient sur ce qui l'avoit fait naître, ou (ce que je croirois plus aisément) ne le pénétroient pas[9].

Parvenu à ce point, le récit s'efforce, on s'en doute, de peindre l'action mécanique des ressorts que le désir met en mouvement. De ce moment, la nature commence à agir seule, mais de telle manière qu'Almaïde et Moclès continuent encore à « s'étourdir » sur l'empire qu'elle exerce sur eux :

> Il ne faut pas [...] que vous croyez, précise ainsi Moclès à l'intention de la vertu toujours farouche d'Almaïde, que ces sortes d'objets, si dangereux pour les gens qui vivent dans le désordre, puissent faire la même impression sur nous : par eux-mêmes ils ne sont rien[10].

Pourtant, ces objets qui « par eux-mêmes ne sont rien » en regard des articles les plus importants de la foi de Moclès vont bientôt infléchir tout le cours de la conversation et jusqu'au destin des deux personnages. Mais écoutons Almaïde, que l'émotion vient à gagner par degrés et qui rapporte à Moclès les circonstances d'une aventure déjà ancienne :

> Je vous ai dit, ce me semble, que ce jeune homme, dont je vous parlois, m'avoit renversée sur un sopha [...] La nature qui me trahissoit me porta bientôt ce baiser dans le fond du cœur. [...] Tous mes sens se souleverent, un feu inconnu se glissa dans toutes mes veines ; je ne sais quel plaisir qui, en le détestant, m'entraînoit, remplit insensiblement toute mon ame, mes cris se convertirent en soupirs, et emportée par ces mouvemens auxquels [...] je ne pouvois plus résister [...] je n'avois plus la force de m'en défendre.

---

8. Claude Prosper Jolyot de Crébillon, dit Crébillon fils, *Le sopha, conte moral*. *Collection complète des œuvres de M. de Crébillon, fils*, 1968 [1740, 1777], p. 85.
9. *Ibid.*, p. 86-87.
10. *Ibid.*, p. 93.

Voilà, s'écria Moclès, une terrible situation ! Eh bien ? continua-t-il en la regardant avec des yeux enflammés.
Que vous dirai-je ? reprit-elle. [...] Quelle que fût l'ivresse dans laquelle j'étois plongée, je n'avois pas encore pu parvenir à étouffer cette voix importune qui crioit au fond de mon cœur [...] hélas ! ce ne fut pas pour long-temps. Je sentois bien-tôt augmenter mon désordre[11].

La voix du préjugé a vite fait de devenir importune et, en l'obligeant au silence, la nature triomphe. « Mes cris se convertirent en soupirs », précise Almaïde, et l'ingéniosité de cette métamorphose oratoire où interviennent métonymie et antithèse et allitération figure à merveille l'emportement auquel conduisent les mouvements pressants des sens : à la fin, souvenons-nous des *Dialogues sur l'ame*, les résistances du préjugé ne sont plus que « pure grimace ».

La psychologie libertine ne consiste pas seulement à figurer cette action mécanique de la nature et le ravissement des sens qui en est le résultat nécessaire. Elle porte encore plus loin ses vues et veut dévoiler les secrets de la fabrique du langage, c'est-à-dire les ruses et les stratégies que met en œuvre le désir et dont se fait complice le discours, voire la raison elle-même. À la même époque, toute une part importante de la psychologie des Lumières se plaisait elle aussi à varier différents motifs à partir de ce thème. Déjà, en 1734, Voltaire affirmait qu'à bien observer la nature et l'homme, on voit aussitôt que « les passions sont les roues qui font aller toutes ces machines[12] ». Dans une *Lettre de Thrasybule à Leucippe* (ca. 1720-1740) souvent attribuée à Nicolas Fréret, le texte va jusqu'à comparer la raison à une simple « balance avec laquelle nous pesons les objets [...] mais de telle sorte que c'est toujours l'apparence du plus grand plaisir qui l'emporte[13] ». Du moment où la raison est conçue à l'image d'une simple balance, celle-ci, en somme, ne fait plus que se régler en chaque circonstance sur la sollicitation d'impulsions primitives. Cela dit, fixons à nouveau notre attention sur les yeux enflammés que Moclès, on s'en souvient, jetait sur Almaïde pendant le récit que celle-ci lui faisait d'une aventure où le « trouble qui s'empare des

---

11. *Ibid.*, p. 97-100.
12. François-Marie Arouet, dit Voltaire, *Traité de métaphysique*, dans *Mélanges*, 1952 [1734], ch. 8, p. 195.
13. Nicolas Fréret, *Lettre de Thrasybule à Leucippe*, 1986 [ca. 1720-1740], p. 325. Sur l'hypothèse de l'attribution de ce manuscrit à Fréret, voir Sergio Landucci, « L'attribuzione a Fréret », *Lettre de Thrasybule à Leucippe, op. cit.*, p. 15-73.

sens & les confond » devenait, semble-t-il, « indépendant de nous-mêmes[14] ».
De moment en moment, ce récit les avait si bien échauffés que, désormais,
« c'étoit moins la crainte de succomber qui les retenoit, que l'embarras
d'amener leur chûte[15] ». Or,

> Moclès, de qui un aveu formel de ses sentimens auroit trop blessé l'orgueil &
> l'état, crut qu'il ne pouvoit mieux réussir que par le sophisme ; supposé cepen-
> dant que le choix des moyens dépendît encore de l'examen qu'en pouvoit faire sa
> raison [...]
> Je pense, hasarde-t-il à la fin, qu'il est possible que nous ayons fort peu de mérite
> à ne nous être jamais écartés de nos devoirs. [...] Nous nous croyons vertueux,
> vous & moi ; mais [...] nous ne savons réellement ce qui en est [...] En quoi con-
> siste la vertu ? dans la privation absolue des choses qui flattent le plus les sens.
> Qui peut savoir quelle est la chose qui les flatte le plus ? celui-là seul qui a joui de
> toutes. Si la jouissance du plaisir peut seule apprendre à le connoître, celui qui
> ne l'a point éprouvé ne le connoît pas ; que peut-il donc sacrifier ? Rien, une
> chimère ; car quel autre nom donner à des desirs qui ne portent que sur une
> chose qu'on ignore ? & si, comme cela est décidé, la difficulté du sacrifice en fait
> seule tout le prix, quel mérite peut avoir celui qui ne sacrifie qu'une idée ? Mais
> après s'être livré aux plaisirs, & s'y être trouvé sensible, y renoncer, s'immoler
> soi-même, voilà la grande, la seule, la vraie vertu, & celle que ni vous ni moi ne
> pouvons nous flatter d'avoir. [...]
> Je suppose (& plût au ciel que je ne supposasse rien,) que fatigués de notre incer-
> titude, sentant enfin qu'il est de notre devoir de nous en tirer, nous voulons
> connoître le plaisir, & juger de ses charmes par nous-mêmes ; quel seroit le
> danger de cette épreuve ?[16]

Un sopha qui s'offre opportunément rompt l'embarras dans lequel les
avaient jetés les prétendues incertitudes qu'avait accumulées Moclès. Du
reste, on aura goûté les détours qu'emprunte le sophisme auquel recourt ce
dernier et sous lequel perce à l'évidence la satire de cette éloquence jésuite et
casuiste si encline à faire sans cesse surgir de nouveaux artifices. Cependant,
l'artifice ne triomphe que dans la mesure où il paraît sous la figure fort
séduisante d'un « enthymème figuré » dont les prémisses et la conclusion
s'enchaînent, pour ainsi dire, sous la dictée d'un raisonnement docile à

---

14. Claude Prosper Jolyot de Crébillon, dit Crébillon fils, *Le sopha op. cit.*, p. 91.
15. *Ibid.*, p. 103.
16. *Ibid.*, p. 104-112.

suivre les seules sollicitations du désir et même, songeons encore à Fréret, « l'apparence du plus grand plaisir ». De ce point de vue, ce sont les mouvements du désir qui déterminent la raison à se prêter à leur action mécanique et même à les rendre dans le discours sous la figure d'un sophisme astucieux : chez Moclès, ajoute Crébillon, le choix des moyens dépendait-il encore « de l'examen qu'en pouvoit faire sa raison » ?

« *O Plaisir !* répondit la Statue, *pourquoi t'a-t-on tant négligé ? N'es-tu pas la véritable Reine à laquelle il falloit sacrifier ?*[17] » Cette exclamation qu'arrache la volupté à la statue conçue par les soins de Pigmalion résume le premier principe de la psychologie libertine. Voyez encore le marquis D*** observant Éléonore, sa maîtresse, dans les *Sonnettes* de Guiard de Servigné. « Mes yeux, écrit-il, faisoient mille larcins, & me donnoient l'idée confuse de mille autres[18] ». Puis, à cette première « scène d'idées » qu'informe le spectacle offert aux sens du marquis, répondent le séduisant tableau de ses plaisirs avec Éléonore et, enfin, l'éloge de « l'impression qu'ils laissent » et qui « prouvent l'excellence de leur nature ». Dans les marges de l'exemplaire aujourd'hui conservé à la Bibliothèque nationale, il ne reste plus à un lecteur du XVIIIe siècle, François-Louis Jamet le Jeune, qu'à se récrier, la plume à la main : « Je reconnois les Dieux au plaisir que je sens[19] ». Le plaisir : reine ou divinité, il faut bien y sacrifier, car si « la nature ne fait rien sans le corps » et que « l'esprit suit le penchant du corps », ce ne peut être que ce penchant qui, à la fin, décide de tout[20]. Cette opinion qu'exprime un manuscrit comme la *Parité de la vie et de la mort* est parfaitement analogue à celle qu'expose le philosophe Aristippe dans une petite pièce libertine paraissant sous le titre de *Dortoirs de Lacédémone, ou Dialogue sur la volupté* :

> La volupté que je professe est une volupté purement corporelle. Je rappelle au plaisir & à la douleur toutes les passions & toutes les affections humaines. Je définis le plaisir une émotion douce, & la douleur une émotion violente. Je prétends que ces deux mouvemens sont le principe & la fin de toutes nos actions. Parcourez toute la vie de l'homme, vous trouverez qu'elle roule uniquement sur ces deux mobiles. Tout ce qui a le sentiment est par sa nature invinciblement porté au plaisir ; c'est lui que nous cherchons en naissant, même avant que la

---

17. André François Boureau-Deslandes, *Pigmalion, op. cit.*, p. 59.
18. Jean Baptiste Guiard de Servigné, *Les sonnettes, ou Mémoires du marquis D****, 1749, p. 28.
19. *Ibid.*, p. 63 ; Paris-BN, Réserve Z-3215.
20. Voir le manuscrit philosophique clandestin *Parité de la vie et de la mort*, ms. 1192, p. 92 et p. 124.

raison nous fasse discerner ce qui mérite notre aversion, & ce que nous devons embrasser ; & enfin toute la vie se passe à poursuivre le plaisir & à fuir la peine[21].

Philosophie clandestine des Lumières ou psychologie libertine à l'usage des romans, peu importe : toutes deux enseignent que le plaisir et le déplaisir sont les seuls mobiles de « tout ce qui a le sentiment ». Toutefois, dans le roman libertin, amplifications oratoires et figures de l'éloquence font de ce savoir un discours séducteur qui adopte le tour ingénieux d'une expérience imaginaire et licencieuse où le tableau de la volupté excite des désirs dont l'éveil apprend à démêler le « préjugé » de la « nature ». Voyez ces

> amans bien enflammez ; le charme commence par les yeux : ils sont ingénieux à découvrir dans l'objet de leur passion mutuelle des perfections & des agrémens qui échappent à tous les autres yeux. A la vûe l'un de l'autre tous leurs sens sont émus & satisfaits à la fois, ou plutôt toute leur ame est dans les sens, l'amour les parcourt & les remplit tous ; il les rend plus subtils & plus délicats. Leurs regards sont des traits de flamme qui s'allument réciproquement : leurs yeux nâgent dans une tendre yvresse qui ne leur laisse plus voir qu'eux mêmes[22].

Au lieu « de laisser aller chaque raison par son chemin », pour parler à la manière de Pierre Bayle, tout le texte recourt « à une espéce de Dioptrique », de manière à « reünir une infinité de rayons » en un seul trait[23]. En fait, tous les principes de la psychologie libertine semblent se lier dans ce texte et, pour ainsi dire, se réfracter dans la synecdoque toute simple de ces yeux « enflammez » et « ingénieux » qui portent bientôt l'émotion dans tous les sens.

Les conséquences de ces principes ne sont pas seulement visibles en regard d'une théorie du sentiment amoureux. Ceux-ci influent aussi sur la manière générale dont le roman libertin conçoit sa pratique et entend se distinguer comme genre. Du moins est-ce là ce que donne à entendre la critique libertine du roman sentimental que signale à l'évidence le titre même d'*Antipaméla* (1742) figurant en tête d'un ouvrage attribué à Claude Villaret. Mais rappelons certains faits. *Paméla ou la vertu récompensée* (1740) était, on le

---

21. Ange-Gabriel Meusnier de Querlon, *Les soupers de Daphné et Les dortoirs de Lacédémone, op. cit.*, p. 63-64.
22. *Ibid.*, p. 70-71.
23. Pierre Bayle, art. « Priolo », *Dictionnaire historique et critique* ; cité par Balthazar Gibert, *Jugemens des savans sur les auteurs qui ont traité de la rhétorique*, 1718, t. 1, p. 456-457 ; voir ci-dessus p. 98.

sait, le titre du premier ouvrage du romancier anglais Samuel Richardson et la brillante fortune de ce livre devait bientôt mettre le roman sentimental en vogue dans toute l'Europe. Pour l'essentiel, ce roman se proposait de faire le tableau des épreuves auxquelles était soumise la vertu d'une jeune domestique qui, résolue à se refuser aux empressements de son maître, obtenait enfin de celui-ci qu'il l'épousât. Si Diderot en vint un jour à célébrer son auteur et le genre auquel son nom est resté rattaché dans son *Éloge de Richardson* (1761), la critique française des années 1740 devait recevoir les productions de cette sorte avec un enthousiasme beaucoup moins marqué. Dans les *Lettres amusantes et critiques sur les romans* (1743), par exemple, Aubert de la Chesnaye des Bois ne décrit-il pas *Paméla* comme « un *Roman* fort uniment écrit, rempli d'ennuieuses fadaises » et dont l'héroïne n'affecte même « une vertu sauvage, que pour mieux arriver au but » ? Déjà, le même sentiment prévalait dans une « Lettre sur les romans », court texte paru en 1742 sans mention d'auteur dans les *Amusemens du cœur et de l'esprit*. On y approuve tous les romans qui « respirent la galanterie » et l'on s'en prend à la vogue naissante du roman sentimental, ce « Roman d'une nouvèle espéce » à qui un « journaliste étranger » a donné, précise-t-on, des « Eloges exclusifs » pour mieux censurer les autres. Bref, on a affaire en chacune de ces rencontres à une sorte de défense et illustration de la galanterie à la française, redoublée à chaque fois d'une attaque contre *Paméla*, ouvrage dont on ne saurait « achever la lecture sans éprouver beaucoup d'ennui[24] ». Quant au texte lui-même de l'*Antipamela*, on y lit des observations conçues dans le même esprit que celles des *Amusemens du cœur et de l'esprit* ou des *Lettres amusantes et critiques sur les romans*, mais, suivant en cela un procédé avec lequel le roman libertin est familier, ces critiques donnent à la défense de la galanterie un tour plus radical en paraissant sous une figure destinée à séduire et à toucher les sens du lecteur. C'est le cas, par exemple, d'un passage où Mademoiselle D***, la narratrice de ces prétendus Mémoires, raconte sa première nuit avec Keil. Les mérites de cet homme semblent se borner à sa seule qualité de « riche Caissier de la compagnie de Bristol » et une physionomie ingrate persuade même notre héroïne de refuser les propositions les plus avantageuses qu'il lui avait faites en faveur de sa fortune[25]. Le dépit que celui-ci en conçoit lui inspire alors un subterfuge. Grâce à l'obscu-

---

24. Anonyme, « Lettre sur les romans. À M**. Journaliste étranger. Ce premier septembre 1742 », *Les amusemens du cœur et de l'esprit. Ouvrage périodique*, 1742, t. 14, p. 409.

25. Claude Villaret, *Antipaméla, op. cit.*, p. 7 sq.

rité de la nuit et sous le couvert d'une lettre où il contrefait l'écriture du Chevalier, l'amant que lui a préféré Mademoiselle D***, le voilà qui parvient à se glisser dans le lit de celle-ci et à recueillir, sous une identité usurpée, tous les témoignages de sa sensibilité :

> Que deux amans, poursuit cette dernière, ont de choses à se dire [...] ! Les paroles ne peuvent rendre qu'imparfaitement les ravissemens que l'ame éprouve alors. L'amour possede un langage plus expressif. Il n'appartient qu'à lui dans ces instans d'être l'interprête des sentimens dont ils sont penetrés. Je n'avois jamais ressenti une volupté si piquante : le Chevalier lui même sembloit avoir redoublé de vivacité. Ciel ! disois-je en moi-même, que les plaisirs dérobés sont doux ! [...] Le jour commençoit à peine à paroître. Mon amant dormoit encore ; j'écartai un des rideaux pour le contempler ; mais, quel prodige ! je reculai d'effroi, en reconnoissant Keil, c'étoit lui qui m'avoit écrit sous le nom du Chevalier ; c'étoit lui [...] à qui j'avois prodigué les plus tendres caresses, en croyant ne le faire que pour un amant favorisé. Mon premier mouvement fut la colere. [...] J'allois éclater, lorsqu'une refléxion m'arrêta. J'étois outrée du tour qu'il m'avoit joué ; mais, le dirais-je ? le ressouvenir de la nuit me demandoit grace pour lui. Il se fit dans le moment une révolution dans mon cœur. Le plaisir a diverses faces ? je ne l'avois jamais envisagé sous celle qu'il m'offroit. La nouveauté de l'objet me séduisit ; je suivis la pente qu'elle me présentoit ; mes sens en reçurent l'image enchanteresse, quoiqu'un reste de raison semblât la réprouver. [...] La sensualité prévalut sur l'amour de sentiment. [...]
> Keil se réveilla, comme j'étois occupée de mes refléxions bizarres ; nos yeux se rencontrerent ; [...] enchanté de me voir sans colere, [...] il ne pouvoit contenir sa joye. Je vous ai donc enfin touchée, me disoit-il, & je puis me flater d'avoir trouvé le chemin de votre cœur[26].

À suivre le détail de ce texte important, on s'aperçoit d'abord de l'impuissance de la parole à rendre ces « ravissemens » de l'âme dont seul le « langage plus expressif » de « l'amour » sait se faire « l'interprête ». « Que deux amans ont de choses à se dire ! » ; « Ciel ! que les plaisirs dérobés sont doux ! » : dans le contexte où elles surviennent, ces exclamations destinées à introduire et à conclure un premier développement sur le langage de l'amour viennent en exprimer toute la vivacité en marquant la force avec laquelle s'impose la « volupté si piquante » dont elles procèdent. Mais il y a plus. Une fois désabusée de l'erreur qui l'avait séduite, Mademoiselle D*** se livre à une sorte

---

26. *Ibid.*, p. 97-101.

de retour critique sur l'expérience qui décida de son ravissement, de sorte qu'à ses premiers mouvements et aux exclamations que semblait lui avoir arrachées l'amour succède une description vive des progrès du « ressouvenir » dont l'action se trouve, pour ainsi dire, dramatisée et personnifiée. Ce ressouvenir vient bientôt lui demander la grâce de Keil : en multipliant les « diverses faces » sous lesquelles s'offre le plaisir, il précipite Mademoiselle D*** sur une « pente » toute nouvelle qui entraîne les sens, puis la raison elle-même, à accueillir « l'image enchanteresse » et aussitôt victorieuse de la volupté. Avec cet empire qu'exerce le souvenir sur la marche de la pensée, on reconnaît un motif familier à la psychologie des Lumières qui, on le sait, convenait généralement, comme dans le texte manuscrit de ces *Dialogues sur l'ame*, que c'est le

> souvenir, suite de l'expérience, qui forme ce que nous appelons idées, pensée ; action par laquelle je me représente que j'ai éprouvé du plaisir ou de la douleur à l'occasion de certaines impressions excitées en moi par certains objets. Ensuite de cette action représentative, vient celle par laquelle je juge sur ces représentations que je dois les exclure ou les admettre[27].

Dans un contexte où souvenir, expérience et impression du plaisir se secondent en dictant jusqu'aux moindres opérations de « l'action représentative » sur laquelle se règlent, après coup, le jugement et la raison, il s'ensuit nécessairement que l'âme ou, si l'on préfère, « la table qui reçoit en nous les impressions, soit aussi matérielle[28] ». Aussi est-ce bien en suivant à son tour cette logique que Mademoiselle D*** se trouve entraînée par une même nécessité à tirer des prémisses que le souvenir lui impose une conclusion où la sensualité triomphe de l'amour de sentiment. Dans l'*Antipaméla*, cette conclusion ne sollicite pourtant les principes les plus hardis de la psychologie matérialiste qu'au terme d'un récit qui les reportent sur une scène où la séduction exercée par une représentation de la mécanique des sentiments du corps se met au service de la critique d'un sentimentalisme à la Richardson, simple illusion, voire pure imposture imaginée pour voiler les véritables lois du désir et la réalité du plaisir. Veut-on du sentiment ? Ce sera seulement, comme l'affirment les *Bijoux indiscrets*, « celui que le plaisir fait naître » dont

---

27. Anonyme, *Dialogues sur l'ame, op. cit.*, p. 93-94.
28. *Ibid.*, p. 87.

le roman libertin fera le tableau[29]. Fanfiche, elle aussi, n'en conçoit pas d'autre idée : « Qui nous guide ? Le sentiment ? Je ne trouve rien d'aussi puéril que cette expression dont on se pare à tout propos. Ce sont les sens qui nous menent[30] ».

Sans doute les sens nous mènent-ils mais, à s'en remettre à cette seule idée, l'enquête psychologique à laquelle se livre le roman libertin aurait vite fait de sombrer dans le récit sans fin de l'influence que les impressions suscitées par les objets du monde extérieur exercent sur le cours intime de la pensée. De ce point de vue, on pourrait même craindre que l'entreprise critique dont se réclame le libertinage ne s'endorme à nouveau sur l'autorité du « préjugé », puisque les mouvements de la nature sont eux-mêmes « enchaînés » par la force de l'habitude. La nature, résume Mademoiselle D*** dans l'*Antipaméla*, « n'est peut-être elle-même qu'une première habitude[31] ». En fait, cette intuition critique commande le second grand principe qui caractérise toute la psychologie libertine. « La nature à mes yeux n'est rien qu'une habitude », disait déjà Voltaire dans le *Fanatisme ou Mahomet le Prophète* (1741)[32], et cette sentence renferme le principal argument d'une psychologie appelée à s'offrir sous diverses faces dans le roman libertin et, bien sûr, dès l'*incipit* de l'*Antipaméla* :

> Tout nous frappe, affirme Mademoiselle D***, dans nos premieres années : nous saisissons avec avidité les objets qui nous environnent, le sentiment qu'ils excitent en nous pénètre jusqu'à notre ame avec d'autant plus de facilité, qu'il ne rencontre aucun obstacle. Cette disposition à recevoir les impressions, s'émousse insensiblement par l'habitude où nous sommes de les recevoir. Dans un âge plus avancé, la varieté des objets qui se présentent, est cause qu'ils ne peuvent marquer que des traces légères, [...] tandis que les premieres impressions gravées profondément, résistent au temps, & subsistent encore dans toute leur force, lors même que nous avons perdu la mémoire de celles qui leur ont succédé. Voilà je pense l'origine des préjugés qu'il est si difficile, pour ne pas dire impossible, d'anéantir absolument. Ils enchaînent la nature, qui gémit, mais en-vain, de sa captivité[33].

---

29. Denis Diderot, *Les bijoux indiscrets*, op. cit., p. 260.
30. Jean Baptiste Grimat de Bonneval, *Fanfiche ou Mémoires de Mademoiselle de ****, 1748, p. 59.
31. Claude Villaret, *Antipaméla*, op. cit., p. 1.
32. François-Marie Arouet, dit Voltaire, *Le fanatisme ou Mahomet le prophète*, acte IV, sc. I.
33. Claude Villaret, *Antipaméla*, op. cit., p. 1-2.

Rien n'interdirait de ranger la plupart des romans libertins sous cet *incipit* qui, à chaque fois, pourrait bien leur tenir lieu d'exergue, avec ces « premieres impressions gravées profondément », dont le préjugé procède et dont la force détermine tout le destin de notre rapport sensible au monde en allant même jusqu'à « enchaîner » la nature. Du moins est-ce là ce que fait entendre jusqu'aux soupirs douloureux du « bijou » de Manille dont la maîtresse, dans les *Bijoux indiscrets*, consacre toute sa vie au jeu :

> Voilà donc Manille au lit, n'ayant fait pour toute prière du soir que quelques imprécations contre un maudit as venu sept fois de suite en perte. Elle eut à peine les yeux fermés, que Mangogul tourna sa bague sur elle. À l'instant son bijou s'écria douloureusement : « Pour le coup, je suis repic et capot ». Le sultan sourit de ce que chez Manille, tout parlait jeu, jusqu'à son bijou[34].

Même si un bijou « n'a point de ces chimères » car, à l'ordinaire, ce n'est pas là qu'est « le lieu des préjugés[35] », telle est pourtant la force avec laquelle s'impose l'habitude que celle-ci enchaîne jusqu'au bijou de Manille et, sous cette figure, semble même prescrire tout le cours que suit le destin social de la sensation. Dans toute l'œuvre de Diderot, pareil souci pour une observation déjà sociologique du discours reste constant et, depuis les *Bijoux indiscrets* jusqu'à ses textes les plus tardifs, celui-ci retrace avec attention la carrière que les sensations primitives sont appelées à parcourir sur la « scène du monde ». Considérons, par exemple, le destin auquel est soumise l'audition de la « musique angélique » du castrat Caffarelli dans cet extrait de la *Satire première sur les caractères et les mots de caractère, de profession, etc.* :

> Y étiez-vous lorsque le castrat Caffarelli nous jetait dans un ravissement que ni ta véhémence, Démosthène! ni ton harmonie, Cicéron! [...] ne nous firent jamais éprouver ? [...] Caffarelli a chanté ; nous restons stupéfaits d'admiration. Je m'adresse au célèbre naturaliste Daubenton, avec lequel je partageais un sofa. « Eh bien! docteur, qu'en dites-vous ? »
> — Il a les jambes grêles, les genoux ronds, les cuisses grosses, les hanches larges ; c'est qu'un être privé des organes qui caractérisent son sexe, affecte la conformation du sexe opposé...
> — Mais cette musique angélique !...
> — Pas un poil de barbe au menton [...]

---

34. Denis Diderot, *Les bijoux indiscrets, op. cit.*, p. 62.
35. *Ibid.*, p. 50.

Tandis que le virtuose nous faisait fondre en larmes, Daubenton l'examinait en naturaliste[36].

Comparons maintenant ce texte à un passage tiré des *Bijoux indiscrets*, alors que le sultan Mangogul a la curiosité d'interroger le bijou d'une femme ralliée à la secte des « vorticoses », c'est-à-dire des Cartésiens, et qui, par ailleurs, « s'est mis en tête que Brama l'appelait à l'étude de la géométrie, parce qu'elle en a reçu la figure d'un globe » :

> J'ai voulu savoir, poursuit le sultan, des nouvelles de son bijou, et je l'ai questionné ; mais ce vorticose s'est expliqué en termes d'une géométrie si profonde, que je ne l'ai point entendu [...] Ce n'était que lignes droites, surfaces concaves, quantités données, longueur, largeur, profondeur, solides, forces vives, forces mortes, cône, cylindre, sections coniques, courbes, courbes élastiques, courbe rentrant en elle-même, avec son point conjugué[37].

Ici, les observations morales, voire déjà sociologiques, de la *Satire première* viennent s'unir au persiflage de quelques métaphores provocantes qui allient aux termes de la géométrie une double entente érotique, mais de telle manière qu'en cette rencontre les sensations naturelles d'un bijou, la pratique habituelle d'un métier et l'exactitude mathématique deviennent indissociables.

On concevra sans peine que l'analyse des mouvements d'une nature dont le destin est lié à l'habitude et aux mœurs procure une ressource importante à la satire et à la critique sociale. Voyez, dans les *Lauriers ecclésiastiques*, « le feu dévorant » des regards de l'abbé de T ***, alors que toute son ardeur se fixe sur les beautés de la marquise de B ***. Ce feu qu'allume le spectacle offert à ses sens, n'est-il pas « tempéré par un certain vernis d'hipocrisie & de scéleratesse, attaché à la maudite robe qu'[il] portoi[t][38] » ? Sous l'emblème de cette robe paraissent non seulement l'hypocrisie et la scéleratesse, mais encore ce « feu dévorant » dont l'ardeur prend une couleur qui convient à la condition et à l'état qu'a embrassés notre abbé. Voilà pour la robe ; quant à la ville, la vertu, lit-on dans *Angola*, y « est soutenue par les préjugés et

---

36. Denis Diderot, *Satire I. Sur les caractères et les mots de caractère, de profession, etc.*, dans Œuvres, 1951, p. 1222-1223.
37. Denis Diderot, *Les bijoux indiscrets*, op. cit., p. 178.
38. Jacques de La Rochette, dit e chevalier de La Morlière, *Les lauriers ecclésiastiques*, op. cit., p. 25.

hérissée de bienséances, [et] oppose tous ces fantômes au plaisir[39] ». Ici, la volupté se goûte, pour ainsi dire, à l'ombre des préjugés qu'on lui oppose, alors que le recours à l'italique vient marquer le terme « hérissée » en associant son usage au jargon mondain en vogue et, de la sorte, signale que cette contrariété ne saurait survenir que « sur la scène du monde[40] ». Angola s'abandonne-t-il au « sentiment » et en vient-il à désirer « la possession du cœur de Luzéide » ? « *Langage de roman*, s'empresse d'interrompre Almaïr, son ami, et qui n'empêche pas qu'au fond votre but soit le même[41] ». Encore là, couleur oratoire et couleur propre à un certain état du discours social concourent ensemble à rendre le destin mondain de la sensation. Si l'on quitte cet univers de « l'extrêmement bonne compagnie » au profit du témoignage d'une « fille du monde », on pourra interroger Margot, dont « le Guerrier, le Robin, le Financier, le Philosophe, l'Homme d'Église », écrit-elle, recherchent également le commerce, chacun d'entre eux lui parlant même « le jargon de son état[42] ». Voici un tableau tiré du récit de ses aventures :

> Un Mylord, ou plutôt un Mylourd, vint me présenter ses hommages Sterling et ses vapeurs. C'était une sorte d'individu court et ramassé, qui ressemblait parfaitement à un gros orteil [...] Les qualités de son esprit répondaient si bien à celles du corps, que l'un semblait fait pour l'autre, et que l'on eût été fort embarrassé au quel donner préférence. D'ailleurs, on doit savoir que l'intérêt seul nous gouvernant, un barbet, un singe qui viendrait nous trouver, muni d'une bonne bourse, serait sûr d'être mieux accueilli que le plus aimable Cavalier du monde. Tel est le charme de l'espèce qu'elle nous fait voir toujours à leur avantage, ceux qui en ont beaucoup. Les guinées de Mylord avaient métamorphosé sa personne : c'était un Céladon à mes yeux. [...] Quoique Mylord ne fut rien moins que généreux, j'en tirais tout ce que je voulais [...] Je n'avais qu'à lui citer quelques traits éclatants de la générosité de nos entreteneurs, aussitôt, par une jalouse émulation, il s'efforçait à les surpasser, ne pouvant souffrir qu'il fût dit qu'aucun Mortel pût égaler en magnificence un Citoyen de la Grande-Bretagne. Son sot orgueil me valut, dans le courant de quatre mois, cinq mille livres sterling[43].

---

39. Jacques de La Rochette, dit le chevalier de La Morlière, *Angola, histoire indienne, ouvrage sans vraisemblance*, 1991 [1746], p. 117.
40. Sur la question de l'usage du « jargon mondain » dans *Angola*, voir, par ailleurs, Laurent Versini, « Néologie et tours à la mode dans *Angola* », 1975, vol. XIII, n° 2.
41. Jacques de La Rochette, dit le chevalier de La Morlière, *Angola*, *op. cit.*, p. 147.
42. Jean-Louis Fougeret de Monbron, *Margot la ravaudeuse, op. cit.*, p. 41.
43. *Ibid.*, p. 112-115.

Ce qui préside à cette métamorphose oratoire d' « un gros orteil » en un Céladon tient, on s'en aperçoit, à des « hommages Sterling » dont l'empire est tel que ceux-ci sont capables d'exalter tous les sens en faveur de quelque « barbet » ou de quelque « singe [...] muni d'une bonne bourse ». « Cinq mille livres sterling » : voilà ce qui arrête, chez Margot, les « mouvements de la nature », mais voilà aussi à quoi se réduisent les désirs d'un « Mylourd », dont le destin est enchaîné au préjugé national et à l'amour-propre. Cependant, à considérer avec une plus grande attention le portrait que fait Margot de cet aristocrate anglais, on remarque à quel point ressortent les deux derniers traits. Qu'il s'agisse de la critique comparative du caractère des nations ou encore de l'analyse critique de l'amour-propre, à chaque fois se dessinent les aspects essentiels de l'anthropologie ou, si l'on préfère recourir à un terme anachronique, de la « psychologie sociale » des Lumières. C'est Fougeret de Monbron, déclarant dès l'incipit de son *Cosmopolite ou le citoyen du monde* que « l'Univers est une espèce de livre dont on n'a lu que la première page, quand on a vu que son pays[44] » ; Montesquieu ensuite, s'attachant dans la troisième partie de l'*Esprit des lois* à marquer les rapports entre l'esprit général d'une nation et celui des lois[45] ; Margot enfin, que toute sa carrière incite à se « dévouer tout-à-fait aux affaires étrangères[46] » et qui, par conséquent, décrit sans cesse « l'esprit général » des nations pour mieux en fixer les « caractères ». On vient de lire le portrait d'un milord anglais ; celui d'un baron allemand est tout aussi mordant :

> Je ne crois pas qu'il soit jamais sorti de la Germanie un plus sot et plus désagréable animal Il était haut d'une toise, cagneux et roux, bête au dernier degré, et ivrogne à toute outrance. Ce Gentilhomme, l'espoir et l'idole de sa famille, voyageait pour joindre aux heureuses qualités dont la nature l'avait comblé, celles que l'on acquiert en pratiquant le beau monde[47].

Avec la figure de « cet Adonis échappé du Holstein[48] », le texte rend non seulement une certaine lourdeur germanique, ce qui n'est qu'un lieu

---

44. Jean-Louis Fougeret de Monbron, *Le cosmopolite ou le citoyen du monde, suivi de La capitale des Gaules ou la nouvelle Babylone*, 1970 [1750], p. 35.
45. Montesquieu, *L'esprit des lois*, dans *Œuvres complètes de Montesquieu*, 1951 [1748], III, ch. 14 et sq.
46. Jean-Louis Fougeret de Monbron, *Margot la ravaudeuse, op. cit.*, p. 95.
47. *Ibid.*, p. 77.
48. *Ibid.*, p. 95.

commun, mais aussi la prétendue nécessité de se polir « en pratiquant le beau monde », aspiration qui préside bientôt à toutes les entreprises et à tous les désirs de ce baron. On se souvient de l'amour-propre de notre milord dont on faisait une sorte de « tableau vivant » : à la faveur de la réitération constante de traits conçus dans cet esprit se dessine alors l'un des principaux arguments du roman. Si l'action mécanique des sensations éveille des désirs, ceux-ci se retrouvent néanmoins soumis à la « fatuité », bref à cette envie d'éblouir et de surprendre dans le regard de l'autre une image brillante et magnifiée de sa propre personne :

> Il semble, précise enfin Margot, que nous donnions l'être à nos Amans. Tel qui avait toujours été confondu et comme anéanti dans la foule, dès qu'il est attaché à notre char, il n'est plus permis de l'ignorer : c'est un homme à la mode[49].

La « mode » triomphe jusqu'à enchaîner « l'être » à son char et nul n'est sans doute besoin de rappeler à quel point tout le brillant de l'élocution permet ici de rendre l'un des principaux aspects de la critique anthropologique des Lumières. Chez Jean-Jacques Rousseau, l'analyse de ce jeu de regards occupera même, on le sait, toute l'attention du philosophe. Ce dernier entreprend-il, par exemple, d'établir l'origine et les fondements de l'inégalité parmi les hommes ? Ses progrès semblent alors épouser ceux de l'amour-propre, depuis ce jour si lointain où « chacun commença à regarder les autres et à vouloir être regardé soi-même, et [que] l'estime publique eut un prix[50] ». Dans un contexte où l'amour-propre devient un ressort à peu près aussi ancien que l'humanité elle-même, ce premier mouvement ne peut que se confondre avec la nature qui, comme le signalait déjà Mademoiselle D*** dans l'*Antipaméla*, n'est pas autre chose « qu'une premiere habitude[51] ». Toute la force de ce trait admirable appartient à Margot : l'habitude, en effet, « nous familiarise, nous *naturalise* même, si j'ose m'exprimer de la sorte, avec les défauts des gens que nous pratiquons[52] ».

---

49. *Ibid.*, p. 105.
50. Jean-Jacques Rousseau, *Discours sur l'origine et les fondements de l'inégalité parmi les hommes*, 1981 [1755], p. 77.
51. Claude Villaret, *Antipaméla*, *op. cit.*, p. 1.
52. Jean-Louis Fougeret de Monbron, *Margot la ravaudeuse*, *op. cit.*, p. 90 ; c'est moi qui souligne.

Habitude et nature, action mécanique des sensations et ressorts de l'amour-propre : à ces premiers éléments de la psychologie libertine ajoutons encore ce dernier trait que suggère un passage tiré de *Margot* :

> J'étais, rapporte Margot, dans un déshabillé plus agaçant que coquet. L'art que j'y avais mis, était si voisin de la nature, que mes charmes ne semblaient rien emprunter de mon ajustement. J'avais tout lieu de présumer de leur pouvoir. Mon Financier me trouvait adorable. L'avidité de ses regards, l'impatience de ses mains ne me laissaient pas douter que je ne touchasse au dénouement de la pièce[53].

À un artifice si bien ménagé qu'il se dissimule sous la nature répond l'impatience de ces mains abandonnées aux mouvements nécessaires qui la guident. Seulement, pour être portée à son dernier point de perfection, la pièce où ces mains vont bientôt figurer en bonne place exige encore qu'on en varie l'intrigue et les péripéties. Ce principe, voire ce précepte, est capital : dans l'*Antipaméla*, Mademoiselle D*** en arrive-t-elle à sentir « peu à peu que la vivacité de [s]on amour se ralentissoit[54] » ?

> Cela m'avoit fait comprendre, que puisqu'apparemment nous n'avions qu'une certaine mesure de tendresse, nous avions eu tort d'en avoir été si prodigues, & qu'on devoit être plus ménager d'une chose si précieuse. Cette découverte m'avoit fait prendre une ferme résolution d'être plus sur mes gardes pour l'avenir, & d'user de précaution. Me voilà donc Coquette raisonnée. Les hommes sont assez injustes pour oser faire un crime à notre sexe d'un artifice innocent, dont nous nous servons pour augmenter la durée de leurs plaisirs ; & dans le fonds ils seroient à plaindre, si nous ne le mettions pas en usage[55].

Le texte développe ensuite les ressources de cette coquetterie « raisonnée » dont le manège répond le plus souvent à la nécessité de ces changements subits auxquels engage l'inconstance elle-même des désirs. Dans les *Bijoux indiscrets*, considérons Fanni : rien, selon elle, ne vaut la manière dont

---

53. *Ibid.*, p. 73.
54. Claude Villaret, *Antipaméla, op. cit.*, p. 41.
55. *Ibid.*, p. 51.

on aime à présent ; en prendre à son aise ; tenir tant qu'on s'amuse ; quitter dès qu'on s'ennuie, ou que la fantaisie parle pour un autre. L'inconstance offre une variété de plaisirs inconnus à vous autres transis[56].

Le libertinage ne fait ici que tirer la leçon de la théorie psychologique des Lumières. Dans les plaisirs, ne doit-on pas toujours, précise par exemple Lévesque de Pouilly dans sa *Théorie des sentimens agréables*, « porter l'agrément de la variété[57] » ? Quant à l'abbé Dubos, n'observe-t-il pas, dans ses *Réflexions critiques sur la poësie et sur la peinture*, que « l'un des plus grands besoins de l'homme, est celui d'avoir l'esprit occupé », si bien que seul « le changement de travail & de plaisir remet en mouvement les esprits qui commencent à s'appesantir » et rend ainsi « à l'imagination épuisée une nouvelle vigueur[58] » ? Comme ne manque pas de l'indiquer à son tour Bernard Lamy dans sa *Rhetorique*, « ce n'est pas [...] le seul caprice qui rend la varieté necessaire : la nature aime le changement[59] ». « La nature aime le changement » : cette remarque est d'une grande conséquence, car c'est à ce titre que les mouvements suscités par la nature requièrent les secours de l'art et les justifient tout à la fois. Prenez le plaisir du goût, déclare par exemple le philosophe Aristippe dans les *Dortoirs de Lacédémone* : tant que celui-ci « est restraint à celui que la nature attache au besoin, c'est un plaisir tout corporel, & par conséquent le moins délicat de tous ; mais on a trouvé le moyen de modifier un sentiment si simple » et, dès lors, c'est l'art qui vient introduire dans ce plaisir la variété des agréments[60]. Un passage tiré de *Grigri*, conte libertin attribué à Louis de Cahusac et conçu dans le goût oriental, est encore plus éloquent en représentant le détail d'une scène où l'artifice vient multiplier les points de vue sur les charmes qu'Amarante offre aux regards de Grigri :

> Pendant ce tems, la toilette alloit son train. *Grigri*, qui, pour la premiere fois de sa vie se voyoit seul vis-à-vis d'une femme, partagé entre la curiosité, la modestie,

---

56. Denis Diderot, *Les bijoux indiscrets, op. cit.*, p. 198-199.
57. Louis-Jean Lévesque de Pouilly, « Théorie des sentimens agréables. Où l'on établit les principes de la morale », *Recueil de divers écrits sur l'amour et l'amitié, la politesse, la volupté, les sentimens agréables, l'esprit et le cœur*, 1736, p. 17.
58. Abbé Jean-Baptiste Dubos, « Première partie », *Réflexions critiques sur la poësie et sur la peinture*, 1967 [1719, 1770], § 1, p. 2 et p. 5-6.
59. Bernard Lamy, *La rhetorique ou l'art de parler, op. cit.*, L. III, p. 231.
60. Ange-Gabriel Meusnier de Querlon, *Les soupers de Daphné et Les dortoirs de Lacédémone, op. cit.*, p. 67-68.

& le plaisir, étoit embarrassé, rougissoit, détournoit les yeux ; mais ils s'échappoient malgré lui, ils parcouroient furtivement des appas qu'on feignoit de cacher d'une main pour exciter la curiosité, & qu'on découvroit de l'autre pour la satisfaire. *Amarante* suivoit de l'œil les impressions que ce tableau faisoit sur *Grigri*. Une glace devant laquelle elle étoit, lui servoit de boussole, elle ajustoit ses attitudes aux differentes situations qu'il prenoit. Si sa vûe tomboit à terre, un mouvement adroit faisoit appercevoir un pied fait au tour, & le bas d'une jambe charmante ; si encouragé par la vue de ces objets, il osoit lever les yeux, on travailloit alors à mettre en place un tour de gorge indocile, on étaloit mille trésors, en se hâtant de les couvrir, & tout cela se faisoit legerement, sans affectation, & avec la plus belle main du monde[61].

Sur la scène où paraissent ces deux personnages, l'art s'allie à la nature au point que tout semble s'y montrer « sans affectation ». Pourtant, tous les mouvements de la nature, curiosité ou plaisir, embarras ou rougeur, sont le fruit d'un artifice dont une glace permet à Amarante de mesurer et de combiner les effets avec la même exactitude que celle avec laquelle un voyageur guide ses pas sur le témoignage de sa boussole. Bientôt, la confusion entre le recours à l'artifice et l'action mécanique des sensations deviendra si intime que la représentation des mouvements les plus « authentiques » qui agitent les personnages empruntera tous ses traits à l'art. Examinons, par exemple, le cours que suivent les impressions de la fée Cicloïde, alors qu'elle presse Grigri de ses ardeurs :

Ses regards fixés sur les siens, étoient remplis de cette langueur séduisante que le trouble des sens produit dans l'ame, & qui se peint toujours dans les yeux. Les impressions des objets qui venoient de l'occuper, ses désirs, sa tendresse étoient tracés sur son visage, ils en étoient un tableau animé, sa bouche, ses yeux, son teint, tous ses traits étoient l'amour, la volupté même.
L'agitation de *Grigri* égaloit le trouble de la Fée, elle se laissa aller sur un lit de gazon. Il tenoit une de ses mains, le même mouvement qui l'avoit entraînée, emporta *Grigri*. leurs bras s'unirent, leurs yeux se rencontrerent, leurs regards se confondirent, l'Univers entier disparut pour eux, ils ne virent qu'eux seuls dans toute la nature[62].

61. Louis de Cahusac, *Grigri, histoire veritable*, 1749, p. 62-64.
62. *Ibid.*, p. 44-45

Voilà des désirs, de la tendresse, de la volupté même : tous ces mouvements par lesquels la nature elle-même semble convier les bras et les regards à se confondre s'offrent pourtant sous la figure d'un « tableau animé », métaphore picturale qui, on le verra, met en cause les fondements d'une esthétique libertine.

III

L'esthétique libertine

Le roman libertin en appelle à l'évidence des mouvements intimes qui affectent la sensibilité et, de la sorte, suggère une « psychologie expérimentale » où les obstacles qu'oppose le préjugé à la loi victorieuse du plaisir sont renversés. De ce point de vue, on comprend sans peine que ce genre se soit tant plu à peindre, selon le mot de Crébillon fils, le « moment », c'est-à-dire l'une ou l'autre de ces occasions opportunes où triomphe le désir. Les moments s'y succèdent en proposant différents tableaux qui, à chaque fois, illustrent une sorte de théorème psychologique. Toute la force ou, si l'on veut, toute la *potestas verbi* de ces amplifications oratoires vient de ce que celles-ci persuadent que le plaisir ouvre à chaque personnage une voie dont le préjugé reste impuissant à entraver l'accès. « La bienséance, la pudeur, l'honnêteté, la décence » : voilà bien, précise un personnage du *Bidet*, de ces « chimères » qui ne tiennent à rien, lorsque « le goût se joint à l'occasion ». Tout cela est même « si misérable, qu'une femme s'embarque avec cet attirail », car « l'amour de la volupté parle bien autrement ; c'est qu'on est obligé de croire, & que l'on croit toujours[1] ». Mais si, comme le rappelle à son tour le narrateur du *Tanzaï*, « l'idée du plaisir un peu réfléchie surmonte infailliblement dans le cœur toutes les idées de préjugé[2] », on ne saurait pourtant négliger de remarquer que la fécondité d'un tel principe ne se limite pas à entasser les figures de l'action mécanique des sensations, voire de la matérialité de l'âme ou, du moins, de son impuissance à « agir ou [à] penser de telle ou telle manière[3] ». Une fois ce premier principe admis, le roman libertin se trouve bientôt entraîné à en développer toutes les conséquences. Aussi était-il naturel que ce dernier ne manquât pas de reprendre et, bien souvent, d'inventer, les termes dans lesquels vont se poser les problèmes fondamentaux de ce que la philosophie allemande du siècle des Lumières

---

1. Antoine Bret, *Le ***, histoire bavarde*, 1749, p. 29.
2. Claude Prosper Jolyot de Crébillon, dit Crébillon fils, *Tanzaï et Néadarné*, op. cit., p. 229.
3. Jean-Baptiste de Boyer, marquis d'Argens, *Thérèse philosophe*, op. cit., p. 179.

appellera, à la suite d'Alexander Baumgarten, l'esthétique[4]. Au XVIIIe siècle, comme le souligne à juste titre Ernst Cassirer,

> la mutation interne qui met fin au règne de la doctrine classique [...] correspond exactement, sur le plan de la méthode, à la conversion qui s'accomplit, dans la pensée physique, par le passage de Descartes à Newton[5].

Dans ce contexte, « ce ne sont plus [...] les genres artistiques qui sont en cause », mais « l'impression que fait l'œuvre d'art sur celui qui la contemple[6] ». C'est ce qu'observe jusqu'aux personnages de roman, à l'exemple de celui qui, dans les *Bijoux indiscrets*, lance d'un air avantageux : « Que m'importe à moi les règles, pourvu qu'on me plaise ?[7] » Déjà, au tout début du XVIIIe siècle, l'abbé Dubos précisait dans ses *Réflexions critiques sur la poësie et sur la peinture*, que « les poëmes & les tableaux ne sont de bons ouvrages qu'à proportion qu'ils nous émeuvent & qu'ils nous attachent[8] ». Dans ce traité qui jette les bases de l'esthétique, tout tendait « à faire reconnoître au lecteur [...] ce qui se passe en lui-même, en un mot les mouvemens les plus intimes de son cœur[9] ». « Chacun a chez lui la regle ou le compas applicable à mes raisonnemens[10] », écrit encore Dubos, car toute œuvre s'offre d'abord à nos sens, elle y imprime une sensation ou, si l'on préfère, une *aisthêsis*. Suivant ce point de vue, le spectateur ou le lecteur qu'émeut un objet d'art est invité à s'observer en tant que sujet d'une expérience qui le touche, et c'est précisément à amplifier et à interroger cette expérience que va s'employer le roman libertin.

Mais examinons les choses de plus près : prenons même l'exemple précis de la musique afin de mieux se ressaisir des termes dans lesquels surgit la problématique de l'esthétique libertine. Dans les *Sonnettes* de Guiard de Servigné, les plaisirs que goûte le marquis D*** avec Éléonore, sa maîtresse, en donnent une première occasion :

---

4. Voir ici « L'invention de l'esthétique », introduction de Jean-Yves Pranchère à Alexander Baumgarten, *Esthétique*, 1988.
5. Ernst Cassirer, « Les problèmes fondamentaux de l'esthétique », *La philosophie des Lumières*, *op. cit.*, p. 293.
6. *Ibid.*, p. 293-294.
7. Denis Diderot, *Les bijoux indiscrets*, *op. cit.*, p. 171.
8. Abbé Jean-Baptiste Dubos, « Seconde partie », *Réflexions critiques sur la poësie et sur la peinture*, *op. cit.*, § 22, p. 339.
9. *Ibid.*, « Première partie », p. 3.
10. *Id.*

Cher Amant, me dit Eléonore, quelque délicieuse que soit l'yvresse où tu me plonges, suspens l'excès de ton ardeur [...] laisse-moi goûter ma félicité ; c'est d'aujourd'hui que je commence à vivre, le voile qui obscurcissoit mes yeux est tombé. Voilà donc ces plaisirs des sens qu'on m'ordonnoit de craindre [...] ! [...] comment se peut-il que les hommes soient contraires à eux-mêmes au point de se les interdire ?[11]

L'interrogation oratoire sur laquelle s'achève la tirade d'Éléonore ne semble convier à rien d'autre qu'à l'une de ces nombreuses invitations à disserter si chères au roman libertin et que le marquis ne va pas négliger de saisir. Mais si le procédé est commun, les aperçus auxquels il fournit un prétexte ne laissent pas d'être plus remarquables. Bien sûr, le marquis ne manque pas de répondre à Éléonore, en dénonçant d'emblée ces « yeux fanatiques » prévenus en faveur d'un « sistème de destruction des plaisirs », système au demeurant « absurde » qui incite à « séparer l'homme de l'homme[12] » ; mais là n'est pas l'essentiel. Ici, la critique va surtout se justifier d'une comparaison entre ce système « insensé », d'où sont proscrits « les plaisirs, ces causes & ces liens de la vie », et le projet tout aussi absurde qui consisterait à « défendre à un corps sonore de résonner quand il reçoit des vibrations[13] ». À l'époque où paraissent les *Sonnettes*, le musicien Jean-Philippe Rameau, on le sait, avait mis en vogue cette expression de « corps sonore », dont l'étude devait lui servir à fonder sur les lois mécaniques de l'acoustique sa théorie des accords harmoniques[14]. Dans les *Sonnettes*, cette allusion ne trahit pas simplement ce que d'aucuns appelleraient une « source », voire un « intertexte ». Outre la critique de l'idéal ascétique des religions révélées qu'il favorise, un tel rappel participe de tout un réseau de métaphores musicales dont la dissémination permet de relancer l'invention romanesque en modulant jusqu'à l'argument narratif. C'est ce que met en évidence l'ingéniosité du tour qui est conféré au récit d'un second rendez-vous entre le marquis et sa maîtresse :

---

11. Jean Baptiste Guiard de Servigné, *Les sonnettes*, op. cit., p. 55-56.
12. *Ibid.*, p. 56-57.
13. *Ibid.*, p. 57.
14. Voir, en particulier, Jean-Philippe Rameau, *Traité de l'harmonie réduite à ses principes naturels*, 1722, de même que la *Démonstration du principe de l'harmonie*, 1750. Sur Rameau, voir *Musique raisonnée*, 1980, avec textes de Jean-Philippe Rameau choisis, présentés et commentés par Catherine Kintzler et Jean-Claude Magloire. Sur la fortune considérable de la pensée de Rameau, voir Jean-Michel Bardez, *Les écrivains et la musique au XVIIIe siècle. Philosophes, encyclopédistes, musiciens, théoriciens*, 1980, p. 57 sq.

A l'heure marquée, je m'étois rendu à l'appartement d'Eleonore : je l'entrevois dans l'obscurité, je vole dans ses bras, & sans dire une parole, je me plonge en un fleuve de délices ; nous répétons de si charmans accords ; nos sens & nos désirs font un concert parfait[15].

Il suffit de marquer la plus légère attention aux métaphores musicales de ce texte pour comprendre aussitôt à quel point de telles figures participent de la mise en scène du corps et de la représentation du désir — et se nouent, en deux mots, à la trame et à l'argument du roman libertin. Tantôt, c'est la musique qui décide de l'occasion opportune, comme lorsque Jonquille, l'amant de Néardarné dans le *Tanzaï* de Crébillon fils, dérobe à celle-ci un baiser au moment même où « l'on jouait [...] un morceau de musique si tendre, que son cœur, déjà disposé, ne put y résister[16] ». Tantôt, de manière beaucoup plus significative, c'est toute une scène où, comme dans *Psaphion, ou la Courtisane de Smyrne*, la pratique et la théorie du plaisir s'enveloppent de métaphores musicales qui dictent la composition d'un « fragment érotique ». Psaphion y entreprend de faire l'histoire de ses aventures : elle se retrouve ici en compagnie de Sunnion et, d'une chambre voisine, leur parvient la rumeur des soupirs et des mouvements de Praxille et de son amant :

Que notre Icarienne étoit transportée ! Quels soupirs & quels élans frappoient nos oreilles ! [...] Ma chere compagne, sans le sçavoir, faisoit découler jusqu'à nous l'irrésistible volupté. On eût dit que du mur qui nous déroboit la vûe de cette interessante scéne, il transpiroit un feu dévorant. Nous sentions pour ainsi dire le contre-coup des atteintes que se faisoient ces tendres Athlétes : nous étions agités de tous leurs mouvemens. Notre imagination vivement remuée par ces accens entrecoupés, & ce voluptueux murmure, qui sont le langage des ames, portoit jusqu'à nos cœurs ces douces secousses qui font palpiter les Amans. Nos sens, par les impressions du plaisir qu'ils reçoivent de toutes parts, étoient comme les cordes d'une lyre qu'on a montée à l'unisson d'un pareil instrument, touché par un maître habile. Celle-ci sous le mobile archet, resonne, enfante des accords : l'autre par une correspondance harmonique rend aussi des sons, & devient l'écho de celle qu'anime une main sçavante. Bien-tôt entraînée par ma

---

15. Jean Baptiste Guiard de Servigné, *Les sonnettes, op. cit.*, p. 68.
16. Claude Prosper Jolyot de Crébillon, dit Crébillon fils, *Tanzaï et Néadarné, op. cit.*, p. 241.

propre foiblesse, & toute hors de moi, je m'abandonnai dans les bras de mon cher Esclave, & je me sentis presser par les siens[17].

Quelques soupirs échappés frappent d'abord l'oreille. Ils deviennent bientôt un « voluptueux murmure » et ce « langage des ames », dicté par la sensation, paraît enfin sous la figure d'une lyre dont les cordes, montées à l'unisson, résonnent en enfantant des correspondances harmoniques reprises, en contrepoint, par les corps des deux amants.

L'ingéniosité de telles descriptions ne tient pas qu'à la frivolité prétendue d'un jeu d'esprit : les théories psychologiques des Lumières et, en particulier, la doctrine de ce qu'on appelait alors les « sentiments agréables », avaient déjà fait leur une telle position. C'est le cas, par exemple, de Lévesque de Pouilly, pour lequel s'il est vrai que « la théorie des loix qui règlent la distribution des sentimens, est du même genre que toutes les Sciences Physico-Mathématiques[18] », il faut reconnaître aussi bien que

> nous devons à la théorie de la Musique cette observation importante, que les consonnances sont plus ou moins agréables, suivant qu'elles sont de nature à éxercer plus ou moins les fibres de l'oüie. L'analogie qui régne dans toute la nature, nous autorise à conjecturer que cette loi influe sur toutes les sensations. Il est des couleurs dont l'assortiment plaît aux yeux ; c'est que dans le fond de la rétine elles forment, pour ainsi dire, une consonnance[19].

En somme, la théorie de la musique livre les premiers éléments des lois de la consonance qui, à leur tour, rendent raison du fonctionnement de toute notre sensibilité. Il s'agit même là de la thèse que développe de manière encore plus démonstrative un bref dialogue sur la volupté tiré d'une petite pièce libertine paraissant sous le titre de *Dortoirs de Lacédémone*. Un philosophe, Aristippe, s'y entretient de la nature du plaisir avec Laïs, une courtisane. Toute sa théorie roule sur l'idée que la volupté consiste en « un doux ébranlement imprimé à l'ame, une secousse agréable qu'elle reçoit des sens » et, pour confirmer ces vues, celui-ci se figure enfin les sens

---

17. Ange-Gabriel Meusnier de Querlon, *Psaphion, ou la Courtisane de Smyrne. Fragment érotique, traduit du grec de MNASÉAS, sur un manuscrit de la bibliothèque du Lord B...*, 1748, p. 26-28.
18. Louis-Jean Lévesque de Pouilly, « Théorie des sentimens agréables », *art. cit.*, p. 6 ; texte repris et augmenté par la suite dans *Théorie des sentimens agréables*, 1747.
19. *Ibid.*, p. 23. Cette thèse que défend Lévesque de Pouilly était promise à une brillante fortune, comme l'atteste l'article « Plaisir » de l'*Encyclopédie* (*op. cit.*, p. 689-690), qui reprend intégralement ce passage.

comme les cordes d'un instrument de Musique ; les divers sons produits par ces cordes sont tous également des vibrations ou des modifications de l'air [...] Il en est de même de nos sensations & par conséquent des plaisirs. [...] On dit que les sens sont les fenêtres de l'ame ; c'est l'ame qui voit, qui entend, qui goute, qui reçoit en un mot toutes les impressions dont les sens corporels sont les instrumens : c'est toujours l'ame qui se modifie dans nos différentes sensations[20].

Voilà donc nos sens devenus instruments et cordes vibrantes : ces figures, que la prose libertine fut la première à esquisser et à adopter en faveur d'une psychologie matérialiste, étaient promises, on le sait, à une brillante fortune. Bientôt, elles viendront inspirer la réflexion philosophique, comme dans l'*Entretien entre Diderot et d'Alembert* (1769). Diderot y assure d'abord que « nous sommes des instruments doués de sensibilité et de mémoire », de manière à affirmer ensuite que « nos sens sont autant de touches qui sont pincées par la nature qui nous environne, et qui se pincent souvent elles-mêmes » : c'est là, poursuit-il enfin, « tout ce qui se passe dans un clavecin organisé comme vous et moi[21] ». Ces considérations où la théorie sensualiste des opérations de l'âme emprunte son langage à celle de l'harmonie musicale permettent, au demeurant, de penser « l'état d'une âme » assaillie dans un même instant par la multitude des sensations. « Considérez, précise Diderot dans sa *Lettre sur les sourds*, l'homme automate comme une horloge ambulante » : les fils en sont les fibres nerveuses, le timbre, la tête ; enfin, « élevez sur ce timbre une de ces petites figures dont nous ornons le haut de nos pendules » — et « cette petite figure sera l'âme[22] ». Lorsque le timbre est frappé de plusieurs coups à la fois, les sons qu'il rend forment des accords de sorte que, si l'on poursuit la comparaison, « la mémoire actuelle [...] consiste dans la résonance du timbre, le jugement dans la formation des accords, et le discours dans leur succession[23] ». En bref, les sensations forment des accords et la liaison des idées se compare dès lors à une marche d'harmonie.

On ne saurait trop insister sur l'importance de ces métaphores musicales et, ajouterais-je volontiers, libertines. Figures dont s'arme une « raison ingénieuse » soucieuse de persuader et de séduire, celles-ci seront sans cesse destinées à lier l'enquête psychologique à l'esthétique et la conception de

---

20. Ange-Gabriel Meusnier de Querlon, *Les soupers de Daphné et Les dortoirs de Lacédémone, op. cit.*, p. 66-67.
21. Denis Diderot, *Entretien entre Diderot et d'Alembert*, dans *Œuvres, op. cit.*, p. 910.
22. Denis Diderot, *Lettre sur les sourds et muets*, dans *Œuvres complètes*, 1981 [1751], p. 121.
23. *Ibid.*, p. 122.

l'âme à la théorie musicale. Mais si la théorie de la musique permet à une psychologie matérialiste de se fonder sur des « rapports de consonance » sur lesquels « s'accorderaient » nos sensations, il faut aussi songer qu'à son tour, la théorie musicale tire ses fondements de cette même psychologie matérialiste. Ce sera la tâche du libertinage de déployer les diverses figures que revêt cette « musicologie matérialiste », à l'exemple de ces *Soupers de Daphné* que Meunier de Querlon fait paraître, du reste, dans le même recueil que les *Dortoirs de Lacédémone*. En considérant l'extrait que l'on va lire, il convient de prêter attention à une simple « synecdoque de la personne ». Cette figure y retrace les plaisirs d'une oreille affectée par une sensation advenant par degrés au sentiment et à l'idée, et de telle manière que c'est le tout-ensemble formé de cette sensation, de ce sentiment et de cette idée qui, seul, juge des mérites et des qualités esthétiques de la musique de Glycère, la comédienne dont on évoque ici le chant :

> Pendant qu'elle chante, l'oreille enyvrée de plaisir, éprouve un doux ébranlement qui passe jusqu'au cœur, qui le remue & qui le dilate. Après qu'elle a chanté on sent encore une tendre émotion, un retentissement semblable à l'effet de ces sons mourans qu'un écho mélodieux traîne encore après que la voix est expirée[24].

« Que m'importe à moi les règles, pourvu qu'on me plaise ? », lisait-on dans les *Bijoux indiscrets* : au cours de ce souper de Daphné, c'est ce « doux ébranlement » de l'oreille qui va désormais suggérer des règles à la musique et, surtout, orienter son programme et ses ambitions. En effet, si le roman libertin représente l'expérience esthétique, il ne saurait se limiter à de simples observations, surtout si l'on songe que les concepts définissant les lois de cette expérience sont sans cesse dérivés des actes de perception et se rattachent donc toujours à une enquête qui interroge l'impression faite sur soi. Aussi trouve-t-on, dans les *Sonnettes* de Guiard de Servigné, un passage encore plus exact à assigner un programme esthétique à la musique. Dans ce roman où, on l'a vu, la dissémination de métaphores musicales s'organise en un réseau où se trouvent confondues psychologie et théorie de la musique, on découvre un passage curieux qui mérite l'attention à plus d'un titre. Le narrateur, le marquis D**, y évoque l'ordonnance des pièces d'un château où

---

24. Ange-Gabriel Meusnier de Querlon, *Les soupers de Daphné et Les dortoirs de Lacédémone, op. cit.*, p. 35-36.

il s'est rendu à la prière du duc de ***. « Les chambres occupées par les hommes & par les femmes » y sont, écrit-il, disposées dans un ordre alternatif et, « par une imagination dont on découvrira l'objet dans la suite, les lits des Dames » disposaient de ressorts conçus de telle sorte « qu'il falloit deux poids égaux, chacun à celui d'une personne ordinaire[25] », pour les mettre en action. Or,

> sous chacun de ces lits étoit placée une bascule; une des extrêmités touchoit au-dessous du lit, & y étoit attachée à l'endroit du centre de gravité. L'autre bout répondoit entre le chevet & la muraille. A cette derniére extrêmité des bascules on avoit ajusté des fils d'archal qui, au moyen d'autres petites bascules de renvoi, telles qu'on en use pour les sonneries des horloges, alloient remuer dans un appartement éloigné, des sonnettes correspondantes. Cet appartement [...] étoit celui du Duc; les sonnettes étoient placées à l'entour, chacune avoit son étiquette, & portoit le nom des Dames qui occupoient alors les chambres. Les tons étoient distincts & en accord; dans le silence de la nuit, leur variété & leurs rencontres différentes faisoient un carillon si agréable, qu'on eût crû entendre des Hymnes à l'Amour. Les sons étoient une vive représentation des mouvemens qui les occasionnoient: au commencement mesurés, ensuite rapides, peu après confondus, plus marqués enfin, se rallentissant & cessant par degrés. Le duc arrêtoit à son gré l'effet de ces sonnettes: comme il étoit sujet aux insomnies, il avoit inventé ce jeu pour se récréer. Entre les bras d'un amour inutile, son imagination & cette harmonie qui signifioit tout ce qu'il vouloit, lui rendoient quelquefois des étincelles de sentiment[26].

Écoutons ces « tons distincts & en accord » : leur harmonie forme bientôt des « Hymnes à l'Amour » dont tout l'art et toute l'éloquence tiennent à une « vive représentation des mouvemens qui les occasionnoient ». Mais ce tableau libertin ne fait pas que représenter le mouvement de quelques sonnettes dont les sons tour à tour mesurés, rapides et confondus, rendent sensibles les plaisirs de l'amour : il figure de surcroît certains éléments constituants de la théorie et de la pratique musicales du XVIIIe siècle. Dans l'extrait des *Sonnettes*, la musique et l'harmonie procèdent d'une « vive représentation » et deviennent, en quelque sorte, la figure des mouvements qui les occasionnent. Elles en reprennent le dessein général et les motifs particuliers : c'est même à ce titre qu'elles peuvent prétendre réveiller chez le duc des

---

25. Jean Baptiste Guiard de Servigné, *Les sonnettes, op. cit.*, p. 106-107.
26. *Ibid.*, p. 107-109.

« étincelles de sentiment ». Cette remarque apporte la dernière touche aux principes d'une esthétique musicale qui prend forme sous les yeux du lecteur et où la représentation des mouvements de la nature et les vibrations d'un corps sonore, la perception auditive et l'action mécanique du sentiment se répondent sans cesse.

Le texte des *Sonnettes* reproduit ainsi les traits fondamentaux d'une esthétique musicale dont le caractère propre n'a pas échappé à l'attention des musicologues. Dans un ouvrage où se côtoient observations pénétrantes et opinions moins bien assurées, Jean-Michel Bardez insiste, par exemple, sur le fait que les Lumières ont toujours cru « à l'existence de correspondances préétablies entre la Nature et les passions, et leur expression musicale[27] ». Rares sont les traités du XVIIIe siècle consacrés à la musique qui démentent cette opinion et il n'y aurait qu'à ouvrir la célèbre brochure que l'abbé Morellet a consacrée à la question de l'expression en musique pour s'en apercevoir. Morellet y déclare, par exemple, qu'il y a « un rapport entre certains intervalles, tels que la tierce mineure [...] et les sentiments doux, et entre les intervalles de tierce Majeure [...] et des sentiments plus fermes et plus décidés[28] ». De manière encore plus précise, assure-t-il,

> la musique [...] peindra les bruits et les sons, par les sons les plus analogues [...] le mouvement par les mouvemens, [...] la fuite, par des sons soutenus et s'affaiblissant par degrés comme l'impression que fait sur nos sens un objet qui s'éloigne et fuit [...] le cours paisible d'un ruisseau par la répétition d'une phrase courte et diatonique, etc.[29]

Comme le souligne à son tour un article de l'*Encyclopédie* consacré au pythagorisme, « c'est par les nombres [...] qu'il faut estimer la sublimité de la musique », dans la mesure où « il y a des chants propres à chaque passion, soit qu'il s'agisse de les tempérer, soit qu'il s'agisse de les exciter[30] ». On pourrait multiplier les exemples mais, à chaque fois, il y aurait lieu de remarquer une attitude générale qui marque un « besoin constant [...] de rechercher des lois [...] — les parcours harmoniques, les effets imitatifs, les mouvements[31] ».

---

27. Jean-Michel Bardez, *Les écrivains et la musique au XVIIIe siècle*, op. cit., p. 70.
28. Abbé André Morellet, *De l'expression en musique*, 1771, p. 8.
29. *Ibid.*, p. 10.
30. Article « Pythagorisme », *Encyclopédie, ou Dictionnaire raisonné des sciences, des arts et des métiers*, op. cit., t. 13, p. 616.
31. Jean-Michel Bardez, *Les écrivains et la musique au XVIIIe siècle*, op. cit., p. 9.

C'est en regard d'un tel contexte qu'il faut comprendre l'importance que va accorder un roman comme les *Bijoux indiscrets* à une curieuse invention du père Castel : le clavecin oculaire, figure centrale qui résume à elle seule plusieurs aspects constitutifs de l'esthétique des Lumières. Dans toute son œuvre, depuis les *Bijoux indiscrets* jusqu'au *Rêve de d'Alembert*, Diderot évoque toujours avec plaisir ce clavecin où l'on « avait diapasoné les couleurs selon l'échelle des sons[32] » et qui, dès lors, permettait de rêver à un principe dont la généralité puisse donner à la pensée esthétique un fondement naturel. Ce clavecin dont l'invention, assure Diderot, « ferait bien de l'honneur à la plupart de ceux qui en ont parlé avec dédain[33] » prolongeait une intuition pythagoricienne supposant une correspondance entre les sons et les couleurs, analogie que les travaux d'optique menés par Newton semblaient avoir confirmée. L'article « Couleur » de l'*Encyclopédie* est, sur ce point, particulièrement éloquent :

> Les rayons du soleil traversant un prisme triangulaire, donnent sur la muraille opposée une image de différentes couleurs [...] L'étendue proportionnelle de ces sept intervalles de couleurs répond assez juste à l'étendue proportionnelle des sept tons de la musique : c'est un phénomène singulier ; mais il faut bien se garder d'en conclure qu'il n'y ait aucune analogie entre les sensations des couleurs et celles des tons[34].

Avec « la folie de Pythagore[35] », on pourrait présumer d'une sorte d'universalité des rapports harmoniques qui, à la suite des *Bijoux indiscrets*, forcerait à envisager la possibilité d' « exécuter pour les yeux une sonate, un allegro, un presto, un adagio, un cantabile, aussi agréables que ces piéces bien faites le sont pour les oreilles[36] ». Or, comme le souligne à juste titre Jean

---

32. Denis Diderot, *Les bijoux indiscrets*, op. cit., p. 92.
33. Denis Diderot, *Lettre sur les sourds et muets*, op. cit., p. 106.
34. Voir également Bernard Lamy, *Traité de perspective, où sont contenus les fondements de la peinture*, 1701, p. 4 : alors que celui-ci observe « que la differente promptitude des secousses ou des vibrations de la matiere qui presse l'œil est l'unique cause de la varieté des couleurs », il s'empresse d'ajouter qu' « il en est en cela des diverses couleurs comme des divers tons [...] L'analogie en cela est entiere, si ce n'est que l'action de l'air transmet le son, & celle d'une matiere encore plus subtile les couleurs ».
35. Denis Diderot, *Lettre sur les sourds et muets*, op. cit., p. 123.
36. Denis Diderot, *Les bijoux indiscrets*, op. cit., p. 92. Voir aussi cette réflexion du peintre Charles-Antoine Coypel, « Dialogue sur la connoissance en peinture, prononcé dans une conférence de l'Académie royale de peinture & de cculpture au mois d'août 1726 », dans *Œuvres*, 1971, p. 85 : « Quant à l'harmonie generale, pourquoi nos yeux n'auroient-ils pas les mêmes facultez que nos oreilles ? »

Starobinski, « Diderot a soutenu de façon constante une esthétique définissant le beau par la "perception des rapports"[37] », ce que montre d'ailleurs à l'évidence l'article « Beau » de l'*Encyclopédie*[38]. De ce point de vue, on comprend mieux pourquoi le clavecin oculaire a pu sans cesse retenir l'attention de Diderot. Ces « menuets de couleurs » qu'évoquent les *Bijoux indiscrets* et qui seraient à même de traduire « un menuet de son[39] » donnent non seulement figure à un système de correspondances entre la musique et les autres arts : ils expriment encore les liens indissolubles qui doivent rattacher la réflexion esthétique à une « métaphysique expérimentale de l'âme » fondée sur la métaphore d'une consonance entre les sensations. Ce sont ces vues auxquelles le roman libertin invite à souscrire à son tour et il n'y a pas jusqu'aux « effets singuliers de la musique » dont parle *Thérèse philosophe* qui ne viennent en apporter une preuve sensible. Car de quelle expérience s'agit-il alors ? Un amant « se met en train [...] campe Minette sur le bord du lit, la trousse, l'enfile et la prie de chanter », mais, pendant que celui-ci « part, pousse et repousse toujours en mesure », ses lèvres semblant « battre les cadences tandis que ses coups de fesses marquent les temps », Minette, elle, en vient à chanter faux : « un bémol est substitué à un bécarre » et ce faux ton, accuse enfin l'amant, pénètre « jusqu'à la cheville ouvrière » et la « détraque[40] ». Voilà un bémol qui emprunte un parcours bien étrange et, si l'on voulait en approfondir les causes, il faudrait sûrement consulter le plaisant « anatomiste » des *Bijoux indiscrets*, le « docteur Orcotome », qui évoquerait, précisément, « la comparaison de cet organe aux instruments de musique[41] ».

On trouvera peut-être que l'esthétique libertine ne recule guère devant l'extravagance et semble même bien « fabuleuse » ; mais qu'est-ce qu'une « fable » ? À cette question : « *Quid est Fabula ?* », la *Rhétorique* du jésuite Dominique de Colonia répondait qu'il s'agissait « d'un discours faux figurant une vérité[42] ». À la suite de Pierre Daniel Huet, premier théoricien

---

37. Jean Starobinski, note 2, p. 257, dans Jean-Jacques Rousseau, *Essai sur l'origine des langues*, 1990.
38. Denis Diderot, article « Beau », *Encyclopédie, ou Dictionnaire raisonné des sciences, des arts et des métiers, op. cit.*, t. 1, p. 280 : « Le *beau* réel, celui qui consiste dans la perception des rapports ».
39. Denis Diderot, *Les bijoux indiscrets, op. cit.*, p. 92.
40. Jean-Baptiste de Boyer, marquis d'Argens, *Thérèse philosophe, op. cit.*, p. 142.
41. Denis Diderot, *Les bijoux indiscrets, op. cit.*, p. 55.
42. Voir Dominique de Colonia, *De arte rhetorica, op. cit.*, p. 1 : « *Quid est Fabula ? R. Est oratio falsa veritatem effingens* ».

français du roman, on pourrait ajouter que les « faussetés qui sont significatives [...] ne sont pas des mensonges, mais des figures de la vérité[43] ». Ce paradoxe d'une vérité se mésalliant à la fiction et à l'artifice oratoire, la rhétorique du siècle des Lumières l'a fait sien de manière à montrer que, si la vérité et la nature en viennent à paraître sous une figure, celle-ci doit être, en retour, une façon de vérité et de nature. « La plus subtile Rhetorique n'a plus d'art, quand l'art se découvre », assurait déjà d'Aubignac[44]. Dans le même esprit, l'abbé d'Olivet estime à son tour qu'il faut « effacer jusqu'aux moindres vestiges de l'art », puisque tout son « mystère » consiste « en ce qu'il ne fasse qu'un avec la nature[45] ». Si de telles idées constituent la première leçon de la théorie du roman et de la rhétorique classiques, elles désignent aussi un second principe qui, réuni aux premiers éléments d'une « psychologie expérimentale », nourrira toute la pensée esthétique du roman libertin. Soumettre la nature à l'art et l'art à la nature : ce pourrait être une maxime de l'esthétique libertine. Il y manquerait toutefois un trait essentiel que la description d'un pas de danse dans un roman du chevalier de La Morlière va mettre en évidence. Nous sommes à l'opéra ; Angola, prince indien et héros de cet « ouvrage sans vraisemblance », assiste à un spectacle où l'agilité d'un danseur

> dérobait souvent aux regards la perfection et la justesse de ses opérations ; ses pas, ses attitudes avaient un langage muet dont l'éloquence enlevait les cœurs : il peignait au vif les passions, et on les ressentait sans avoir honte d'*être affecté par le mécanique*[46].

À un « langage muet » répond une « éloquence » qui « enlevait les cœurs » ; à l'éloquence du corps, l'action mécanique des sensations dont on est affecté ; au « naturel » de ces opérations, enfin, une « peinture » et une représentation s'offrant sous les traits d'une sorte de « surnature » qui dérobe aux

---

43. Pierre Daniel Huet, *Lettre-traité de Pierre Daniel Huet sur l'origine des romans*, 1971 [1669], p. 133.
44. François Hedelin d'Aubignac, *Discours académique sur l'éloquence*, 1668, p. 30.
45. Pierre-Joseph Thoulier, abbé d'Olivet, « Discours sur l'éloquence. Prononcé dans l'Académie françoise, avant la distribution des prix, le 25 d'août 1735 », *Philippiques de Démosthéne et Catilinaires de Cicéron traduites par monsieur l'abbé d'Olivet*, 1736, p. 25 et p. 32-33. Sur le sens que prête l'âge classique à la « nature » et au « naturel », voir surtout l'ouvrage célèbre de l'abbé Charles Batteux, *Les beaux-arts réduits à un même principe*, 1746, p. 9, où l'art doit s'appliquer à l'imitation de la « belle nature », non « point de la nature telle qu'elle est, mais de la nature choisie & embellie, perfectionnée autant qu'elle peut l'être ».
46. Jacques de La Rochette, dit le chevalier de La Morlière, *Angola, op. cit.*, p. 71.

regards la perfection de son procédé. En deux mots, pour parler la langue de la rhétorique classique, l'art se dissimule si bien sous la nature que celle-ci ne s'offre plus ni comme nature ni comme art, mais telle une « surnature artificieuse » qui, suivant la métaphore tirée d'*Angola*, « peignait au vif[47] ».

Cette dernière expression pourrait laisser l'esprit en suspens, car que signifie donc un pas de danse qui « peint au vif » ? En poursuivant la lecture d'*Angola*, on trouve un passage qui éclaire le sens de cette figure, alors que le narrateur décrit le boudoir où vient de pénétrer le prince en compagnie de Zobéide, sa maîtresse ; il s'agit ici d'un petit

> cabinet reculé au fond de l'appartement, plus voluptueusement meublé que tout ce que le prince avait vu jusque-là. Il était revêtu de glaces, et on voyait sur les panneaux des aventures galantes rendues avec une expression parfaite : aucune d'elles ne peignait les rigueurs, elles étaient bannies, même en peinture, de ce lieu de plaisir ; tout y respirait l'amour content[48].

La description des beautés que Zobéide a su ménager dans l'aménagement et la décoration de son boudoir s'attache en particulier à l'évocation de quelques tableaux dont l'éloquence amplifie le caractère voluptueux de ce lieu de plaisir. Ces tableaux ne « peignent » pas les « rigueurs » et le tour que donne au texte le recours à cette hypallage suggère une peinture qui devient, en quelque sorte, « parlante[49] ». Les « aventures galantes » qu'ils rendent

---

47. L'expression de « surnature artificieuse » est de Michel Foucault et désigne, chez lui, toutes les « techniques de l'illusion » que met à contribution le roman du XVIIIe siècle : voir « Un si cruel savoir », 1962, t. 18 n° 182, p. 606. Sur ce point, voir également Raymond Court, « Descartes et le système de la représentation », *Sagesse de l'art*, 1987, p. 92 sq. : à propos de la peinture française à l'âge classique, ce dernier observe que « le dessin, en construisant sur une surface plane la perspective *"artificielle"*, nous donne [...] l'*illusion* de la profondeur qui correspond à la *représentation* de l'espace vrai [...] tout comme un alcool de poire, mieux que le fruit réel, représente l'essence naturelle de la poire ».

48. Jacques de La Rochette, dit le chevalier de La Morlière, *Angola, op. cit.*, p. 80.

49. Je reprends cette expression à Plutarque qui, à propos du poète Simonide, rapporte que celui-ci appelait « la peinture une poésie muette et la poésie une peinture parlante ». Ce passage fut sans cesse cité par les théoriciens de l'art, depuis la Renaissance jusqu'aux Lumières : voir Plutarque, « Les Athéniens se sont-ils davantage illustrés par la guerre ou par l'art ? », *Œuvres morales*, 1990, t. 5, p. 189. Sur le destin de cette expression au siècle des Lumières, voir Rémy G. Saisselin, « Architecture and Language : The Sensationalism of Le Camus de Mézières », Summer 1975, vol. XV, n° 3, p. 239 : *"Towards the end of the eighteenth century French architects came to discuss their art more and more with reference to poetry and psychological effects [...] so one grew to speak of* architecture parlante ». Enfin, sur les rapports entre peinture, discours et éloquence au XVIIIe siècle, voir Charles-Antoine Coypel, « Parallèle de l'éloquence et de la peinture », dans *Œuvres, op. cit.*, p. 13 sq., lequel se propose précisément « de prouver [...] le rapport qu'ils [l'éloquence et la peinture] ont dans presque toutes leurs parties ».

« avec une expression parfaite » ne font-ils pas du boudoir un lieu où tout respire « l'amour content » ? Or, à cette scène où tout plaide la cause de la volupté répondront bientôt la vivacité des impressions du prince, puis ses discours et, enfin, ses désirs les moins mesurés. « Toutes les facultés de son âme » seront alors « réunies à accabler de caresses les charmes divins qui étaient devenus sa proie[50] », spectacle que les glaces du boudoir redoubleront d'ailleurs en venant le peindre « au vif ». Il s'agit là, à vrai dire, d'une mise en scène dont l'appareil est familier autant au roman libertin en général qu'au chevalier de La Morlière en particulier. Dans les *Lauriers ecclésiastiques*, celui-ci s'était également plu à rendre l'un de ces « réduits charmants », orné des « peintures les plus sensuelles » et où « tout ne respiroit que l'amour » — bref, des « objets », écrit l'abbé de T***, narrateur de ce récit, « auxquels je n'étois point encore accoutumé [et qui] portoient une émotion dans tous mes sens[51] ». Encore une fois, les œuvres de l'art deviennent les premiers mobiles d'une sorte d'action mécanique qui, en portant « une émotion dans tous les sens », confond sensation et sentiment. Pour marquer le lien unissant l'émotion des sens au charme de quelques tableaux où tout ne respire que l'amour, le texte ne tire pourtant parti que de l'ingéniosité de son *elocutio* et, en l'occurrence, d'une simple hypallage. Avec une grande économie de moyens, cette figure forme non seulement l'esquisse d'un argument où la sensualité d'un tableau vient susciter l'éveil du désir, mais constitue encore un tour dont la puissance de séduction tient de l'allusion et d'un savoir implicite donnant accès à l'un des noyaux de l'esthétique « expérimentale » qu'invente le roman libertin.

Dès lors, il faut envisager que le roman libertin ne se limite pas à décrire les œuvres d'art de façon à rendre la voluptueuse éloquence de leur discours. Celui-ci peint en outre les sensations et les désirs qui agitent ses personnages tout comme s'il s'agissait de rendre sur la plage lisse d'un tableau une aventure galante dont l'action serait, pour ainsi dire, portée sur l'espace dramatique de la représentation. Les contemporains ne s'y méprenaient pas. Une *Lettre sur les romans*, adressée à M*** et parue en 1742 dans les *Amusemens du cœur et de l'esprit*, ne nous apprend-elle pas que, dans les « écrits libertins », « le Lecteur est agréablement promené dans des galeries ornées de portraits satyriques & de tableaux licentieux », ce qu'on ne saurait d'ailleurs

---

50. Jacques de La Rochette, dit le chevalier de La Morlière, *Angola, op. cit.*, p. 83.
51. Jacques de La Rochette, dit le chevalier de La Morlière, *Les lauriers ecclésiastiques, op. cit.*, p. 148.

blâmer « sans ataquer cete belle galerie du Louvre » qui offre « en même tems aux yeux des spectateurs, & votre portrait & la toilette de Vénus ? [52] » De nos jours, Patrick Wald Lasowski a eu l'intuition de ce principe, lorsqu'il remarque que « le siècle libertin [...] est tout entier dans cette falsification du corps retourné à l'espace du miroir : tout entier dans cette imitation de lui-même[53] ». Mais reprenons la lecture interrompue d'*Angola* au moment où le prince visite une nouvelle galerie de tableaux ornant les petits appartements de sa nouvelle maîtresse, la fée Lumineuse :

> Tout y respirait la volupté [...] c'était une enfilade de petites pièces charmantes qui semblaient avoir été imaginées pour donner une idée naturelle de toutes les différentes gradations de la volupté, par les différentes sortes de plaisirs auxquelles elles étaient propres : l'une, destinée aux plaisirs de la table [...] l'autre, faite pour les plaisirs de la musique [...] et la dernière enfin était destinée aux plaisirs de l'amour et pouvait en être regardée comme le sanctuaire. Ce fut dans celui-ci que se retirèrent la fée et le prince. Quel cœur assez sauvage aurait pu résister à une occasion aussi pressante ? Tout invitait à l'amour dans ce séjour dangereux. L'ameublement inventé par la mollesse portait un caractère de volupté difficile à rendre ; beaucoup de glaces, des peintures tendres et sensuelles, une *duchesse*, des *bergères* [...] *semblaient tacitement désigner l'usage auquel elles étaient destinées*[54].

La lecture de ce texte invite d'abord à se mettre à l'écoute d'un art de dire qui, tirant à nouveau profit de l'hypallage, en arrive à prêter une âme aux objets de manière à constamment traduire la sensation en sentiment et le sentiment en sensation. Le recours à l'hypallage, on l'a vu, permet d'introduire une étroite corrélation entre les deux termes extrêmes que vient allier cette figure : ici, le « séjour » se fait « dangereux », les peintures parlent tendresse, la « mollesse » invente « l'ameublement », enfin, une duchesse et une bergère semblent désigner d'elles-mêmes l'usage auquel elles sont destinées. Aussi est-ce autant l'aspect général des appartements que certaines idées de volupté que vient rendre la description, si bien qu'objets d'art, sensations et

---

52. Anonyme, « Lettre sur les romans. À M**. Journaliste étranger. Ce premier septembre 1742 », *Les amusemens du cœur et de l'esprit*, op. cit., t. 14, p. 421-422.

53. Patrick Wald Lasowski, *Libertines*, op. cit., p. 119. Sur ce point, voir aussi Jean Starobinski, remarquant que l'art du peintre vient « redoubler une réalité qui s'était déjà disposée comme un triomphe visible de l'art » ; « La représentation », *L'invention de la liberté. 1700-1789*, 1964, p. 64.

54. Jacques de La Rochette, dit le chevalier de La Morlière, *Angola*, op. cit., p. 90-91.

sentiments se retrouvent liés au point où chaque terme ne prend sens et valeur qu'au sein du jeu de correspondances où chacun s'inscrit. Le procédé, il est vrai, demeure indissociable de cette érotisation de la relation au monde dont toute la littérature libertine témoigne. Il participe en outre, avec cette « enfilade de petites pièces charmantes [...] imaginées pour donner une idée naturelle [...] [des] différentes sortes de plaisirs auxquelles elles étaient propres », d'une réflexion qui représente l'une des avancées extrêmes de l'esthétique sensualiste en matière d'architecture. Le trouble et la volupté que la fée Lumineuse entend éveiller chez Angola dépendent, en effet, du caractère des impressions suscitées en lui et ces impressions, du rendu des idées relatives au génie de chaque pièce. Or, ce ne sera qu'à la fin du siècle qu'une pareille esthétique arrivera à se constituer en un corps de doctrine. Par exemple, chez un architecte tel Le Camus de Mézières, chaque pièce devra « avoir son caractère particulier [car] l'analogie, le rapport des proportions décident de nos sensations[55] » ; pour un autre, tel Étienne-Louis Boullée, tout édifice n'aura de caractère que si « les images qu'il offre à nos sens excitent en nous des sentiments analogues à l'usage auquel il est consacré[56] ». Mais l'essentiel de l'esthétique libertine tient peut-être à autre chose et, à la description de ces petits appartements, succède une scène qui met cet autre aspect en évidence. Le prince s'est retiré en compagnie de la fée Lumineuse dans ce qui s'offre à eux comme un « sanctuaire » consacré à l'amour. Voici, lui dit la fée, « la brochure dont je vous ai parlé ». La brochure raconte « l'histoire de deux Amants [...] peinte avec les couleurs les plus séduisantes[57] ». « Lisez », lui demande ensuite Lumineuse, et,

> après avoir lu quelques pages, il arriva à l'endroit intéressant : c'était un tête-à-tête, il était vif. [...] Cet endroit était trop bien touché pour ne pas remuer Angola. [...] « Quelle situation que celle de ces deux amants, Madame ! [...] La maîtresse persuadée ne défend plus rien ; l'amant vainqueur ose tout entreprendre, il baise mille fois des mains charmantes [...] »
> Le prince en même temps, *par imitation*, dévorait de baisers celles de la fée. [...]

---

55. Nicolas Le Camus de Mézières, *Le génie de l'architecture ou l'analogie de cet art avec nos sensations*, 1780 ; extraits présentés et commentés par Baldine Saint-Girons, *Esthétiques du XVIIIe siècle. Beaux-arts, architecture, art des jardins : le modèle français*, 1990, p. 581.
56. Étienne-Louis Boullée, *Essai sur l'art*; cité par Rémy G. Saisselin, « Architecture and language : the sensationalism of Le Camus de Mézières », *art. cit.*, p. 239.
57. Jacques de La Rochette, dit le chevalier de La Morlière, *Angola, op. cit.*, p. 91 et p. 93.

« Peu satisfait encore, dit le prince en continuant sa lecture, la gorge de sa maîtresse n'est pas à l'abri de ses transports », et dans l'instant, le prince, *toujours fidèle à son modèle*, se précipite sur la fée, porte ses mains et sa bouche sur un sein d'albâtre et l'accable de ses brûlantes caresses. [...]
Les transports les plus vifs éclatèrent et lui ouvrirent *la route des plaisirs*[58].

À la lecture de ce passage, il y aurait tout lieu de rappeler une réflexion de Leven de Templery figurant dans une sorte de traité d'éloquence pratique et mondaine où celui-ci remarque que, si la peinture est une sorte de « poësie muette », « la poësie » et, plus généralement, la littérature, doivent offrir « une peinture galante[59] ». À cette première remarque où le célèbre principe du *ut pictura poesis* venu d'Horace prend un tour volontiers libertin[60], il faudrait ajouter qu'une peinture de cette sorte invite si bien à l'imitation des attitudes qu'elle reproduit que les sensations, les sentiments et les désirs d'un personnage comme Angola, en s'éveillant à la vue du tableau qu'on lui tend, se trouvent toujours déjà pensés comme une représentation. Or, c'est précisément dans la mesure où les désirs d'Angola s'insèrent dans une représentation à laquelle ils doivent jusqu'à leur existence que l'on peut concevoir une nature s'alliant sans cesse à l'artifice et que, par conséquent, il devient possible au roman libertin d'établir son esthétique sur le principe d'une surnature artificieuse.

Au regard de cette esthétique, représentation et désir sont toujours indissociables, et ce sont sur de telles prémisses que prend appui chacune des mises en scène « expérimentales » du roman libertin où celui-ci dramatise et érotise le rapport entre un sujet sensible et une œuvre d'art qui vient faire impression sur les sens. Les fondements philosophiques de cette esthétique libertine appartiennent, il est vrai, au patrimoine commun de la philosophie sensualiste. Le désir, apprend-on à la lecture du *Traité des sensations* de l'abbé de Condillac, est toujours lié à la représentation d'un besoin, lequel retrace le tableau d'une sensation antérieure qui devient à son tour « la cause des degrés de vivacité, avec lesquels les facultés de l'âme s'appliquent à un bien, dont la

---

58. *Ibid.*, p. 98-100.
59. Joseph Leven de Templery, *Le génie, la politesse, et la délicatesse de la langue françoise. Le tout accompagné de pensées ingénieuses, d'exemples & de bons mots*, 1705, p. 96.
60. Sur le précepte de l'*ut pictura poesis*, voir Horace, *Art poétique*, v. 361. Sur la fortune de cette maxime à l'âge classique, voir « Lessing et les arts plastiques » de Jolanta Bialostocka, dans Gotthold Ephraïm Lessing, *Laocoon*, 1964 ; et, surtout, Rensselaer W. Lee, *Ut pictura poesis. Humanisme & théorie de la peinture. XVe- XVIIIe siècles*, 1991.

jouissance devient nécessaire » : au terme de ce processus, « le désir n'est que l'action même de ces facultés[61] ». En aucun cas, le désir n'est conçu comme une sorte de force vitale indéterminée, logée en creux dans les replis intimes de l'être, susceptible enfin d'inspirer la création d'une œuvre qui, au mépris des règles de l'art et des secours de l'artifice, viendrait d'abord répondre à la sollicitation de cet élan primordial. Bien au contraire, l'œuvre d'art et le désir viennent figurer ici sur la surface plane d'une représentation et, de ce fait, deviennent justiciables d'un calcul sur lequel peuvent se régler stratégie, mise en scène et recours à l'artifice. Toutefois, si une telle conception du désir répond bien aux vues générales de la philosophie sensualiste, les mérites du roman libertin ne se limitent pas pour autant à jouir paisiblement de cet usufruit. Toute cette littérature cherche encore à en accroître les bénéfices en inventant une esthétique dont tous les thèmes et tous les arguments sont fondés sur une confusion ingénieuse entre le sentir et le ressentir, le sentiment et la représentation, l'art et la nature. Comme on l'a vu à propos d'*Angola*, il en résulte une dissémination de figures à même de fixer les contours de ce que j'appelais, à la suite de Michel Foucault, une surnature artificieuse. Tout y participe, jusqu'aux mouvements les plus intimes du corps, d'une représentation, si bien que le roman libertin fait sans cesse surgir des métaphores conçues dans le goût, par exemple, de cet abbé de T*** qui, dans les *Lauriers ecclésiastiques*, évoque une aventure où ses mains, n'étant pas « demeurées oisives », parviennent

> au théâtre de la volupté, à la source de toutes les délices : qu'on n'exige pas que j'en donne ici une image, ajoute enfin l'abbé, je ne suis point encore aujourd'hui à l'abri de certaines descriptions[62].

C'est là une volupté qui se produit sur des tréteaux. Ailleurs, comme dans les *Amours de Zeokinizul, roi des Kofirans*, roman de Crébillon fils où le libertinage prend pour objet le règne de Louis XV, on voit le roi choisir « la maison d'un vieux Bassa », afin d'y « jouir en paix [...] des plaisirs que l'Amour lui prodiguoit », de sorte que

---

61. Voir Étienne Bonnot, abbé de Condillac, *Traité des sensations*, dans *Œuvres, op. cit.*, vol. I, p. 228, § 25 et p. 232, § 1.
62. Jacques de La Rochette, dit le chevalier de La Morlière, *Les lauriers ecclésiastiques, op. cit.*, p. 57-58.

le vieux Bassa même & sa famille n'assistoit qu'au prologue ; le beau de la pièce & l'intrigue n'avoient pour spectateurs que des confidens discrets & éprouvés, & le denouëment pour témoins que les acteurs intéressés à l'accomplir[63].

On pourrait encore citer d'autres exemples de ces métaphores dont la couleur distinctive tient à la correspondance qu'elles établissent entre le désir et sa mise en scène théâtralisée. Du fait même de leur étroite corrélation, ces deux thèmes s'entremêlent de manière à former la trame d'un argument où, en un seul trait, se trouvent réunis les éléments clefs de la psychologie et de l'esthétique libertines. Tantôt, ce sera dom Bougre signalant que le récit de sa sœur Suzon « avait si fort agi sur mon imagination, que je n'avais pu refuser à l'énergie de ses discours des marques de sensibilité relatives au sujet », tant et si bien que, « si nous eussions été dans l'allée, [...] elle n'aurait pas fait une peinture que je n'y eusse joint la représentation au naturel[64] ». Tantôt, ce sera Thérèse, dissertant sur la main de l'abbé T*** qui, habile à caresser « artistement [...] cette partie qui distingue notre sexe », se trouvait « occupée à l'action principale », alors que son « doigt [...] jouait [...] le rôle le plus intéressant » et que « jamais tableau ne fut placé dans un jour plus avantageux[65] ». Tantôt, enfin, ce sera Fanny Hill qui, après une brève leçon où quelques libertins l'exhortent à se « dépouiller » de toute « modestie », conclut la relation de cet entretien en l'assimilant au « prologue de la pièce que nous allions jouer[66] ».

Au demeurant, s'il est vrai que le désir n'advient que par le moyen d'une représentation, il est naturel qu'en retour, celle-ci détermine les mouvements de la volupté, comme dans ce passage de la *Fille de joye* où Fanny Hill surprend, embusquée derrière une porte vitrée, une scène dont « le héros produisit au grand jour cette merveilleuse et superbe pièce qui m'avait été inconnue jusqu'alors », « scène si touchante », enfin, qu'elle « porta le coup mortel à mon innocence[67] ». Une « scène si touchante » : elle se répète à quelques pages de là et, cette fois, « je lui laissai dans la main, ajoute Fanny à propos d'une compagne venue la satisfaire, une preuve de la force dont ce touchant spectacle m'avait affectée[68] ». Dans les deux cas, enfin, on voudra bien faire

---

63. Claude Prosper Jolyot de Crébillon, dit Crébillon fils, *Les amours de Zeokinizul, op. cit.*, p. 40.
64. Jean-Charles Gervaise de Latouche, *L'histoire de dom Bougre, op. cit.*, p. 88-89.
65. Jean-Baptiste de Boyer, marquis d'Argens, *Thérèse philosophe. op. cit.*, p. 103-104.
66. Jean-Louis Fougeret de Monbron, *Fanny Hill, la fille de joie, op. cit.*, p. 74.
67. *Ibid.*, p. 27.
68. *Ibid.*, p. 33.

attention à la double entente de ce verbe « toucher », qui indique à la fois le trouble des sens et celui qu'exerce sur les facultés de l'âme la séduction d'un spectacle. En tirant profit d'une confusion entre l'impression faite sur les sens et le sentiment, cette ambiguïté engage davantage qu'un simple jeu de mots, car elle vient unir les termes extrêmes que met en jeu l'esthétique libertine : sensation et sentiment, sujet sensible et objet senti. Cette intrication est d'ailleurs si étroite dans le roman libertin qu'il n'est pas rare d'y voir les désirs se peindre l'objet de leurs vœux en les projetant sur l'espace dramatique d'une représentation picturale. Que décrit-on, par exemple, dans ce passage tiré des *Soupers de Daphné*? des femmes, ou bien un tableau représentant des femmes assises à un banquet ?

> Mais comment vous dépeindre les agrémens que vingt beautés [...] ajoutoient encore au spectacle ? De beaux yeux animez par la joye & par la bonne chere ne sont déja que trop séduisans ; mais quand [...] les lustres & les flambeaux viennent répandre un fard innocent sur les visages, & par un clair obscur inimitable, donner aux traits cet adoucissement ou ce relief qui échappe au pinceau, vous pouvez vous figurer l'effet d'une si aimable perspective[69].

Soutenu par un ensemble de métaphores picturales, le tableau de ces vingt beautés participe dès lors d'une sorte de redoublement artificiel du regard amoureux où le désir reproduit les contours d'une perspective que le pinceau lui retrace. En retour, du moment où l'on envisage le regard que porte un sujet sensible sur une œuvre d'art, tout invite alors à parler d'une esthétique des surfaces où seule compte la sensation, puis le sentiment qu'éveille l'aspect de l'objet offert aux sens. Imaginons, par exemple, l'un de ces couples à la Crébillon et promenons-le dans les allées d'un jardin « relevé de toutes les inventions de l'art » :

> Tout ce que l'art a pu imaginer de plus correct, et de plus brillant, était joint dans ces lieux, aux beautés les plus simples de la nature. [...] Tout enfin parlait amour dans ces délicieux bocages, tout l'offrait aux yeux, tout l'inspirait au cœur, il semblait qu'on le respirât avec l'air de ce séjour enchanté. La volupté, assise au milieu de ce jardin, ordonnait elle-même les plaisirs, et répandait sur eux ce charme si flatteur que, sans elle, ils n'ont jamais. Les amours la couronnaient de fleurs, et formaient autour d'elle les jeux les plus badins. Néadarné ne

---

69. Ange-Gabriel Meusnier de Querlon, *Les soupers de Daphné et Les dortoirs de Lacédémone*, op. cit., p. 31.

put résister à tant d'objets, et malgré elle son cœur s'émut ; elle se sentit ce mouvement de tendresse qui trouble les sens, et les prépare à un plus grand désordre[70].

Bref, l'art imagine, la volupté préside à ses inventions et Néadarné, malgré elle, ne sait comment « résister à tant d'objets ». Avec leurs « délicieux bocages », ces jardins ne semblent offrir au lecteur rien d'autre qu'une sorte de paysage idéal réglé sur le modèle antique du *locus amœnus*, c'est-à-dire un paysage tiré de quelque lieu oratoire assignant à sa composition des principes invariables[71]. Dans le même ordre d'idées, ce lieu idéal dont la manière rappelle le faire d'un Lancret ou d'un Boucher constitue à l'évidence une « peinture éloquente » car, à l'exemple de la tradition paysagiste française du siècle des Lumières soumise au précepte de l'*ut pictura poesis*, le tableau de ces jardins se conforme avant tout à l'imitation d'un modèle oratoire. Toutefois, on ne saurait vraiment comprendre ce que ce passage met en jeu si l'on n'insistait pas en outre sur le réaménagement du topos du *locus amœnus* auquel la description donne lieu. En effet, la topique du paysage idéal est réaménagée ici de telle manière que tout s'y destine au regard. La personnification d'une volupté ordonnant les plaisirs et répandant sur eux son charme vient, en quelque sorte, y figurer l'effet que suscite chez un spectateur cette « belle nature artificieuse » et, bientôt, le « mouvement de tendresse » dont Néadarné est saisie. En somme, avec ces objets qui font impression sur les sens et les émeuvent tout à la fois, voilà que se substitue à une réflexion classique sur la beauté comme *delectatio animi*, une enquête libertine qui, prenant pour objet la relation entre un sujet et un objet d'art que l'on « sent », illustre celle-ci à partir des données immédiates d'une l'expérience sensible à laquelle les séduisants « mouvements » de Néadarné, de Fanny ou d'Angola viennent à chaque fois donner figure.

---

70. Claude Prosper Jolyot de Crébillon, dit Crébillon fils, *Tanzaï et Néadarné, op. cit.*, p. 230 sq.
71. Sur ce point, voir Ernst Robert Curtius, « Le paysage idéal », *La littérature européenne et le moyen-âge latin*, 1986 [1956], vol. I, p. 301 sq. et, en particulier, p. 317-322.

IV

La critique libertine de l'Église et de l'État

Dans un *Tableau de la littérature française du dix-huitième siècle* qu'il donnait au public au seuil du XIXe siècle, Amable de Barante remarquait que « les écrivains athées ont été plus funestes qu'on ne le croit généralement ». Puis, portant ses regards depuis le fait incriminé jusqu'à ses sources cachées, il observait que

> l'effet a été d'autant plus grand que les lambeaux de leurs livres se mêlèrent bientôt à toutes les productions infâmes qui circulent clandestinement et qui empoisonnent la populace. L'obscénité chercha ainsi une couleur philosophique, et mêla constamment ses turpitudes à l'irréligion[1].

En se mêlant aux « productions infâmes » et aux « turpitudes » irréligieuses du libertinage, ces « lambeaux » tirés de tous les livres athées doivent mettre l'attention en éveil. Le roman libertin, en effet, s'invente le plus souvent à partir d'une critique du « préjugé religieux » et de l'Église, ce qui le conduit à multiplier les attaques et les figures belliqueuses. Un peu à la manière de la *Nouvelle allégorique* (1658) d'Antoine Furetière, il serait aisé d'évoquer un premier bataillon formé de figures hostiles, regroupées pour la circonstance en un détachement de métonymies destinées à attaquer et à pourfendre les prêtres, ces « ennemis nés du Public[2] », et s'offrant tour à tour sous les espèces du « petit collet », de la « soutane » ou encore du « froc ». Tantôt, c'est « la vertu du petit collet » qui, suivant l'abbé de T***, excite l'ardeur à « baiser & [à] serrer avec fureur » une femme. Puis, en donnant plus d'ampleur à cette opinion, ce dernier observe que c'est la « soutane » qui, quand il s'agit de raffiner sur les plaisirs de l'amour, rend « le zèle des serviteurs

---

1. Amable de Barante, *Tableau de la littérature française du dix-huitième siècle*, 1842 [1809], p. 125-126.
2. André François Boureau-Deslandes, *Pigmalion, op. cit.*, p. 11.

de l'Église [...] bien au-dessus des foibles mondains³». Tantôt, on voit Margot défendre la même thèse et lancer au lecteur cette apostrophe :

> Apprenez, orgueilleux Mondain, à vous humilier vis-à-vis de ces honnêtes gens de Dieu, et reconnaissez après de tels efforts de virilité, votre insuffisance et les vertus miraculeuses du Froc⁴.

Tantôt, on remarque enfin dom Bougre, pour qui «les passions prennent une nouvelle force sous le froc», les moines, pour le reste, étant «autant d'ennemis de la société», répartis en «différentes espèces d'animaux qui rampent avec mépris sur la surface de la terre⁵». Ces attaques ne sont pourtant qu'un premier assaut et il revient sans doute à *Dom Bougre* et à *Thérèse philosophe* de nous introduire au plus fort de la mêlée en reprenant sous toutes ses faces l'argument central que ces quelques pointes viennent d'esquisser : celui de l'imposture des prêtres.

En se saisissant de cette question, de tels romans se font d'abord l'écho d'observations critiques issues de la réflexion philosophique clandestine de la première moitié du XVIIIᵉ siècle. L'un des textes les plus célèbres qui illustre cette tradition, le traité manuscrit des *Trois imposteurs*, s'ouvre par exemple sur une attaque contre les prêtres, ces «imposteurs» à qui «il importe trop [...] que les Peuples soient ignorants pour souffrir qu'on les desabuse⁶». De même, le curé Meslier, dans une *Lettre ecrite a Messieurs les curés de son voisinage*, rappelle, dès l'exorde, que

> toutes les Religions du Monde ne sont que des inventions humaines, et que tout ce que votre Religion vous enseigne et vous oblige de croire, comme surnaturel et divin, n'est dans le fond qu'erreur, que mensonge, illusion et imposture⁷.

Dans un roman comme *Thérèse philosophe*, l'abbé T*** ne prétend rien d'autre en affirmant que «toutes les religions, sans en excepter aucune, sont l'ouvrage des hommes⁸». Seulement, le libertinage donne à de telles remarques

---

3. Jacques de La Rochette, dit le chevalier de La Morlière, *Les lauriers ecclésiastiques, op. cit.*, p. 47 et p. 32.
4. Jean-Louis Fougeret de Monbron, *Margot la ravaudeuse, op. cit.*, p. 65.
5. Jean-Charles Gervaise de Latouche, *L'histoire de dom Bougre, op. cit.*, p. 156.
6. Anonyme, *Traité des trois imposteurs*, ms. Fr. 25290, p. 1.
7. Jean Meslier, *Lettre ecrite par Mr... a messieurs les curés de son voisinage*, ms. 2237, p. 4.
8. Jean-Baptiste de Boyer, marquis d'Argens, *Thérèse philosophe, op. cit.*, p. 112.

le tour particulier que confère à ses tableaux l'ingéniosité de l'invention et de la parole. Si le philosophe relève que les prêtres « rassemblés divinisent la virginité » alors qu'en fait ils « font sans cesse [...] l'apologie de l'acte qu'ils proscrivent[9] », le roman libertin, pour sa part, donne à cette pensée toute la force et toute la séduction d'une peinture oratoire. Demandez, déclare dom Bougre,

> à ces cafards de prêtres, à ces hypocrites qui portent la mortification sur leur face blême et hideuse, et la luxure, la paillardise la plus sensuelle dans leur cœur corrompu. [...] Ils se branlent jusqu'à se faire venir cette couleur pâle que les sots prennent pour l'effet de leur austérité[10].

Ces cafards, ces faces blêmes et hideuses, il arrive pourtant que d'autres plaisirs les agitent. Ces plaisirs encore plus coupables que le prêtre dérobe à la « superstition » peuvent prendre chez lui la figure des mouvements brutaux d'un « taureau mugissant », comme l'indique un tableau figurant dans *Thérèse philosophe*. Depuis un cabinet voisin, la jeune Thérèse observait les « exercices de dévotion » auxquels se livrait son amie, mademoiselle Éradice, en compagnie de son directeur, le père Dirrag, jésuite. Grâce à un heureux stratagème, celui-ci avait su persuader à sa pénitente que « l'intromission » d'un certain « cordon de saint François — dont il est porteur — » saurait l'assurer des « saints transports » de l'extase mystique. Éradice prit donc une posture conforme à l'intention du Révérend Père qui, pourvu du cordon, en vint, au moment décisif, à « enfiler la route canonique ». Figurez-vous, écrit Thérèse,

> un satyre, les lèvres chargées d'écume, la bouche béante, grinçant parfois des dents, soufflant comme un taureau qui mugit. Ses narines étaient enflées et agitées [...] Ses doigts écartés étaient en convulsion et se formaient en patte de chapon rôti[11].

À propos de cette scène, la critique contemporaine a déjà relevé, et à juste titre, que les figures de la bestialité construisent une représentation du corps qui, comme en écho, répond à « l'image dégradée » qu'en donne la « conscience coupable » à l'œuvre dans « le discours religieux[12] ». Outre cet aspect,

---

9. Anonyme, *Dialogues sur l'ame*, op. cit., p. 187-188.
10. Jean-Charles Gervaise de Latouche, *L'histoire de dom Bougre*, op. cit., p. 136.
11. Jean-Baptiste de Boyer, marquis d'Argens, *Thérèse philosophe*, op. cit., p. 65.
12. Voir Claude Reichler, « La représentation du corps dans le récit libertin », *Éros philosophe*, op. cit., p. 74 sq.

le texte manifeste encore le même esprit que celui qui préside aux critiques acerbes dont la littérature philosophique clandestine offre tant d'exemples, comme dans ce *Système de religion purement naturelle* qui prend à partie les « Saints à révélations » et « ces gens qui sont avec Dieu comme Hyacinthe avec Apollon, et Adonis avec Vénus[13] ». Dans *Thérèse*, tout cela devient des « lèvres chargées d'écume », une « bouche béante », des mains qui se forment « en patte de chapon rôti ». Ce portrait fixe à nouveau les traits de l'imposture, mais de manière à réjouir les yeux du lecteur. Leur mise en scène dans un tableau « peint au vif » achève ainsi « de nous convaincre » en éclairant « du flambeau de l'expérience » les sources cachées de tous les prétendus transports mystiques[14]. Aux chimères du mysticisme répond donc, suivant en cela le canevas habituel du roman libertin, la mécanique des sensations dont la réalité perce jusqu'à travers les poncifs du discours théologique, dévoilant dès lors sa secrète imposture, comme dans ce dialogue entre Dirrag et Éradice que rapporte Thérèse :

> Votre esprit est-il content, ma petite sainte ? dit-il en poussant une sorte de soupir. Pour moi, je vois les cieux ouverts, la grâce suffisante me transporte, je ... — Ah ! mon Père ! s'écria Éradice, quel plaisir m'aiguillonne ! Oui, je jouis du bonheur céleste, je sens que mon esprit est complètement détaché de la matière[15].

Tel est, en vérité, le mystère de la « grâce suffisante » : du même coup, le concept essentiel de la théologie jésuite se trouve dévoilé et renversé, réduit à un vain mot dont les prestiges doivent cesser d'éblouir. La « grâce », le « mystère », le « bonheur céleste » : autant de termes, du reste, dont le roman libertin détourne le sens au bénéfice d'un usage métaphorique qui tend à démontrer la vacuité et l'imposture du discours théologique. Un « Bramine » du *Sopha* de Crébillon fils déclare à sa maîtresse : Fatmé, « vous élevez mon ame à une extase qui a quelque chose de céleste[16] ». Dom Bougre décrit en ces termes les amours du père Polycarpe et de Toinette, « immobiles, serrés étroitement l'un contre l'autre » : il semblait bien « qu'ils voulussent, par une profonde méditation, se remplir de la grandeur du mystère qu'ils allaient

---

13. Robert Challe, *Système de religion purement naturelle, adressé au P. Malebranche*, ms. 1192, p. 105.
14. Jean-Baptiste de Boyer, marquis d'Argens, *Thérèse philosophe, op. cit.*, p. 52.
15. *Ibid.*, p. 69.
16. Claude Prosper Jolyot de Crébillon, dit Crébillon fils, *Le sopha, op. cit.*, p. 35.

célébrer[17] ». Bref, l'extase à laquelle convie le libertinage s'établit sans vergogne sur une correspondance entre un ravissement et un objet que tout lie à la sensation et que tout éloigne des mystères de la « superstition ».

À ces premières pointes va ensuite s'appliquer, comme en surimpression, tout un ensemble de figures formant réseau et cherchant à assimiler l'imposture religieuse à une entreprise où il s'agit, selon le mot de dom Bougre, « d'attenter à la bourse des fidèles », gens crédules et « payeurs exacts [...] qui ne laissent jamais accumuler les arrérages[18] ». Encore là, le roman libertin s'écrit à partir de « lambeaux » tirés de tous les livres athées auxquels faisait allusion M. de Barante et qui, tel ce *Traité des miracles* anonyme et clandestin, observèrent toujours avec une belle constance que

> ce qui contribua beaucoup à la multiplication et à l'agrandissement des moines, ce fut leur adresse à faire des miracles qui leur attiroient beaucoup de presens. Cette fraude, ajoute l'auteur anonyme, a été pour les couvens une source inépuisable de richesses[19].

Aussi le libertinage invente-t-il à plaisir les abbayes qui, à l'exemple de celle que décrit l'abbé de T*** dans les *Lauriers ecclésiastiques*, sont peuplées de moines dont la « prudence » leur fait dédier « une Chapelle [...] à je ne sçais plus quel saint [...] qui guérissoit infailliblement de tout ». Tout cela, « en échauffant la charité des fidèles », fait « arriver la prétendue provision du Saint, dont la moitié se métamorphosoit en vin, & le reste en meubles de basse-cour[20] ». La crédulité, on s'en aperçoit, est le principe actif de cette métamorphose oratoire et c'est toujours elle qui plaide pour l'état ecclésiastique, lorsque l'abbé de T***, encore jeune, se laisse persuader par l'exhortation que lui fait un oncle Prémontré décidé à le dissuader de choisir la carrière des armes :

> Regardez-moi, [...] examinez-moi, & soyez anéantis, comparez [ces] corps mutilés avec ma grasse & complette existence, les veilles, les fatigues & les hazards de [cette] vie, avec la paisible & heureuse paix de la mienne[21].

---

17. Jean-Charles Gervaise de Latouche, *L'histoire de dom Bougre, op. cit.*, p. 94.
18. *Ibid.*, p. 156 et p. 197.
19. Anonyme, *Traité des miracles*, ms. 1194, p. 72-73.
20. Jacques de La Rochette, dit le chevalier de La Morlière, *Les lauriers ecclésiastiques, op. cit.*, p. 92-93.
21. *Ibid.*, p. 11.

Apostrophe décisive, car

> je commençai peu-à-peu à ouvrir les yeux, & à reconnaître qu'en effet le parti le plus sûr & le plus prudent étoit d'en imposer aux hommes, & de vivre aux dépens de leur crédulité & de leur bonne-foi[22].

Mais l'imposture ne permet pas seulement aux prêtres d'assigner leurs revenus sur la « crédulité des hommes ». Il ne leur suffit pas non plus de paraître sous la figure d' « illustres inutiles », de « singes tonsurés », de « Bateleurs privilégiés » ou encore de « Pagodes consacrées par la bêtise du genre humain[23] ». Leurs débats, leurs disputes, les chimères spéculatives dont est faite leur théologie, tout cela finit par aviver les passions, animer des cabales et exalter le fanatisme. Ce dernier argument, on le sait, devait connaître une brillante fortune. À la suite du libertinage érudit du Grand Siècle, toute la philosophie des Lumières y recourt, depuis Voltaire dénonçant les horreurs des guerres de religion dans la *Henriade* et plaidant pour la tolérance dans les *Lettres philosophiques* jusqu'au *Traité des trois imposteurs* qui, dès le début du siècle, considère précisément que la religion,

> à force de passer par les passions, les jugemens et les divers conseils des hommes, a produit ce grand nombre de croyances bizarres qui sont causes de tant de maux et de tant de revolutions qui arriverent dans les etats[24].

Le roman libertin devait donner beaucoup de crédit et de publicité à cette opinion. Les amplifications oratoires auxquelles celle-ci se prêtait usèrent d'ailleurs du travesti commode de l'orientalisme qu'avait mis en vogue la traduction des *Mille et Une nuits* par Antoine Galland au début du siècle[25] et dont les *Lettres persanes* avaient montré le parti que pouvait en tirer la critique, le regard non prévenu de quelques épistoliers persans voyageant en France permettant de dévoiler la bizarrerie des opinions nationales ou religieuses. Dans ses *Amours de Zeokinizul, roi des Kofirans*, Crébillon fils allie à cette manière la pratique de l'anagramme : le procédé oratoire permet de

---

22. *Ibid.*, p. 14.
23. *Ibid.*, p. 3 et p. 15.
24. Anonyme, *Traité des trois imposteurs*, op. cit., p. 12.
25. Sur la fortune de l'orientalisme en France au XVIIIe siècle, voir Marie-Louise Dufresnoy, *L'orient romanesque en France, 1704-1789*, 1946. Entre 1704 et 1754, celle-ci répertorie jusqu'à 379 œuvres, en majorité satiriques, conçues dans ce goût.

placer sous un jour encore plus cru tous les « forfaits » auxquels la « Religion de *Suesi* », c'est-à-dire de Jésus, se prête par « la malice des Faquirs, & des Imans[26] ». Mais la critique et l'ironie sont sans doute mieux marquées dans l'un des premiers grands romans de Crébillon fils, *Tanzaï et Néadarné*. Toute l'intrigue s'y organise autour d'une simple écumoire dont une fée fit présent au prince Tanzaï, mais une écumoire qui, dans ce texte, devient la métaphore irrévérencieuse de la bulle *Unigenitus*. Édictée en 1713, cette bulle du pape Clément XI condamnait cent une propositions tirées des *Réflexions sur le Nouveau Testament*, ouvrage janséniste du père Quesnel. Proclamée loi du Royaume de France en 1730 malgré l'opposition du Parlement de Paris, elle devait provoquer une grave crise religieuse et politique qui, au moment de la publication du *Tanzaï* en 1734, mobilise encore toute l'opinion française[27]. Dans le roman de Crébillon, le destin a attaché un mauvais sort au prince Tanzaï et, pour l'en détourner, ce dernier ne dispose que d'un seul recours : faire consentir le grand prêtre Saugrénutio à lécher le manche d'une écumoire. Voluptueux prélat qui, « selon le bruit public, [était] passé de l'appartement d'une princesse au pontificat de Chéchian[28] », Saugrénutio refuse tout net, le destin prononce ses arrêts et l'écumoire « s'attache » dès lors à la personne du prince Tanzaï — précisément là où Néadarné, son épouse, pouvait espérer « trouver moins, et mieux[29] ». La métamorphose provoque un vif émoi, Saugrénutio persiste dans son refus de lécher l'écumoire, ameute le peuple, fait courir le bruit que tous devront la lécher tour à tour et prononce enfin un discours où il déploie toute la pompe de son éloquence :

> Vous me voyez consterné, Messieurs, dit-il, moins de l'affront qu'on me fait, que du malheur d'être témoin du bouleversement des lois. [...] Ouvrons notre histoire, et sans chercher des traits plus odieux, souvenons-nous seulement des désordres que causa, il y a six cents ans, le patriarche Hinhohu-Yalucha, quand il voulut nous faire baiser la queue d'une pie. Quelles guerres ne furent point allumées un siècle après, par l'établissement des moustaches carrées, sous le patriarche Onscucho ? Que n'a point produit l'obstination de Rimachou, lorsqu'il voulut abolir le potiron sacré ? Cet État enfin, après les plus cruelles

---

26. Claude Prosper Jolyot de Crébillon, dit Crébillon fils, *Les amours de Zeokinizul, op. cit.*, p. 10-11.
27. Sur toute cette affaire, voir, en particulier, Catherine-Laurence Maire, *Les convulsionnaires de Saint-Médard. Miracles, convulsions et prophéties à Paris au XVIIIe siècle*, 1985.
28. Claude Prosper Jolyot de Crébillon, dit Crébillon fils, *Tanzaï et Néadarné, op. cit.*, p. 128.
29. *Ibid.*, p. 141.

séditions, commençait à respirer [...] Mais ô grands dieux ! quelle étonnante révolution ! et sur quoi est-elle fondée ? Une fée apporte une écumoire ! [...] Le prince tombe dans des accidents peu ordinaires, on m'en fait un crime ! [...] on assemble contre moi tout l'État [...] et non content de m'avilir, on porte l'audace jusqu'au corps entier des sacrificateurs, à qui l'on veut faire lécher l'écumoire[30].

L'enseignement des rhéteurs, on s'en aperçoit, est familier à Saugrénutio. Si les arguments qu'il évoque en rappelant le souvenir odieux de la queue de pie, des moustaches carrées ou du potiron sacré semblent provenir de quelque *locus de antecedentia* ou, si l'on préfère du « lieu de l'antécédence », ici, tous ces événements deviennent surtout la métaphore de l'arbitraire des dogmes et du ridicule dont cet arbitraire les entache. À la même époque, l'entreprise à laquelle travaillent les « Lumières clandestines » procède d'ailleurs du même souci. C'était même la tâche par excellence de la critique comparative des religions positives de montrer que les diverses variations auxquelles tous les cultes sont sujets témoignent contre toutes les croyances, un tel projet se soutenant bien sûr du sentiment suivant lequel « le passage d'une croyance à une autre croyance, n'est rien, en comparaison de ce qu'il y a à faire, pour parvenir à ne croire rien[31] ». Comme le relève à son tour un *Système de religion purement naturelle*, le détail de toutes les pratiques cultuelles et des croyances particulières qui en dépendent ne porte sur rien et celles-ci ne sont, dans le meilleur des cas, que de vaines grimaces :

On voit très-peu de Papistes manger des œufs en carême, très-peu de Turcs boire du vin, très-peu de Juifs manger du Porc [...] et presque tous n'en sont pas moins fripons[32].

Dans le pire des cas, la persécution et la répression viennent au secours des opinions de cette nature :

Il a fallu du mystère, poursuit le texte, inventer la trinité, l'incarnation, le péché originel, la grace, les sacremens, le purgatoire ; enfin tout l'attirail du papisme, le culte des images, les fêtes imaginaires, et enfin l'inquisition pour réprimer les murmures de la nature et de la droite raison qui troubleroient la possession des

---

30. *Ibid.*, p. 168-169.
31. Anonyme, « Dialogue 6e. Le philosophe, le Saducéen, et le Chretien », *Dialogues sur l'ame, op. cit.*, p. 241-242.
32. Robert Challe, *Système de religion purement naturelle adressé au P. Malebranche, op. cit.*, p. 53.

fruits de toutes ces inventions diaboliques [...] Ce qui a fait crier à un ancien philosophe : *Tantum religio [sic] potuit suadere malorum!*[33]

Dans le *Tanzaï*, « toutes ces inventions diaboliques » et tout « l'attirail du papisme » paraissent sous la figure d'une moustache carrée et du potiron sacré. Le tour donné à l'invention oratoire y devient ingénieux, le raisonnement abrégé, l'argument vif et séduisant, l'intelligence de tout le passage sollicitant dès lors un intertexte critique et une argumentation philosophique que le persiflage de deux ou trois métaphores résume. Supprimez ces moustaches carrées et ce potiron sacré et, du même coup, l'argument disparaît. À ce titre, la remarquable plasticité de ces métaphores qui jettent le ridicule sur le parti défendu par Saugrénutio suffirait à elle seule pour contester toute analyse rhétorique qui ne serait qu'un nouveau formalisme. La relation tendue qu'expriment ces figures entre le discours de Saugrénutio et le ridicule des dogmes, la « droite raison » et « l'attirail » des religions : tout cela est, à l'évidence, indissociable d'un contexte qui fait de telles métaphores autant de « figures du savoir », c'est-à-dire autant de *figuræ ad docendum* et *ad delectandum* où la raison critique paraît sous les traits d'un persiflage mondain et séducteur. Dès 1735, la critique ne s'y trompe pas en recevant le *Tanzaï* comme un roman dont l'auteur « a été mis à la Bastille » : « outre qu'il y règne une sorte d'obscénité, d'autant plus séduisante qu'elle est un peu voilée, on y maltraite les prêtres[34] ». Ce mauvais sort qu'on leur fait, on s'en aperçoit, tire sa force et sa *potestas verbi* de cette éloquence ingénieuse, à la fois savante et séduisante, dont les traits sont armés de toutes les ressources de la critique savante des religions positives.

« Singe lumineux ! père de la nature ! œil vivifiant du monde ! », « ventre Singe ! », « Ah grand Singe![35] » : toutes ces parodies de l'apostrophe sublime et du juron familier dont est parsemé le *Tanzaï* profanent non seulement le nom de Dieu, mais participent encore de tout un réseau où se noue un argument qui va bien au delà de la simple frivolité d'un libertinage polisson. Si, « dans la grande Chéchianée », c'est-à-dire dans le royaume dont Tanzaï est le

---

33. *Ibid.*, p. 254-255. « L'ancien philosophe » auquel il est fait allusion est bien évidemment Lucrèce et le vers cité, « Combien la religion suscita de malheurs », est tiré de *De la nature des choses*, *op. cit.*, L. I, v. 101.

34. Anonyme, *Journal littéraire de l'année 1735*, t. 22, 2ᵉ partie ; cité par Ernest Sturm, « *L'écumoire* devant les critiques (1734-1968) », dans *Tanzaï et Néadarné*, *op. cit.*, p. 85.

35. Claude Prosper Jolyot de Crébillon, dit Crébillon fils, *Tanzaï et Néadarné*, *op. cit.*, p. 134, p. 182 et p. 220.

prince, la divinité se présente sous les dehors d'un « Singe consacré », cet « auguste protecteur du pays[36] » prononce aussi des oracles. Avec cette question, c'est toute l'apologétique chrétienne qui se trouve livrée à un libertinage d'esprit impatient de porter l'audace jusqu'à la critique de l'un de ses thèmes essentiels. L'apologétique prétendait, on le sait, que les oracles que rendaient les sibylles de l'Antiquité étaient le fait de démons, que ces oracles avaient cessé avec la venue de Jésus-Christ et que cette cessation prouvait la vérité de la religion chrétienne. Dès 1687, Fontenelle s'était proposé, dans son *Histoire des oracles*, « de combattre l'opinion commune » en montrant que « les Oracles n'ont point été rendus par les Démons », que l'imposture des prêtres païens et la crédulité populaire en expliquent les mystères et qu'enfin, « les Oracles n'ont point cessé au temps de la venue de Jésus-Christ », mais avec la cessation générale du paganisme[37]. Pendant tout le XVIIIe siècle, *Traité des oracles*, *Examen de la religion*, *Discours sur la liberté de penser*, bref, toute une part importante de la philosophie clandestine des Lumières prolonge ces critiques[38]. À la suite de ces précédents illustres, le *Tanzaï* approfondit les mêmes mystères en montrant d'abord tout l'intérêt que prend la divinité au mariage du prince :

> Le Singe [...] avait fait trois fois la culbute sur son piédestal : à la vérité, il l'avait faite du pied gauche ; mais loin de prendre garde à ce pronostic, tout fâcheux qu'il était par lui-même, on crut que c'était par inadvertance que le grand Singe [...] avait fait sa culbute de travers. Ce qui le faisait penser aux sacrificateurs les plus superstitieux n'était pas sans fondement[39].

Hélas, il y aura bientôt tout lieu de croire que ce présage était funeste : pendant la cérémonie du mariage, « le roi lui-même était consterné [...] de ce que le grand Singe n'avait cessé de se mordre la queue et de se gratter la fesse gauche[40] » ; puis arrivent la nuit de noces de Tanzaï et le mauvais tour que

---

36. *Ibid.*, p. 124.
37. Bernard Le Bovier de Fontenelle, *Histoire des oracles*, dans *Œuvres*, 1968 [1687], t. 2, p. 91, p. 92 et p. 142.
38. Voir le *Traité des oracles* (ms. 1194), qui donne de l'ouvrage de Fontenelle une version plus radicale. Voir également l'*Examen de la religion*, « De l'Église et des conciles », ch. 5, mss. Fr. 13213, 13214, 13215 et NAFr. 1557. Voir enfin Anthony Collins, *Discours sur la liberté de penser et de raisonner sur les matieres les plus importantes*, 1717, p. 28 sq.
39. Claude Prosper Jolyot de Crébillon, dit Crébillon fils, *Tanzaï et Néadarné, op. cit.*, p. 124.
40. *Ibid.*, p. 132.

lui joue alors l'écumoire. Toute la Cour s'inquiète, on consulte à nouveau l'oracle ; en voici le principe caché :

> Les malheurs du prince vengeaient trop bien Saugrénutio, pour qu'il y prît une part bien sincère. Maître de dicter les oracles que le Singe rendait, ou de les interpréter du moins à sa fantaisie, il résolut de se servir de l'occasion qui lui était offerte. [...] On lui avait fait un affront cruel ; et pour en tirer vengeance avec moins de remords, il avait mis le Singe de moitié de l'insulte qui lui avait été faite. Ce n'était plus lui qui poursuivait le prince, c'était la divinité même qui devait s'armer : cette divinité, qui tranquille et respectée dans son temple, s'inquiétait peu dans le fond des chagrins qu'on faisait essuyer à son prêtre[41].

Dicté par cet heureux stratagème, l'oracle se fait enfin entendre et fixe le destin que doit accomplir Tanzaï :

> *Qu'il aille : qu'il parcoure :*
> *Qu'il couche : qu'il revienne*[42].

Une divinité paraissant sous la figure d'un Singe ; l'antithèse entre l'indolence de ce Singe et le zèle vengeur du grand prêtre ; un oracle licencieux en forme de chiasme : voilà tout le mystère des oracles dévoilé par les traits d'une éloquence dont le persiflage implique l'exactitude des recherches initiées par le libertinage érudit[43]. Tirer des oracles un argument narratif met autant en cause, il est vrai, la tradition littéraire du conte de fée à la manière de Madame d'Aulnoy que celle de l'apologétique chrétienne[44]. Seulement, en faisant sienne une topique littéraire, le *Tanzaï* lui imprime un tour irrévérencieux et libertin qui fait appel à la critique philosophique des oracles. C'est d'ailleurs en ce sens précis que le libertinage tient davantage à une licence d'esprit et de mœurs étroitement associée à la doctrine clandestine des Lumières qu'à un prétendu code ou sous-genre littéraire dont il reconduirait simplement les thèmes et les structures. Multipliez les exemples, prenez les *Bijoux indiscrets*, écoutez l'oracle de la grande Pagode prononcer, à

---

41. *Ibid.*, p. 143.
42. *Id.*
43. Sur la signification historique de ce persiflage, voir, dans l'ouvrage récent d'Élisabeth Bourguinat, « Le persiflage philosophique », *Le siècle du persiflage (1734-1789)*, 1998, p. 145 sq.
44. Sur la question des oracles en littérature, voir, de Marie-Louise Dufresnoy, *L'orient romanesque en France, 1704-1789*, op. cit.

la requête du jeune Hilas qui l'interroge: «Tu ne te retrouveras, lui répondit-il en éternuant, qu'entre les bras d'une femme[45]»: à chaque fois, sous un même motif littéraire pointent toujours la critique des oracles et la figure de l'imposture.

Fins politiques, les prêtres ont su prendre avantage de la crainte de l'avenir, crainte qui, de surcroît, est le principe de toute religion. Un abbé, l'abbé T*** dont *Thérèse philosophe* rapporte les thèses, examinant la question de la foi «avec le flambeau de la raison», soutient précisément que «les religions ont d'abord été établies par la crainte»: «le tonnerre, les orages, les vents, la grêle» sont la semence de toute religion[46]. À décomposer en sensations primordiales et en éléments simples les différents ferments du sentiment religieux, l'énumération oratoire de l'abbé T*** met bien sûr en œuvre la méthode analytique en usage depuis Locke et Newton. D'autre part, pareille énumération s'inscrit dans le prolongement de la généalogie critique des religions que les Lumières ont élaborée depuis le *Traité des trois imposteurs* jusqu'à l'*Histoire naturelle de la religion* (1757) de David Hume. «Ceux qui ignorent les causes phisiques ont une crainte naturelle», affirme ce *Traité* et

> de la est venu le penchant qu'ils ont a feindre des causes invisibles, c'est a dire leur propre phantôme qu'ils invoquent dans leurs besoins et dont enfin ils se font des Dieux, et cette crainte chimerique des puissances chimeriques est la semence des Religions que chacun se forme a sa mode[47].

Il était ensuite fatal, poursuit le manuscrit, que le politique tire profit de «cette crainte chimerique de puissances chimeriques» et en fasse l'instrument docile de l'ambition:

> Plusieurs auxquels il importoit que le Peuple fut retenu et arresté par de semblables reveries ont fomenté cette semence de Religions, en ont fait une loy, et ont enfin incité le Peuple par l'aprehension de l'avenir a obeir aveuglement[48].

---

45. Denis Diderot, *Les bijoux indiscrets, op. cit.*, p. 258.
46. Jean-Baptiste de Boyer, marquis d'Argens, *Thérèse philosophe, op. cit.*, p. 108 et p. 112.
47. Anonyme, *Traité des trois imposteurs*, ms. Fr. 25290, p. 4. Voir également David Hume, *L'histoire naturelle de la religion, et autres essais sur la religion*, 1989 [1757] et, surtout, «Origine du polythéisme», p. 44 sq.
48. Anonyme, *Traité des trois imposteurs*, ms. Fr. 25290, p. 4.

Rien d'étonnant, dans ces conditions, à ce que l'abbé T*** de *Thérèse philosophe* parvienne aux mêmes conclusions. Soucieux d'établir « des sociétés dont ils puissent devenir les chefs », observe-t-il à son tour, « des hommes ambitieux, de vastes génies, de grands politiques [...] ont tiré parti de la crédulité des peuples », apercevant qu'« il était nécessaire que chacun [...] sacrifiât souvent ses passions » au nom de l'intérêt commun, imaginant même « des récompenses et [...] des peines qui engagent une grande partie des hommes à résister au penchant naturel[49] ». Si le sentiment religieux a pour fondement une crainte fictive, si le principe des religions positives est politique, tout l'édifice de la théologie, avec son luxe de dogmes, de prescriptions et d'interdits, ne porte plus que sur une imagination pernicieuse aisément démentie par la raison. Mais *Thérèse philosophe* est un roman et, de surcroît, un roman libertin, si bien que les observations critiques de l'abbé T*** procèdent en même temps d'un argument narratif et de quelques figures oratoires qui leur confèrent « l'autorité de l'expérience[50] ». Le récit que fait Thérèse de sa première éducation, de cette éducation dont l'abbé T*** viendra ensuite renverser les bases, insistait sur les « singulières leçons » que professait « un capucin, son confesseur » :

> Ne portez jamais, me dit-il, la main ni même les yeux sur cette partie infâme par laquelle vous pissez, qui n'est autre chose que la pomme qui a séduit Adam, et qui a opéré la condamnation du genre humain par le péché originel. Elle est habitée par le démon, c'est son séjour, c'est son trône [...] Gardez-vous encore avec plus de précaution de ce morceau de chair des jeunes garçons de votre âge, qui faisait votre amusement : c'est le serpent, ma fille, qui tenta Eve, notre mère commune[51].

« Partie infâme » et « pomme qui a séduit Adam », « morceau de chair des jeunes garçons » et « serpent qui tenta Eve », tout cela, en somme, repose sur un système de correspondances analogiques favorisant une métamorphose oratoire du sexe en un trône diabolique, la pomme et le serpent y étant

---

49. Jean-Baptiste de Boyer, marquis d'Argens, *Thérèse philosophe, op. cit.*, p. 112-113. Sur la question de l'intertexte philosophique de *Thérèse philosophe*, voir Robert Granderoute, *Le roman pédagogique de Fénelon à Rousseau*, 1985, t. 2, p. 697-706, lequel esquisse notamment un parallèle entre le roman du marquis d'Argens et l'*Examen de la religion*.

50. Sur la problématique générale de « l'autorité » de l'expérience au XVIIIe siècle, voir surtout John C. O'Neal, *The Authority of Experience. Sensationist Theory in the French Enlightenment*, 1996.

51. Jean-Baptiste de Boyer, marquis d'Argens, *Thérèse philosophe. op. cit.*, p. 47-48.

assimilés à ces figures ou, plus exactement, à ces *figuræ* dont usent les Écritures Saintes pour faire entendre un sens caché qu'il revient à la théologie d'interpréter[52]. Le roman libertin s'amuse toujours volontiers à ces façons ou, plutôt, à ces contrefaçons d'exégèse, comme dans *Pigmalion, ou la statue animée*, alors qu'on y affirme que «toutes nos Histoires commencent par la découverte de ce plaisir», d'un plaisir sexuel que l'on a ensuite «masqué sous différens emblêmes», le «principal» étant «celui d'une Pomme, qui contenoit la science du Bien & du Mal[53]». De telles contrefaçons se veulent surtout contrepoison en dévoilant sous un jour parodique tous les anciens monuments de l'herméneutique chrétienne. Dans *Thérèse* en particulier, si la pomme et le serpent entrent dans la composition d'un portrait imitant le ton du discours religieux, il importe de remarquer que ces *figuræ* sont aussi des métaphores livrant au ridicule une entreprise herméneutique dorénavant déférée au «tribunal de l'expérience». En se mettant à l'école de son capucin, Thérèse, en effet, résiste «aux efforts de [son] tempérament», devient «un exemple de vertu» et, dès lors,

> le jeûne, le cilice, la méditation étaient ma ressource [...] Ces remèdes, en détraquant la machine, me guérirent à la vérité tout à coup de ma passion, mais ils ruinèrent ensemble mon tempérament et ma santé. [...]
> Toute la machine languissait, mon teint était jaune, mes lèvres livides, je ressemblais à un squelette vivant[54].

L'herméneutique chrétienne devient, dans ce passage, une «superstition en acte» s'accomplissant dans la mise en scène de cette machine qui se détraque et de ce corps dépeint sous la figure répugnante d'un squelette. Désormais, tout concourt à aplanir la voie qui conduit aussi bien à un «examen des religions par les lumières naturelles» qu'à une démonstration où l'abbé T*** «prouve que les plaisirs de la petite oie sont licites à tous égards» — éducation philosophique et érotique au terme de laquelle, écrit Thérèse, «je commençai peut-être à penser pour la première fois de ma vie[55]».

---

52. Sur le figurisme ou, si l'on préfère, l'interprétation figurative de l'Ancien Testament, voir Erich Auerbach, *Figura*, 1993, p. 31 sq.
53. André François Boureau-Deslandes, *Pigmalion*, *op. cit.*, p. 57.
54. Jean-Baptiste de Boyer, marquis d'Argens, *Thérèse philosophe*, *op. cit.*, p. 49 et p. 54.
55. *Ibid.*, p. 96-107.

Sous ce jour, la critique libertine de l'Église et du christianisme apparaît comme un travail essentiellement négatif de déconstruction, voire de destruction. La tâche à laquelle est conviée la pensée tient moins à un corps de doctrine destiné à se substituer au préjugé désormais aboli qu'à un refus initial où « la Lumiere Naturelle », suivant le mot du marquis d'Argens, nous empêche simplement « d'accorder notre Croïance à bien des Faussetes[56] ». Pareille attitude, il va sans dire, prolonge la tradition du libertinage érudit du XVIIe siècle, tradition pour laquelle le « Bigot », comme l'affirment les *Quatrains du déiste*, est à jamais prisonnier des « erreurs enfantez par les ans », ce qui en fait le « seul ennemy juré[57] ». De surcroît, le souvenir de la méthode cartésienne et des travaux de Pierre Bayle n'avait cessé de relayer et de nourrir cette tradition, en appelant l'esprit à douter de tout ce qui ne portait pas le caractère de l'évidence. En suivant cette voie déjà tracée, le roman libertin continue à ruiner l'édifice ancien de ces préjugés « sanctifiés » : il les poursuit et les débusque à sa manière, c'est-à-dire en multipliant traits et saillies destinés à les railler et à les vaincre. Tournée vers la séduction et l'agrément, sa savante éloquence se fait militante. Ces « chaines de la religion » qu'évoque un manuscrit philosophique clandestin et dont tout le « secret » se réduit à « rendre les hommes esclaves de libres qu'ils étoient[58] », le roman libertin s'ingénie à les rompre en persiflant sans cesse quiconque renonce à s'en défaire. Dans les *Bijoux indiscrets*, « toutes les filles de la congrégation du coccyx de Brama parlaient par le bijou[59] » ; dans le même roman, l'idéal ascétique prend les traits du génie Cucufa, ce

> vieil hypocondriaque, qui craignant que les embarras du monde et le commerce des autres génies ne fissent obstacle à son salut, s'est réfugié dans le vide, pour s'occuper tout à son aise des perfections infinies de la grande Pagode, se pincer, s'égratigner, se faire des niches, s'ennuyer, enrager et crever de faim[60].

---

56. Jean-Baptiste de Boyer, marquis d'Argens, *La philosophie du bon-sens, ou Réflexions philosophiques sur l'incertitude des connoissances humaines, à l'usage des cavaliers et du beau-sexe*, 1737, p. 421.
57. Anonyme, *Les quatrains du déiste. L'anti-bigot ou le faux dévotieux*, strophe 100 ; texte reproduit par Antoine Adam, *Les libertins au XVIIe siècle*, 1964, p. 100.
58. Anonyme, *Reflexions d'un philosophe sur la divinité, sur le monde et sur la nature de l'homme. Traduites du latin, imprimé en 1717*, ms. 3563, p. 78.
59. Denis Diderot, *Les bijoux indiscrets*, op. cit., p. 53.
60. *Ibid.*, p. 39.

Une énumération oratoire revêtue du brillant du style coupé et voilà dépeint le tableau des ridicules auxquels expose le mystère des « perfections infinies de la grande Pagode ». Au demeurant, seul le pouvoir politique tire avantage de ces perfections imaginaires et, comme le remarque lui-même le roi Céphaès dans le *Tanzaï* de Crébillon fils, « un peuple sans religion est bientôt sans obéissance ». Si le peuple, poursuit-il, « ne connaît point de dieux, s'il n'en craint pas, les lois humaines ne sont plus rien devant lui, il devient son législateur[61] ». À regarder ses rois « comme un présent de la divinité », ce même peuple devient pourtant « plus superstitieux que religieux » et cette « idée mal entendue de la religion le mène loin » :

> Plus frappé du culte extérieur, que de l'existence de la divinité ; plus soumis à ses ministres qu'à elle-même, il les croit lésés où on leur fait justice ; et le roi, victime des préjugés des sujets, n'ose sortir d'esclavage, dans la crainte d'exciter des troubles où sa personne et sa dignité seraient également compromises[62].

Si la religion procure la soumission, elle engendre aussi la superstition et, de là, la sédition, si bien que le pouvoir politique trouve dans ces deux principes contraires un soutien et un ferment d'anarchie. « Présent de la divinité » et « victime des préjugés de ses sujets » : sous la figure de cette antithèse assez marquée, le destin auquel est enchaîné le pouvoir des monarques se trouve résumé.

Ce sont de telles antithèses qui, bien souvent, commandent les principaux aspects de la pensée politique du libertinage. Depuis le XVIIe siècle, le libertin se conçoit volontiers à la manière de ce Pigmalion dont l'esprit, suivant le portrait de Boureau-Deslandes, est non seulement « délivré des préjugés vulgaires », mais sait encore « penser avec hardiesse ». Néanmoins, toute sa politique prend en même temps pour maximes celles que lui dicte la prudence : craignant « les hommes ordinaires », il est souvent un « exact observateur des bienséances dont la Religion est la principale[63] ». À cet égard, sa politique peut se réclamer de celle d'Épicure qui, selon l'*Histoire critique de la philosophie* de ce même Boureau-Deslandes, « rapportoit tout à l'union, à la correspondance mutuelles qui doit régner entre les hommes », de sorte qu'il

---

61. Claude Prosper Jolyot de Crébillon, dit Crébillon fils, *Tanzaï et Néadarné, op. cit.*, p. 163.
62. *Ibid.*, p. 164.
63. André François Boureau-Deslandes, *Pigmalion, op. cit.*, p. 6-8.

recommandoit sans cesse de se prêter aux cérémonies publiques & aux actes imposans de la Religion, quand même on n'en seroit pas pénétré au fond du cœur [...] Ces cérémonies, continuoit Epicure, servent principalement à entretenir la paix & la douceur parmi ceux d'un même pays[64].

Tant que les Lumières ne seront pas parvenues à tirer les peuples de leur ignorance, le préjugé religieux demeure un principe de cohésion sociale utile, même si son absurdité est démontrée à quiconque sait « penser avec hardiesse ». Cependant, les « entreprises de la superstition », selon le mot de l'abbé Raynal[65], ne se contentent pas d'asservir l'esprit du peuple : fait plus grave, elles veulent encore diriger l'État en dominant celui du prince, « pronostics certains », estiment les *Bijoux indiscrets*, « de l'imbécillité des grands[66] ». C'est d'ailleurs pourquoi le roman libertin a tracé tant de portraits de monarques imbéciles et despotiques pour lesquels le préjugé tient lieu de tout. Dans le *Sopha*, le sultan Schah-Baham s'exclame : « Est-ce donc pour rien que je suis musulman ? », s'empressant d'ajouter, à propos du récit qu'il s'apprête à entendre : « Ce ne sera point parce que la chose est incroyable, qu'il faudra que je ne la croie pas, mais parce que, fût-elle vraie, je ne la dois pas croire[67] ». Dans les *Amours de Zeokinizul*, la figure même de Louis XV se trouve associée à celle d'un despote oriental voluptueux et capricieux : Madame de Pompadour, dont le nom paraît dans ce roman sous l'anagramme *Vorompdap*, y appelle même le roi, « sultan[68] ».

Mais si la critique libertine de l'État a parfois des accents pamphlétaires dénonçant la politique des princes, elle ne semble guère, du moins dans la première moitié du XVIIIe siècle, obéir à une stratégie philosophique et oratoire bien définie. Dans *Grigri* par exemple, conte libertin attribué à Louis de Cahusac et établi sur un prétendu manuscrit japonais, on retrouve un passage qui, à lui seul, résume bien la portée souvent restreinte de la critique libertine de l'État monarchique. À la cour de la reine Amétiste, cette dernière

---

64. André François Boureau-Deslandes, « De la secte eléatique, d'Héraclite, de Pyrrhon, de Démocrite, d'Épicure, &c. », *Histoire critique de la philosophie, op. cit.*, L. V, p. 346-347.

65. Abbé Guillaume Thomas Raynal, « Les moines en Amérique du Sud », *Histoire philosophique & politique des deux Indes*, 1981 [1772], p. 89-90.

66. Denis Diderot, *Les bijoux indiscrets, op. cit.*, p. 35.

67. Claude Prosper Jolyot de Crébillon, dit Crébillon fils, *Le sopha, op. cit.*, p. 14-15.

68. Voir Claude Prosper Jolyot de Crébillon, dit Crébillon fils, *Les amours de Zeokinizul, op. cit.*, p. 81 sq.

s'avisa un jour de mâcher une fleur dont la vertu consistait à lever le voile des préjugés qui obscurcissent la vue ; soudain,

> elle se crût transportée [...] dans une Cour étrangere, ses regards erroient sur tous les objets, ils lui paroissoient tout nouveaux, & en effet ils s'étoient toûjours présentés à elle sous des faces bien differentes. Maintenant toute espece d'illusion étoit dissipée. L'Usage, la mode, la naissance, la réputation même, rien à ses yeux ne suposoit, ni ne pouvoit supléer le mérite. [...]
> Les talens de l'esprit [...] parurent à la Reine mériter seuls d'occuper les Grands de l'Etat. Elle les regarda comme le germe heureux de toutes les connoissances utiles, comme la source féconde de l'instruction des Peuples, comme le principe assuré de la grandeur, de l'abondance, & de la supériorité des Etats. [...]
> En portant plus loin ses vûes elle vit à découvert cette machine immense qu'on appelle le gouvernement, tous ses ressorts, ses défauts, ses abus, ses vices
> *Dans cet endroit il y a dans les manuscrits sur lesquels on a traduit cette Histoire, une lacune de plus de cent pages* [...]
> L'Auteur Original continue ainsi.
> L'intérêt seul gouverne despotiquement tous les hommes[69].

On aura remarqué la lacune. La vertu de la fleur abat les préjugés secrétés par l'habitude et, à cette première vertu, toute négative, s'en ajoute une autre, celle des Lumières, dont la diffusion fait reculer l'ignorance et accroît la richesse des nations. Cependant, lorsque la reine porte « plus loin ses vûes » et qu'elle envisag la « machine » même de l'État, le texte se dérobe. En lieu et place de l'analyse des « ressorts » de l'État se trouve une prétendue lacune, hiatus exemplaire qui se constitue dans l'ensemble du corpus libertin de la première moitié du XVIIIe siècle en remplissant de silences les intervalles entre des pointes pamphlétaires hostiles le plus souvent à la seule personne des Grands et à leurs vices. Même dans les *Amours de Zeokinizul*, ce roman dont la fortune et le titre lui-même devaient inspirer au chevalier de La Beaumelle un *Asiatique tolérant*[70], traité précisément dédié à « Zeokinizul » et plaidant la cause de la tolérance religieuse, la critique de l'État ne s'attache

---

69. Louis de Cahusac, *Grigri, op. cit.*, p. 143-153. En fonction de ce passage, voir également André François Boureau-Deslandes, *Pigmalion, op. cit.*, p. 5-6 : « Heureux les Royaumes, où le soin de récompenser les Talens supérieurs, les Talens utiles, passe non-seulement pour une obligation essentielle, mais encore pour une dette de l'Etat ».

70. Laurent Angliviel de La Beaumelle, *L'Asiatique tolérant. Traité à l'usage de Zeokinizul roi des Kofirans, surnommé chéri. Ouvrage traduit de l'arabe du voyageur Bekrinol, par Mr. de ****, 1748.

qu'à la personne du prince et à la Cour. Autrement, seuls prévalent des silences que suspend un instant une rhétorique de la prétérition :

> *Je passerai* sous silence, lit-on à propos des origines de la monarchie française, les premiers siècles pendant lesquels ces conquérans [les *Kranfs*, c'est-à-dire les Francs], accôutumés aux desordres de la guerre, ne connurent aucunes loix [...] Il est vrai que dès leur établissement on leur trouve des Rois, mais [...] ces chefs d'ailleurs aussi féroces que ceux auxquels ils commandoient, ne se faisoient point scrupule d'employer le fer ou le poison[71].

À la lacune du prétendu manuscrit de *Grigri* répond, dans les *Amours de Zeokinizul*, un recours à la prétérition qui semble procéder du même esprit. Certes, on pourra objecter quelques passages tirés des *Bijoux indiscrets* et, entre autres, celui où Sélim, le favori du sultan Mangogul, fait l'histoire du règne précédent. Si le nom de Kanoglou et l'antonomase de la « vieille fée décrépite » laissent deviner les portraits de Louis XIV et de Madame de Maintenon, tout le passage porte pourtant la critique bien au delà du simple libelle. On n'aurait qu'à relire la métaphore des « pantins » pour comprendre que c'est le fonctionnement même de la « machine » de l'État qui est ici en cause :

> Je commencerai, nous dit Sélim, par l'origine des pantins. [...] Le sérail se trouva transformé en une vaste et magnifique galerie de pantins ; on voyait à l'un des bouts, Kanoglou sur son trône ; une longue ficelle usée lui descendait entre les jambes ; une vieille fée décrépite l'agitait sans cesse, et d'un coup de poignet mettait en mouvement une multitude innombrable de pantins subalternes, auxquels répondaient des fils imperceptibles et déliés qui partaient des doigts et des orteils de Kanoglou : elle tirait, et à l'instant le sénéchal dressait et scellait des édits ruineux[72].

Tous les ressorts de l'appareil d'État, le prince et sa maîtresse, les courtisans et les fonctionnaires, tout répond au jeu mécanique d'une ficelle libertine qu'un coup de poignet adroit met en branle. En ce sens, pourtant, l'analyse politique tend à se confondre avec la critique psychologique, et c'est pourquoi le passage de *Grigri* reproduit ci-dessus reste exemplaire avec, on s'en souvient, cette mention de l'intérêt, personnifié dans ce texte de manière à mieux marquer toute l'étendue de l'empire despotique qu'il exerce sur tous

---

71. Claude Prosper Jolyot de Crébillon, dit Crébillon fils, *Les amours de Zeokinzul, op. cit.*, p. 10.
72. Denis Diderot, *Les bijoux indiscrets, op. cit.*, p. 244.

les hommes. L'intérêt, en effet, offre la commodité de se trouver à la frontière de la psychologie et du politique, comme en témoigne la tradition des moralistes. C'est aussi l'un des objets essentiels de la réflexion politique des Lumières, depuis l'*Essai politique sur le commerce* de Jean-François Melon et le *Philosophe* de Dumarsais jusqu'à *De l'esprit* d'Helvétius :

> Dans toutes les actions que les hommes font, observe Dumarsais, ils ne cherchent que leur propre satisfaction actuelle : c'est le bien, ou plutôt l'attrait présent, suivant la disposition mécanique où ils se trouvent, qui les fait agir[73].

Voici maintenant les rouages de cette disposition mécanique à l'œuvre ou, plutôt, « peints au vif » et déterminant à la fois le cours de la politique des princes et de la vie privée des sujets. La scène est tirée des *Sonnettes* et le marquis D*** s'y livre à diverses réflexions sur l'état qu'il lui convient d'embrasser :

> Quatre freres que j'avois, ayant pris le parti des armes. convenable à leur naissance, ont péri successivement depuis la bataille de Fontenoi. [...]
> Je ne dis point, comme nos prétendus Politiques, toujours extrêmes & toujours mécontens, que la guerre est une source de maux sans nombre, un prétexte à mille impôts, un jeu entre les Souverains, qu'ils font durer autant que leur avarice, leur luxe & leurs autres passions l'exigent : un moyen d'établir le despotisme, en tenant la Noblesse dans la dépendance, & les Peuples dans la misere. Je me garde de traiter cette matiere d'après de semblables principes, & je me borne à en parler comme tout homme privé peut le faire, à proportion de l'intérêt qu'il a dans les affaires publiques. [...] Mais moi, qui juge du bien & du mal suivant l'état actuel du monde, moi qui vois, en ouvrant l'histoire de tous les siécles, tant de malheurs produits par les Guerres [...], moi, dis-je, qui en descendant en moi-même, trouve que la barbarie est inséparable de ces meurtres, de ces contributions, ou ce qui est la même chose, de ces rapines : je décide que mon cœur ne pourroit jamais accorder avec tant de vices le désinteressement & l'humanité, & je veux prendre un état dont les devoirs conformes à mes sentimens, en deviennent pour moi plus faciles à remplir[74].

---

73. César Chesneau Dumarsais, « Le philosophe », *Nouvelles libertés de penser*, 1743, p. 196. De Jean-François Melon, voir, en particulier, le ch. 9 consacré au luxe, dans *Essai politique sur le commerce*, 1734, p. 129 sq. Sur cette question de l'intérêt, voir également Helvétius et, surtout, le second discours de *De l'esprit*, 1988 [1758], p. 51-227.

74. Jean Baptiste Guiard de Servigné, *Les sonnettes, op. cit.*, p. 1-2 et p. 16-19.

« Je ne dis point », « je me garde de traiter », précise le marquis, et ces prétéritions initiales gouvernent le premier mouvement de sa réflexion. À ce titre, ses remarques obéissent à une politique qui rappelle davantage le scepticisme du libertinage érudit du XVIIe siècle que le militantisme des Lumières finissantes. Il y a pourtant un retour insistant du « moi » qui survient ensuite dans le texte de manière à venir marquer, au nom du refus de la « barbarie », une résistance aux intérêts du prince. Dès lors, ce « moi », qui « juge du bien & du mal suivant l'état actuel du monde », s'adonne tout entier à la critique, c'est-à-dire à ce « travail immense » auquel convie « la destruction des préjugés[75] ».

---

75. L'expression appartient à un manuscrit philosophique clandestin : voir les *Dialogues sur l'âme*, *op. cit.*, p. 241

Conclusion

Que conclure de ce parcours, si n'est que la représentation du corps et de ses mouvements intimes, voire l'érotisme libertin en général, ne saurait se résumer à ses aspects pornographiques. Tout semble, au contraire, indiquer à quel point libertinage de mœurs et libertinage de l'esprit s'entremêlent à l'occasion de diverses « peintures » du corps qui doivent leur couleur particulière aux savoirs qu'ils mettent en œuvre. Il y a, rappelait Michel Foucault dans les *Mots et les choses,* « un ordre strict de la vie libertine : toute représentation doit s'animer aussitôt dans le corps vivant du désir, tout désir doit s'énoncer dans la pure lumière d'un discours représentatif[1] ». Pour une part essentielle, cet ordre strict de la vie libertine se rattache à une entreprise où la raison entend s'éclairer et, à ce titre, le libertinage partage la même ambition que la philosophie des Lumières ou, du moins, paraît sous la même devise : « *Sapere aude!*[2] », aie le courage, l'audace de savoir. C'est par cette formule, on s'en souvient, que Kant tentait, à la fin du XVIIIe siècle, de ressaisir à sa source le principe dont se réclament les Lumières et le programme que celles-ci revendiquent. Dans la littérature libertine, ces audaces de l'esprit se confondent avec la licence des mœurs. Tissée de longue main par l'histoire de la libre pensée, inscrite de surcroît dans l'ambiguïté sémantique elle-même du terme « libertin », pareille alliance s'exprime dans le rendu des mouvements du désir et dans des tableaux dont l'éloquence séduisante et ingénieuse parvient à réaliser ce mélange, devenu si déplacé de nos jours, entre érotisme et savoirs philosophiques.

Les tableaux licencieux du roman libertin ne peuvent se concevoir sans la prise en compte de cette dimension cognitive mais, comme l'affirmait le père Castel, « toutes nos découvertes, toutes nos vérités scientifiques ne sont que des vérités de rapport ». Ce sont de tels rapports que fait surgir un art de dire centré sur la pratique du trait oratoire, tant et si bien, ajoute encore le père

---

1. Michel Foucault, *Les mots et les choses,* 1986 [1966], p. 222.
2. Emmanuel Kant, « Beantwortung der Frage : Was ist Aufklärung ? », 1990 [1784], p. 9.

Castel, que « le sens figuré dégénere en sens propre, & la figure en réalité[3] ». Ces remarques résument l'aspect fondamental des théories de l'éloquence au siècle des Lumières et d'une prose libertine qui, en conférant à une culture savante le pouvoir de séduction exercé par quelque « figure piquante », est tout entière tournée vers une efficacité pragmatique. Une telle leçon ne peut que solliciter notre actualité, dès lors que l'on songe aux efforts que multiplient les recherches rhétoriques contemporaines, voire aux seuls titres des ouvrages sous lesquels paraissent ces entreprises. *Models and Metaphors* de Max Black, « La figure et l'argument » d'Olivier Reboul, *Énonciation, argumentation et cognition* de Georges Vignaux : un peu partout s'affirme la volonté de montrer que la figure n'est pas « un *écart* d'expression extérieur à la pensée », mais « ce qui facilite l'argumentation et ce qui la condense[4] ». Les « jeux énonciatifs du langagier », écrit encore Georges Vignaux, ne peuvent se séparer « des activités cognitives qui le motivent et qui le fondent en vérité[5] ». « Argument condensé[6] », la figure suppose la trace de discours entendus, ce que Gamaches appelait une « supposition », laquelle fait fond sur un commerce entre l'énoncé où elle survient et le contexte qu'elle s'approprie. Cette pragmatique de la figure n'est pas étrangère, il va sans dire, à une conception qu'ont approfondie, au cours du XXe siècle, quelques textes fondateurs : *The Philosophy of Rhetoric* d'Ivor Armstrong Richards, le *Traité de l'argumentation* de Chaïm Perelman et Lucie Olbrechts-Tyteca ou encore la *Métaphore vive* de Paul Ricœur[7]. Chez tous ces auteurs, il n'est pas indifférent que l'entreprise nettement affirmée de soustraire la figure à une métaphysique de l'écart en appelle, pour reprendre à Richards une expression heureuse, au refus de la « superstition de la signification propre[8] » au profit d'une sorte de « théorème contextuel de la signification[9] ». Placée dans cette perspective, la

---

3. Louis-Bertrand Castel, « Reflexions sur la nature & la source du sublime dans le discours, sur le vrai philosophique du discours poëtique, & sur l'analogie qui est la clef des découvertes », *Journal de Trévoux ou Mémoires pour servir à l'histoire des sciences et des arts*, Trévoux, oct. 1733, art. 77, p. 1760.
4. Olivier Reboul, « La figure et l'argument », *Rhétorique(s)*, 1989, p. 10.
5. Georges Vignaux, *Le discours acteur du monde. Énonciation, argumentation et cognition*, 1988, p. 231.
6. Olivier Reboul, « La figure et l'argument », art. cit., p. 13.
7. Ivor Armstrong Richards, *The Philosophy of Rhetoric*, 1965 [1936] ; Chaïm Perelman et Lucie Olbrechts-Tyteca, *La nouvelle rhétorique. Traité de l'argumentation*, 1958 ; Paul Ricœur, *La métaphore vive*, 1975.
8. Ivor Armstrong Richards, *The Philosophy of Rhetoric*, op. cit., p. 11 : « *the Proper Meaning Superstition* ».
9. *Ibid.*, p. 40 : « *the context theorem of meaning* ».

leçon d'éloquence que comporte la prose libertine présume de l'existence d'une tradition oratoire ancienne qui, fondée sur une intrication entre élocution oratoire et invention savante, expression et contexte, destinait les figures du discours à devenir l'instrument par excellence de la vivacité argumentative. C'est pourquoi cette prose invite à renouer avec un art de dire pour lequel on pourrait peut-être réclamer, en s'inspirant des propositions de Pascal Quignard, le titre de « rhétorique spéculative[10] ». Transmis à la prose libertine à la faveur d'une *translatio studiorum* dont les principes présidaient à l'enseignement de la rhétorique dans les collèges de l'Ancien Régime, cet art de dire s'est inventé en se mettant à l'école des auteurs de la latinité d'argent. Il en est résulté une éloquence dont le tour séduisant supposait stratégie et politesse des plaisirs, critique des préjugés et savoirs, bref, une « raison ingénieuse » fondée sur un « bon sens qui brille ». En ce sens, il se pourrait bien que, dans l'histoire de la rationalité, le XVIIIe siècle n'ait pas signifié autant qu'on l'a prétendu le rêve d'un achèvement systématique, voire d'une conquête définitive et déjà positiviste du progrès, dont le projet, par bien des aspects, a pu animer Kant ou les Idéologues, le baron d'Holbach ou Condorcet. En se faisant « ingénieuse », la raison poursuit plutôt une tâche où le courage et l'audace de savoir témoignent de son droit imprescriptible à persifler et à briller, à séduire et à critiquer, en somme, à relancer le dialogue à l'infini en interrogeant le monde tel un problème non résolu. À Ermenonville, dans le *Parc Jean-Jacques Rousseau*, il existe un Temple de la Raison que le promeneur peut encore visiter de nos jours et dont le *non-finito* cherche à représenter avec élégance cette tâche infinie de la pensée. Ce pourrait être l'emblème d'une « raison ingénieuse » et, avec elle, des « saillies brillantes » de la littérature libertine du siècle des Lumières.

---

10. Pascal Quignard, *Rhétorique spéculative*, 1995

Bibliographie

I. Corpus étudié

ARGENS, Jean-Baptiste de Boyer, marquis d', *Thérèse philosophe, ou Mémoires pour servir à l'histoire du P. Dirrag, & de Mademoiselle Éradice*, La Haye, 1748, in-8°; *Œuvres anonymes du XVIIIe siècle III*, Paris, Fayard (L'Enfer de la Bibliothèque nationale), 1986, vol. V.

BEAUCHAMPS, Pierre François Godart de, *Aihcrappih, histoire grecque*, s.l., 1748, in-12.

BOUREAU-DESLANDES, André François, *Pigmalion, ou la statue animée*, Londres, Samuel Harding, 1741, in-12.

BRET, Antoine, *Le ***, histoire bavarde*, Londres, 1749, in-12.

CAHUSAC, Louis de, *Grigri histoire veritable. Traduite du japonois en portugais par Didaque Hadeczuca, compagnon d'un missionnaire à Yendo; & du portugais en françois par l'abbé de *** aumônier d'un vaisseau hollandois*, À Nangazaki, De l'imprimerie de Kinporzenkru, seul imprimeur du très-Auguste Cubo, L'an du monde 59749 [1749].

CRÉBILLON FILS, Claude Prosper Jolyot de Crébillon, dit, *Les amours de Zeokinizul, roi des Kofirans, ouvrage traduit de l'arabe du voyageur Krinelbol*, Amsterdam, Aux dépens de Michel, 1746, in-12.

CRÉBILLON FILS, Claude Prosper Jolyot de Crébillon, dit, *Le sopha, conte moral*, À Gaznah, de l'imprimerie du très-pieux, très-clément et très auguste sultan des Indes, an de l'hégire 1120 [1740], 2 vol. in-12; *Le sopha, conte moral. Collection complète des œuvres de M. de Crébillon, fils*, Genève, Slatkine Reprints, 1968 [Londres, 1777].

CRÉBILLON FILS, Claude Prosper Jolyot de Crébillon, dit, *Tanzaï et Néadarné, histoire japonoise*, Pékin [Paris], Lou-chou-chu-la, 1734, 2 vol. in-12; Paris, A.G. Nizet, 1976 [éd. Ernest Sturm].

DIDEROT, Denis, *Les bijoux indiscrets*, Au Monomotapa, s.d. [1748], 2 vol. in-12; Paris, Gallimard (Bibliothèque de la Pléiade), 1951, p. 31-264.

DUCLOS, Charles Pinot, *Mémoires pour servir à l'histoire des mœurs du XVIIIe siècle*, s.l., 1751, 2 t. en 1 vol. in-12; Paris, Desjonquères (XVIIIe siècle), 1986.

FOUGERET DE MONBRON, Jean-Louis, *La fille de joye. Ouvrage quintessencié de l'anglois*, Lampsaque, 1751, in-12 ; [John CLELAND], *Fanny Hill, la fille de joie. Récit quintessencié de l'anglais par Fougeret de Monbron*, Arles, Actes Sud, 1993.

FOUGERET DE MONBRON, Jean-Louis, *Margot la ravaudeuse*, Hambourg, 1750 ; Paris, Jean-Jacques Pauvert, 1958.

GERVAISE DE LATOUCHE, Jean-Charles, *L'histoire de dom B***, portier des Chartreux*, Rome, Chez Philotanus, s.d. [1740] ; *L'histoire de dom Bougre, portier des Chartreux*, dans *Œuvres anonymes du XVIIe siècle I*, Paris, Fayard (L'Enfer de la Bibliothèque nationale), 1985, vol. III, p. 17-236.

GODARD D'AUCOUR, Claude, *Thémidore ou mon histoire et celle de ma maîtresse*, La Haye, aux dépens de la compagnie, 1745, 2 parties en 1 vol. in-12 ; *Romans libertins du XVIIIe siècle*, Paris, Robert Laffont (Bouquins), 1993, p. 265-354.

GUIARD DE SERVIGNÉ, Jean Baptiste, *Les sonnettes, ou Mémoires du marquis D****, Utrecht, 1749, in-12 (Paris-BN : Réserve Z-3215) ; *Les sonnettes, ou Mémoires du marquis D***. Nouvelle édition corrigée & augmentée de piéces neuves & intéressantes, avec de jolies figures en taille-douce*, À Berg-op-zoom, chez F. de Richebourg, 1751, in-12 ; *Les sonnettes, ou Mémoires de m. le marquis D***. D'après l'édition originale avec une notice et des éclaircissements par Jean d'Herbenoire*, Paris, Éditions du Fureteur, 1926.

LA MORLIÈRE, Jacques de La Rochette, dit le chevalier de, *Angola, histoire indienne, ouvrage sans vraisemblance*, Agra, 1746, 2 t. en 1 vol. in-12 ; Paris, Desjonquères (XVIIIe siècle), 1991.

LA MORLIÈRE, Jacques de La Rochette, dit le chevalier de, *Les lauriers ecclésiastiques, ou Campagnes de l'abbé de T****, Luxuropolis, De l'Imprimerie ordinaire du Clergé, 1748, in-12.

MEUSNIER DE QUERLON, Ange-Gabriel, *Les soupers de Daphné et Les dortoirs de Lacédémone. Anecdotes grecques ou fragments historiques publiés pour la première fois & traduits sur la version arabe imprimée à Constantinople, l'an de l'Hégire 1110 et de notre ère 1731*, Oxford, 1740, in-12.

MEUSNIER DE QUERLON, Ange-Gabriel, *Psaphion, ou la Courtisane de Smyrne. Fragment érotique, traduit du grec de MNASÉAS, sur un manuscrit de la bibliothéque du Lord B...*, Londres, chez Tomson, 1748, in-12.

VILLARET, Claude, *Antipaméla, ou Mémoires de M. D***. Traduit de l'anglois*, Londres, 1742, in-12.

II. Ouvrages consultés (avant 1800)

a/ Manuscrits

ANONYME, *De tribus impostoribus*, Paris-BN, ms. Fr. 25290.

ANONYME, *Dialogues sur l'ame*, Paris-Bibliothèque Mazarine, ms. 1191.

ANONYME, *Doutes sur la religion*, Paris-BN, ms. Fr. 24885.

ANONYME, *Doutes sur la religion chrétienne ou examen general sur une religion révélée, dont on cherche l'éclaircissement de bonne foi*, Paris-Bibliothèque Mazarine, ms. 1193.

ANONYME, *Examen de la religion dont on cherche l'éclaircissement de bonne foi, attribüe à Mr. de St. Evremond*, Paris-BN, mss. Fr. 13213, 13214, 13215 [version A] ; *Examen de la religion*, Paris-BN, mss. NAFr. 1557 et 1902 [version B].

ANONYME, *La foi annéantie, ou Démonstration de la fausseté des faits principaux qui sont contenus dans les deux Testamens. Ouvrage traduit du latin de Hobbes. 1763*, Paris-Bibliothèque Mazarine, ms. 1189.

ANONYME, *L'ame mortelle, ou réponse aux objections que font les partisans de son immortalité ; ouvrage traduit du manuscrit qui a pour titre : Theophrastus redivivus*, Paris-Bibliothèque Mazarine, ms. 1189.

ANONYME, *Parité de la vie et de la mort, par Gaultier, medecin*, Paris-Bibliothèque Mazarine, ms. 1192.

ANONYME, *Réflexions d'un philosophe sur la divinité, sur le monde et sur la nature de l'homme. Traduites du latin imprimé en 1717*, Paris-Bibliothèque Mazarine, ms. 3563.

ANONYME, *Traité des miracles*, Paris-Bibliothèque Mazarine, ms. 1194.

ANONYME, *Traité des oracles*, Paris-Bibliothèque Mazarine, ms. 1194.

ANONYME, *Traité des trois imposteurs*, Paris-BN, ms. Fr. 25290.

BOULLAINVILLER, Henry de, *Essai de métaphysique*. Montréal-Bibliothèque de l'Université McGill, ms. 1.

CADIEUX, Louis, *Rhétorique*. Archives du Séminaire de Nicolet (Québec), ms. F115 1/1.

CHALLE, Robert, *Système de religion purement naturelle, adressé au P. Malebranche*, Paris-Bibliothèque Mazarine, ms. 1192 ; *Difficultés sur la religion proposées au père Malebranche*. Édition nouvelle, d'après le manuscrit complet et fidèle de la Staatsbibliothek de Munich par Frédéric Deloffre et François Moureau, Genève, Droz (Textes littéraires français), 2000.

JOUVANCY, Joseph de, S. J., *Institutiones rhetorica*, Paris-Bibliothèque Mazarine, ms. 3819.

LA SANTE, Gilles Anne Xavier de, S. J., *Rethorica a patre dicta de la Sante anno millesimo septingentesimo vigesime septime in Collegio Ludovici Magni*, Paris-Bibliothèque Sainte-Geneviève, ms. 3497.

LE JAY, Gabriel-François, S. J., *Rhetorica data a R. R. LE JAY, rhetorum professore, scripta vero a Paulo-Alexandro Ficquet, anno R. S. H. 1694*, Paris-Bibliothèque Mazarine, ms. 3820.

MESLIER, Jean, *Lettre ecrite par Mr... a Messieurs les curés de son voisinage*, Paris-Bibliothèque de l'Arsenal, ms. 2237.

PORÉE, Charles, S. J., *Ars rhetorices. Dictata a reverendissimo patre Porée, societatis Jesu. Scripta a Francisco Laplanche, rhetorices alumno, anno 1738*, Paris-Bibliothèque Mazarine, ms. 3826.

PORÉE, Charles, S. J., *Rethorica [sic] a patre dicta Porez. Anno domini millesimo septengentesimo vigesimo sexto 1726, in Collegio Ludovici Magni*, Paris-Bibliothèque Sainte-Geneviève, ms. 3497.

PORÉE, Charles, S. J., *Stephani de Montigny compositiones rhetoricæ. Anno 1731 elucubratæ quo tempore professoribus RR. PP. Carolo Porée et Ægidio de la Sante, in prima classe veteranus audiebat*, Paris-Bibliothèque Mazarine ms. 4016.

b/ Imprimés

Dictionnaire de l'Académie françoise, Paris, J. B. Coignard, 1740, 2 vol.

Encyclopédie ou Dictionnaire raisonné des sciences, des arts et des métiers, Stuttgart-Bad Cannstatt, F. Frommann Verlag, 1966-1967 [1751- 1780], 35 vol.

Fabliaux érotiques, Paris, Librairie générale française (Lettres gothiques), 1992.

Journal des sçavans, Paris, chez J. Cusson, 4 juin 1703, p. 347-350.

Journal de Trévoux ou Mémoires pour servir à l'histoire des sciences et des arts, Genève, Slatkine Reprints, 1968.

« Nouvelles libertés de penser. À Amsterdam 1743. in-12. Pages 204 », *Journal de Trévoux ou Mémoires pour servir à l'histoire des sciences et des arts*, août 1743, article LXIII, p. 2267-2294 ; Genève, Slatkine Reprints, 1968, t. 43, 1743.

Théâtre érotique français du XVIIIe siècle, Paris, J.-J. Pauvert (Au terrain vague), 1993.

ANONYME, « De la conduite qu'un honnête homme doit garder pendant sa vie », *Lias, Sources and Documents relating to the early modern History of Ideas*, Amsterdam, Holland University Press, 1987, vol. XIV, p. 229-256 [éd. Antony McKenna].

ANONYME, *Examen de la religion dont on cherche l'éclaircissement de bonne foy*, Trévoux, aux dépens des pères de la Société de Jésus,1745, in-12.

ANONYME, « Extrait d'une lettre contre les romans », *Mercure de France*, Paris, avril 1742, p. 732-737.

ANONYME, « Extrait d'une Lettre de Paris du 1 Juin 1741 », *Les amusemens du cœur et de l'esprit. Ouvrage périodique*, La Haye, chez P. Gosse, 1742, t. 4, 5ᵉ édition, p. 549-555.

ANONYME, *Histoire de Mademoiselle Cronel dite Fretillon, actrice de la comédie de Roüen. Ecrite par elle-même*, La Haye, Aux dépens de la Compagnie, 1740, 3 livres en un vol. in-12.

ANONYME, *L'âme matérielle*, Rouen, Publications de l'Université de Rouen, 1969.

ANONYME, *L'amour voyageur. Envoyé à madame la duchesse de ***. Par Monsieur de ****, La Haye, 1748, in-12.

ANONYME, « La rhétorique de Collège trahie par son apologiste dans son Traité de la veritable éloquence, contre celui de la connoissance de soy-même. A Paris chez Denis Marlette rue St. Jacques à St. Augustin 1704. in 12. pp. 228 », *Journal de Trévoux ou Mémoires pour servir à l'histoire des sciences et des arts*, mars 1705, art. XLIII, p. 473-490.

ANONYME, *La rhétorique de l'honnête homme, ou de la maniere de bien écrire des lettres, de faire toutes sortes de discours, & de les prononcer agréablement*, Amsterdam, chez G. Gallet, 1699, in-12.

ANONYME, *L'école des filles ou la philosophie des dames. Divisée en deux dialogues : agere et pati. Corrigé et augmenté d'un combat du Vit et du Con, d'un dialogue entre le Fouteur et Perrette, et une instruction des curiosités dont ma méthode de trouver est marquée par leurs nombres suivant les tables*, imprimé à Fribourg chez Roger Bon Temps, 1668 ; *Œuvres érotiques du XVIIᵉ siècle*, Paris, Fayard, (L'Enfer de la Bibliothèque nationale), 1985, vol. VII, p. 161-288.

ANONYME, *Les amours de Doraste et de Celonte, par Mr. de P***. Les amours cloitrés ou l'heureuse inconstance*, Cologne, 1747.

ANONYME, *Les reclusieres de Venus, allégorie*, A la Nouvelle Citheropolis, 1750.

ANONYME, *Les songes du printems, par M. Turben*, s.l., 1750, in-12.

ANONYME, *Les trois volupté*, s. l., 1746, in-12.

ANONYME, *Lettre à Monsieur Grenan, regent de seconde au College d'Harcourt, auteur de l'oraison funebre prononcé en Sorbonne le 11. decembre 1715*, Paris, 1716.

ANONYME, *Lettre de Monsieur *** à un de ses amis, au sujet de l'oraison funèbre de Louis XIV. Prononcée par le R. P. Porée, Jésuite*, Paris, 1716.

ANONYME, « Lettre sur les romans. A M***. Journaliste Etranger. Ce premier Septembre 1742 », *Les amusemens du cœur et de l'esprit. Ouvrage périodique*, La Haye, chez P. Gosse, 1742, t. 14, p. 409-423.

ANONYME, *Nocrion, conte allobroge*, s. l., 1747, in-12 ; *L'origine des Bijoux indiscrets, ou Nocrion*, Paris, 1750, in-12 ; *Nocrion, conte allobroge, d'après l'édition originale de 1747, avec une préface et des notes de Jamet, suivi du fabliau de Garin Le chevalier qui faisoit parler les c. et les c.ls*, Bruxelles, Gay et Doucé, 1881, in-8° [éd. Albert de la Fizelière].

ANONYME, « Œuvres du Pere du Baudory de la Compagnie de JESUS », *Journal de Trévoux ou Mémoires pour servir à l'histoire des sciences et des arts*, juin 1750, vol. I, art. LXIV, p. 1225-1241.

ANONYME, « Réflexions sur l'existence de l'ame & sur l'existence de Dieu », *Nouvelles libertés de penser*, Amsterdam, 1743, in-12, p. 153-171.

ANONYME, *Rhétorique à Herennius*, Paris, Les Belles Lettres (Guillaume Budé), 1989.

ANONYME, « Sur ce qu'on appelle des livres licencieux », *Jeunes gens du monde*, III, 1783.

ANONYME, *Vénus dans le cloître ou La religieuse en chemise*, Cologne, 1672 ; *Œuvres érotiques du XVIIe siècle*, Paris, Fayard, (L'Enfer de la Bibliothèque nationale), 1985, vol. VII, p. 289-392.

ALEMBERT, Jean Le Rond d', « Discours préliminaire », *Encyclopédie, ou Dictionnaire raisonné des sciences, des arts et des métiers*, Stuttgart-Bad Cannstatt, F. Frommann Verlag, 1966-1967, vol. I.

ALEMBERT, Jean Le Rond d', *Discours prononcés dans l'Académie françoise, le jeudi 19 décembre M. DCC. LIV. A la réception de M. d'Alembert*, Paris, Brunet, 1754, in-4°.

ALEMBERT, Jean Le Rond d', *Essai sur les éléments de philosophie ou sur les principes des connoissances humaines*, dans *Mélanges de littérature, d'histoire et de philosophie*, Amsterdam, 1759.

ALGAROTTI, Francesco, *Il newtonianismo per le dame*, Naples, 1737 ; *Le newtonianisme pour les dames, ou entretiens sur la lumière, sur les couleurs et sur l'attraction, traduit de l'italien de M. Algarotti par M. Du Perron de Castera*, Paris, chez Montalant, 1738, 2 vol. in-12.

ARETINO, Pietro, dit L'ARÉTIN, *Les ragionamenti*, Paris, Cercle du livre précieux, 1959 [1536 et 1556], [préface de Guillaume Apollinaire].

ARGENS, Jean-Baptiste de Boyer, marquis d', *La philosophie du bon-sens, ou Réfléxions philosophiques sur l'incertitude des connoissances humaines, à l'usage des cavaliers et du beau-sexe*, Londres, aux dépens de la Compagnie, 1737, in-12.

ARGENS, Jean-Baptiste de Boyer, marquis d', *La vie de Mademoiselle Carville, actrice de l'opéra de Paris*, À Cythère, 1745, in-12.

ARGENS, Jean-Baptiste de Boyer, marquis d', *Lectures amusantes, ou les délassements de l'esprit, avec un discours sur les nouvelles*, La Haye, chez A. Moetjens, 1739.

ARGENS, Jean-Baptiste de Boyer, marquis d', *Le solitaire philosophe, ou Mémoires de mr. le marquis de Mirmon. Par mr. L. M. D.*, Amsterdam, chez Westein & Smith, 1736, in-12.

ARGENS, Jean-Baptiste de Boyer, marquis d', *Mémoires de monsieur le marquis d'Argens*, Londres, Aux dépens de la compagnie, 1735 ; Paris, Desjonquères (XVIII siècle), 1993.

ARGENS, Jean-Baptiste de Boyer, marquis d', *Songes philosophiques, par l'auteur des Lettres juives*, À Berlin, suivant la Copie Originale, 1746, in-12.

ARISTOTE, *Poétique*, Paris, Les Belles Lettres (Guillaume Budé), 1979.

ARISTOTE, *Rhétorique*, Paris, Les Belles Lettres (Guillaume Budé), L. I, 1967 ; L. II, 1967 ; L. III, 1989.

ARNAULD, Antoine et Claude LANCELOT, *Grammaire générale et raisonnée : ou la grammaire de Port-Royal*. Stuttgart-Bad Cannstatt, F. Frommann Verlag, 1966 [1662].

ARNAULD, Antoine, et Pierre NICOLE, *La logique ou l'art de penser*, cinquième édition, Paris, Guillaume Desprez, 1683 [1662] ; Paris, Flammarion (Champs), 1970.

AUBERT DE LA CHESNAYE DES BOIS, François-Alexandre, *Lettres amusantes et critiques sur les romans en general, anglois et françois, tant anciens que modernes. Adressées à Myledy W***, Paris, chez Gissey, Bordelet et David, 1743.

AUBIGNAC, François Hedelin d', *Discours académique sur l'éloquence. Prononcé en l'Hostel de monsieur le marquis d'Hervault, le 12 juillet 1668*, Paris, P. Colin, 1668, in-12.

BALZAC, Jean Louis Guez, seigneur de, « De la grande éloquence. À Monsieur Costar, Dissertation II », *Les œuvres de M. de Balzac*, Paris, L. Billaine, 1665, t. 2.

BARY, René, *La rhétorique françoise*, précédé d'un *Discours sur la rhétorique françoise, A Monsieur de Bary, par Le Grand*, Paris, chez Pierre Le Petit, 1659 [1653].

BATTEUX, abbé Charles, *Les Beaux-Arts réduits à un même principe*, Paris, Klincksieck (Aux amateurs de livres), 1989 [1746].

BAYLE, Pierre, *Dictionnaire historique et critique*, Genève, Slatkine reprints, 1969 [1697 ; réimpression de l'édition de Paris 1820-1824].

BAYLE, Pierre, *Pensées diverses sur la comète*, Paris, Librairie Droz (Société des textes français modernes), 1939 [1682-1683], [éd. A. Prat].

BEAUCHAMPS, Pierre François Godart de, *Chef-d'œuvres de Beauchamps. Petite bibliothèque des théatres*, Paris, Bekin, 1787, t. 6, in-16.

BERNIS, François-Joachim de Pierres de, abbé, puis cardinal de, *Miseys ou le visage qui prédit. Histoire*, À Troyes, 1745.

BINET, Étienne, S. J., *Essay des merveilles de la nature et des plus nobles artifices, pièce nécessaire à tous ceux qui font profession d'éloquence*, Rouen, R. de Beauvais, 1621 ; Évreux, Dés Opérations (Association du théâtre d'Évreux), 1987 [éd. Marc Fumaroli].

BOILEAU, Nicolas, *Arrêt burlesque donné en la grand' chambre du Parnasse, en faveur des maîtres ès-arts, médecins et professeurs de l'Université de Stagyre, au pays des Chimères, pour le maintien de la doctrine d'Aristote*, dans *Œuvres classiques*, Paris, Hatier (Collection d'auteurs français), 1938 [1671], [éd. des Granges].

BOILEAU, Nicolas, *Art poétique*, dans *Œuvres classiques*, Paris, Hatier, (Collection d'auteurs français), 1938 [1674], [éd. des Granges].

BOUDIER DE VILLEMERT, Pierre-Joseph, *Apologie de la frivolité. Lettre à un Anglois*, Paris, chez Prault père, 1750.

BOUHOURS, Dominique, S. J., *La manière de bien penser dans les ouvrages d'esprit*, Paris, Florentin Delaulne, 1705 [1687] ; reprint, avec introduction et notes de Suzanne Guellouz, Toulouse, Université de Toulouse-Le-Mirail, 1988.

BOULAINVILLER, Henry de, « Essai de métaphysique dans les principes de Benoît de Spinoza « et « Lettre d'Hippocrate à Damagète », *Œuvres philosophiques*, La Haye, Martinus Nijhoff (Archives internationales d'histoire des idées), 1973, t. 1.

BOUREAU-DESLANDES, André François, *Histoire critique de la philosophie ou l'on traite de son origine, de ses progrès, et des diverses revolutions qui lui sont arrivées jusqu'à notre tems*, Amsterdam, chez F. Changuion, 1737.

BRET, Antoine, *Cythéride, histoire galante, traduite du grec*, Imprimée à Paphos, 1743, in-12.

BRETON, curé de St-Hippolyte à Paris, *De la rhétorique selon les préceptes d'Aristote, de Cicéron et de Quintilien*, Paris, G. Dupuis, 1703, in-12.

BRETTEVILLE, abbé de, *L'éloquence de la chaire et du barreau, selon les principes solides de la rhétorique sacrée et profane*, Paris, chez D. Thierry, 1689.

BRIDARD DE LA GARDE, abbé Philippe, *Lettres de Thérèse ***, ou Memoires d'une jeune demoiselle de province, pendant son séjour à Paris*, La Haye, chez J. Neaulme, 1739.

BRULART DE SILLERY, Fabio, *Réflexions sur l'éloquence*, suivi de la *Réponse de l'auteur de La connoissance de soy-mesme*, et de la *Réplique à l'auteur de La connoissance de soy-mesme*, Paris, chez Joseph Monge, 1712 [1700], in-12.

BRULON DE SAINT RÉMY, *Introduction à la rhétorique*, Joinville, J.-B. Monnoyer, 1730, in-12.

BRUZEN DE LA MARTINIÈRE, Antoine-Augustin, *Introduction générale à l'étude des sciences et des belles-lettres, en faveur de personnes qui ne savent que le françois*, Berlin, chez Haud et Spener, 1756 [1731], in-8°.

BUFFIER, Claude, S. J., « Grammaire françoise sur un plan nouveau » et « Traité philosophique et pratique d'éloquence », *Cours de science sur des principes nouveaux & simples ; pour former le langage, l'esprit & le cœur, dans l'usage ordinaire de la vie*, Paris, chez G. Cavelier, 1732, in-folio.

CALLIÈRES, François de, *Du bel esprit*, Paris, chez Jean Anisson, 1695, in-12.

CALVIN, Jean, « Contre la secte phantastique et furieuse des libertins qui se nomment spirituelz », *Ioannis Calvini opera quæ supersunt omnia*, Brunswick, C. A. Schwetschke et filium, 1868, vol. VII.

CARTIER DE SAINT PHILIP, *Le je ne sai quoi*, La Haye, 1723, 2 vol. in-12.

CASTEL, Louis-Bertrand, S. J., « Reflexions sur la nature & la source du sublime dans le discours, sur le vrai philosophique du discours poëtique, & sur l'analogie qui est la clef des découvertes », *Journal de Trévoux ou Mémoires pour servir à l'histoire des sciences et des arts*, Trévoux, octobre 1733, Article LXXVII, p. 1747-1762.

CAYLUS, Anne Claude Philippe de Tubières de Grimoard de Pestels de Lévis, comte de, *Facéties du comte de Caylus*, Paris, Bassac, 1993.

CHORIER, Nicolas, *L'académie des dames*, à Venise, chez Pierre Arétin, 1680 ; *Œuvres érotiques du XVII° siècle*, Paris, Fayard, (L'Enfer de la Bibliothèque nationale), 1985, vol. VII, p. 593-639.

CICÉRON, Marcus Tullius, *De l'orateur*, Paris, Les Belles Lettres (Guillaume Budé), L. I, 1957 ; L. II, 1966 ; L. III, 1971.

CICÉRON, Marcus Tullius, *L'orateur* et *Du meilleur genre d'orateurs*, Paris, Les Belles Lettres (Guillaume Budé), 1964.

CLAUSIER, Jean-Louis, *La rhétorique, ou l'art de connoître et de parler, avec un abregé de la maniere d'écrire des lettres. Les principales connoissances de la philosophie y sont appliquées à l'Eloquence*, Paris, 1728, in-12.

CLELAND, John, *Memoirs of a Woman of Pleasure. Fanny Hill*, Ware (Hertfordshire), Wordsworth Editions (Wordsworth Classics), 1993.

CLÉMENT, Pierre, *Les cinq années littéraires*, La Haye, A. de Groost et P. Gosse, 1754, t. 1, in-12.

COLIN, Hyacinthe, dit abbé, « Préface, ou Discours préliminaire sur les moyens d'acquérir l'Eloquence », *Traduction du Traité de l'orateur de Cicéron avec les notes*, Paris, chez Bure l'aîné, 1737.

COLLINS, Anthony, *Discours sur la liberté de penser*, Londres, 1714, 2 parties en 1 vol. in-12 ; *Discours sur la liberté de penser et de raisonner sur les matieres les plus importantes. Écrit à l'ocasion de l'acroissement d'une nouvelle secte D'ESPRITS FORTS. Ou de gens qui pensent librement. Traduit de l'anglois, seconde édition révuë & corrigée*, Londres, 1717, in-12.

COLONIA, Dominique de, S.J., *De arte rhetorica libri quinque*, Lyon, A. Molin, 1710, in-8°.

CONDILLAC, Étienne Bonnot, abbé de, *Œuvres philosophiques de Condillac*, Paris, Presse universitaires de France (Corpus général des philosophes français), 1947, 2 vol.

CORNEILLE, Thomas, *Dictionnaire des arts et des sciences*, Paris, J. B. Coignard, 1694, 2 vol. in-folio.

COTGRAVE, Randle, *A Dictionarie of the French and English Tongues*, Londres, 1611.

COUSTELIER, Antoine Urbain, *L'heureuse foiblesse ou l'entretien des Tuilleries. Nouvelle galante*, La Haye, chez J. Neaulme, 1736.

COUSTELIER, Antoine Urbain, *La rapsodie galante*, Londres, 1750, in-12.

COYPEL, Charles-Antoine, « Dialogue sur la connoissance de la peinture (1726) » et « Parallèle de l'éloquence et de la peinture (1751) », *Œuvres*, Genève, Slatkine Reprints, 1971.

CRÉBILLON FILS, Claude Prosper Jolyot de Crébillon, dit, *La nuit et le moment*, suivi du *Hasard du coin du feu*, Paris, Éditions Desjonquères, 1983 [1755].

CRÉBILLON FILS, Claude Prosper Jolyot de Crébillon, dit, *Les égarements du cœur et de l'esprit*, dans *Romanciers du XVIIIe siècle*, Paris, Gallimard (Bibliothèque de la Pléiade), 1965 [1736-1738].

DESCARTES, René, *Principes de philosophie*, dans *Œuvres de Descartes*, Paris, Vrin, 1964 [éd. Adam et Tannery].

DIDEROT, Denis, *Le fils naturel, Les entretiens*, Paris, Librairie Larousse (Classiques Larousse), 1975.

DIDEROT, Denis, *Œuvres*, Paris, Gallimard (Bibliothèque de la Pléiade), 1951.

DIDEROT, Denis, *Œuvres complètes*, Paris, Hermann, 1975-1986, 25 vol.

DIDEROT, Denis, *Œuvres complètes de Diderot*, Paris, Garnier Frères, 1876, 20 vol. [éd. Jules Assézat et Jean-Marie Tourneux].

DIDEROT, Denis, *Salons*, Oxford, At the Clarendon Press, 1957, 3 vol. [éd. Seznec et Adhémar].

DUBOS, Abbé Jean-Baptiste, *Réflexions critiques sur la poësie et sur la peinture*, Genève, Slatkine Reprints, 1967 [1719] ; reprint de l'édition de 1770.

DUCLOS, Charles Pinot, *Considérations sur les mœurs de ce siècle*, Paris, Prault fils, 1751, in-12.

DUMARSAIS, César Chesneau, *Des tropes ou des différents sens*, Paris, Flammarion, 1988 [1730].

DUMARSAIS, César Chesneau, « Le philosophe », *Nouvelles libertés de penser*, Amsterdam, 1743, in-12, p. 173-204 ; *Le Philosophe. Texts and Interpretation*, Saint Louis, Washington University Studies, 1948 [éd. Herbert Dieckmann].

DUMARSAIS, César Chesneau, *Les véritables principes de la grammaire et autres textes*, Paris, Fayard (Corpus des œuvres de philosophie en langue française), 1987.

FÉNELON, François de Salignac de la Mothe, « Lettre écrite à l'Académie françoise sur l'éloquence, la poésie, l'histoire, etc. », « Projet d'une rhétorique » et « Dialogue sur l'éloquence en général et sur celle de la chaire en particulier », *Œuvres de M. François de Salignac de la Mothe Fénelon*, Paris, Imprimerie F.-A. Didot, 1787 [1718], t. 3.

FONTENELLE, Bernard Le Bovier de, « Discours sur la nature de l'églogue » et « Digression sur les Anciens & les Modernes », *Œuvres de Monsieur de Fontenelle*, Amsterdam, Aux dépens de la Compagnie, 1754, t. 3, in-12, p. 189-138.

FONTENELLE, Bernard Le Bovier de, *Entretiens sur la pluralité des mondes. Histoire des oracles*, Genève, Slatkine Reprints, 1968 (réimpression de l'édition de Paris, 1818), t. 2.

FONTENELLE, Bernard Le Bovier de, *Sur l'utilité des mathématiques et de la physique, et sur les travaux de l'Académie des sciences*, Genève, Slatkine Reprints, 1968 (réimpression de l'édition de Paris, 1818), t. 1.

FONTENELLE, Bernard Le Bovier de, « Traité de la liberté par M... divisé en quatre parties », *Nouvelles libertés de penser*, Amsterdam, 1743, in-12, p. 111-151.

FOUGERET DE MONBRON, Jean-Louis, *Le cosmopolite ou le citoyen du monde*, suivi de *La capitale des Gaules ou la Nouvelle Babylone*, Bordeaux, Éditions Ducros, 1970 [1750].

FRÉRET, Nicolas, *Lettre de Thrasibule à Leucippe. La moïsade*, Londres, s.d., in-8° ; *Lettre de Thrasybule à Leucippe*, Florence, Leo S. Olschki Editore (Accademia toscana di scienze e lettere « La Colombaria »), 1986 [éd. Sergio Landucci].

FURETIÈRE, Antoine, *Nouvelle allégorique, ou histoire des derniers troubles arrivés au royaume d'Eloquence*, Genève/Paris, Librairie Droz et Librairie Minard (Textes littéraires français), 1967 [1658].

GACHET D'ARTIGNY, Antoine, *Relation de ce qui s'est passé dans une assemblée tenue au bas du Parnasse pour la réforme des belles lettres. Ouvrage curieux, et composé de piéces raportées, selon la METHODE des beaux esprits de ce tems*, La Haye, chez P. Paupie, 1739, in-12.

GAILLARD, Gabriel Henri, *Essai de rhétorique françoise, A l'usage des jeunes demoiselles; avec des exemples tirés, pour la plûpart, de nos meilleurs orateurs & poëtes modernes*, Paris, chez Garneau, 1746, in-12.

GAMACHES, Étienne Simon de, *Les agrémens du langage réduits à leurs principes*, Paris, G. Cavelier, 1718, in-12; *Les agréments du langage réduits à leurs principes* (*Troisième partie*), Paris, Éditions des Cendres (Archives du commentaire), 1992.

GERVAISE DE LATOUCHE, Jean Charles, *Mémoires de Mademoiselle de Bonneval écrits par M***. Avec l'art d'allonger un livre, sans le rendre ennuyeux; où l'on trouvera des anecdotes amusantes, des contes gaillards, & autres raretez litteraires*, Amsterdam, chez J. Desbordes, 1738, in-12.

GIBERT, Balthazar, *Jugemens des savans sur les auteurs qui ont traité de la rhétorique, avec un précis de la doctrine de ces auteurs*, Paris, J. Estienne, 1713-1719, 3 vol. in-12.

GIBERT, Balthazar, *La rhétorique ou les regles de l'éloquence*, Paris, C. L. Thiboust, 1730, in-12.

GIBERT, Balthazar, *Observations adressées à Mr. Rollin, ancien recteur et professeur royal. Sur son traité De la maniere d'enseigner & d'étudier les belles-lettres*, Paris, chez F.-G. L'Hermite, 1727.

GIBERT, Balthazar, *Réponse de Mr. Gibert à la Lettre de Mr. Rollin*, Paris, chez F.-G. L'Hermite, 1727.

GIMAT DE BONNEVAL, Jean Baptiste, *Fanfiche ou Mémoires de Mademoiselle de ****, A Peine, 1748.

GOUJET, abbé Claude-Pierre, « Seconde partie. Des Livres qui traitent de la Rhétorique, ou de l'Art de l'Eloquence » et « Des écrits François sur l'éloquence en général », *Bibliothèque françoise ou histoire de la littérature françoise*, Paris, 1740, t. 1 et 2.

GRACIÁN, Baltasar, S. J., *Art et figures de l'esprit*, Paris, Éditions du Seuil, 1983 [traduction Benito Pelegrín].

GRACIÁN, Baltasar, S. J., *La pointe ou l'art du génie*, Lausanne, L'Âge d'homme (Idea), 1983 [préface de Marc Fumaroli; traduction de Michèle Gendreau-Massaloux et Pierre Laurens].

HARDION, Jacques, *Nouvelle histoire poëtique, et deux traités abregés, l'un de la poësie, l'autre de l'éloquence; composés pour l'usage de Mesdames*, Paris, chez J. Guerin, 1751, 3 vol. in-12.

HELVÉTIUS, Claude-Adrien, *De l'esprit*, Paris, Fayard (Corpus des œuvres philosophiques en langue française), 1988.

HORACE, *Satires, épîtres et art poétique*, dans *Œuvres complètes*, Paris, Classiques Garnier, 1950.

HOUDAR DE LA MOTTE, Antoine, « Portrait de M. de la Motte, Par feue Madame la Marquise de Lambert », « Après que M. l'Evêque de Luçon eut prononcé son Discours, M. de Fontenelle, Directeur de l'Académie, répondit », « Discours sur la Poësie en général, & sur l'Ode en particulier », « Discours sur Homère » et « Reflexions sur la critique », *Œuvres de Monsieur Houdar de la Motte*, Paris, chez Prault, 1754, vol. I, II et III, in-12.

HUET, Pierre Daniel, *Lettre-traité de Pierre Daniel Huet sur l'origine des romans*, Paris, Nizet, 1971 [1669], p. 46-47 [éd. Fabienne Gégou].

HUME, David, *L'histoire naturelle de la religion, et autres essais sur la religion*, Paris, Librairie philosophique J. Vrin, 1989.

JOUIN, Nicolas, *Anecdotes jesuitiques, ou le Philotanus moderne*, La Haye, aux dépens de la Compagnie, 1740.

JOUVANCY, père Joseph de, S. J., *Candidatus rhetoricæ, a p. Josepho Juvencio auctus, emendatus et perpolitus, ad usum Regii Ludovici Magni Collegii Societatis Jesu*, Nancy, Apud Jacobum Truain, 1735 [1712], in-12 ; *L'élève de rhétorique (Candidatus rhetoricæ). Au collège Louis-le-Grand de la Société de Jésus au XVIIIe siècle par le R. P. Jouvancy, traduction par H. Ferté*, Paris, Hachette, 1892, in-16.

JOUVANCY, père Joseph de, S. J., *Candidatus rhetoricæ, olim a patre F. Pomey digestus; in hac editione novissima a patre Josepho Jovencio auctus, emendatus & perpolitus ad usum regii Ludov. Magni Collegii Societatis Jesu*, 1712 ; traduction d'Henry Ferté (1892), reproduite dans André COLLINOT et Francine MAZIÈRE, *L'exercice de la parole. Fragments d'une rhétorique jésuite*, Paris, Éditions des Cendres (Archives du commentaire), 1987.

KANT, Emmanuel, « Beantwortung der Frage : Was ist Aufklärung ? », dans Ehrard BAHR (éd.), *Was ist Aufklärung ?*, Stuttgart, Reclam, 1990 [1784], p. 8-17.

LA BEAUMELLE, Laurent Angliviel de, *L'Asiatique tolérant. Traité à l'usage de Zeokinizul roi des Kofirans, surnommé chéri. Ouvrage traduit de l'arabe du voyageur Bekrinol, par Mr. de ****, À Paris, chez Durand, L'an XXIV du Traducteur [1748].

LA BRUYÈRE, Jean de, *Les caractères*, dans *Œuvres complètes*, Paris, Gallimard (Bibliothèque de la Pléiade), 1960.

LA DIXMERIE, Nicolas Bricaire de, *Contes philosophiques et moraux*, Londres, chez Duchesne, 1765.

LA FARGUE, abbé, « Réponse à la critique faite par Monsieur G... Professeur de rhétorique du Collège de ... sur l'éloge funebre de Loüis le Grand prononcé par le R. P. P. par Mr l'abbé la Fargue », *Journal de Trévoux ou Mémoires pour servir à l'histoire des sciences et des arts*, Trévoux, décembre 1716, art. CLVIII, p. 2135-2146.

LA METTRIE, Julien Offray de, *Histoire naturelle de l'ame, traduite de l'anglois de M. Charp*, La Haye, chez J. Neaulme, 1745, in-12.

LA METTRIE, Julien Offray de, *L'art de jouir*, dans *Œuvres philosophiques*, Paris, Fayard (Corpus général des philosophes français), 1987 [1751], t. 2.

LA METTRIE, Julien Offray de, *L'homme machine*, Paris, Éditions Denoël/Gonthier (Bibliothèque Méditations), 1981 [1748].

LA MOTHE LE VAYER, François de, *La rhétorique du prince*, Paris, chez Augustin Courbé, 1651.

LAMY, Bernard, prêtre de l'Oratoire, *La rhétorique ou l'art de parler*, Paris, chez F. et P. Delaulne, 1701 [quatrième édition, revue et augmentée].

LAMY, Bernard, prêtre de l'Oratoire, *Traité de perspective, où sont contenus les fondemens de la peinture*, Paris, chez Anisson, 1701, in-8°.

LAMY, Dom François, *Réponse de l'auteur de La connoissance de soy-mesme*, Paris, chez Joseph Monge, 1712 [1700].

LA NAUZE, Louis Jouart de, « Des rapports que les belles-lettres & les sciences ont entr'elles », *Mémoires de littérature, tirez des registres de l'Académie royale des inscriptions et belles lettres*, Paris, De l'imprimerie royale, 1740, t. 13 [depuis l'année 1734 jusques & compris l'année 1737], p. 372-384.

LA NAUZE, Louis Jouart de, « Discours sur l'esprit et la science », *Mercure de France*, janvier 1743, p. 91-98.

LEFRANC DE POMPIGNAN, Jean-Georges, évêque du Puy, *Essai critique sur l'état présent de la République des Lettres*, s. l., 1744.

LE JAY, Gabriel-François, *Bibliotheca rhetorum. Præcepta et exempla completens, quæ tam ad orationem facultatem, quam ad poeticam pertinent*, Paris, chez G. Dupuis, 1725, in-4°.

LENGLET DUFRESNOY, Nicolas, *Bibliothèque des romans, avec des remarques critiques sur leur choix & leurs differentes éditions*, Amsterdam, chez la Veuve Poilras, 1734, t. 2, in-12.

LENGLET DUFRESNOY, Nicolas, *De l'usage des romans, où l'on fait voir leur utilité & leurs differens caracteres*, Amsterdam, chez la Veuve de Poilras, 1734, t. 1, in-12.

LENGLET DUFRESNOY, Nicolas, *Les princesses malabares, ou le célibat philosophique. Ouvrage interessant & curieux, avec des notes historiques critiques*, Andrinople, chez Thomas Franco, 1734.
LEVEN DE TEMPLERY, Joseph, *La rhétorique françoise, tres-propre aux gens qui veulent apprendre à parler, & à écrire avec politesse*, Paris, chez M. et G. Jouvenel, 1698, in-12.
LEVEN DE TEMPLERY, Joseph, *L'éloquence du tems enseignée, à une dame de qualité, et accompagnée de quantité de bons mots et de pensées ingenieuses. Par Mr. *** de l'Académie françoise. Nouvelle édition revûë & augmentée de maximes choisies pour former l'esprit & le cœur*, Bruxelles, J. Léonard, 1699, in-12.
LEVEN DE TEMPLERY, Joseph, *Le génie, la politesse, l'esprit, et la délicatesse de la langue françoise. Le tout accompagné de pensées ingénieuses, d'exemples & de bons mots*, Paris, chez Jean & Pierre Cot, 1705 [1697].
LÉVESQUE DE POUILLY, Louis-Jean, « Théorie des sentimens agréables. Où l'on établit les principes de la morale », *Recueil de divers écrits sur l'amour et l'amitié, la politesse, la volupté, les sentimens agréables, l'esprit et le cœur*, Paris, chez la Veuve Pissot, 1736, in-12.
LÉVESQUE DE POUILLY, Louis-Jean, *Théorie des sentimens agréables. Où après avoir indiqué les régles que la nature suit dans la distribution des plaisirs, on établit les principes de la théologie naturelle et ceux de la philosophie morale*, Genève, Baillot et fils, 1747, in-12.
LOCKE, John, *Essai philosophique concernant l'entendement humain*, Paris, Librairie philosophique J. Vrin (Bibliothèque des textes philosophiques), 1972 [1700], [traduction de P. Coste].
LUBERT, Mademoiselle de, *La veillée galante. Nouvelle. Par Mlle de L*** à une de ses amies*, La Haye, 1747.
MARCHAND, Prosper, *Dictionnaire historique ou Mémoires critiques et littéraires concernant la vie et les ouvrages de divers personnages distingués particulièrement dans la République des Lettres*, La Haye, Pierre de Hondt, 1758.
MARIVAUX, Pierre Carlet de Chamblain de, « Sur la clarté du discours », *Mercure de France*, mars 1719 ; *Journaux et œuvres diverses*, Paris, Garnier, 1969.
MELON, Jean-François, *Essai politique sur le commerce*, s. l., 1734, in-12.
MENDELSSOHN, Moses, « Über die frage : was heißt aufklären ? », dans Ehrard BAHR (éd.), *Was ist Aufklärung ?*, Stuttgart, Reclam, 1990 [1784], p. 3-8.
MERCIER, Sébastien, *Tableau de Paris*, Amsterdam, 1782, t. 2, p. 50 ; Genève, Slatkine Reprints, 1979.

MÉRÉ, Chevalier de, « De l'esprit », *Œuvres complètes du chevalier de Méré*, Paris, Éditions Fernand Roche (Collection des Universités de France, sous les auspices de l'association Guillaume Budé), 1930.

MIRABAUD, Jean-Baptiste de, « Sentimens des philosophes sur la nature de l'ame », *Nouvelles libertés de penser*, Amsterdam, 1743, in-12.

MIRABEAU, Honoré Gabriel Riqueti, comte de, *Erotika biblion*, dans *Œuvres érotiques de Mirabeau*, Paris, Fayard (L'Enfer de la Bibliothèque nationale), t. 1, 1984 [Rome, De l'Imprimerie du Vatican, 1783].

MIRABEAU, Honoré Gabriel Riqueti, comte de, *Hic-et-Hæc ou l'élève des RR. PP. Jésuites d'Avignon*, dans *Œuvres érotiques de Mirabeau*, Paris, Fayard (L'Enfer de la Bibliothèque nationale), t. 1, 1984 [Berlin, 1798, in-12].

MOLIÈRE, Jean-Baptiste Poquelin, dit, *L'école des femmes*, dans *Œuvres*, Paris, 1876.

MONCRIF, François-Augustin Paradis de, *Les ames rivales, histoire fabuleuse*, Londres, 1738, in-12.

MONTESQUIEU, Charles-Louis de Secondat, baron de, *Considérations sur les causes de la grandeur des Romains et de leur décadence*, dans *Œuvres complètes de Montesquieu*, Paris, Gallimard (Bibliothèque de la Pléiade), 1951 [1734].

MONTESQUIEU, Charles-Louis de Secondat, baron de, *De l'esprit des lois*, dans *Œuvres complètes de Montesquieu*, Paris, Gallimard (Bibliothèque de la Pléiade), 1951 [1748].

MONTESQUIEU, Charles-Louis de Secondat, baron de, *Les Netturales ou la Liceride, fragment traduit du latin*, s. l., 1743.

MONTESQUIEU, Charles-Louis de Secondat, baron de, *Lettres persanes*, Paris, Garnier-Flammarion, 1964 [1721].

MORELLET, abbé, *De l'expression en musique*, s. l., 1771, in-8°.

MORVAN DE BELLEGARDE, abbé Jean-Baptiste de, *Réflexions sur l'élégance et la politesse du stile*, Paris, André Pralard, 1695.

NAIGEON, Jaques André, « Philosophie ancienne et moderne », *Encyclopédie méthodique ou par ordre des matières, par une société de gens de lettres, de savans et d'artistes*, Paris, chez H. Agasse, 1791-1793, vol. CXLIV-CXLVI, t. 1-3.

NOLLET, abbé Jean-Antoine, *Essai sur l'électricité des corps*, Paris, Les frères Guérin, 1746, in-12.

OLIVET, Pierre-Joseph Thoulier, abbé d', « Discours sur l'éloquence. Prononcé dans l'Académie françoise, avant la distribution des prix, le 25 août 1735 », *Philippiques de Démosthéne et Catilinaires de Cicéron traduites par monsieur l'abbé d'Olivet*, Paris, chez P. Gaudouin, 1736.

PALISSOT DE MONTENOY, Charles, « Petites lettres sur de grands philosophes », « Les Philosophes, comédie » et « Correspondance de l'auteur et de M. de Voltaire relative à cette comédie », *Œuvres complètes de M. Palissot*, Paris, Léopold Collin, 1809 ; Genève, Slatkine Reprints, 1971.

PASCAL, Blaise, *L'esprit de la géométrie et de l'art de persuader*, dans *Œuvres complètes*, Paris, Gallimard (Bibliothèque de la Pléiade), 1954 [1657].

PATIN, Guy, *Lettres*, Paris, Réveillé-Parise, 1864.

PLUTARQUE, « Les Athéniens se sont-ils davantage illustrés par la guerre ou par l'art ? », *Œuvres morales*, Paris, Les Belles Lettres, 1990, t. 5, première partie.

PORÉE, Charles, S. J., *De Libris qui vulgo dicuntur Romanenses*, Paris, apud Bordelet, 1736, in-4° ; « Lettre LXIV », *Observations sur les écrits modernes*, Paris, chez Chambert, 1736, t. 5, p. 73-96.

PORÉE, Charles, S.J., *Discours sur les spectacles, traduit du latin du P. Charles Porée de la Compagnie de Jésus par le P. Brumoy, de la même Compagnie*, Paris, J.-B. Coignard fils, 1733, in-4°.

PORÉE, Charles, S.J., « Præfatio », *Caroli Porée e societate Jesu Tragœdia*, Paris, Apud Marcum Bordelet, 1745.

PRÉVOST, Antoine François Prévost d'Exiles, dit abbé. *Histoire de M. Cleveland, fils naturel de Cromwell, écrite par lui-même, et traduite de l'anglois*, dans *Œuvres choisies*, Genève, Slatkine Reprints, 1969 [1731-1739], t. 4-7.

PSEUDO-LONGIN, *Du sublime*, Paris, Les Belles Lettres (Guillaume Budé), 1965.

QUINTILIEN, *Institution oratoire*, Paris, C. L. F. Panckoucke (Bibliothèque latine-française),1832, L. VIII.

RAMEAU, Jean-Philippe, *Démonstration du principe de l'harmonie*, Paris, 1750.

RAMEAU, Jean-Philippe, *Musique raisonnée*, Paris, Stock (Musique), 1980 [textes choisis, présentés et commentés par Catherine Kintzler et Jean-Claude Magloire].

RAMEAU, Jean-Philippe, *Traité de l'harmonie réduite à ses principes naturels*, Paris, 1722.

RAPIN, René, S. J., *Reflexions sur l'usage de l'éloquence de ce temps*, Paris, chez F. Muguet, 1672 [1670].

RAYNAL, abbé Guillaume Thomas, *Histoire philosophique et politique des deux Indes*, Paris, Maspero (La découverte), 1981 [1772].

RÉMOND DE SAINT MARD, Toussaint, « Discours sur la nature du dialogue » et « Minerve, Mercure. Dialogue II. Nouveaux dialogues des dieux ou Réfléxions sur les passions », *Les œuvres mêlées de Mr de Remond de Saint Mard*, La Haye, J. Neaulme, 1742, vol. I.

RESTIF DE LA BRETONNE, Nicolas, *Le pornographe, ou idées d'un honnête homme sur un projet de règlement pour les prostituées*, Londres, 1769.

RIGOLEY DE JUVIGNY, Jean-Antoine, *De la décadence des lettres et des mœurs, depuis les Grecs et les Romains jusqu'à nos jours*, Paris, chez Meignot, 1787, in-12.

RIVAROL, Antoine de, *Discours sur l'universalité de la langue française*, Paris, Delaguerre, 1929 [1784], in-8.

ROLLIN, Charles, *Lettre de Mr Rollin à Mr Gibert, ancien recteur de l'Université, au sujet de ses observations sur le traité De la Maniere d'enseigner & d'étudier les belles lettres*, Paris, chez J. Estienne, 1727.

ROLLIN, Charles, « Livre quatriéme. De la rhétorique », *De la manière d'enseigner et d'étudier les belles-lettres, par rapport à l'esprit et au cœur*, Paris, chez la Veuve Estienne, 1740 [1726-1728], t. 1, p. 335-514.

RONSARD, Pierre de, *Œuvres complètes*, Paris, Gallimard (Bibliothèque de la Pléiade), 1950.

ROUSSEAU, Jean-Jacques, *Discours sur l'origine et les fondements de l'inégalité parmi les hommes*, Paris, Nathan, 1981 [1755].

ROUSSEAU, Jean-Jacques, *Essai sur l'origine des langues*, Paris, Gallimard (Folio/ essais), 1990 [texte établi et présenté par Jean Starobinski].

SADE, Donatien Alphonse François, marquis de, « Français, encore un effort si vous voulez être républicains », *La philosophie dans le boudoir*, dans *Œuvres complètes*, Paris, Société Nouvelle des Éditions Pauvert, 1986 [1795], t. 3.

SADE, Donatien Alphonse François, marquis de, *Histoire de Juliette, ou les prospérités du vice*, dans *Œuvres complètes du Marquis de Sade*, Paris, Société Nouvelle des Éditions Pauvert, 1987 [ca. 1797], t. 9, p. 507.

SADE, Donatien Alphonse François, marquis de, *Idée sur les romans*, Genève, Slatkine Reprints, 1967 [1788].

SAINT-AUBIN, Gilbert-Charles Le Gendre, marquis de, *Traité de l'opinion, ou Mémoires pour servir à l'histoire de l'esprit humain*, Paris, C. Osmont, 1733, 6 vol. in-12, t. 1.

SÉNÈQUE LE PÈRE, *Sentences, divisions et couleurs des orateurs et des rhéteurs*, Paris, Aubier (Bibliothèque philosophique), 1992.

SÉNÈQUE, *Des bienfaits*, Paris, Les Belles Lettres (Guillaume Budé), 1926.

SÉNÈQUE, *Lettres à Lucilius*, Paris, Les Belles Lettres (Guillaume Budé), 1947.

SOAREZ, Cyprien, *De arte rhetorica libri tres ex Aristotele, Cicerone & Quintiliano deprompti*, Hispali, ex officina Alphonsi Escrivani, Expensis Andreæ Pescioni, 1569 [1562].

TACITE, *Annales*, Paris, Les Belles Lettres (Guillaume Budé), 1978.

TACITE, *Dialogue des orateurs*, Paris, Les Belles Lettres (Guillaume Budé), 1936.

TESAURO, Emanuele, S.J., *Cannochiale aristotelico, o sia Idea dell'arguta et ingeniosa elocutione, che serve a tutta l'arte oratoria, lapidaria e simbolica, esaminata coi principi del divino Aristotele*, Berlin/Zürich, Gehlen, 1968 [1654, III, 3].

TESAURO, Emanuele, S.J., *L'idée de la parfaite devise*, Paris, Les Belles Lettres (Le corps éloquent), 1992 [ca. 1629], [préface de Florence Vuilleumier et de Pierre Laurens].

TOLAND, John, *Pantheisticon ou formule pour célébrer une société socratique*, dans Albert LANTOINE, *Un Précurseur de la franc-maçonnerie, John Toland*, Paris, 1927, p. 185-247.

TOUSSAINT, François Vincent, *L'anti-Thérèse ou Juliette philosophe, nouvelle Messine véritable par Mr. de T****, La Haye, chez E. L. Saurel, 1750.

TRUBLET, Nicolas-Charles-Joseph, abbé, *Mémoires pour servir à l'histoire de la vie et des ouvrages de Mrs. de Fontenelle et de la Motte. Tirés du Mercure de France 1756, 1757 & 1758. Et du Dictionnaire de Moreri édition de 1759, seconde édition, corrigée & augmentée*, Amsterdam, chez Marc Michel Rey, 1759.

VANDEUL, Madame de, *Diderot, mon père*, Strasbourg, Éditions Circé, 1992.

VILLARET, Claude, *La belle Allemande, ou les galanteries de Thérèse*, s. l. n. d.

VILLARET, Claude, *Histoire du cœur humain, ou Mémoires du marquis de ***, La Haye, 1743, 2 vol. in-12.

VILLARET, Claude, *Le noviciat du marquis de ***, ou l'apprentif devenu maître*, À Citer, Avec Approbation de Venus, 1746.

VOISENON, Claude-Henri de Fuzée, abbé de, *Turlubleu, histoire grecque. Tirée du manuscrit Gris-de-Lin trouvé dans les cendres de Troye*, Amsterdam, 1745, in-12.

VOLTAIRE, François-Marie Arouet, dit, *Les œuvres complètes de Voltaire*, Oxford, The Voltaire Foundation, 1991.

VOLTAIRE, François-Marie Arouet, dit, *Lettres philosophiques ou Lettres anglaises avec le texte complet des remarques sur les Pensées de Pascal*, Paris, Bordas (Classiques Garnier), 1988 [éd. R. Naves].

VOLTAIRE, François-Marie Arouet, dit, *Œuvres complètes de Voltaire*, Paris, Garnier Frères, 1883.

VOLTAIRE, François-Marie Arouet, dit, *Traité de métaphysique*, dans *Mélanges*, Paris, Gallimard (Bibliothèque de la Pléiade), 1952 [1734].

III. Ouvrages consultés (après 1800)

Dictionnaire des lettres françaises. Le XVIIIe siècle, Paris, Fayard (Encyclopédies d'aujourd'hui), 1995 [éd. revue et mise à jour sous la direction de François Moureau].

La lettre clandestine. Bulletin d'information sur la littérature philosophique clandestine de l'âge classique, Paris, Universités Saint-Étienne (CNRS URA 1348), Paris I et Paris IV (CNRS URA 96), n°s 1-6, 1992-1997.

ABIRACHED, Robert, « Les libertins du XVIIIe siècle », article « Libertins », *Encyclopædia Universalis*, Paris, Encyclopædia Universalis, 1980, p. 743-744.

ADAM, Antoine, *Les libertins au XVIIe siècle*, Paris, Éditions Buchet/Chatel (Le vrai savoir), 1964.

AMABLE DE BARANTE, *Tableau de la littérature française du dix-huitième siècle*, Paris, Charpentier, 1842 [1809].

ANSCOMBRE, Jean-Claude et Oswald DUCROT, *L'argumentation dans la langue*, Bruxelles, Mardaga, 1983.

ARMISEN-MARCHETTI, Mireille, *Sapientiae facies. Étude sur les images de Sénèque*, Paris, Les Belles Lettres (Collection d'études anciennes), 1989.

ASSOUN, Paul-Laurent, « Présentation », dans Julien Offray de LA METTRIE, *L'homme machine*, Paris, Éditions Denoël/Gonthier (Bibliothèque Méditations), 1981.

AUERBACH, Erich, « *Figura* », *Neue Dantestudien*, Istanbul, Istanbuler Schriften, 1944, n° 5, p. 11-72 ; *Figura*, Paris, Belin (L'extrême contemporain), 1993 [traduction de Marc André Bernier].

AUROUX, Sylvain, *La sémiotique des encyclopédistes*, Paris, Payot, 1979.

AUVERLOT, Daniel, « Cicéron, ou le rêve d'une rhétorique idéale », dans Olivier REBOUL et Jean-François GARCIA (dir.), *Rhétorique(s)*, Strasbourg, Presses universitaires de Strasbourg (Centre de documentation en Histoire de la Philosophie), 1989, p. 59-81.

BAILLY, Charles, *Traité de stylistique française*, Paris, Klincksieck, 1951, 2 vol.

BANGE, Pierre, « Argumentation et fiction », *L'argumentation*, Lyon, Presses universitaires de Lyon (Linguistique et sémiologie), 1981, p. 91-108.

BARDEZ, Jean-Michel, *Les écrivains et la musique au XVIIIe siècle. Philosophes, encyclopédistes, musiciens, théoriciens*, Genève/Paris, Éditions Slatkine, 1980.

BARTHES, Roland, « L'ancienne rhétorique, aide-mémoire », *Communications*, Paris, Seuil, 1970, n° 16, p. 172-229.

BEHRENS, Rudolf, « John Locke et l'évolution de la rhétorique "cartésienne" à la fin du XVIIe siècle », *France et Grande-Bretagne de la chute de Charles Ier à celle de Jacques II (1649-1688). Actes d'Oxford*, Norwich, University of East Anglia, Society for Seventeenth-Century French Studies, 1990.

BELIN, Jean-Paul, *Le commerce des livres prohibés à Paris de 1750 à 1789*, New York, Burt Franklin, 1913.

BENARD, Annie, *Les traités de rhétorique au XVIIIe siècle*, Paris, Université Paris IV (thèse de doctorat de 3e cycle), 1973.

BENÍTEZ, Miguel, *La face cachée des Lumières. Recherches sur les manuscrits philosophiques clandestins de l'âge classique*, Paris/Oxford, Universitas/Voltaire Foundation (Bibliographica),1996.

BENÍTEZ, Miguel, « Matériaux pour un inventaire des manuscrits philosophiques clandestins des XVIIe et XVIIIe siècles », *Rivista di storia della filosofia*, Milan, Franco Angeli, 1988, n° 43, p. 501-531.

BERNIER, Marc André, « De la théorie musicale aux soupirs de la volupté : les mouvements intimes de la libre pensée dans le roman libertin », dans Manon BRUNET (dir.), *Érudition et passion dans les écritures intimes*, Québec, Nota Bene, 1999, p. 183-192.

BERNIER, Marc André, « Des mouvements de la nature à la mise en scène du corps libertin : la savante éloquence d'une *Fille de joie* », *Tangence*, 1999, n° 60, p. 84-94.

BERNIER, Marc André, « Dossier. La conquête de l'éloquence au Québec. La rhétorique et son enseignement (1712-1800) », *The Canadian Journal of Rhetorical Studies/La revue canadienne d'études rhétoriques*, septembre 1998, n° 9, p. 97-153.

BERNIER, Marc André, « La conquête de l'éloquence au Québec. La *Rhetorica in seminario quebecensi* (1774) de Charles-François Bailly de Messein », *Voix et images*, Université du Québec à Montréal, printemps 1997, p. 582-598.

BERNIER, Marc André, « Mécanique des sensations et conception du mariage dans *Pigmalion ou la statue animée* (1741) d'André François Boureau-Deslandes », dans Olga B. CRAGG et Rosena DAVISON (dir.), *Sexualité, mariage et famille au XVIIIe siècle*, Québec, Presses de l'Université Laval, 1998, p. 147-158.

BERNIER, Marc André , « Persuader et séduire : les figures de pensées dans les *rhetoricae* québécoises du XVIIIe siècle », *The Canadian Journal of Rhetorical Studies/La revue canadienne d'études rhétoriques*, septembre 1999, n° 10, p. 1-10.

BIALOSTOCKA, Jolanta, « Lessing et les arts plastiques », dans Gotthold Ephraïm LESSING, *Laocoon : suivi de Lettres concernant l'antiquité et Comment les Anciens représentaient la mort*, Paris, Hermann (Miroirs de l'art), 1964 [textes réunis et présentés par J. Bialostocka avec la collaboration de R. Klein].

BLACK, Max, *Models and Metaphors*, Ithaca, Cornell University Press, 1962.

BLANCO, Mercedes, *Les rhétoriques de la pointe. Baltasar Gracián et le conceptisme en Europe*, Genève, Éditions Slatkine (Bibliothèque littéraire de la Renaissance, Série 3, t. 27), 1992.

BOUABANE, Stéphanie et Jean LECLERC, « Nature et fonction des *exempla* dans la *Rhetorica in Seminario Quebecensi* (1774) de Charles-François Bailly de Messein », *The Canadian Journal of Rhetorical Studies/La revue canadienne d'études rhétoriques*, sept. 1999, n° 10, p. 29-40.

BOURGUINAT, Élisabeth, « Le persiflage philosophique », *Le siècle du persiflage (1734-1789)*, Paris, Presses universitaire de France (Perspectives littéraires), 1998.

BRAUDY, Leo, « Fanny Hill and Materialism », *Eighteenth-Century Studies*, fall 1970, vol. IV, n° 1, p. 21-40.

BURY, Emmanuel, *Littérature et politesse. L'invention de l'honnête homme (1580-1750)*, Paris, Presses universitaires de France (Perspectives littéraires), 1996.

BUSSON, Henri, « Les noms des incrédules au XVIe siècle », *Bibliothèque d'Humanisme et Renaissance*, 1954, vol. XVI, p. 273-283.

CARR, John L., « Pygmalion and the *Philosophes*. The Animated Statue in Eighteenth-Century France », *Journal of the Warburg and Courtauld Institutes*, 1960, vol. XXIII, n°s 3-4, p. 239-255

CASSIRER, Ernst, *La philosophie des Lumières*, Paris, Fayard, 1966.

CHARLES-DAUBERT, Françoise, *Les libertins érudits en France au XVIIe siècle*, Paris, Presses universitaires de France (Philosophies), 1998.

CHARTIER, Roger, *Les origines culturelles de la Révolution française*, Paris, Seuil (L'univers historique), 1990.

CHAUSSINAND-NOGARET, Guy, *La noblesse au XVIIIe siècle. De la féodalité aux Lumières*, Paris, Éditions Complexe, 1984 [1976].

CHAUNU, Pierre, *La civilisation de l'Europe des Lumières*, Paris, Arthaud, 1971.

CHOUILLET, Jacques, *La formation des idées esthétiques de Diderot*, Paris, Armand Colin, 1973.

COHEN, Jean, *Structure du langage poétique*, Paris, Flammarion, 1966.

COLLINOT, André et Francine MAZIÈRE, *L'exercice de la parole. Fragments d'une rhétorique jésuite*, Paris, Éditions des Cendres (Archives du commentaire), 1987.

CONLEY, Thomas M., *Rhetoric in the European Tradition*, Chicago et Londres, University of Chicago Press, 1994.

COULET, Henri, *Le roman jusqu'à la Révolution*, Paris, Armand Colin (U), 1991 [1967].

COURT, Raymond, *Sagesse de l'art*, Paris, Méridiens Klincksieck, 1987.

CRYLE, Peter, *Geometry in the Boudoir: Configurations of French Erotic Narrative*, Ithaca, Cornell University Press, 1994.

CURTIUS, Ernst Robert, *La littérature européenne et le moyen-âge latin*, Paris, Presses universitaires de France (Agora), 1986 [1956], 2 vol.

D'HAINAUT-ZVENY, Brigitte, « Les décors rocaille. Essai d'analyse stylistique », dans Roland MORTIER et Hervé HASQUIN (éds.), *Études sur le XVIIIe siècle. Rocaille. Rococo*, Bruxelles, Éditions de l'Université de Bruxelles (Groupe d'études du XVIIIe siècle), 1991, p. 105-120.

DAINVILLE, François de, S. J., *L'éducation des jésuites (XVIe-XVIIIe siècle)*, Paris, Éditions de Minuit, 1973.

DAINVILLE, François de, S. J., « L'évolution de l'enseignement de la rhétorique au XVIIe siècle », *XVIIe siècle*, Paris, 1968, n°s 80-81, p. 19-43.

DARNTON, Robert, *Bohème littéraire et révolution. Le monde des livres au XVIIIe siècle*, Paris, Gallimard/Seuil (Hautes Études), 1983.

DARNTON, Robert, *Édition et sédition. L'univers de la littérature clandestine au XVIIIe siècle*, Paris, Gallimard (NRF essais), 1991.

DECLERQ, Gilles, *L'art d'argumenter. Structures rhétoriques et littéraires*, Paris, Éditions Universitaires, 1992.

DELARUE, F., « La *sententia* chez Quintilien », *Formes brèves. De la γνώμη à la pointe : métamorphose de la sententia*, *La Licorne*, Publication de la faculté des lettres et des langues de l'Université de Poitiers, 1979, n° 3, p. 97-124.

DELON, Michel, « De *Thérèse philosophe* à *La philosophie dans le boudoir*, la place de la philosophie », *Romanistische Zeitschrift für Literaturgeschichte*, Heidelberg, 1983, n° 1/2, p. 76-88.

DELON, Michel (dir.), *Dictionnaire européen des Lumières*, Paris, Presses universitaires de France, 1997.

DELON, Michel, « La marquise et le philosophe », *Revue des sciences humaines*, avril-juin 1981, vol. LIV, n° 182, p. 65-78.

DELON, Michel et Pierre MALANDAIN, *Littérature française du XVIIIe siècle*, Paris, Presses universitaires de France (Premier cycle), 1996.

DEPRUN, Jean, « Quand Sade récrit Fréret, Voltaire et d'Holbach », dans Werner KRAUSS (dir.), *Roman et Lumières au XVIIIe siècle*, Paris, Éditions sociales, 1970, p. 331-340.

DERRIDA, Jacques, *L'archéologie du frivole. Lire Condillac*, Paris, Denoël/Gonthier (Médiations), 1976.

DIDIER, Béatrice, *Sade. Une écriture du désir*, Paris, Denoël/Gonthier (Bibliothèque Méditations), 1976.

DUBOST, Jean-Pierre, *Eros und Vernunft. Literatur und Libertinage*, Francfort-sur-le-Main, Athenäum, 1988.

DUBOST, Jean-Pierre, « Introduction générale », *Œuvres érotiques du XVIIe siècle*, Paris, Fayard (L'Enfer de la Bibliothèque nationale), 1988, t. 7, p. 9-24.

DUFRESNOY, Marie-Louise, *L'orient romanesque en France, 1704-1789*, Montréal, Éditions Beauchemin, 1946.

DUMONT, Jean-Paul, *Les présocratiques*, Paris, Gallimard, 1988.

EHRARD, Jean, *L'idée de nature en France dans la première moitié du XVIIIe siècle*, Paris, Albin Michel (Bibliothèque de l'Évolution de l'Humanité), 1994 [1963].

EHRARD, Jean, *L'invention littéraire au XVIIIe siècle : fictions, idées, société*, Paris, Presses universitaires de France (Écriture), 1997.

FEIN, P. L-M., « The role of women in certain eigthteenth-century French *libertin* novels », *Studies on Voltaire and the Eighteenth Century*, 1980, vol. CXCIII, p. 1925-1932.

FONTANIER, Pierre, *Les figures du discours*, Paris, Flammarion (Champs), 1977 [1830].

FOUCAULT, Michel, *Les mots et les choses*, Paris, Gallimard (Bibliothèque des sciences humaines), 1986 [1966].

FOUCAULT, Michel, « Qu'est-ce que les Lumières ? », *Magazine littéraire*, avril 1993, n° 309, p. 61-74.

FOUCAULT, Michel, « Un si cruel savoir », *Critique*, juillet 1962, t. 18, n° 182, p. 597-611.

FRANCE, Peter, *Rhetoric and Truth in France. Descartes to Diderot*, Oxford, Clarendon Press, 1972.

FRAUTSCHI, Richard L., « Styles de roman et styles de censure dans la seconde moitié du dix-huitième siècle français », *Studies on Voltaire and the Eighteenth Century*, 1972, vol. LXXXVIII, p. 513-547.

FUMAROLI, Marc, *L'âge de l'éloquence. Rhétorique et « res literaria » de la Renaissance au seuil de l'époque classique*, Genève, Librairie Droz, 1980.

FUMAROLI, Marc, *Trois institutions littéraires*, Paris, Gallimard (Folio/Histoire), 1994.

GENETTE, Gérard, « La rhétorique restreinte », *Communications*, Paris, Seuil, 1970, n° 16, p. 158-171.

GOULEMOT, Jean M., *Ces livres qu'on ne lit que d'une main. Lecture et lecteurs de livres pornographiques au XVIIIe siècle*, Paris, Minerve, 1994.

GOYET, Francis, *Le sublime du « lieu commun ». L'invention rhétorique dans l'Antiquité et à la Renaissance*, Paris, Honoré Champion (Bibliothèque littéraire de la Renaissance, Série 3, t. 32), 1996.

GRANDEROUTE, Robert, *Le roman pédagogique de Fénelon à Rousseau*, Genève/Paris, Slatkine, 1985, t. 2.

GRELL, Chantal, *Le dix-huitième siècle et l'Antiquité en France (1680-1789)*, Oxford, Voltaire Foundation, 1995, 2 vol.

GRENTE, George (dir.), *Dictionnaire des Lettres françaises. Le XVIIIe siècle*, Paris, Fayard (La Pochothèque), 1995 [édition revue et mise à jour sous la direction de François Moureau].

GRIMAL, Pierre, *Sénèque ou la conscience de l'Empire*, Paris, Fayard, 1991 [1978].

GROUPE μ (J. Dubois, F. Edeline, J.-M. Klinkenberg, P. Minguet, F. Pire, H. Trinon), *Rhétorique générale*, Paris, Éditions du Seuil (Points), 1982 [1970].

GUIRAUD, Pierre, *Dictionnaire historique, stylistique, rhétorique, étymologique, de la littérature érotique*, Paris, Payot, 1978.

HAZARD, Paul, *La crise de la conscience européenne (1680-1715)*, Paris, Boivin & Cie, 1935.

HAZARD, Paul, *La pensée européenne au XVIIIe siècle*, Paris, Fayard (Pluriel), 1995 [1963].

HELLEGOUARC'H, Jacqueline, « La conversation au XVIIIe siècle », dans Roger MARCHAL, François MOUREAU et Michèle CROGIEZ (éds.), *Littérature et séduction. Mélanges en l'honneur de Laurent Versini*, Paris, Klincksieck (Bibliothèque française et romane), 1997, p. 109-115.

HELLEGOUARC'H, Jacqueline, *L'art de la conversation. Anthologie*, Paris, Dunod (Classiques Garnier), 1997.

HOBSON, Marian, « Quelques références dans la *Lettre sur les sourds et muets* », *Diderot Studies*, Genève, Librairie Droz, 1975, n° 18, p. 111-119.

HONOUR, Hugh, *Le néo-classicisme*, Paris, Librairie Générale Française (Livre de poche/références-arts), 1998 [1968, 1977, 1991].

HOULE, Martha M., « What the Libertine and Jesuit Have in Common, and the Posing of a Literary Problem », *Continuum. Problems in French Literature from the Late Renaissance to the Early Enlightenment. Libertinage and The Art of Writing*, New York, AMS Press, 1992.

HUET, Marie-Hélène, « Roman libertin et réaction aristocratique », *Dix-huitième siècle*, 1974, n° 6, p. 129-142.

HUNT, Lynn (dir.), *The Invention of Pornography. Obscenity and the Origins of Modenity. 1500-1800*, New York, Zone Books, 1993.

IVKER, Barry, « Towards a Definition of Libertinism in 18th-Century French Fiction », *Studies on Voltaire and the Eighteenth Century*, 1970, vol. LXXIII, p. 221-239.

JONES, S. Paul, *A List of French Prose Fiction from 1700 to 1750*, New York, H. W. Wilson, 1939.

KENNEDY, George Alexander, *The Art Rhetoric in the Roman World. 300 B.C.-A. D. 300*, Princeton N. J., Princeton University Press, 1972.

KLOSSOWSKI, Pierre, *Sade, mon prochain*, Paris, Éditions du Seuil, 1967.

KRAUSS, Werner, « L'étude des écrivains obscurs du siècle des Lumières », *Studies on Voltaire and the Eighteenth Century*, 1963, vol. XXVI, p. 1019-1024.

LA SERVIÈRE, Joseph de, *Un professeur d'Ancien Régime, le père Charles Porée S. J. (1676-1741)*, Paris, Librairie H. Oudin (thèse présentée à la Faculté des Lettres de l'Université de Poitiers), 1899.

LANG, Robert A., « The Teaching of Rhetoric in French Jesuit Colleges », *Speech Monographs*, 1952, vol. XIX, p. 286-298.

LANSON, Gustave, « Contre la rhétorique et les mauvaises humanités », *Essais de méthode, de critique et d'histoire littéraire*, Paris, Hachette, 1965.

LANSON, Gustave, « Questions diverses sur l'histoire de l'esprit philosophique en France avant 1750 », *Revue d'histoire littéraire de la France*, 1912, 19e année, p. 1-29 et p. 293-317.

LAROCH, Philippe, *Petits-maîtres et roués. Évolution de la notion de libertinage dans le roman français du XVIIIe siècle*, Québec, Presses de l'Université Laval, 1979.

LAURENS, Pierre, « "*Ars ingenii*" : la théorie de la pointe au dix-septième siècle (Baltasar Gracián, Emanuele Tesauro) », *Formes brèves. De la γνώμη à la pointe : métamorphose de la sentential*, *La Licorne*, Publication de la faculté des lettres et des langues de l'Université de Poitiers, 1979, n° 3, p. 185-213.

LAURENS, Pierre et Michèle GENDREAU-MASSALOUX, « Introduction », dans Baltasar GRACIÁN, *La pointe ou l'art du génie*, Lausanne, L'Âge d'homme (Idea), 1983, p. 17-34..

LAURENS, Pierre et Florence VUILLEUMIER, « Préface », dans Emanuele TESAURO, *L'idée de la parfaite devise*, Paris, Les Belles Lettres (Le corps éloquent), 1992, p. 9-69.

LAUSBERG, Heinrich, *Handbuch der Literarischen Rhetorik. Eine Grundlage der Literaturwissenschaft*, Munich, Max Hueber Verlag, 1973.

LEE, Rensselaer W., *Ut pictura poesis. Humanisme & théorie de la peinture. XVe-XVIIIe siècles*, Paris, Macula (La littérature artistique), 1991.

LEPAPE, Pierre, *Diderot*, Paris, Flammarion, 1991.

LIBERA, Alain de, « La logique de la discussion dans l'université médiévale », dans Michel MEYER et Alain LEMPEREUR (dir.), *Figures et conflits rhétoriques*, Bruxelles, Éditions de l'Université de Bruxelles, 1990, p. 58-81.

MAIRE, Catherine-Laurence, *Les convulsionnaires de Saint-Médard. Miracles, convulsions et prophéties à Paris au XVIIIe siècle*, Paris, Éditions Gallimard/Julliard (Archives), 1985.

MARTIN, Angus, « Préface », *Anthologie du conte en France, 1750/1799*, Paris, Union Générale d'Éditions (10/18), 1981, p. 5-97.

MARTIN, Angus, « Roman et romanciers à succès de 1751 à la Révolution d'après le nombre de rééditions », *Revue des sciences humaines*, juillet-septembre 1970, n° 139, p. 383-389.

MARTIN, Henri-Jean, Roger CHARTIER et Jean-Pierre VIVET, *Histoire de l'édition française. Le livre triomphant (1660-1830)*, Paris, Promodis, 1984, t. 2.

MAY, Georges, *Le dilemme du roman au XVIIIe siècle. Étude sur les rapports du roman et de la critique (1715-1761)*, Paris/New Haven, Presses universitaires de France/Yale University Press, 1963.

Mc KENNA, Antony, « Le marquis d'Argens et les manuscrits clandestins », dans J. L. VISSIÈRE (éd.), *Le marquis d'Argens. Colloque international de 1988*, Aix-en-Provence et Marseille, Publications de l'Université de Provence (Centre aixois d'études et recherches sur le XVIIIe siècle), 1990, p. 113-140.

MENANT, Sylvain, « La rhétorique dans le *Portatif* », *Revue d'histoire littéraire de la France*, 1995, n° 2, p. 177-186.

MERCHANT, Franck Ivan, « Seneca the Philosopher and his Theory of Style », *American Journal of Philology*, 1905, vol. XXVI, p. 44-59.

MEYER, Michel, « Y a-t-il une modernité rhétorique ? », *De la métaphysique à la rhétorique*, Bruxelles, Éditions de l'Université de Bruxelles, 1986.

MICHEL, Alain, *Rhétorique et philosophie dans l'œuvre de Cicéron. Essai sur les fondements philosophiques de l'art de persuader*, Paris, Presses universitaires de France, 1960.

MONTGOMERY, Frances K., *La vie et l'œuvre du père Buffier*, Paris, Association du Doctorat, 1930.

MORNET, Daniel, « Les enseignements des bibliothèques privées (1750-1780) », *Revue d'histoire littéraire de la France*, 1910, vol. XVII, p.449-496.

MORTIER, Roland, « Libertinage littéraire et tensions sociales dans la littérature de l'ancien régime : de la *Picara* à la *Fille de joie* » et « Les voies obliques de la propagande philosophique », *Le Cœur et la Raison*, Oxford, Oxford Foundation, 1990.

MOUCHEL, Christian, *Cicéron et Sénèque dans la rhétorique de la Renaissance*, Marburg, Hitzeroth (Ars rhetorica), 1990, n° 3.

MUNTEANO, Basil, « Quintilien dans la "Querelle". Les "nouveaux Sénèques" et le "retour à l'antique" », *Constantes dialectiques en littérature et en histoire : problèmes, recherches, perspectives*, Paris, Didier (Études de littérature étrangère et comparée), 1967.

NAGY, Péter, *Libertinage et révolution*, Paris, Gallimard (Idées), 1975.

O'NEAL, John C., *The Authority of Experience. Sensationist Theory in the French Enlightenment*, Pennsylvania State University Press, 1996.

PAULHAN, Jean, « Préface », dans Donatien Alphonse François marquis de SADE, *Les infortunes de la vertu*, Paris, Gallimard, 1970 [1945].

PERELMAN, Chaïm et Lucie OLBRECHTS-TYTECA, *La nouvelle rhétorique. Traité de l'argumentation*, Paris, Presses universitaires de France (Logos), 1958.

PIA, Pascal, « Avant-propos », *L'école des filles ou la philosophie des dames*, Paris, Éditions L'Or du Temps (Bibliothèque privée), 1969.

PIA, Pascal, *Les livres de l'Enfer. Bibliographie critique des ouvrages érotiques dans leurs différentes éditions du XVIe siècle à nos jours*, Paris, C. Coulet et A. Faure, 1978.

PINHAS-DELPUECH, Rosy, « De l'affranchi au libertin, les avatars d'un mot », *Éros philosophe. Discours libertins des Lumières*, Genève/Paris, Éditions Slatkine, 1984.

PINTARD, René, *Le libertinage érudit dans la première moitié du XVIIe siècle*, Paris, Boivin et Cie, 1943.

PIZZORUSSO, Arnaldo, « Le Père Gamaches et les agrémens du langage », dans Henri COULET (dir.), *La Régence* [Centre aixois d'études et de recherches sur le dix-huitième siècle], Paris, A. Colin, 1970, p. 66-72.

PIZORUSSO, Arnaldo, « Situations and environment in *Margot la Ravaudeuse* », *Yale French Studies*, 1969, n° 40, p. 142-155.

POMEROY, Ralph S., « Locke, d'Alembert and the Anti-rhetoric of the Enlightenment », *Studies on Voltaire and the Eighteenth Century*, 1976, vol. CLIV, p. 1657-1675.

PRANCHÈRE, Jean-Yves, « Introduction », dans Alexander BAUMGARTEN, *Esthétique*, Paris, Éditions de l'Herne (Bibliothèque de philosophie et d'esthétique), 1988.

PROUST, Jacques, *Diderot et l'Encyclopédie*, Paris, Armand Colin, 1967 ; Paris, Albin Michel, 1995.

QUÉRARD, Joseph Marie, *Les supercheries littéraires dévoilées. Galeries des auteurs apocryphes, supposés, déguisés, plagiaires et des éditeurs infidèles de la littérature française pendant les quatre derniers siècles*, Paris, L'Éditeur, 1847-1853, 5 vol.

QUIGNARD, Pascal, *La raison*, Paris, Gallimard (Le Promeneur), 1990.

QUIGNARD, Pascal, *Rhétorique spéculative*, Paris, Calmann-Lévy, 1995.

REBOUL, Olivier, « La figure et l'argument », dans Olivier REBOUL et Jean-François GARCIA (dir.), *Rhétorique(s)*, Strasbourg, Presses universitaires de Strasbourg (Centre de documentation en Histoire de la Philosophie), 1989, p. 7-28.

REICHLER, Claude, *L'âge libertin*, Paris, Les Éditions de Minuit (Critique), 1987.

REICHLER, Claude, « La représentation du corps dans le récit libertin », dans François MOUREAU et Alain-Marc RIEU (dir.), *Éros philosophe. Discours libertins des Lumières*, Genève/Paris, Éditions Slatkine, 1984, p. 73-82.

RICHARDS, Ivor Armstrong, *The Philosophy of Rhetoric*. New York, Oxford University Press, 1965 [1936].

RICŒUR, Paul, *La métaphore vive*, Paris, Éditions du Seuil (L'ordre philosophique), 1975.

RODIS-LEWIS, Geneviève, « Un théoricien du langage au XVIIe siècle : Bernard Lamy », *Le Français moderne*, 1968, vol. XXXVI, p. 19-50.

RUSTIN, Jacques, « Définition et explicitation du *roman libertin* des Lumières », *Travaux de linguistique et de littérature*, Université de Strasbourg, 1978, vol. XVI, n° 2, p. 27-34.

RUSTIN, Jacques, *Le vice à la mode. Étude sur le roman français du XVIIIe siècle de Manon Lescaut à l'apparition de la Nouvelle Héloïse (1731-1761)*, Paris, Orphrys, 1979.

SAINT GIRONS, Baldine, *Esthétiques du XVIIIe siècle. Le modèle français. Dictionnaire des sources*, Paris, Philippe Sers éditeur, 1990.

SAISSELIN, Rémy G., « Architecture and Language : the Sensationalism of Le Camus de Mézières », *The British Journal of Æsthetics*, Summer 1975, vol. XV, n° 3, p. 239-253.

SALOMON-BAYET, Claire, *L'institution de la science et l'expérience du vivant. Méthode et expérience à l'Académie royale des sciences, 1666-1793*, Paris, Flammarion (Science), 1978.

SCHLOBACH, Jochen, « Pessimisme des philosophes ? La théorie cyclique de l'histoire au 18e siècle », *Studies on Voltaire and the Eighteenth Century*, 1976, vol. CLV, p. 1971-1987.

SCHLOBACH, Jochen, *Zyklentheorie und Epochenmetaphorik. Studien zur bildlichen Sprache der Geschichtsreflexion in Frankreich von der Renaissance bis zur Frühaufklärung*, Munich, Wilhelm Fink Verlag, 1980.

SCHNEIDER, Gerhard, *Der Libertin. Zur Geites- und Sozialgeschichte des Bürgertums im 16. und 17. Jahrhundert*, Stuttgart, J. B. Metzlersche Verlagsbuchandlung, 1970.

SEGUIN, Jean-Pierre, « *Les bijoux indiscrets*, discours libertin et roman de la liberté ? », dans François MOUREAU et Alain-Marc RIEU (dir.), *Éros philosophe. Discours libertins des Lumières*, Genève/Paris, Éditions Slatkine, 1984, p. 41-55.

SEGUIN, Jean-Pierre, « Le mot "libertin" dans le dictionnaire de l'Académie, ou comment une société manipule son lexique », *Le français moderne*, janvier 1981, n° 1, p. 193-205.

SERMAIN, Jean-Paul, « Dialogue et supposition chez E. S. de Gamaches », *Histoire, épistémologie, langage*, t. 8, fascicule II, 1986.

SERMAIN, Jean-Paul, « La conversation au XVIIIe siècle : un théâtre pour les Lumières ? », dans Alain MONTANDON (dir.), *Convivialité et politesse*, Clermont-Ferrand, Publications de la Faculté des Lettres et Sciences Humaines de Clermont-Ferrand (Université Blaise-Pascal), 1993, p. 105-130.

SERMAIN, Jean-Paul, « Le sens de la repartie », dans Étienne Simon de GAMACHES, *Les agréments du langage réduits à leurs principes (Troisième partie)*, Paris, Éditions des Cendres (Archives du commentaire), 1992, p. 9-120.

SERMAIN, Jean-Paul, *Rhétorique et roman au dix-huitième siècle. L'exemple de Prévost et de Marivaux (1728-1742)*, Oxford, The Voltaire Foundation, 1985.

SGARD, Jean, *Prévost romancier*, Paris, José Corti, 1968.

SPINK, John S., *French Free-Thought from Gassendi to Voltaire*, University of London, The Athlone Press, 1960.

STAËL, Madame de, *De l'Allemagne*, Paris, Garnier-Flammarion, 1968 [1808-1810].

STAROBINSKI, Jean, *Le remède dans le mal. Critique et légitimation de l'artifice à l'âge des Lumières*, Paris, Gallimard (NRF essais), 1989.

STAROBINSKI, Jean, *L'invention de la liberté 1700-1789*, Genève, Skira, 1964.

TOMA, Radu, « Lumières libertines », *Cahiers roumains d'études littéraires*, Bucarest, 1982, n° 1, p. 38-47.

TROUSSON, Raymond, « Préface », *Romans libertins du XVIIIe siècle*, Paris, Robert Laffont (Bouquins), 1993, p. i-lxviii.

VALÉRY, Paul, *Regards sur le monde actuel*, dans *Œuvres*, Paris, Gallimard (Bibliothèque de la Pléiade), 1960, t. 2, p. 960-961.

VAN SCHENDEL, Michel, « L'idéologème est un quasi-argument », *Texte*, Toronto, Éditions Trintexte, 1987, n° 6, p. 21-132.

VERNIÈRE, Paul, *Spinoza et la pensée française avant la Révolution*, Paris, Presses universitaires de France (Philosophie d'aujourd'hui), 1954.

VERSINI, Laurent, *Laclos et la tradition*, Paris, Klincksieck, 1968.

VERSINI, Laurent, « Néologie et tours à la mode dans *Angola* », *Travaux de linguistique et de littérature*, 1975, vol. XIII, n° 2, p. 505-525.

VETTER, Emil, article « Figura », *Thesaurus linguæ latinæ*, Leipzig, chez B. G. Teubner, 1912-1926, vol. VI, p. 722-738.

VIGNAUX, Georges, *Le discours acteur du monde. Énonciation, argumentation et cognition*, Paris, Ophrys (L'homme dans la langue), 1988.

WALD LASOWSKI, Patrick, *Libertines*, Paris, Gallimard (Les Essais), 1980.

WARNICK, Barbara, « Charles Rollin's *Traité* and the Rhetorical Theories of Smith, Campbell and Blair », *Rhetorica*, hiver 1985, vol. III, n° 1, p. 45-65.

WARTBURG, Walther von, *Französisches Etymologisches Wörterbuch*, Basel, Helbing und Lichtenhahn, 1950.

WEIL, Françoise, *L'interdiction du roman et la librairie (1728-1750)*, Paris, Aux amateurs de livres (Mélanges de la Bibliothèque de la Sorbonne), 1986.

WINTEROWD, W. Ross, *Rhetoric. A Synthesis*, New York, Holt, Rinehart and Winston, 1968.

ZOBERMAN, Pierre, « Voir, savoir, parler : la rhétorique et la vision au XVIIe et au début du XVIIIe siècles », *XVIIe siècle*, octobre-décembre 1981, vol. CXXXIII, 33e année, n° 4, p. 409-428.